Harald Hillgärtner/Thomas Küpper (Hg.)

Medien und Ästhetik

HARALD HILLGÄRTNER/THOMAS KÜPPER (HG.)

Medien und Ästhetik
Festschrift für Burkhardt Lindner

[transcript]

Bibliografische Information der Deutschen Bibliothek
Die Deutsche Bibliothek verzeichnet diese Publikation in der Deutschen Nationalbibliografie; detaillierte bibliografische Angaben sind im Internet über http://dnb.ddb.de abrufbar.

Umschlaggestaltung:
Kordula Röckenhaus, Bielefeld,
Lektorat & Satz:
Harald Hillgärtner, Thomas Küpper
Druck: Majuskel Medienproduktion GmbH, Wetzlar
ISBN 3-89942-171-X

Inhalt

Tabula Gratulatoria

Dr. Karlheinz Barck
Berlin

Andreas Becker M.A.
Frankfurt am Main

Dr. Jens Birkmeyer
Münster

Prof. Dr. Klaus-Michael Bogdal
Bielefeld

Prof. Dr. Norbert Bolz
Berlin

Prof. Dr. Gisbert Broggini
Frankfurt am Main

Dr. Irina Djassemy
Frankfurt am Main

Jörn Etzold M.A.
Frankfurt am Main

Dr. Margrit Frölich
Frankfurt am Main

Prof. Dr. Klaus Garber
Osnabrück

Dr. Raimund Gerz
Frankfurt am Main

André Götz M.A.
Frankfurt am Main

Karola Gramann M.A.
Frankfurt am Main

Michael Hack
Karben

Dr. Ulrike Hagel
Münster

Prof. Dr. Werner Hamacher
Frankfurt am Main

Gerhard Heilmann M.A.
Rüsselsheim

Prof. Dr. Klaus Herding
Frankfurt am Main

HARALD HILLGÄRTNER M.A.
Frankfurt am Main

DR. ROGER HOFMANN
Friedrichsdorf

PROF. DR. JOCHEN HÖRISCH
Mannheim

PROF. DR. HEINZ DIETER KITTSTEINER
Berlin

PROF. DR. GERHARD KLUSSMANN
Bochum

PD DR. ECKHARDT KÖHN
Frankfurt am Main

PROF. DR. SUSANNE KOMFORT-HEIN
Frankfurt am Main

STEFANIE KREUZER M.A.
Kassel

THOMAS KÜPPER
Frankfurt am Main

PROF. DR. HANS-THIES LEHMANN
Frankfurt am Main

DR. ANJA LEMKE
Frankfurt am Main

FELIX LENZ M.A.
Frankfurt am Main

PROF. DR. JÜRGEN LINK
Dortmund

PROF. DR. URSULA LINK-HEER
Wuppertal

HENRI LONITZ
Frankfurt am Main

PROF. DR. MARTIN LÜDKE
Frankfurt am Main

PROF. DR. BETTINE MENKE
Berlin

DR. GERHARD MERSMANN
Mannheim

SABINE NESSEL M.A.
Berlin

PROF. DR. EDGAR PANKOW
Berlin

DR. IRENE PIEPER
Frankfurt am Main

PROF. DR. GERHARD PLUMPE
Bochum

PROF. DR. REGINE PRANGE
Frankfurt am Main

PROF. DR. MARIANNE SCHULLER
Hamburg

DR. PATRICK PRIMAVESI
Frankfurt am Main

JUN. PROF. DR. TIMO SKRANDIES
Düsseldorf

DR. THOMAS REGEHLY
Offenbach

ASSOC. PROF. DR. UWE STEINER
Berlin

DR. SASKIA REITHER
Solingen

DR. MARGOT TAURECK
Paris

DR. GABRIELE ROHOWSKI
Frankfurt am Main

PROF. DR. GEORG CHRISTOPH THOLEN
Basel

PROF. DR. HEINZ SCHLAFFER
Stuttgart

SERJOSCHA WIEMER M.A.
Frankfurt am Main

DR. HANS BURKHARD SCHLICHTING
Baden-Baden

PROF. DR. HARTMUT WINKLER
Paderborn

PROF. DR. HEIDE SCHLÜPMANN
Frankfurt am Main

DR. ERDMUT WIZISLA
Potsdam

PROF. DR. DETLEV SCHÖTTKER
Dresden

PROF. DR. IRVING WOHLFARTH
Reims

MEDIEN UND ÄSTHETIK: EINLEITUNG

Wenn heute von »Medien« die Rede ist, so sind im Allgemeinen die neuen audiovisuellen Reproduktionsmedien gemeint. Dies ist insofern nicht erstaunlich, als sich der gegenwärtige Gebrauch des Medienbegriffs erst im Laufe des 20. Jahrhunderts etablierte und sich vor allem auch in der Debatte um den ›Computer als Medium‹ verbreitete. Zweifelsfrei bedeuten die neuen Massenmedien einen epochalen Einschnitt in der technischen und kulturellen Entwicklung und sie prägen maßgeblich unsere derzeitige Wahrnehmung der Welt. Aber eine Mediengeschichte muss früher ansetzen, sie muss sich auch mit Gestik, Sprache und Schrift befassen. Burkhardt Lindner macht auf die Notwendigkeit einer solchen historischen Rückversicherung aufmerksam:

»Es kann kein Zweifel bestehen, daß mit der Computertechnologie eine kulturelle Umwälzung eingesetzt hat, deren Gestalt noch nicht absehbar ist. Aber um sie zu erfassen, ist weniger eine futuristische als eine historisch-analytische Einstellung angeraten: eine Einstellung, die reflektiert, daß der Mediendiskurs nicht bloß von heute ist, sondern längst eine eigene Geschichte aufweist.«[1]

Dem Rechnung tragend, hat Lindners Professur die Widmung »Geschichte und Ästhetik der Medien«. So wird die Vielfalt historischer Medienformationen in den Blick gerückt – und zugleich in Zusammenhang mit den sich verändernden Wahrnehmungsweisen gebracht. Lindner schließt dabei an Walter Benjamin an, der entsprechende Perspektiven eröffnet hat.

---

1 Burkhardt Lindner: »Die Medienprophetien der elektronischen Digitalisierung und die Resistenz von Bild und Schrift«, in: kultuRRevolution. Zeitschrift für angewandte Diskurstheorie 45/46 (2003), S. 24-31, hier S. 24.

»Ästhetik« ist in einem wörtlichen Sinne zu denken – als Lehre von der Wahrnehmung, der Aisthesis, die ohne Reflexion auf ihre medialen Voraussetzungen nicht adäquat beschrieben werden kann. Entsprechend wird auch die Zeiterfahrung hinsichtlich ihrer medialen Bedingungen untersucht: Wie präformieren die unterschiedlichen Zeitstrukturen der Medien die Wahrnehmung? Diesem Forschungsprogramm widmet sich Burkhardt Lindner insbesondere als Mitinitiator und Sprecher des von der DFG geförderten Graduiertenkollegs *Zeiterfahrung und ästhetische Wahrnehmung*.

An Benjamin geschult, geht es Lindner darum, die Gegenstände in ihrer irreduziblen Fülle und Besonderheit in den Blick zu nehmen. So ist der Ausgangspunkt kein abstrakter Medienbegriff, der der Vielfalt der Phänomene übergestülpt würde. Vielmehr entwickelt Lindner seine Kategorien unmittelbar in der Auseinandersetzung mit den Gegenständen. Dadurch ergeben sich in seinen Texten überraschende Einsichten. Um ein Wort von Jochen Hörisch aus diesem Band vorwegzunehmen: Auf die Überkomplexität der Literatur reagieren Lindners Untersuchungen

> »nicht durch gnadenlose Anstrengungen zur Reduktion von Komplexität, sondern durch eine Art der Analyse, die weiß, dass sie Einsichten in das Wissen der Literatur gibt, indem sie der Literatur interpretatorisch das entnimmt, was sie ausmacht. Wer Lindners Arbeiten liest, wendet sich mit neuer Lust den von ihnen analysierten und gedeuteten Werken zu, die sich dann anders, ganz anders als zuvor präsentieren.«[2]

Dem entspricht die Struktur von Burkhardt Lindners Seminaren an der Johann Wolfgang Goethe-Universität Frankfurt: Er versucht nicht, einen historischen Bogen zu forcieren, sondern, im Gegenteil, die einzelnen Gegenstände und ihr jeweils Spezifisches im Recht zu belassen – so kann es durchaus vorkommen, dass er eine ganze Seminarsitzung von 90 Minuten über eine Szene aus Hitchcocks *Vertigo* von 90 Sekunden bestreitet.

2 Jochen Hörisch: »Literatur und Literaturkritik«, in diesem Band.

In die Auseinandersetzung mit den historischen Gegenständen bringt Lindner nicht zuletzt seine literaturwissenschaftliche Kompetenz ein. Es entspricht der Entwicklung der Medienwissenschaft, die im Besonderen aus den philologischen Disziplinen heraus entstanden ist, dass Lindner zunächst auf eine Professur für Germanistik berufen worden ist. Seine wissenschaftliche Herkunft bleibt indes auch nach der Umwidmung der Professur gegenwärtig; so vermeidet es Lindner, Literatur und Sprache umstandslos einer medientechnizistischen Perspektive zuzuschlagen.

Mit der Vielfalt der Beiträge versucht diese Festschrift, den facettenreichen Forschungsinteressen von Burkhardt Lindner Rechnung zu tragen – zumal die hier versammelten Autorinnen und Autoren in einem wissenschaftlichen Austausch mit ihm stehen. Der Bogen der Festschrift ist dementsprechend weit gespannt; der Titel *Medien und Ästhetik* eröffnet ein umfangreiches Feld: Es werden nicht nur neue audiovisuelle Medien behandelt, sondern auch Literatur und Theater, wobei mehrere Beiträge den Schwerpunkt auf die Auseinandersetzung mit dem Werk Walter Benjamins legen.

Wir möchten an dieser Stelle allen, die dazu beigetragen haben, dass diese Festschrift für Burkhardt Lindner entstehen konnte, herzlich danken!

Harald Hillgärtner und Thomas Küpper

SYNCHRONISCHE DIACHRONIE

VON BENJAMINS ›KLEINER REDE ÜBER PROUST‹ ZU DEN APHORISMEN »ÜBER DEN BEGRIFF DER GESCHICHTE«

JÜRGEN LINK UND URSULA LINK-HEER

Zu den zahlreichen scheinbaren Esoterismen in Walter Benjamins letztem druckfertig ausformulierten Text, den berühmten Aphorismen *Über den Begriff der Geschichte*[1], gehört auch eine sich wie selbstverständlich gebende Engführung von kollektiv-politischer Weltgeschichte und individuellster Intimität. Während schon der Titel auf epistemologisch Prinzipielles verweist und der Text diese Tendenz als Programm einer Neuausrichtung des »historischen Materialismus«, also des von Marx ausgehenden Geschichtsdenkens, bestätigt – während konkret die Geschichtsphilosophien des »Fortschritts« kritisiert werden und die tödliche Gefahr des siegreichen »Faschismus« den Augenblick der Abfassung verdunkelt, lesen wir gleichzeitig Sätze wie diesen: »Glück, das Neid in uns erwecken könnte, gibt es nur in der Luft, die wir geatmet haben, mit Menschen, zu denen wir hätten reden, mit Frauen, die sich uns hätten geben können« (Aphorismus II). Genauso wenig wie die eigenwillige Integration theologischer Diskurskomplexe kann diese Integration intim-erotischer Töne auf einen Stilgestus essayistischer Ästhetisierung reduziert werden – ganz offensichtlich bildet sie vielmehr eine als notwendig erachtete Dimension des zu erneuernden »historischen Materialismus«, dem es um »Klassenkampf« (Aph. IV) und

1 Hier und im Folgenden zitiert nach: Walter Benjamin: Gesammelte Schriften (GS), hg. v. Rolf Tiedemann u. Hermann Schweppenhäuser, Frankfurt/M.: Suhrkamp 1991, hier: Bd. 1, S. 691-704 (im fortlaufenden Text mit Angabe des Aphorismus zitiert).

»Revolution« (Aph. XIV, XV) geht. Es stellt sich also die Frage, wie die scheinbar privat-intime Dimension in Benjamins Geschichtskonzeption mit der öffentlich-kollektiven verbunden ist, und wir möchten im Folgenden einige (zum Teil noch nicht eingehend diskutierte) Kontexte zu einer möglichen Antwort skizzieren.

I

Den Schlüssel dazu kann nur die bekanntlich bei Benjamin fest etablierte epistemologische Verbindung zwischen der in den *Geschichts*-Aphorismen zentralen Kategorie der »Erinnerung« und dem Modell der mémoire involontaire bei Proust liefern. Obwohl Benjamin der »dem Zufall anheimgegeben[en]« mémoire involontaire einen »ausweglos privaten Charakter« attestiert hatte,[2] macht er sie 1940 zum Gegenmodell des Historismus, der als ein »Konformismus« der Überlieferung verstanden wird. Die Erinnerung, auf deren Höhe der historische Materialismus sich demgegenüber zu begeben hätte, ist eine Erinnerung, »wie sie im Augenblick einer Gefahr aufblitzt«. Aus dieser Erinnerung entstünde ein – vom historischen Materialismus festzuhaltendes – »Bild der Vergangenheit«, »wie es sich im Augenblick der Gefahr dem historischen Subjekt unversehens einstellt.« (Aph. VI, 695)

Dieser ›Sprung‹ vom »unversehens« (oder unwillkürlich und unwillentlich) sich erinnernden individuellen (proustschen) Subjekt zum historisch-kollektiven Erinnerungssubjekt ist nicht leicht nachzuvollziehen. Worin ist die Analogie von Individual- und Kollektivsubjekt begründet? Und wieso stellt sich »im Augenblick der Gefahr« ein Bild der Vergangenheit ein, das bei Proust im Gegenteil aus der Intensität eines Glücksgefühls resultiert? Lange Zeit hatte der Wachträumer oder Halbschläfer sich nur an einen Ausschnitt aus seiner Kindheit, das »Drama des Zubettgehens« erinnert; erst als er den vergessenen Geschmack eines in Lindenblütentee getunkten Biskuitgebäcks namens Madeleine in seinem Gaumen wiederfindet, tauchen die Erinnerungen an »tout Combray« auf – die ganze Kindheit, die als ein iterativ-

2 In: »Über einige Motive bei Baudelaire«, GS I, S. 610.

duratives Tableau entfaltet wird.[3] Erst Benjamin sieht das Glücksgefühl dieser Epiphanie nicht nur im Dienst der Restitution des Vergessenen oder Verlorenen, sondern stellt es in die Nachbarschaft zum »Augenblick einer Gefahr«. Sucht man nach Zwischengliedern und Kontexten, die den resultativen Gestus dieser offensichtlich existentiellen Erfahrung begreiflicher machen, so stößt man unter den zahlreichen Proust-Referenzen Benjamins unweigerlich auf jenen ebenfalls aphoristischen Text aus dem Nachlass, dem Benjamin den Titel *Aus einer kleinen Rede über Proust, an meinem vierzigsten Geburtstag gehalten* gegeben hat:

»Zur Kenntnis der mémoire involontaire: ihre Bilder kommen nicht allein ungerufen, es handelt sich vielmehr in ihr um Bilder, die wir nie sahen, ehe wir uns ihrer erinnerten. Am deutlichsten ist das bei jenen Bildern, auf welchen wir - genau wie in manchen Träumen - selbst zu sehen sind. Wir stehen vor uns, wie wir wohl in Urvergangenheit einst irgendwo, doch nie vor unserm Blick, gestanden haben. Und gerade die wichtigsten - die in der Dunkelkammer des gelebten Augenblicks entwickelten - Bilder sind es, welche wir zu sehen bekommen. Man könnte sagen, daß unsern tiefsten Augenblicken gleich jenen Päckchenzigaretten - ein kleines Bildchen, ein Photo unsrer selbst - ist mitgegeben worden. Und jenes ›ganze Leben‹ das, wie wir oft hören, an Sterbenden oder an Menschen, die in der Gefahr zu sterben schweben, vorüberzieht, setzt sich genau aus diesen kleinen Bildchen zusammen. Sie stellen einen schnellen Ablauf dar wie jene Hefte, die Vorläufer des Kinematographen, auf denen wir als Kinder einen Boxer, einen Schwimmer oder Tennisspieler bei seinen Künsten bewundern konnten. Prousts Hedonismus ist nicht ohne die Idee der Stellvertretung zu verstehen. Proust selbst erscheint sich als der Stellvertreter der Armen und Enterbten im Genuß. Er ist durchaus von der Verpflichtung durchdrungen -

3 Proust benutzt dabei den Vergleich mit japanischen unscheinbaren Papierstückchen, die, in eine Schale Wasser getaucht, aufblühen, Konturen gewinnen und Figuren bilden, und fährt dann fort: »[...] de même maintenant toutes les fleurs de notre jardin et celles du parc de M. Swann, et les nymphéas de la Vivonne, et les bonnes gens du village et leurs petits logis et l'église et tout Combray et ses environs, tout cela qui prend forme et solidité, est sorti, ville et jardins, de ma tasse de thé.« - A la recherche du temps perdu, hg. v. Pierre Clarac und André Ferré, Paris: Pléiade 1954, 3 Bde., hier: Bd. 1, S. 47f.

dies ist ein zweites - nicht nur den Genuß für alle sondern den Genuß an jeder Stelle und an allem, dem er vindiziert wird, wirklich zu erleben. Der unbedingte Vorsatz, den Genuß zu retten, zu rechtfertigen, ihn wirklich da zu finden, wo er gemeinhin nur geheuchelt wird, ist eine Leidenschaft von Proust, die sehr viel tiefer geht oder [ein Wort nicht entziffert] ist, als seine desillusionistischen Analysen. Daher auch seine besondere Fixierung an den Snobismus, in dem er das erfassen will, was an echtem Genuß in ihm liegt - einen Schatz, den zu heben ihm freilich die Angehörigen der Gesellschaft am wenigsten fähig scheinen.«[4]

Durch die Überschrift hat Benjamin diesen Text eng mit seinem vierzigsten Geburtstag am 15. Juli 1932 verknüpft, den er auf Ibiza verbrachte. Seit Gershom Scholems *Geschichte einer Freundschaft* ist bekannt, dass Benjamin danach nach Nizza aufbrach, wo er Vorkehrungen traf (Abschiedsbrief und Testament vom 27. Juli), sich in einem Hotel das Leben zu nehmen.[5] Die ›kleine Rede über Proust‹ ist also auch mit dieser bedrohlichen lebensgeschichtlichen Krise verknüpft, wodurch sich ihr Vorverweischarakter auf die Gefahrensituation 1940 verstärkt.

Im ersten Aphorismus dieses ›kleinen‹ Textes wird die mémoire involontaire in einen strukturhomologen Zusammenhang mit dem Topos von der Totalerinnerung der Sterbenden gestellt. Vom Allerindividuellsten (»Bilder, die wir nie sahen, ehe wir uns ihrer erinnerten«), über die Entwicklung der Bilder in der »Dunkelkammer des gelebten Augenblicks« (auch das ein proustsches Motiv), bis zur Hypermnesie derer, die in Todesgefahr schweben, das heißt einem allen Menschen als Sterbenden gemeinsamen gesteigerten Erinnerungsvermögen, wird die Trennlinie zwischen Individual- und Kollektivsubjekt entgrenzt. Desgleichen wird im zweiten Aphorismus das Glücksverlangen (»Prousts Hedonismus«) entindividualisiert: Es tritt stellvertretend ein für die Entbehrung und Beraubung der »Armen und Enterbten im Genuß«.

4 GS II, S. 1064f. Zur Überlieferung dieses im Anmerkungsteil zu Benjamins »Zum Bilde Prousts« reproduzierten Manuskripts teilen die Herausgeber nichts Näheres mit.

5 Gershom Scholem: Walter Benjamin - die Geschichte einer Freundschaft, Frankfurt/M.: Suhrkamp 1975, S. 232-236.

Um die epistemologischen und geschichtsphilosophischen Implikationen des Konnexes zwischen beiden Texten systematischer zu reflektieren, muss das Modell der mémoire involontaire zusätzlich durch den nahe liegenden weiteren Vergleich mit dem Erinnerungs-Modell Henri Bergsons geschärft werden, über das Benjamin auch die »vision panoramique des mourants« genauer zugänglich geworden sein dürfte, die er außer in der hier zitierten ›kleinen Rede‹ auch im Schlussstück der sehr bald nach seinem vierzigsten Geburtstag verfassten *Berliner Kindheit*, dem berühmten »bucklicht Männlein«, eingesetzt hat.[6]

II

Für diese kontexterschließende Rolle Bergsons, die es zugleich gestattet, das Paradox einer synchronischen Diachronie zu diskutieren, um die es, wie zu zeigen sein wird, sowohl 1932 wie 1940 geht, lässt sich ein an Sicherheit grenzender Grad von Plausibilität statuieren. Schon während seiner Studienzeit hatte sich Benjamin intensiv mit Bergson auseinandergesetzt. In Bern hielt er sogar einen Seminarvortrag über den Philosophen der *durée*, der sich bei seiner bekannten Lektüresorgfalt mindestens auf die damals erschienenen wichtigsten Monographien, also den *Essai sur les données immédiates de la conscience*, *Matière et mémoire*, *Le rire* und *L'évolution créatrice* bezogen haben dürfte. Entscheidend für unsere Rekonstruktion ist aber die Tatsache, dass Benjamins Interesse für Bergson anhielt und für seine Arbeit am *Passagen*-Werk in den dreißiger Jahren offenbar so wichtig war, dass sich in der Abhandlung *Über einige Motive bei Baudelaire* eine ausführliche Auseinandersetzung mit dem Philosophen der *durée* findet.[7] Dafür gab es mindestens zwei nahe liegende Gründe: Zum einen muss Bergson bei Benjamins auffallendem Desinteresse an Heidegger als der für ihn wichtigste zeitgenössische Philosoph der Zeit, der Erinnerung

6 Vgl. GS IV, S. 304. – Vgl. auch Scholem, ebd., S. 236-238, mit dem Fazit: »So lagen nur drei, freilich kritische Monate zwischen seiner *Berliner Chronik* aus Ibiza und der neuen, nicht mehr rein autobiographischen, sondern von einer dichterisch-philosophischen Konzeption geleiteten *Berliner Kindheit*, die eine neue Note in seine Produktivität brachte.«

7 Vgl. GS I, S. 608ff., 637ff., 643.

und des Gedächtnisses gelten, und zweitens galt Bergson seinerzeit allgemein als eine Art philosophisches Pendant zu Proust. Wie wir allerdings sehen werden, gehörte Benjamin (vor Georges Poulet) zu den ersten, die auf tief greifende Gegensätze in den Erinnerungs- und Zeit-Konzepten Prousts und Bergsons aufmerksam wurden, was sich in den dreißiger Jahren mit einer grundsätzlichen Kritik an Bergsons biologistischen Tendenzen vom Standpunkt eines historischen Materialismus aus verband.[8]

Den Gegensatz in den Zeit- und Erinnerungs-Konzepten Prousts und Bergsons hat Georges Poulet in Unkenntnis Benjamins in seinem 1963 erschienenen Essay *L'Espace proustien* systematisch entwickelt, weshalb seine Ausführungen für unseren Gedankengang wichtige Belege liefern können. Nach Poulet nimmt Proust, aus dem man so oft einen Schüler Bergsons gemacht habe, in Wirklichkeit eine Bergson diametral entgegengesetzte Position ein. Während Bergson in seiner Kritik des Verstandes das Nebeneinanderstellen unserer Bewusstseinszustände und Erinnerungen, wodurch wir sie simultan wahrzunehmen vermögen, als eine Projektion der Zeit in den Raum verurteilt, die die als kontinuierlich und melodiös fließend gedachte *durée* zerstört und zerstückelt, richtet Proust sich Poulet zufolge genau in diesem von Bergson verworfenen Raum ein, um die Verwandlung des »l'un dans l'autre« der *durée* in das »l'un à côté de l'autre« des *espace* zum äußersten zu treiben und diese Diskontinuität und Zerstückelung zum Prinzip seiner Kunst zu machen.[9] Mit Benjamin könnte man diese These Poulets auch so formulieren, dass Proust das ›Heraussprengen‹ einzelner Elemente der Existenz und darüber hinaus ganzer vergangener

8 Vgl. ebd., S. 608f. Nachdem Bergson zunächst weit über Dilthey, Klages und C. G. Jung gestellt wird, folgen erhebliche Einschränkungen: »Das Gedächtnis geschichtlich zu spezifieren, ist freilich Bergsons Absicht in keiner Weise. Jedwede geschichtliche Determinierung der Erfahrung weist er vielmehr zurück.«

9 Georges Poulet: L'Espace proustien. Essai, Paris: Gallimard 1963, S. 9f. Deutsche Ausgabe, in der Übersetzung von Helmut Scheffel, unter dem Titel: Marcel Proust. Zeit und Raum, Frankfurt/M.: Suhrkamp 1966. Vgl. zu Poulet auch Ursula Link-Heer: »Georges Poulet: *L'Espace proustien* – wiedergelesen«, in: Angelika Corbineau-Hoffmann (Hg.), Marcel Proust. Orte und Räume (Elfte Publikation der *Marcel Proust Gesellschaft*), Frankfurt/M., Leipzig: Suhrkamp, Insel 2003, S. 23-44.

Synchronien aus den Kontinua von Entwicklung und Dauer zum Prinzip des Romans macht. Auf Beispiele, die Poulets Essay in Fülle bietet, und die sich zum Teil auch mit den von Benjamin im *Passagen-Werk* zitierten decken, muss an dieser Stelle verzichtet werden. Nicht zu übergehen ist jedoch, dass Poulets Essay am Schluss ein »Anhang« beigegeben ist mit dem Titel *Bergson. Le thème de la vision panoramique des mourants et la juxtaposition.*[10] Das Interesse Bergsons an diesem Topos der Totalerinnerung der Sterbenden – die Quellen unterschiedlicher Provenienz erwähnen sehr häufig vom Erstickungs- und Ertrinkungstod Bedrohte[11] – erklärt Poulet wie folgt:

»C'est que ce phénomène, qui est celui de l'aperception hypermnésique de leur vie entière par certaines personnes en danger de mort, fournissait à Bergson une preuve précieuse d'une de ses convictions les plus chères: la preuve qu'aucun souvenir n'est définitivement enseveli dans l'oubli, et qu'il y a en chacun de nous, affleurant notre conscience, une sorte de mémoire totale qui, en de certaines circonstances, peut nous restituer intégralement le temps.«[12]

Hier zeigt sich sehr deutlich, dass Benjamin den Topos von der Totalerinnerung der Sterbenden sehr verschieden von Bergson (und sozusagen heimlich mit Proust kompatibel) deutet. Diese Differenz lässt sich exemplarisch an den verwendeten Modellsymbolen von Medien aufzeigen. So scheint Benjamins Modell des Daumenkinos geradezu Protest gegen Bergsons bekannte Deutung des Films in *L'évolution créatrice* anzumelden: Während der Film als Kombination einer räumlich-diskontinuierlichen Bilderfolge mit einem mechanischen Motor für den Philosophen gerade unfähig ist, die vital-energetische Kontinuität der durée und damit authentisches Leben vorzutäuschen,[13] sieht Ben-

10 G. Poulet: L'Espace proustien, S. 137-177. In der deutschen Ausgabe fehlt dieser Anhang.

11 Es kann hier nur nebenbei erwähnt werden, dass das nicht unwichtig erscheint für Benjamins Lektüre von Proust als einem Asthmatiker, dem der Tod ständig gegenwärtig ist. Vgl. »Zum Bilde Prousts«, GS II, S. 323.

12 Ebd., S. 139.

13 Vgl. Henri Bergson: L'Evolution créatrice, Kap. IV: Le mécanisme cinématographique de la pensée et l'illusion mécanistique, in: Henri Bergson: Œuvres. Edition du Centenaire, hg. v. André Robinet, Paris: Pres-

jamin in den räumlich-diskontinuierlichen »Zigarettenbildchen« und den verwandten Bildern des Daumenkinos Emergenzen »unserer tiefsten Augenblicke«. Entsprechend lässt sich schließen, dass Bergson sich die Totalerinnerung der Sterbenden als einen einzigen kontinuierlich-melodiösen Fluss, eine einzige ununterbrochene Diachronie vorstellt, während Benjamin offensichtlich an diskontinuierliche »Bilder« bzw. Synchronien denkt. Während für Bergson, wie wir im Folgenden genauer zeigen möchten, jede Verräumlichung, d.h. Synchronisierung, der diachronischen durée »Mechanisierung« und Intensitätsverlust impliziert, findet Benjamin wie Proust in der Erinnerung vergangener räumlicher »Fotos« bzw. Synchronien von »Fotos« höchste Lebensintensitäten.

III

Die hier angedeutete und im Folgenden noch zusätzlich zu begründende Bedeutung der Kontrastfolie Bergson für Benjamin legt es nahe, den Theoretiker der durée in der Historismuskritik der Geschichts-Aphorismen als ebenfalls gemeint zu erraten. Hatte Bergson in der *Évolution créatrice* doch eine krude, zudem biologistisch getönte Geschichtsphilosophie des »Fortschritts« skizziert – mehr noch: Die für Benjamins eigene Geschichtskonzeption zentrale Alternative zwischen einer kontinuierlich, bruchlos und ›sich beschleunigend‹ evoluierenden auf der einen und einer diskontinuierlich kupierbaren Zeit auf der anderen Seite ist exakt (wenn auch mit umgekehrter Wertung) das Hauptthema der bergsonschen Zeit-Philosophie. Es ist der vom *élan vital* eines metaphysischen Ursprungs mit ›durchschlagender‹ Energie gespeiste eine und unteilbare Strom der *pure durée*, der sich in Benjamins Aphorismus IX über den »Engel der Geschichte« in den katastrophalen »Sturm« mit Namen »Fortschritt« verwandelt zu haben scheint, wobei dem Ur-Elan am Beginn der Evolution das Motiv des »Paradieses« am Anfang der Geschichte entspricht. Umgekehrt handelt es sich auch bei dem im vorletzten Aphorismus XVII skizzierten Programm eines neuartigen historischen Materialismus um eine Art Anti-Bergson, wie es

ses Universitaires de France 1970, S. 725ff. – Sämtliche Texte Bergsons werden i. F. nach dieser Ausgabe zitiert.

die bergsonschen Motive der »Monade«, der »Homogenität« und des gewaltsamen Kupierens der durée (Heraussprengen) signalisieren:

»Der materialistischen Geschichtsschreibung ihrerseits liegt ein konstruktives Prinzip zugrunde. Zum Denken gehört nicht nur die Bewegung der Gedanken sondern ebenso ihre Stillstellung. Wo das Denken in einer von Spannungen gesättigten Konstellation plötzlich einhält, da erteilt es derselben einen Chock, durch den es sich als Monade kristallisiert. Der historische Materialist geht an einen geschichtlichen Gegenstand einzig und allein da heran, wo er ihm als Monade entgegentritt. In dieser Struktur erkennt er das Zeichen einer messianischen Stillstellung des Geschehens, anders gesagt, einer revolutionären Chance im Kampfe für die unterdrückte Vergangenheit. Er nimmt sie wahr, um eine bestimmte Epoche aus dem homogenen Verlauf der Geschichte herauszusprengen [...]«.

Diese Kupierung des Stroms der *durée* und diese Kristallisierung von Ab-Schnitten zu »Monaden« sind bei Bergson Symptome der Mechanisierung, Materialisierung und Verräumlichung der Zeit, funktional für das praktische Überleben, aber erkauft mit dem Verlust von Kreativität. Dabei dient die von Leibniz unterstellte Lebendigkeit der Monaden Bergson als Argument gegen dessen Determinismus und darüber hinaus allgemein gegen einen Materialismus, der sich die Wahrnehmung der räumlichen Dingwelt nach dem Modell einer Fotokamera vorstellte, die das Gedächtnis mit diskontinuierlichen »Fotos« (wie mit diskontinuierlichen Monaden) anfüllen würde,[14] dann später (in *L'Évolution créatrice*) zu dem einer Filmkamera erweitert. Was den Zugriff des Bewusstseins auf einzelne Erinnerungsbilder betrifft, so unterscheidet Bergson scharf zwischen dem Zugriff des »homme d'action« und des »rêveur«[15]: Während dem ersten wie einem Automaten nur die für seine jeweilige praktische Handlung funktionalen Erinnerungen einfallen, wird der zweite von traumähnlichen Bildern überflutet. Obwohl Bergson beide polaren Typen im Extrem für pathologisch erklärt, liegt das von ihm dazwischen situierte »normale Leben«[16]

14 Henri Bergson, Matière et mémoire, Ed. du Centenaire, S. 188.
15 Ebd., S. 294.
16 Ebd., S. 296.

deutlich näher beim Praktiker als beim Träumer. Demgegenüber irritiert Benjamin diese bergsonsche Typologie radikal, indem er quasi-»träumerische«, »proustische« Erinnerungsbilder für die intensivste, revolutionäre Aktion mobilisieren möchte.

IV

Wenn wir bereits in den bisherigen Ausführungen sporadisch die saussureschen Begriffe der »Synchronie« und der »Diachronie« verwendet haben, so weil diese geeignet erscheinen, die systematische Entfaltung der Erinnerungs- und Geschichtsproblematik im Dreieck Bergson, Proust und Benjamin zu erleichtern und am Schluss die geschichtsphilosophische Originalität Benjamins zusätzlich zu bestimmen. In der Tat lässt sich Bergsons Zeit-Philosophie wie folgt resümieren: Wir sind uns lebend unserer ununterbrochenen zeitlichen Entwicklung und unserer ontologischen Identität mit dieser sich entwickelnden Zeit bewusst. Diese unsere Diachronie ist epistemologisch und ontologisch primär: Als »pure durée« und »pur mouvement« ist sie qualitativ-intensiv-rhythmisch, plastisch für das Gefühl und strikt kontinuierlich, in keiner Weise abgeteilt und damit nicht zählbar. Als Intuition ist sich die Diachronie ihrer bewusst. Als Bewegung und »Fortschritt« wächst die Diachronie ununterbrochen durch die Gegenwart in die Zukunft, wobei sie im fortwährenden Ereignis der Gegenwart mit der Materie als dem Anderen, das aber ihr eigenes Andere ist, eben die Materie ihrer Kreativität, kollidiert. In dieser Kollision entwickelt die lebendige Diachronie ein zweites, gegenüber der Intuition minderes, auf die Beherrschung der Materie gerichtetes Bewusstsein, dessen Rahmen die kantischen apriorischen Anschauungsformen des Raumes und der (»mechanischen«, raumanalogen, zähl- und messbaren) Zeit darstellen. Damit ist die Materie (einschließlich unseres Körpers) als raum-zeitlich konstituiert. Spezifisch für Bergsons Zeit-Philosophie, gegen die Benjamin seine eigene Konzeption im Kontrast profiliert, ist nun die Auffassung, dass die räumlich-materielle Welt ausschließlich als eine diskontinuierliche Folge je-präsenter Synchronien existiert. Wie die einzelnen Fotos auf der Filmspule, so das Modell in *L'Évolution créatrice*, in Wirklichkeit räumlich-synchronisch und diskontinuierlich sind, so bleiben auch die Synchronien, die der élan vital mit seinem esprit im Chock der Gegenwart über die Materie projiziert, prinzipiell von der lebendigen Diachronie getrennt und deshalb diskontinuierlich. Die Vorstellung einer homogenen Zeit bleibt Raum und Schichtung räumlicher Synchronien. Bergsons Skizze einer horizontalen, rechteckigen Fläche, deren Mittelpunkt von der Spitze eines darüber situierten und abwärts gerichteten, trichterähnlichen Keils berührt wird,[17] seither von Gilles Deleuze in seiner Filmtheorie kommentiert und weitergedacht,[18] stellt seine Vorstellung von Diachronie und Synchronie suggestiv dar:

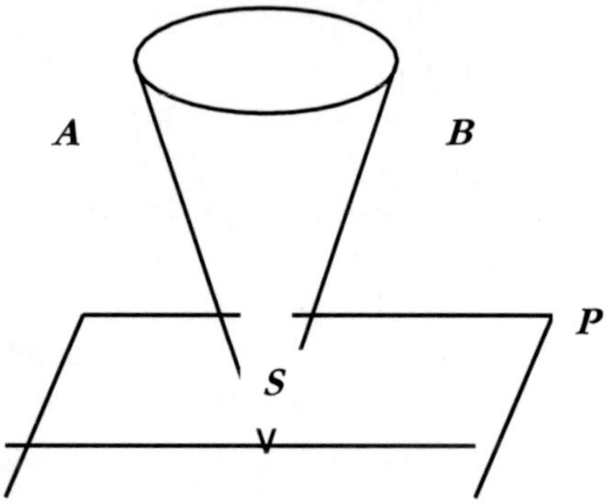

Der Keil, bei dem man weniger an einen Trichter als an die Spitze einer Rakete, jedenfalls eines Projektils, denken mag, symbolisiert die Diachronie, d.h. die *durée* – die Fläche die Synchronie. Die Zuspitzung der Diachronie am Berührungspunkt mit der Synchronie illustriert, wie Bergson erläutert, die äußerste Konzentration des gegenwärtigen praktischen Bewusstseins auf die hic et nunc zu bewältigende Materie. Der sich nach oben, also rückwärts zur Bewegungsrichtung (d.h. in Rich-

17 Ebd., S. 293 (vgl. auch das hier nicht reproduzierte, erweiterte Schema S. 302).

18 Vgl. Gilles Deleuze: Cinéma 1. L'Image-mouvement, Paris: Minuit 1983, Kap. I: Thèses sur le mouvement (premier commentaire sur Bergson), S. 9ff.; Kap. IV: L'image-mouvement et ses trois variétés (second commentaire de Bergson), S. 83ff., sowie: Cinéma 2. L'Image-temps, Paris: Minuit 1985, Kap. III: Du souvenir aux rêves (troisième commentaire de Bergson), S. 62ff.; Kap. V: Pointes de présent et nappes de passé (quatrième commentaire de Bergson), S. 129ff.; der Kommentar des Schemas findet sich auf S. 108.

tung Vergangenheit) verbreiternde Keil steht für die Menge der in der Diachronie akkumulierten Erinnerungen, von denen jedoch nur die wenigsten, für die gegenwärtige Praxis relevanten, routinemäßig zugänglich sind. Wie wir sehen werden, blickt die bergsonsche Diachronie, anders als Benjamins Engel der Geschichte, nur in seltenen und eigentlich pathologischen Fällen rückwärts. Jede intensiv-qualitative Erinnerung ist bei Bergson ferner unräumlich – und jede räumliche Erinnerung ist lediglich Teil einer rückdatierten Synchronie zu Zwecken praktischer Manipulation.

Was demnach die vulgärhistorizistischen Antistrukturalisten Saussure (u.E. trotz der scharfen methodologischen Kontrastierung[19] zu Unrecht) vorwerfen, dass es nämlich keine Verbindung zwischen Synchronie und Diachronie bei ihm gebe, dass sie nicht integrierbar seien – das gilt tatsächlich für Bergsons »Dualismus« von matière und mémoire (pure durée), von gegenwärtig-räumlicher »Simultaneität« (Synchronie) und »innerer Melodie« des élan vital-esprit (Diachronie). Verglichen mit Bergson kann freilich Saussures Modellsymbol des Schachspiels (jede »Stellung« ist eine Synchronie, jeder »Zug« leitet diachronisch von einer Synchronie zur nächsten)[20] insgesamt als »mechanisch« gelten – dagegen steht bei dem Linguisten immerhin auch das Modell des vom Jura aus beobachteten Alpen-»Panoramas« und der Wanderung den Jura entlang mit Wandel des Panoramas,[21] bei dem der Proustleser an die Türme von Martinville erinnert wird.

Wenn wir uns nun erneut dem exemplarischen Extremfall des Topos von der panoramatischen Totalerinnerung des Lebens bei Sterbenden zuwenden, so ist für Bergsons (von Poulet rekonstruierte) Auffassung die Kombination zwischen seinem Dualismus von Synchronie und Diachronie auf der einen Seite und der Blickrichtung nach vorwärts bzw. nach rückwärts konstitutiv:

»Orienter notre pensée vers l'action, l'amener à préparer l'acte que les circonstances réclament, voilà ce pour quoi notre cerveau est fait.

19 Vgl. Ferdinand de Saussure: Cours de linguistique générale, hg. v. Charles Bally u. Albert Sechehaye, Paris: Payot, 5. Aufl. 1960, Kap. III: La linguistique statique et la linguistique évolutive, S. 114ff.

20 Ebd., S. 125.

21 Ebd., S. 117.

Mais par là il canalise, et par là aussi il limite, la vie de l'esprit. Il nous empêche de jeter les yeux à droite et à gauche, et même, la plupart du temps, en arrière ; il veut que nous regardions droit devant nous, dans la direction où nous avons à marcher. N'est-ce pas déjà visible dans l'opération de la mémoire ? Bien des faits semblent indiquer que le passé se conserve jusque dans les moindres détails et qu'il n'y a pas d'oubli réel. Vous avez entendu parlé des noyés et des pendus qui racontent, une fois rappelés à la vie, comment ils ont eu la vision panoramique, pendant un instant, de la totalité de leur passé. [...] C'est que notre passé tout entier est là, continuellement, et que nous n'aurions qu'à nous retourner pour l'apercevoir ; seulement, nous ne pouvons ni ne devons nous retourner. Nous ne le devons pas, parce que notre destination est de vivre, d'agir, et que la vie et l'action regardent en avant. Nous ne le pouvons pas, parce que le mécanisme cérébral a précisément pour fonction ici de nous masquer le passé, de n'en laisser transparaître, à chaque instant, que ce que peut éclairer la situation présente et favoriser notre action: c'est même en obscurcissant tous nos souvenirs sauf un - sauf celui qui nous intéresse et que notre corps esquisse déjà par sa mimique - qu'il *rappelle* ce souvenir utile. Maintenant, que l'attention à la vie vienne à faiblir un instant, - je ne parle pas ici de l'attention volontaire, qui est momentanée et individuelle, mais d'une attention constante, commune à tous, imposée par la nature et qu'on pourrait appeler ›l'attention de l'espèce‹, - alors l'esprit, dont le regard était maintenu de force en avant, se détend et par là même se retourne en arrière, il y retrouve toute son histoire. La vision panoramique du passé est donc due à un brusque *désintéressement de la vie*, né de la conviction soudaine qu'on va mourir à l'instant.«[22]

Auch bei den anderen Erwähnungen der Totalerinnerung Sterbender, darunter derjenigen in *Matière et mémoire*,[23] die Benjamin nachweislich gut bekannt war, betont Bergson das Theorem vom Erlöschen der attention à la vie als Bedingung für die Öffnung der diachronischen Erinnerung im oben von uns erläuterten Sinne. Der sichere Tod ist der Extremfall, der die gesamte Diachronie auf einen Schlag öffnet – aber auch Wahnsinn, Müdigkeit, Schläfrigkeit, Traum und »träumerische« Haltung am Tage kehren die Augen des Geistes rückwärts zur Vergan-

22 H. Bergson: L'Evolution créatrice, S. 872f.
23 H. Bergson: Matière et mémoire, S. 295.

genheit und erlauben den Zugriff auf reine, nicht handlungsfunktionale Erinnerungen. Liest man die entsprechenden Ausführungen Bergsons, so kann man kaum vermeiden, an Proust zu denken – und sicher wird es Benjamin seinerzeit genauso gegangen sein.

V

Wenn wir nun abschließend zu den Aphorismen *Über den Begriff der Geschichte* und insbesondere zu unserer Ausgangsfrage nach deren Engführung von kollektiven und individuellen Ereignissen zurückkehren, so zeichnen sich im Rahmen der Kontextualisierung mit Proust und Bergson mehrere Analogien ab: zwischen der Geburtstagsrede von 1932 mit ihrer oberflächlich gesehen noch eher individuellen Krisensituation und der sowohl individuellen wie kollektiven Katastrophensituation von 1940 – zwischen dem Motiv eines der Todesgefahr ausgesetzten Individuums und dem eines der gleichen Gefahr ausgesetzten historischen Kollektivs – zwischen der individuellen Totalerinnerung an das zurückliegende Leben und der historischen Erinnerung des Kollektivs. Um diese Analogien und damit auch eine wesentliche Dimension der *Geschichts*-Aphorismen in ihrem ganzen Konnotationenreichtum lesen zu können – so unsere These – ist der Schlüssel des Proust-Bergson-Kontexts unverzichtbar.

Für Bergson gibt es »im Augenblick einer Gefahr« zwei völlig verschiedene und gegensätzliche Erinnerungsmechanismen, je nach der Funktionstüchtigkeit der »attention à la vie«: Während dem vorwärts gewandten und vorwärts blickenden »homme d'action« angesichts der Gefahr genau jene und nur jene Erinnerungen quasi »automatisch« bzw. »mechanisch« präsent werden, die er zur praktischen Bewältigung der Gegenwartsschwelle und zum weiteren »Fortschritt« in die Zukunft, d.h. zur Bewältigung der Synchronie, benötigt, kann sich der »rêveur« pathologisch von der Gefahr abwenden und bei Strafe des Untergangs in Wahnsinn oder Drogentod nach rückwärts in die sich öffnende Diachronie blicken, wo ihn intensive (z.B. sehnsüchtig-erotische) Erinnerungen locken. Entsprechend dem bergsonschen Dualismus[24] herrscht dabei strikte Ausschließlichkeit: entweder Weiterleben und Synchronie oder vergangene Diachronie und Tod. Diese Wendung von vorwärts nach rückwärts auf der Linie des Fortschritts und von der Synchronie zur Diachronie vollzieht entsprechend dem Topos der panoramatischen Erinnerung – so wollten es damalige Spekulationen – vielleicht sogar jeder Mensch ein einziges Mal in seinem Leben, und zwar im letzten Augenblick vor seinem Tod. Vor dieser Folie gewinnt die Figur des »Engels der Geschichte« in Benjamins Aphorismus IX ihre Prägnanz: Wie der Sterbende blickt er rückwärts (vgl. auch das Motto von Scholem) in die gesamte, weit geöffnete Diachronie hinein (man denke an Bergsons Keil-Schema) – als Engel aber ist er unsterblich und muss daher wohl oder übel mit in die Zukunft, in die er unter dem Druck des élan vital von der Spitze des Fortschritts getrieben wird. Offensichtlich ist diese Figur, wie Burkhardt Lindner es konstatiert und begründet hat,[25] keine Allegorie des von Benjamin gemeinten, neuen historischen Materialismus, sondern die einer nicht weniger als die Sterbenden ohnmächtigen Geschichte. In dieser Figur ist aber nicht

24 Im Vorwort zur siebten Auflage von Matière et mémoire definiert Bergson seine Studie explizit als dualistisch: »Ce livre affirme la réalité de l'esprit, la réalité de la matière, et essaie de déterminer le rapport de l'un à l'autre sur un exemple précis, celui de la mémoire. Il est donc nettement dualiste« (S. 161).

25 Vgl. Burkhardt Lindner: »Engel und Zwerg. Benjamins geschichtsphilosophische Rätselfiguren und die Herausforderung des Mythos«, in: Lorenz Jäger/Thomas Regehly (Hg.), »Was nie geschrieben wurde, lesen«. Frankfurter Benjamin-Vorträge, Bielefeld: Aisthesis 1992, S. 235-265; hier: S. 254f.: »Es gehört zu den Fehlinterpretationen der ›Thesen über den Begriff der Geschichte‹, das metaphorische Bild vom ›Engel der Geschichte‹ (I/2, 697 f.) als die zentrale Textpassage zu lesen. [...] Es ist nicht der ›Sturm der Vergebung‹ (VI, 98), mit dem der richtende Gott die Verbrecher heimsucht, sondern einer, der seinen Boten vertreibt und die Erde ihrem Schicksal überläßt./ Denn der gern übersehene Schlußsatz der These lautet: ›Das, was wir den Fortschritt nennen, ist dieser Sturm.‹ Fortschritt der Naturbeherrschung und paradiesischer Sturm werden als komplementär bestimmt. Unser naives, durch alle Katastrophen anhaltendes Vertrauen, es müsse doch ›im Ganzen‹ vorwärts gehen und besser werden, stigmatisiert den Engel zu einer Figur der Ohnmacht, die, statt einzugreifen, stoßweise zurücktreibt und nichts mit sich nimmt außer dem Entsetzen. Es findet, anders gesagt, keine messianische Verknüpfung mit der Vergangenheit statt./ [...] In den Thesen, so will ich damit sagen, hat Benjamin den Engel aufgegeben.«

bloß Bergsons »rêveur«, sondern gleichzeitig damit auch sein »homme d'action« negiert. Zunächst könnte es so scheinen, als ob die berühmte Formulierung aus Aphorismus VI (»Es heißt, sich einer Erinnerung bemächtigen, wie sie im Augenblick einer Gefahr aufblitzt«) nach dem Schema der selektiven, aktiv-praktischen, handlungsfunktionalen (und damit »mechanischen«) Erinnerung bei Bergson zu denken wäre. Dem widerspricht aber diametral die extrem negative Sicht auf die »am Boden liegen[den]« Politiker der Linken, konkret neben den explizit erwähnten deutschen Sozialdemokraten sicherlich insbesondere auch die von Bergson geschätzten der französischen Volksfront, mit ihrem »sturen Fortschrittsglauben« (Aph. X). Wie wichtig für Benjamins neue Konzeption jedoch die bergsonsche Folie bleibt, zeigt der zweite Komplex, bei dem Benjamin auf den ersten Blick ebenfalls einfach Bergson zu folgen scheint: der Komplex einer »homogenen und leeren Zeit« (Aph. XIII, XIV). Dabei handelt es sich nach den *Données immédiates* und nach *Matière et mémoire* um die vom »lebendigen Geist« zum Zweck der Beherrschung der Materie vorgenommene Projektion der qualitativen durée (Diachronie) in den quantitativen Raum (Synchronie) und die dazu passende quantitative, »homogene« Zeit. Diese »homogene Zeit« ist auch bei Bergson negativ konnotiert, und zwar eben wegen ihrer der Materie angepassten Räumlichkeit. Wiederum könnte es also so scheinen, als ob Benjamins Formulierungen mit Bergson kongruent wären: »Die Geschichte ist Gegenstand einer Konstruktion, deren Ort nicht die homogene und leere Zeit sondern die von Jetztzeit erfüllte bildet. So war für Robespierre das antike Rom eine mit Jetztzeit geladene Vergangenheit, die er aus dem Kontinuum der Geschichte heraussprengte.« (Aph. XIV)

Was mit Bergson beginnt, endet aber gegen ihn: Der Jetztzeit Benjamins entspricht zunächst Bergsons Gegenwart. Diese Kategorie kennt bei dem Philosophen der durée zwei entgegengesetzte Ereignistypen: Zum einen geht es in der Gegenwart um Beherrschung der Materie und Überleben – dazu dient die Projektion der durée in den Raum und eben in die homogene raumförmige Zeit (Synchronie). Zweitens ist die Gegenwart das Ereignis des spontanen, kreativen Über-sich-Hinauswachsens der durée (Diachronie), etwa in der genialen Erfindung wissenschaftlicher, technischer oder künstlerischer Art. Bergson trennt diese zwei Gegenwarten strikt auf der Basis seines »Dualismus«: Nur die praktische Gegenwart in ihrer »homogenen« Raum-Zeit (Synchronie) kennt Räumlichkeit, Diskontinuität, Zäsur und kann kupieren – die kreative Gegenwart (Diachronie) ist umgekehrt durch absolute Kontinuität und Unräumlichkeit sowie die Unmöglichkeit jeder Kupierung gekennzeichnet (wie Bergson es immer wieder am Beispiel der spontanen Armbewegung als Geste durch die Luft oder beim Zeichnen erläutert). Vor diesem Hintergrund wird Benjamins davon fundamental abweichendes Konzept deutlich: Seine Diachronie (so sehr sie die qualitativ-intensive Gestalt der durée wahrt) kennt Diskontinuität, Räumlichkeit und Zäsur – so wie seine Synchronie (»Jetztzeit«) heterogen, qualitativ und kreativ sein kann. Bergsons »Dualismus« wird negiert und durch eine eigenwillige Spielart von Materialismus ersetzt. Dabei geht es nicht bloß epistemologisch um die Negation eines metaphysischen Substanzen-Dualismus, sondern konkret um die des Dualismus von Diachronie und Synchronie: Die (im Sinne Bergsons) »lebendige«, »heterogene« Diachronie ist als »Jetztzeit« gleichzeitig ebenso »lebendige« und ebenso »heterogene« Synchronie – genauer: sie ist die heterogene »Konstruktion« bzw. Montage mehrerer ihrer historischen Synchronien: Sie ist als Französische Revolution »wiedergekehrtes Rom« (Aph. XIV).

Wie die eingangs erwähnte »privat« und erotisch klingende semantische Dimension der Aphorismen von 1940 jedoch nahe legt, hat hier paradoxerweise der »Träumer« Proust bei der Denkmöglichkeit einer »synchronischen Diachronie« Pate gestanden: Was aus Marcels Tasse steigt, ist das nach Bergson unmögliche Phänomen einer gesamten, vital-intensiven, »kreativen« und dennoch quasi-räumlichen Synchronie. Wie wir bei unserer Lektüre der ›kleinen Rede‹ von 1932 betont hatten, ist genau diese in Begriffen Bergsons vitale Intensität bei Benjamin mit dem Wort »Genuß« postuliert. Insofern bildet die individuelle Erinnerung an Combray die Analogie zu Robespierres kollektiver Erinnerung an die römische Republik: In beiden Fällen handelt es sich um ganze »Welten«, die aus dem Kontinuum der Diachronie herausgelöst wurden. Insofern beide aber trotz dieser Diskontinuität in Verbindung mit späteren Synchronien und insbesondere mit einer aktuellen Synchronie stehen, besitzen sie eine eigene Art von Diachronie, die sich von dem »melodiösen« Kontinuum Bergsons deutlich abhebt, obwohl sie mit diesem die Lebensintensität teilt. Indem zwei oder mehrere Synchronien eng gekoppelt werden, entsteht das, was Benjamin mit Vorliebe eine »Konstellation« nennt, die demnach (soweit sie Zeitsprünge einschließt wie in den hier gemeinten Fällen) synonym wäre mit der »synchronischen Diachronie« unseres Titels. Dabei entdifferenziert Benjamin am Leitfaden der proustschen *Recherche* auch den bergsonschen Dualismus von Aktivismus vs. Kontemplation: Die kollektive synchronische Diachronie wird vom »Augenblick der Gefahr« generiert wie die Totalerinnerung der Sterbenden – aber weder lediglich im todgeweihten Rückblick noch nur im pragmatischen Vorausblick, vielmehr in einer Art von sowohl individuell wie kollektiv perspektiviertem Janusblick. Dieser doppelt perspektivierte Janusblick war der des Autors der Aphorismen *Über den Begriff der Geschichte* selber – möglich gemacht durch seine intellektuelle und politische Entwicklung und erzwungen im Augenblick der tödlichen Doppelgefahr für den Flüchtling Walter Benjamin und für das historische Kollektiv der Proletarier aller Länder.

»Im Gestöber der Lettern« Mediale Übersetzungsprozesse der Erinnerung in Walter Benjamins »Berliner Kindheit um Neunzehnhundert«

Anja Lemke

Dass die Autobiographie ein Leben nicht so beschreibt, »wie es gewesen ist«, sondern »so, wie der, der's erlebt hat, dieses Leben erinnert«, unterstreicht Benjamin bereits in seinem Essay zu Proust.[1] Damit ist eine doppelte, für das autobiographische Schreiben ebenso konstitutive wie problematische Differenz zwischen Erlebnis, Erinnerung und Darstellung markiert, bei der Erinnerung der Name für die Unmöglichkeit einer unvermittelten Repräsentation des Vergangenen ist. Was erinnert wird, konstituiert sich immer nur im Spannungsfeld von Gegenwart und Vergangenheit, deren Differenz zum Antriebsmoment des autobiographischen Textes wird und eine gelingende Horizontverschmelzung strukturell ausschließt. Auch diese Differenz geht für Benjamin indes noch am Kern des Problems vorbei, ist noch »unscharf und bei weitem zu grob gesagt«[2], setzt ein solcher Satz doch noch immer voraus, zu wissen, wie sich erlebtes Leben erinnern und wie sich Erinnerung

1 Vgl. Walter Benjamin: »Zum Bilde Prousts«, in: ders., Gesammelte Schriften, Bd. 2, hg. v. Rolf Tiedemann u. Hermann Schweppenhäuser, Frankfurt/M.: Suhrkamp 1991, S. 311. Sämtliche in den Gesammelten Schriften abgedruckte Texte werden im folgenden als GS unter Angabe der Band- und Seitenzahlen zitiert. Die sog. Gießener Fassung der Berliner Kindheit (Walter Benjamin, Berliner Kindheit um Neunzehnhundert. Gießener Fassung, hg. und mit einem Nachwort v. Rolf Tiedemann, Frankfurt/M.: Suhrkamp 2000) wird als GF mit Seitenzahl zitiert.

2 GS II, 311.

sprachlich beschreiben lässt. Doch gerade hierin gründet die Herausforderung des autobiographischen Schreibens. »Denn hier spielt für den erinnernden Autor die Hauptrolle gar nicht, was er erlebt hat, sondern das Weben seiner Erinnerung«.[3] Ziel des autobiographischen Textes ist es nicht, die Differenz zwischen Erlebnis und Erinnerung zu überbrücken oder den Erinnerungsinhalt möglichst detailgetreu zu schildern, sondern vielmehr den Prozess des Erinnerns selbst zu beschreiben.

Was in dieser Beschreibung zuallererst sichtbar wird, ist die unhintergehbare Medialität des Gedächtnisses. Gedächtnis offenbart keine Unmittelbarkeit, sondern vermittelt und transformiert. Indem es uns Sachverhalte präsent macht, entzieht es sich selbst solcher Repräsentation. Vor diesem Hintergrund hat die Verwendung der Metaphern im Erinnerungstext keinen illustrierenden Charakter, sondern ist Teil des Erinnerungsvollzugs selbst. Erst der metaphorische Transport eröffnet den Zugang zu einem Prozess, der immer vor dem, was er selbst zeigt, zurücktritt. Damit gewinnt die Frage nach der medialen Metaphorik ihre eigentliche Brisanz. Es geht weder allein um Klassifizierungen und Ordnungsmuster im memoria-Diskurs, noch um die Analyse der zeitbedingten Modernisierung der verschiedenen Bildfelder für die Darstellung von Erinnerung und Gedächtnis, sondern um die unterschiedlichen Zugänge zum Erinnerungsprozess selbst.[4] Eine ausgezeichnete Zugangsmöglichkeit ist für Benjamin die Sprache. Sie ist es, die »es unmißverständlich bedeutet, daß das Gedächtnis nicht ein Instrument für die Erkundung der Vergangenheit ist, vielmehr das Medium.«[5] Als zentrales Erinnerungsmedium ermöglicht die Sprache nicht nur die Figuration der Erinnerungsinhalte, sondern verweist gleichzeitig auf deren mediale Form, d.h. auf sich selbst.

---

3 Ebd.

4 Der Versuch einer solchen Klassifizierung sowie der Ausdifferenzierung der Erinnerungs- und Gedächtnismetaphorik findet sich u.a. bei Aleida Assmann: »Zur Metaphorik der Erinnerung«, in: Kai-Uwe Hemken (Hg.), Gedächtnisbilder. Vergessen und Erinnern in der Gegenwartskunst, Leipzig: Reclam 1996, S. 16-46. Vgl. für Benjamin u.a. den Beitrag »Erinnerung« von Detlev Schöttker in: Michael Opitz/Erdmut Wizisla (Hg.), Benjamins Begriffe, Bd. 1, Frankfurt/M.: Suhrkamp 2000, S. 260-298 und Ulrich Hortian: »Metaphorae Memoriae«, in: Klaus Garber/Ludger Rehm (Hg.), global Benjamin, Bd. 3, München: Fink 1999, S. 1526-1543.

5 GS IV, 400.

Nun beschränken sich Benjamins Überlegungen zu den unterschiedlichen medialen und metaphorischen Figurationen von Erinnerung und Gedächtnis nicht auf die Sprache, sondern beziehen eine Vielzahl von natürlichen und technischen Medien mit in die Diskussion ein. Neben dem Bild des Fächers[6], der Metapher des Grabens im Erdreich[7] und den ultravioletten Strahlen, die den Text »unsichtbar [...] glossieren«[8], finden sich eine Vielzahl von akustischen und visuellen Medien, die die Erinnerung zu beschreiben suchen. Zentrale technische Errungenschaften des 19. Jahrhunderts, Kommunikations- und Speichermedien wie Telefon, Grammophon und Photographie werden dabei ebenso als Gedächtnisbilder herangezogen wie die Metaphern der Schrift und des Buches.

Die verstreuten Bemerkungen zur medialen Metaphorik des Gedächtnisses werden von Benjamin an keiner Stelle systematisch gebündelt, doch sie verdichten sich in der *Berliner Kindheit um Neunzehnhundert*, jenem autobiographischen Text, der sich so dezidiert gegen das Autobiographische wendet – denn »die Autobiographie hat es mit der Zeit, dem Ablauf und mit dem zu tun, was den stetigen Fluß des Lebens ausmacht. Hier aber ist von einem Raum, von Augenblicken und vom Unstetigen die Rede«[9] – und dennoch insofern an diese Tradition anschließt, als auch Benjamin diese Gattung zum spezifischen Ort seiner Erinnerungspoetik wird. Während sich in den anderen Texten seit der einsetzenden Beschäftigung mit Proust einzelne Momente einer Erinnerungstheorie finden, hat die *Berliner Kindheit* explizit »eine Darstellung meiner frühesten Erinnerungen«[10] zum Ziel. In konsequenter Weiterführung der im Proust-Essay geäußerten Überlegungen ist auch Benjamins eigenes Erinnerungsprojekt dabei von Anfang an ebenso ein poetologisches wie ein autobiographisches, denn »dieser Durchblick

6 Vgl. Benjamin: Berliner Chronik, GS VI, 467f.

7 Vgl. Benjamin: »Ausgraben und Erinnern«, in: GS IV, 400f. u. ders: »Berliner Chronik«, in: GS VI, 486f.

8 »Wie ultraviolette Strahlen zeigt Erinnerung im Buch des Lebens jedem eine Schrift, die unsichtbar, als Prophetie, den Text glossiert.« (GS IV, 142)

9 GS VI, 488.

10 Walter Benjamin/Gershom Scholem: Briefwechsel 1933-1940, hg. v. Gershom Scholem, Frankfurt/M.: Suhrkamp 1986, S. 26.

würde kein Vertrauen verdienen, gäbe er von dem Medium nicht Rechenschaft, in dem diese Bilder sich allein darstellen [...]. Die Gegenwart des Schreibenden ist dieses Medium. Und aus ihr heraus legt er nun einen anderen Schnitt durch die Folge seiner Erfahrungen.«[11] Die konstitutive Funktion der Gegenwart und die nur medial zu vermittelnde Spanne zwischen Erleben und Erinnern machen es unabdingbar, diese Medialität selbst in den Blick zu rücken und den Erinnerungstext nicht nur als Text der Erinnerung, sondern als Text des Erinnerns zu lesen. Indem der Erinnerungstext gleichzeitig verschiedene Erinnerungsformen vorführt und diese sprachlich darstellt, wirft er die Frage auf, wie die Konfigurationen der jeweiligen Medien die Bedingung der Möglichkeit der Darstellung bestimmen, d.h. anders gefragt, wie sich die Übersetzungs- und Transformationsprozesse zwischen den dargestellten Erinnerungsmedien und ihrer Darstellung im Text organisieren.

Aufschluss darüber gibt in der *Berliner Kindheit um Neunzehnhundert* die Erfahrungswelt des Kindes, in der sich die verschiedenen natürlichen und technischen Erinnerungsmedien in ihrer wechselseitigen Übersetzbarkeit zeigen. Indem Benjamin Szenen der Kindheit erinnert, die sich ihrerseits mit der Frage der unterschiedlichen Mitteilungsformen befassen, tritt die sprachliche Darstellung der medialen Vermittlung der Erinnerung und in eins mit ihr die Frage nach dem Verhältnis dieser Medien zur Sprache an die Stelle der herkömmlichen kontinuierlichen Lebensbeschreibung. Was erinnert wird, ist nicht in erster Linie das eigene Leben »so, wie es gewesen ist«, sondern die magische Struktur einer Welt, in der prinzipiell alles zum Zeichen und zum Medium werden kann. Die verschiedenen medialen Zugänge des Kindes zur Welt erlauben ihm eine andere Wahrnehmung auf die Dinge und einen anderen Blick auf das eigene Ich. »Jede Kindheit«, heißt es im *Passagen-Werk*,

»leistet etwas Großes, Unersetzliches für die Menschheit. Jede Kindheit bindet in ihrem Interesse für die technischen Phänomene, ihre[r] Neugier für alle Art von Erfindungen und Maschinerien die technischen Errungenschaften an die alten Symbolwelten. Es gibt nichts im Bereich der Natur, das solcher Bindungen von Haus aus entzogen wäre. Nur bilden sie sich

11 GS VI, 470f.

nicht in der Aura der Neuheit, sondern in der der Gewöhnung. In Erinnerung, Kindheit und Traum.«[12]

Indem das Kind schon die natürliche Welt als eine zeichenhafte liest, gelingt es ihm, neue kulturelle und technische Entwicklungen in diese Semiotik einzubinden und auf diese Weise die Dichotomie von Natur und Kultur zu unterlaufen. Die Kindheitserinnerungen öffnen keinen Weg ›zurück zur Natur‹, sondern zeigen eine Rezeptionshaltung gegenüber der Technik, die diese in den gemeinsamen Symbolraum einer ›Ordnung der Dinge‹ eingliedert, ohne dabei ihre Spezifika gegen die vortechnischen Medien auszuspielen.[13]

In diesem Sinne lesen die folgenden Überlegungen diese Metaphern als ständige Übersetzung zwischen »Medien verschiedener Dichte«[14]. Statt einer Hierarchisierung erfolgt in der *Berliner Kindheit* ein ständiger Wechsel zwischen verschiedenen Erinnerungsmedien, die ihre ganze Wirkung nur im Rahmen eines prozesshaften Differenzverhältnisses zwischen den Medien zu entfalten vermögen. Eingebettet werden diese Übersetzungsprozesse in einen Schriftbegriff, der den Gegensatz von mimetischer und repräsentativer Zeichenlogik unterläuft. Nur ein Zeichenbegriff, der sich aus der Dichotomie von Repräsentation und Mimesis, Bedeutungsbildung und Materialität zu befreien vermag, ist in der Lage, die Strukturen der Erinnerung in ihrer konstitutiven Dopplung von Vergessen und Erinnern, Heimlichkeit und Unheimlichkeit, Traum und Bewusstsein darzustellen. Statt sich in die Logik repräsentativer Zeichen einzuordnen, entfaltet die *Berliner*

12 GS V, 576.

13 Eine Verschiebung von den klassischen »Formen analoger Repräsentation (Erzählung, Beschreibung)« (S. 107) zu den neuen technischen Medien und innerhalb dieser besonders zu den akustischen sieht Manfred Schneider. Vgl. Manfred Schneider: Erkaltete Herzensschrift. Der autobiographische Text im 20. Jahrhundert, München: Hanser 1986. Dagegen setzt Nicolas Pethes natürliche Medien wie Wasser, Luft und Licht, »die der archaisch-mimetischen Erfahrungswelt des Kindes entsprechen« (S. 297f.) und auf diese Weise einen Zugang zu den »vortechnischen Kindheitserinnerungen« (ebd.) ermöglichen sollen. Vgl. Nicolas Pethes: Mnemographie. Poetiken der Erinnerung und Destruktion nach Walter Benjamin, Tübingen: Niemeyer 1999.

14 GS II, 151.

Kindheit in enger Verknüpfung mit den sprachphilosophischen Meditationen *Über das mimetische Vermögen* und *Die Lehre vom Ähnlichen* einen Zeichenbegriff, der in eine ständig wechselnde Unentscheidbarkeit von Signifikat und Signifikant reißt. Jedes Ding kann hier zum Zeichen werden, jedes Zeichen seine materielle, dinghafte Seite entfalten. Wie diese Zeichenwelt im Einzelnen beschaffen ist, dass sie die Korrespondenz und Verschiebung zwischen den Medien ermöglicht, ohne sie in einem festen Gefüge von Verweisen erstarren zu lassen, soll im Folgenden an drei Erinnerungsszenen der *Berliner Kindheit* dargestellt werden, die sich in ihrer unterschiedlichen Medialität jeweils ergänzen.

Knabenbücher

Am deutlichsten wird die Zeichenkorrespondenz zwischen Dingwelt und Sprache in der Episode »Knabenbücher«.[15] Schon der Titel zeigt an, dass es hier sowohl um eine Kindheitserinnerung als auch um die Beschreibung einer zentralen Erinnerungsmetapher geht – Knabenbücher verbinden die Welt des Kindes mit der des Buches. Der Text beschreibt eine Kette von Erinnerungen, die schrittweise von der Erinnerung an die Lektüre der Kindheit zu den ersten Leseerlebnissen und von dort zu jenen »ältesten, unauffindbaren« Büchern im Traum füh-

15 Der Text, der ursprünglich den Titel *Schmöcker* trug, gehört zu denjenigen, die 1933, kurz bevor Benjamin das Publizieren in Deutschland ganz unmöglich wurde, noch in der *Frankfurter Zeitung* erschienen sind. Allerdings bereits unter dem Pseudonym Detlef Holz. Wie viele der Episoden, so wurde auch *Knabenbücher* von Benjamin mehrfach umgearbeitet. So heißt es 1933 in einem Brief an Gretel Adorno: »Ein anderes [Stück] dürfte Ihnen noch bevorstehen, das in der Tat ganz neu, in der Gestalt aber, in der Sie es vielleicht erblicken werden, nicht neu genug ist. Ich meine die ›Knabenbücher‹, von denen ich Ihnen, falls sie erscheinen, ein verbessertes Exemplar zusenden werde. Denn ich habe das Stück, nachdem es abgesandt war, nochmals wesentlich überarbeitet.« (GS IV, 967) Die Fassung der Adorno-Rexroth-Ausgabe hat diese Umarbeitung schon mit einbezogen. Der Text, der dort unter dem Titel *Schmöker* erscheint, ist bis auf eine einzige Abweichung im Schlusssatz (»noch einmal« ist gestrichen) mit der Fassung letzter Hand identisch. Vgl. zur Textgenese GS IV, 966-972 u. GS VII, 691-723.

ren. Der Weg zum Traum erfolgt nicht in der Metaphorik der Archäologie, die Benjamin an anderen Stellen in die Erinnerungsbilder einarbeitet,[16] sondern über die Metaphorik des Lesens. Statt in der Tiefe zu graben, wird der Blick durch die Textfläche geführt. Zunächst gelangt das gewünschte Buch aus der Schülerbibliothek »über die Bänke« bis zum Kind. Der begehrte Text wird durch den Raum »geschoben«, er wird an einer Kette durch die Hände der Schüler gereicht, oder »schwebt über die Köpfe hin«. Der anschließende Satz »An seinen Blättern haftete die Spur von Fingern«[17] verkettet die materielle Physiognomie des Buches mit dieser Reihe, indem die »Spuren der Finger«, die die Blätter des Buches aufweisen, vom Leser zunächst rückgebunden werden an den Weg des Buches durch die Bänke der Schulklasse. Erst der Relativsatz »die sie umgeschlagen hatten« identifiziert die Finger als die der früheren Leser.

Nachdem die Gebrauchsspuren am Buchkörper näher beschrieben wurden, setzt der Text noch einmal ein mit dem Syntagma »An seinen Blättern«. Statt der Spuren, die an ihnen haften, spannt sich jetzt ein metonymisch-metaphorisch enges Netz, in das sich der Leser ebenso verstrickt wie das »ich einst beim Lesenlernen«. »An seinen Blättern aber hingen, wie Altweibersommer am Geäst der Bäume, bisweilen schwache Fäden des Netzes, in das ich einst beim Lesenlernen mich verstrickt hatte.«[18] Die Polysemie des Wortes ›Blatt‹ nutzend, führt der Satz die Sprache der Natur mit der Schriftsprache zusammen, ohne jedoch in einem der beiden Bereiche auf einen realen Referenten zu verweisen, denn das, was hier gewoben wird, lässt sich weder in den

16 Der Vergleich der Erinnerungsarbeit mit der Arbeit des Archäologen findet sich bereits in der *Berliner Chronik*, wo es heißt: »Es [das Gedächtnis, A.L.] ist das Medium des Erlebten wie das Erdreich das Medium ist, in dem die toten Städte verschüttet liegen. Wer sich der eigenen Vergangenheit zu nähern trachtet, muß sich verhalten, wie ein Mann, der gräbt.« (GS VI, 486f.) Die Tiefendimension der Erinnerungsarbeit, die Benjamins Überlegungen zum Gedächtnis mit den topographischen Überlegungen Freuds verbinden, wird in der *Berliner Kindheit* immer wieder aufgegriffen. Vgl. u.a. die »schwarze Kute« des Baumes in *Loggien*, das Bergwerk in *Steglitzer Ecke Genthiner*, die Grotte des Fischotters in der gleichnamigen Episode, das Strumpfmotiv und die Traumsequenz in *Das bucklichte Männlein*.

17 GS VII, 396.

18 Ebd.

Bäumen noch im Text finden. Dem »Gefühlsschleier«[19] der Dinge, von dem Proust spricht, nicht unähnlich, wird dem Text eine Qualität zugesprochen, die zwischen der materiellen Seite seiner Zeichen- und Dinghaftigkeit und dem Gewebe der Vorstellungsbilder, die seine Semiotik entfaltet, oszilliert. Ein von Licht geprägtes Textgewebe, flirrend und fast immateriell, dabei aber wirkungsmächtig wie das Labyrinth, diese Traumspuren »auf den Löschblättern« der Schulhefte, mit denen die Knabenbücher korrespondieren.

Der zweite Abschnitt des Textes beschreibt die Initiationsszene des Lesenlernens als ein Gleiten von der Lektüre der natürlichen Zeichen zum Textzeichen.

> »Manchmal [...], im Winter, wenn ich in der warmen Stube am Fenster stand, erzählte das Schneegestöber draußen mir [...] lautlos. Was es erzählte, hatte ich zwar nie genau erfassen können, denn zu dicht und unablässig drängte zwischen dem Altbekannten Neues sich heran. Kaum hatte ich mich einer Flockenschar inniger angeschlossen, erkannte ich, daß sie mich einer anderen hatte überlassen müssen, die plötzlich in sie eingedrungen war. Nun aber war der Augenblick gekommen, im Gestöber der Lettern den Geschichten nachzugehen, die sich am Fenster mir entzogen hatten.«[20]

Die Bewegung der Schneeflocken, die die Entstehung eines klar umrissenen Sinns durch das ständige Gleiten von einem Bedeutungsträger zum nächsten verhindert, wird zum Modell des Lesens jeder Form von Schrift.

Damit knüpfen die Kindheitserinnerungen thematisch an Benjamins zeitgleich entstandene sprachphilosophische Überlegungen zur *Lehre vom Ähnlichen* und *Über das mimetischen Vermögen* an. Auch sie gehen in enger Verschränkung zwischen phylogenetischen und ontogenetischen Aspekten der Entwicklung des mimetischen Vermögens, von der Fähigkeit des Kindes aus, im Spiel Ähnlichkeiten zu erzeugen. Eine Fähigkeit, die sich nicht allein auf den Bereich pädagogischer Nach-

19 Marcel Proust: Auf der Suche nach der verlorenen Zeit, Bd. 7: Die wiedergefundene Zeit, übers. v. Eva Rechel-Mertens, Frankfurt/M.: Suhrkamp 1984, S. 282.

20 GS VII, 396.

ahmung der Erwachsenenwelt beschränkt. »Kinder«, so betont Benjamin, »spielen nicht nur Kaufmann oder Lehrer sondern auch Windmühle und Eisenbahn.«[21] Was am Kind noch sichtbar ist, ist die dem modernen Menschen abhanden gekommene Fähigkeit zur Wahrnehmung und Erzeugung von Ähnlichkeiten, wie Benjamin sie exemplarisch an der Astrologie aufzeigt. »›Was nie geschrieben wurde, lesen‹«, zitiert er Hofmannsthal und meint damit das älteste, vorsprachliche Lesen »aus den Eingeweiden, den Sternen oder Tänzen.«[22] Doch der Verlust der Gabe der Mantik und des Haruspiziums, der sich zunächst als entwicklungsgeschichtlicher Verfall des menschlichen Vermögens zeigt, weist nicht auf ein Absterben der Fähigkeit zur Mimesis überhaupt, sondern auf deren Verwandlung. Zwar hat unsere Wahrnehmung die Fähigkeit verloren, kosmologische Ähnlichkeiten wie die zwischen Lebensläufen und Sternkonstellationen zu erkennen, aber auch wir verfügen für Benjamin noch über eine Richtschnur, einen, wie er sagt, »Kanon«, nach dem die Unklarheit, die dem Begriff der unsinnlichen Ähnlichkeit anhaftet, erhellt werden kann. Dieser Kanon ist die Sprache.[23]

Mit der Hinwendung zur Sprache ist in der *Berliner Kindheit* für das Kind »der Augenblick gekommen, im Gestöber der Lettern den Geschichten nachzugehen, die sich am Fenster mir entzogen hatten.« Doch entgegen den Erwartungen, erzielt auch die Buchstabenschrift die erhoffte semiotische Klarheit nicht. Mit der Verschiebung der Erzählung des Schnees, die sich dem Kind nie ganz zu lesen gab, in einen Text, ist diese Entzugsfigur nicht aufgehoben. Die Übersetzung macht nichts Verborgenes sichtbar, denn die Schriftzeichen korrespondieren mit der Beschaffenheit des Schnees und ihre Lektüre verlangt ebenso wie die Lektüre des Schneegestöbers ein Entlanggleiten am ständig neu sich bildenden, sich weiterschiebenden und wieder auflösenden Sinn, der niemals ganz zu erfassen ist, da er sich in jedem Moment bereits wieder in ein anderes transformiert hat und statt der erhofften Beute für den Verstand die materielle Seite des Zeichens zu sehen gibt.

21 GS II, 205.
22 Ebd., 213.
23 Vgl. ebd., 207.

Nach Benjamins sprachphilosophischen Überlegungen gilt für das Geschriebene wie das Gesprochene, dass es nicht aufgeht in einem arbiträren Zeichensystem mit eindeutigen Referenzen, sondern untereinander sowie in Bezug auf das Bedeutete eine Vielzahl von Korrespondenzen und unsinnlichen Ähnlichkeiten stiftet, die die semiotische Funktion der Sprache übersteigen. Auch »das Gestöber der Lettern« bietet kein eindeutiges Narrativ. In der Lektüre der Buchstaben bleibt die Wirkungsweise der Schneeschrift erhalten. »Die fernen Länder, welche mir in ihnen [den Geschichten, A.L.] begegneten, spielten vertraulich wie die Flocken umeinander. Und weil die Ferne, wenn es schneit, nicht mehr ins Weite, sondern ins Innere führt, so lagen Babylon und Bagdad, Akko und Alaska, Tromsö und Transvaal in meinem Innern.«[24] Die Geschichten in den Büchern lösen sich so wenig von der Materialität der Buchstaben wie diese von ihrer Analogie zum Schnee. Nicht die Einbildungskraft verinnerlicht hier den Sinn von Gelesenem und lässt es im Innern als Phantasie weiterleben, sondern die analoge Beschaffenheit der beiden Medien Schnee und Buch ermöglicht die Entfaltung einer inneren Textlandschaft, deren einzelne Orte nicht nach dem Verlauf der Geschichten geordnet sind, sondern einem durch Anapher und Alphabet strukturiertem Ordnungsprinzip unterliegen.

Dabei ist zu betonen, dass die magische Seite der Sprache nicht loszulösen ist von ihrer arbiträr verweisenden. *Die Lehre vom Ähnlichen* betont ausdrücklich, dass »[a]lles Mimetische der Sprache [...] eine fundierte Intention [ist], die überhaupt nur an etwas Fremdem, eben dem Semiotischen, Mitteilenden der Sprache als ihrem Fundus in Erscheinung treten kann.«[25] Wie in einem »Vexierbild« versteckt sich die magische Dimension in der Wortbedeutung als ihrem anderen. Eine Lektüre, die die Erfahrung der magischen Seite der Sprache machen will, bleibt angewiesen auf den hermeneutischen Verstehensprozess, denn der Sinnzusammenhang bildet ein »Archiv«[26], ein über die Jahrhunderte mit verborgenen Korrespondenzen angereichertes Textgedächtnis, aus dem die Ähnlichkeiten hervortreten können. Dieses Hervortreten ist ebenso wenig von Dauer wie die Erzählung des Schnees.

24 GS VII, 396f.
25 GS II, 208.
26 Ebd., 209.

Benjamin betont an mehreren Stellen, dass solche Ähnlichkeiten nur momenthaft und flüchtig sichtbar werden, um gleich darauf wieder in der Kette der Bedeutungen zu verschwinden. Ähnliches erscheint immer nur blitzartig, so dass die magische Seite der Sprache in der Lektüre nicht festgehalten und in Besitz genommen werden kann, ihre Zeitform ist der Augenblick, der plötzlich aufscheint und eine andere Erfahrungswelt öffnet, die nicht dauerhaft anzueignen ist.

Es handelt sich nicht nur um eine einfache Kippfigur zwischen magischer und semiotischer Zeichenlektüre. Vielmehr eignet diesem Zeichenmodell der Korrespondenzen eine unstillstellbare Dynamik, die alle ihre Elemente immer wieder wechselseitig aufeinander verweisen lässt. Werner Hamacher hat in *The word Wolke – if it is one* zu Recht unterstrichen, dass »it is just as impossible to obtain a final correspondance of all modes of language in the structural harmony of likeness as it is to encounter the particular monadological elements of language in a simple correspondence of form and meaning.«[27] Das Vexierbild der Sprache, das die unsinnlichen Ähnlichkeiten momenthaft in der Kette der Bedeutungen aufscheinen lässt, wird erzeugt durch eine bewegliche Konstellation dreier Elemente. Es geht Benjamin nicht darum, die arbiträre Zeichenbeziehung durch das Auffinden sinnlicher Bezüge zwischen Signifikat und Signifikant zu unterlaufen. Eine solche onomatopoetische oder einfach magisch-animistische Sprachauffassung verfehlt den – leeren – Kern von Benjamins Sprachphilosophie, der es um die Beschreibung einer sich immer wieder neu konstellierenden Beziehung zwischen den verschiedenen Worten untereinander und in Bezug auf ihre Bedeutung geht. Hamacher beschreibt diese bewegliche Konstellation als »a calculus of modalities without substance«[28]. Es geht weder um das Auffinden geheimer Ähnlichkeiten zwischen Form und Inhalt des Zeichens, noch zwischen dem Zeichen und dem Ding, sondern um eine Ähnlichkeitsbeziehung, die sich erst in der Differenz zwischen den Zeichen in Bezug auf ein nicht vorgängig gegebenes, sondern erst zu erzeugendes Drittes herstellt. Die unsinnliche Ähnlichkeit entfaltet sich im Spiel zwischen phonetischen, graphischen und semantischen Kor-

27 Werner Hamacher: »The word Wolke – if it is one«, in: Studies in twentieth century Literature 11 (1986/87), S. 133-162, hier S. 140.

28 Ebd., S. 139.

respondenzen; ein Spiel, das nur im performativen Akt der Übersetzung, nur im aktiven Prozess des Schreibens und Lesens, der Interpretation und der Übertragung von einer Sprache in die andere überhaupt als Spiel erfahren werden kann. Ein solches Spiel kann niemals in einer endgültigen Form festgestellt werden. Es entfaltet sich sowohl zwischen den verschiedenen Sprachen als auch zwischen den verschiedenen Medien der Erinnerung.

Mummerehlen und Loggien

Ein solcher Übersetzungsakt findet sich gleich mehrfach in den Episoden *Mummerehlen* und *Loggien*, deren Genese im Rahmen der verschiedenen Anordnungsvarianten in der Entstehungsgeschichte der *Berliner Kindheit* ihrerseits als Beispiel eines solchen beweglichen Transformationsprozesses verstanden werden muss. Bekanntlich hat Benjamin die *Mummerehlen* in ihrer frühen Fassung als Eingangsepisode der *Berliner Kindheit* eingeplant. Doch im August 1933 heißt es in einem Brief an Gretel Adorno: »Die Ähnlichkeit, welche Du zwischen den ›Loggien‹ und dem ›Fieber‹ bemerkt hast, besteht natürlich. Mir selbst aber stehen die beiden Stücke sehr unterschiedlich nah; weit näher als das frühere das erstgenannte, in dem ich eine Art von Selbstportrait erblicke. Wahrscheinlich werde ich es anstelle jenes photographischen, das in den ›Mummerehlen‹ enthalten ist, an die erste Stelle des Buches setzen.«[29] In der »Fassung letzter Hand«, die 1981 von Giorgio Agamben in der Pariser Nationalbibliothek gefunden wurde, hat Benjamin diese Absicht in die Tat umgesetzt. Die *Loggien* eröffnen die Textsammlung, deren einundzwanzigstes Stück jetzt die *Mummerehlen* bilden – allerdings in einer stark veränderten Fassung, aus der sowohl das ›photographische Selbstportrait‹ als auch die allegorische Beschreibung des autobiographischen Schreibens in der Erzählung vom chinesischen Maler verschwunden sind.[30]

29 Walter Benjamin: Briefe, Bd. 2, hg. u. mit Anmerkungen versehen v. Gershom Scholem, Frankfurt/M.: Suhrkamp, 2. Aufl. 1993, S. 591f.

30 Dieser Tilgung des Photographischen, mit der auch die Streichung der Erinnerungsmetapher des Daumenkinos in der Abschlussepisode *Das bucklichte Männlein* korrespondiert, lässt sich im Sinne Schneiders als Verschiebung vom visuellen zum akustischen Zeichen verstehen. Ob der

Der Wandel vom photographischen Selbstportrait zum Selbstbildnis in den *Loggien* kann als weiteres Beispiel für die in der *Berliner Kindheit* durchgespielten Übersetzungsprozesse zwischen den Medien gelesen werden, denn durch die Umgruppierung und Umschreibung der Episoden vollziehen sich auf der textgenetischen Ebene noch einmal die Umformungsschritte, die die *Mummerehlen* selbst im Text zuvor programmatisch entworfen hatten. Im Anschluss an die Darstellung der Kinderphotographien, durch die das Ich »entstellt von Ähnlichkeit mit allem, was hier um mich ist«, sich selbst im Stande der Ähnlichkeit entfremdet findet, folgt dort eine Beschreibung, in der die Entfremdungserfahrung vom visuellen auf den akustischen Träger übergeht: »Ich hauste so wie ein Weichtier in der Muschel haust im neunzehnten Jahrhundert, das nun hohl wie eine leere Muschel vor mir liegt. Ich halte sie ans Ohr. Was höre ich? Ich höre nicht den Lärm von Feldgeschützen oder von Offenbachs Ballmusik, auch nicht das Heulen der Fabriksirenen oder das Geschrei, das mittags durch die Börsensäle gellt, nicht einmal Pferdetrappeln auf dem Pflaster oder die Marschmusik der Wachparade. Nein, was ich höre, ist das kurze Rasseln des Anthrazits, der aus dem Blechbehälter in einen Eisenofen niederfällt, es ist der dumpfe Knall, mit dem die Flamme des Gasstrumpfs sich entzündet und das Klirren der Lampenglocke auf dem Messingstreifen, wenn auf der Straße ein Gefährt vorbeikommt.«[31] Wie beim Lettern-

Vorteil des letzteren gegenüber der Photographie für die autobiographische Darstellung des Ich jedoch darin besteht, eindeutige Zuweisungen im Sinne einer repräsentativen Logik zu unterlaufen, während das Photo solche Eindeutigkeiten gerade festzuschreiben sucht, wäre durch eine genauere Untersuchung der Rolle der Photographie bei Benjamin herauszuarbeiten. Für die erste Fassung der *Mummerehlen* sei hier nur auf den Umstand verwiesen, dass es sich keinesfalls um eine eindeutig zuzuschreibende Photographie handelt. Der beschriebene Akt des Photographierens, dem Benjamin jene entstellende Kraft der von der Gesellschaft geforderten Ähnlichkeit mit sich selbst zuschreibt, bezieht sich nicht eindeutig auf eine Kinderphotographie Benjamins, sondern lässt diese sprachlich mit einem Kinderphoto Kafkas verschmelzen, wodurch der Text in der indexikalischen Dimension des Photos die unsinnliche Ähnlichkeit aufscheinen lässt und die Erstarrung in der eigenen Identität verhindert. Vgl. hierzu auch die Verf.: »Die Sozialisation der Vokabel – Kindheits- und Identitätskonstruktion in der literarischen Autobiographie«, in: Bios 2 (2002), Jg. 15, S. 264-279.

31 GF, S. 9.

gestöber ist auch hier der Kernpunkt dieses medialen Wandels nicht die eindeutige repräsentative Zeichenstruktur, mit der sich ein allgemein gültiges Bild des historischen Zeitalters entwerfen ließe, sondern das Gleiten entlag einer Fülle von Alltagsgeräuschen, die für verschiedene kontextuelle Zuschreibungen in der Erinnerung offen sind. Und wie in *Knabenbücher* mündet auch diese mediale Erinnerungskette, die den Umschlag vom Visuellen ins Akustische beschreibt, in der Sprache, denn »endlich«, nachdem »noch andere Geräusche, wie das Scheppern des Schlüsselkorbs« und »die beiden Klingeln an der Vorder- und der Hintertreppe« der Muschel zu entnehmen waren, »endlich ist auch ein kleiner Kindervers dabei: ›Ich will dir was erzählen/ von der Mummerehlen.‹«[32] Und hier schließt sich der Kreis, setzt die ganze Episode doch ein mit den Worten »In einem alten Kinderverse kommt die Muhme Rehlen vor.«[33]

In der Differenz zwischen der Muhme Rehlen und der Mummerehlen entfaltet sich das unstillstellbare Wechselspiel zwischen der semiotischen und der magischen Zeichendimension, durch die die Schrift sich mit dem Photo und den Alltagsgeräuschen verbindet. Das Missverstehen, mit dem das Kind die ihm unbekannte »Muhme« zum Geist des Mummens macht, ist die metaphorische Beschreibung des mimetischen Vermögens selbst. Erst durch die Verrückung der festen Semantik entsteht die Differenz im Spiel der Zeichen, durch die allein sich die Konstellation der unsinnlichen Ähnlichkeiten zu erzeugen vermag. Das Missverstehen führt nicht zu einem weiteren Begriff oder einem klar umrissenen Gegenstand, sondern verweist auf die sprachlich nie ganz einzuholende Wandlung, die der Verkettung der Zeichen innewohnt. Die Mummerehlen sind nicht aufzuspüren, die kindliche Suche nach ihnen führt nicht zu einer klar umrissenen Gestalt. »Sie war das Stumme, Lockere und Flockige, das gleich dem Schneegestöber in den kleinen Glaskugeln sich im Kern der Dinge wölkte. Manchmal wurde ich darin umgetrieben.«[34] Der Geist der Mummerehlen ist nicht auf die Episode, die diesen Titel trägt, zu beschränken, sondern wirkt als ein sich in der Konstellation erst erzeugendes Differenzprinzip an jeder

32 Ebd.
33 Ebd., S. 7.
34 Ebd., S. 10.

Lektüre mit. Zwischen dem Schneegestöber und dem Gestöber der Lettern können sich nur deshalb Korrespondenzen zeigen, weil die Dinge wie die Worte wolkige Stellen aufweisen, Stellen, die ihrerseits nach dem formwandlerischen Prinzip der Wolke nicht eindeutig zu lokalisieren sind, sondern lediglich momenthaft im Spiel der Verkettungen aufscheinen. In dieses Korrespondenzverhältnis von ›Worten wie Wolken‹ und dem wolkigen Kern der Dinge mummt sich das Ich, wenn es dem Zwang der Zeichen folgt, »ähnlich zu werden und sich zu verhalten.«[35] Es erfolgt hier keine Anverwandlung an die Dinge im Sinne einer einfachen Mimikry, sondern eine Anverwandlung an ein Verwandlungsprinzip, an das Sein der Wolke, das ihr Anderssein ist, und deren Konstanz in ihrer Veränderung besteht.

Diesem Verwandlungsprinzip im Rahmen einer allgemeinen Semiotik folgt auch die Episode *Loggien*, die sich ähnlich wie in den *Mummerehlen* auf den Umschlag zwischen visuellen und akustischen Medien konzentriert, wobei das Medium der Luft neu hinzutritt. Statt des Selbstportraits in der Beschreibung der Photographie bildet die Topographie des Berliner Bürgerhauses den visuellen Rahmen für die Erinnerung. Die Loggia als Schwellenraum zwischen Haus und Hof, Innen und Außen, Bürgerwelt und Arbeitermilieu, Gegenwart und Vergangenheit ist

»die Wiege [...], in die die Stadt den neuen Bürger legte. Die Karyatiden, die die Loggia des nächsten Stockwerks trugen, mochten ihren Platz für einen Augenblick verlassen haben, um an dieser Wiege ein Lied zu singen, das wenig von dem enthielt, was mich für später erwartete, dafür jedoch den Spruch, durch den die Luft der Höfe mir auf immer berauschend blieb. Ich glaube, daß ein Beisatz dieser Luft noch um die Weinberge von Capri war, in denen ich die Geliebte umschlungen hielt; und es ist eben diese Luft, in der die Bilder und Allegorien stehen, die über meinem Denken herrschen wie die Karyatiden auf der Loggienhöhe über die Höfe des Berliner Westens.«[36]

35 Ebd., S. 7.
36 GS VII, 386.

In dieser ersten Szene markiert der Text die zeitliche und räumliche Distanz zwischen erzähltem und erzählendem Ich durch direkten Rekurs auf Ereignisse seines gegenwärtigen Lebens und greift so den oben zitierten Hinweis aus der *Berliner Chronik* auf, dass das autobiographische Unternehmen nur dann Vertrauen verdiene, wenn gleichzeitig von der Gegenwart des Schreibenden als dem Medium, »in dem diese Bilder allein sich darstellen«, Rechenschaft gegeben würde. Aufgespannt wird dieser Zeit-Raum durch die Luft, die den Spruch der Karyatiden über die Zeiten weiterträgt. Das Entscheidende an deren Sprache ist dabei nicht die Botschaft. Das Lied der Karyatiden enthält keine Weissagung für die Zukunft, sondern reichert die Luft mit der Atmosphäre der Situation und des Raumes an. Weder geht es um Mitteilung noch um die Gleichsetzung von ›Message und Medium‹. Es geht um eine Sprachqualität, die nicht hermeneutisch gedeutet und verstanden werden kann, sondern den medialen Rahmen abgibt, der die Bedingung der Möglichkeit hermeneutischer Deutung bildet. Die spätere Arbeit mit der Sprache, und damit auch der vorliegende Text der *Berliner Kindheit*, sind umgeben von dieser berauschenden Luft, die die Erinnerung trägt, womit für die Lektüre angezeigt ist, dass nicht in erster Linie die Bilder, die der Text entwirft, den Zugang zu den Erinnerungen ermöglichen, sondern der mediale Rahmen, in dem sie stehen und durch den sie entstehen.

Mit Ersetzung der *Mummerehlen* durch die *Loggien* kommt das ›Selbstportrait‹ des schreibenden Ich nicht zum Abschluss, denn hier wird nicht ein Bild durch ein anderes ausgetauscht, sondern das Verfahren des Wechsels und der Übersetzung selbst als konstitutiv für die Frage des Selbstportraits aufgezeigt und mit jedem weiteren Text wird eine weitere Variante des für die Ich-Konstitution notwendigen medialen Übersetzungsprozesses vorgeführt. Das Verhältnis von Selbst, Leben und Graphé des autobiographischen Textes entfaltet sich in der *Berliner Kindheit* im differentiellen Spiel der Korrespondenzen. Deshalb ist die Suche nach dem ›einen Selbstportrait‹, das sich in den verschiedenen Miniaturen der *Berliner Kindheit* versteckt hält, so irreführend wie die Annahme, ein Darstellungsmedium habe das andere für den Entwurf des Selbstportraits ersetzt. Zwar ist unbestritten, dass die visuellen Medien in der Fassung letzter Hand gegenüber den akustischen zurückgetreten sind, doch es handelt sich dabei weniger um eine Er- als um eine Übersetzung. Die Umstrukturierung der Anordnung der Textteile kann als Teil des in der *Berliner Kindheit* entworfenen Erinnerungskonzeptes gelesen werden, in dem sich das Ich nicht mehr in einem Akt narrativer Selbstkonstitution im Wandel chronologischer Zeit entwirft, sondern sich als ein im Text entworfenes nur in der kreisförmigen, unabschließbaren Wechselbeziehung seiner verschiedenen medialen Sprachen, als ein in sich differentes zeigt. Der mediale Wechsel bildet die poetologische Voraussetzung für die textuelle Einschreibung des Ich, die auf der einen Seite Spuren des schreibenden Ich bewahrt, auf der anderen Seite dieses jedoch gleichzeitig gegen eine universelle Identifizierung im Rahmen einer repräsentativen Semiotik schützt. Die allgemeine Semiotik der Dinge wird zur Bedingung der Möglichkeit einer nichtidentitären Ichkonstitution, die sich im Zwischen des Wandels immer nur augenblicklich bildet und im selben Moment schon wieder auflöst, um die Spuren des schreibenden Ich im Spiel dieser Ähnlichkeiten flüchtig aufscheinen zu lassen.

ADORNOS NATURGESCHICHTE DES THEATERS

PATRICK PRIMAVESI

daß da gehören soll, was da ist/
Denen, die für es gut sind[1]

Für das Schlussstück der *Naturgeschichte des Theaters*, die Theodor W. Adorno 1931 und 1932 verfasst und zunächst in einzelnen Teilen veröffentlicht hat, fühlte er sich Walter Benjamin, besonders dessen Abhandlung *Ursprung des deutschen Trauerspiels*, so sehr verpflichtet, dass er es mit einer Widmung versah und ihm zusandte. Dafür bedankte sich Benjamin, der gerade im italienischen Poveromo an der *Berliner Kindheit* arbeitete, am 3.9.1932 mit einem Brief, worin er den Text als Fortschreibung seiner eigenen Theaterideen würdigt: »Diese ganze Folge geht ja von einem höchst originären und wahrhaft barocken Blick auf die Bühne und ihre Welt aus. Ja ich möchte sagen, daß sie etwas wie ›Prolegomena zu einer jeden künftigen Geschichte des barocken Bühnenhauses‹ enthält und daß Sie diese unterirdische Beziehung im Thematischen durch Ihre Widmung so ins Licht heben, freut mich ganz besonders.«[2] Da er anschließend auch die »Foyer-Folge« lobend erwähnt, hatte er den Text wohl noch in Erinnerung, oder Adorno hatte ihm die früheren Teile ebenfalls zugesandt (weder der Brief noch das

1 Bertolt Brecht, aus den Schlussworten von »Der kaukasische Kreidekreis« (1949), in: ders., Werke, hg. von Werner Hecht u.a., Frankfurt/M.: Suhrkamp 1992, Bd. 8, S. 92.

2 Theodor W. Adorno/Walter Benjamin: Briefwechsel 1928-1940, hg. v. Henri Lonitz, Frankfurt/M.: Suhrkamp 1994, S. 25f.; vgl. Adornos Anmerkung zum Erstdruck des Briefs: »Das damals unpubliziert gebliebene Schlußstück war im Manuskript Benjamin gewidmet.« Walter Benjamin: Briefe, hg. v. Gershom Scholem u. Theodor W. Adorno, Frankfurt/M.: Suhrkamp 1978, Bd. 2, S. 559.

Typoskript des Textes ist erhalten). Die »unterirdische Beziehung im Thematischen« prägt jedenfalls auch, vielleicht sogar noch mehr, die übrigen Teile, so dass sich damit erneut die maßgebliche Bedeutung von Benjamins Schriften für Adorno bestätigt. Kontext der Schrift war zunächst das Seminar, das Adorno im Sommer 1932 an der Frankfurter Universität zum Trauerspielbuch durchführte, sowie sein damals vor der Frankfurter Kant-Gesellschaft gehaltener Vortrag *Die Idee der Naturgeschichte*, in dem er sich vom Naturbegriff der Naturwissenschaften distanziert und stattdessen von einem die menschliche Geschichte tragenden, schicksalhaft vorgegebenen Sein ausgeht. So begründet er vor allem an Benjamin orientiert die wechselseitige Durchdringung von Natur und Geschichte im Moment der Vergänglichkeit und des allegorischen Bedeutens: »Unter dem radikalen naturgeschichtlichen Denken aber verwandelt sich alles Seiende in Trümmer und Bruchstücke, in eine solche Schädelstätte, in der die Bedeutung aufgefunden wird, in der sich Natur und Geschichte verschränken«.[3] Wenn diese Perspektive Adornos gesamtes Werk durchzieht bis hin zum Hegel-Exkurs der *Negativen Dialektik*, so waren ihr erster Anlass und Gegenstand doch das Theater des Trauerspiels und die bürgerliche Oper. Umso näher liegt eine, hier wenigstens kursorisch versuchte, kommentierende Lektüre von Adornos *Naturgeschichte des Theaters*, da der Text noch kaum rezipiert worden ist und da er, durch seine produktive Weiterführung und Verknüpfung von Benjamins Gedanken zum Theater, auch deren besonderes Potenzial veranschaulichen kann.

Dass die *Naturgeschichte des Theaters* bisher wenig Beachtung fand, hängt wohl auch mit der von Adorno wie von Benjamin abgelehnten ›Departementalisierung des Geistes‹ zusammen. Zwischen allen Fachgebieten und Genres changierend, mag sich der Text zumal der

3 Theodor W. Adorno: »Die Idee der Naturgeschichte«, in: Gesammelte Schriften, hg. v. Rolf Tiedemann, Frankfurt/M.: Suhrkamp 1973, Bd. 1, S. 345-365, hier: S. 360. Vgl. René Buchholz: »›Verschränkung von Natur und Geschichte‹. Zur Idee der ›Naturgeschichte‹ bei Benjamin und Adorno«, in: ders./Joseph A. Kruse (Hg.), ›Magnetisches Hingezogensein und schaudernde Abwehr‹. Walter Benjamin 1892-1940, Stuttgart: Metzler 1994, S. 59-94; sowie Burkhardt Lindner: »›Natur-Geschichte‹ - Geschichtsphilosophie und Welterfahrung in Benjamins Schriften«, in: Text+Kritik 31/32: Walter Benjamin (1971), S. 43.

musik- und theaterwissenschaftlichen Rezeption (wenn er nicht einfach nur übersehen wurde) durch seine ungewöhnliche Schreibweise entzogen haben. Die Grenzüberschreitung und der Entzug beginnen schon damit, dass Theater im ›schrägen‹ Blickwinkel einer Naturgeschichte erscheint, die mit dem aufklärerischen Ideal von Natürlichkeit so wenig zu tun hat wie mit dem Naturalismus. Im Gegenteil werden gängige Konventionen und Klischees über das Theater und seine Zuschauer verfremdet und ihre Kehrseite freigelegt. So vermittelt der Text zwischen einer dem Ritual verwandten anthropologischen Ökonomie des Theatervorgangs und seiner ästhetischen wie auch politischen Bedeutung. Diese Vermittlung aber bedarf der Auseinandersetzung mit dem konkreten Detail, einer Schreibweise der gegenseitigen Durchkreuzung von Begriff und Erfahrung.

Besetzungsfragen

Wer spielt auf der Szene des Textes, wem gehört er zu und an wen richtet er sich? Das von Benjamin begrüßte Licht über den Beziehungen zu seinem eigenen Werk war nur von kurzer Dauer, haben die späteren Druckfassungen der *Naturgeschichte* doch jeweils andere Widmungsträger. Nachdem die einzelnen Stücke ohne Widmung ab 1931 in den *Blättern des Darmstädter Theaters* und der Zeitschrift *Musik* erschienen waren, wurde der Text 1962 mit einer neuen Einleitung in der *Freundesgabe* für Kurt Hirschfeld veröffentlicht, der bis 1933 als Dramaturg in Darmstadt auch Herausgeber der *Blätter* war. Darauf bezieht sich eine kleine Widmung am Ende der Schrift: »In Erinnerung an jene Zeit widmet sie der Verfasser heute dem Jubilar.«[4] Unerwähnt bleibt die frühere Widmung an Benjamin, obwohl das ihm zugedachte Schlussstück mit abgedruckt ist. Eigenartig ist auch ein Hinweis der Einleitung, der Text sei nun *erstmals* als »das Ganze« veröffentlicht. Gab es doch bereits 1958 in der September-Ausgabe der *Neuen Deutschen Hefte* einen Abdruck, der sowohl das Schlussstück als auch die

4 Vgl. Richard Schweizer (Hg.): Theater – Wahrheit und Wirklichkeit. Freundesgabe zum 60. Geburtstag von Kurt Hirschfeld am 10.3.1962, Zürich: Oprecht 1962, S. 48.

Einleitung enthält.[5] Bei der letzten Ausgabe des Textes zu Lebzeiten Adornos im Rahmen des Bandes *Quasi una fantasia* (1963 erschienen als Teil II der *Musikalischen Schriften*, deren Wortlaut in die *Gesammelten Schriften* übernommen wurde) entfiel die Einleitung und wieder gab es eine neue, nun dem Text vorangestellte Widmung, welche die früheren ersetzt: »Maria Calvelli-Adorno/ meiner Mutter/ zum Gedächtnis.«[6] So gehen die Widmungen vom ersten Kontext der Schrift, die ja vor allem Benjamin verpflichtet ist, zu einem Kontext der *kindlichen* Erfahrung über, die damit als tiefste Schicht des Textes behauptet wird. Die symbolische Beziehung zum älteren Mentor und Freund Benjamin wird ersetzt durch die natürliche zur Mutter. Mit der Rahmenhandlung ihrer Widmungen erweist sich die *Naturgeschichte des Theaters* selbst als symbolisches Feld, auf dem Adorno sich frühester Erfahrungen kulturellen Lebens zu versichern sucht, die er schließlich dem Gedenken an die 1952 verstorbene Mutter zuschreibt. Gewiss war sie es, die ihm früh die Welt von Musik und Theater eröffnet hat, auf dem besonderen Schauplatz seiner Frankfurter Kindheit und Jugend: dem *Opernhaus*, das 1944 bis auf die Außenmauern zerstört wurde und seitdem (bis zum Wiederaufbau als ›Alte Oper‹ 1980) als schönste Ruine Deutschlands gelten konnte. Nicht von ungefähr ist die *Naturgeschichte* der einzige Text, in dem sich Adorno ausführlicher mit dem Theater als Institution und Gebäude befasst hat[7] – als nachträgliche Einschreibung möglicher, auch literarischer Erfahrungen in eine zugleich imaginäre und reale Örtlichkeit. Dabei ist es für die Tragweite des Textes von großer Bedeutung, dass er sich keineswegs auf die Bühne beschränkt, diese eher am Rande berührt, während sein eigentlicher Schauplatz all jene Orte umfasst, auf denen das Publikum agiert.

5 Theodor W. Adorno: »Zur Naturgeschichte des Theaters«, in: Neue Deutsche Hefte 50 (1958/59), S. 516-523.

6 Th. W. Adorno: »Naturgeschichte des Theaters«, in: Gesammelte Schriften Bd. 16, 1978, S. 309-320, hier: S. 309. Aus dieser Ausgabe wird im Text zitiert mit Bandnummer und Seitenzahl (= 16, 309).

7 Berührungspunkte gibt es allerdings mit dem bei den Darmstädter Gesprächen 1955 gehaltenen Vortrag *Bürgerliche Oper*, der einige Gedanken der *Naturgeschichte des Theaters* fortführt. Vgl. Th. W. Adorno, Gesammelte Schriften Bd. 16, 1978, S. 24-39.

Das idealtypisch beschriebene – durch eine Anspielung auf seine Eröffnung 1880 dennoch kenntliche – Opernhaus wird als Institution einer *physiologischen* Analyse unterzogen: Einerseits geht es um das Theater als Inbegriff einer großbürgerlichen Kultur, die schon völlig von Strukturen des Marktes und der Kulturindustrie geprägt ist, dieses Vorzeichen des eigenen Untergangs aber kaschiert. Naturhaftigkeit ist der Schein, der sich über alle Teile der Konstruktion gelegt hat, das am meisten Künstliche mit dem Anschein des Gewachsenen, Urtümlichen versieht. Andererseits erweist sich in der Perspektive des Textes aber gerade die Schein- und Kunstwelt des Theaters als Manifestation einer archaischen, barbarischen Natur, die das Selbstverständnis einer sich für aufgeklärt haltenden Kultur durchkreuzt. Beide Aspekte sind notwendig, um die Stellung des Theaters in der modernen Gesellschaft zu analysieren und zugleich seine Beziehung zu vermeintlich überwundenen Formen von Kult und Ritual aufzudecken. Damit wird das Theater zu einem Modellfall kultureller Praxis, an dem Adorno einige für sein späteres Werk grundlegende Fragestellungen reflektiert hat, zumal den Begriff der Geschichte. Aufschlussreich dafür ist die wohl 1958 entstandene Einleitung (die in der Ausgabe der *Gesammelten Schriften* fehlt). Da wird die *Naturgeschichte des Theaters* der Erfahrungswelt des Kindes zugeschrieben, das den Bedeutungsfunktionen der symbolischen Ordnung ganz eigene Einsichten verdankt, weil es sie zu dechiffrieren noch nicht gelernt hat oder einfach keine Lust hat. Das erhellt zugleich den Einsatz des Textes und seine Methode:

»Zum Spiel wird versucht, über Phänomene des Theaters so zu sprechen, als ob sie nicht Kunstprodukte, sondern Stücke Natur wären; etwa aus dem Blickwinkel eines Kindes oder eines halbwüchsigen Jungen, der in einer Umgebung aufwuchs, welcher das Theater als selbstverständliches, wenngleich festliches Element der ganzen Existenz galt, nicht als unverbindlicher Schein.«[8]

Der Versuch *zum Spiel* ist hier ernst zu nehmen als Perspektive, die im Theatervorgang weit mehr entdeckt als die Scheinwelt der Bühne. Und

8 Th. W. Adorno: »Zur Naturgeschichte des Theaters«, in: R. Schweizer (Hg.), Theater – Wahrheit und Wirklichkeit, S. 36.

selbst für das auf der Bühne Dargestellte lässt dieser Blick eine tiefere Bedeutung der Wahrnehmung aufscheinen. Dabei bekennt sich Adorno auch zum autobiographischen Grund, den der Text wohl insgesamt für ihn gehabt hat:

»Die formulierten Erfahrungen sind die eines Menschen, der von Geschichte früher etwas aus Opern lernte als in der Schule; dem das alte Ägypten Aida war [...] und das weisse Kriegsschiff des Kolonialimperialismus ein Abziehbildchen aus Madame Butterfly. An dieser um die Brennpunkte von Opern geordneten Vorstellung der Geschichte habe ich die spätere Einsicht von deren Diskontinuität vorweggenommen. Ihr will auch die Naturgeschichte des Theaters gerecht werden, insofern sie einzelne Bildchen unverbunden aneinanderreiht. Dass dabei schliesslich doch wieder die Natürlichkeit des Theaters zum problematischen Gegenstand wird, liegt in der Sache.«[9]

Indem die Einleitung den notwendig fragmentarischen und flüchtigen Eindruck, den das Theater von der historischen Wirklichkeit geben kann, zum Vorbild für die besondere Schreibweise von Adornos Text erklärt, verdeutlicht sie dessen mimetisches Prinzip. Die Erörterungen der *Naturgeschichte* erweisen sich als poetische Inszenierung eines verlorenen, dem erwachsenen Zuschauer und Leser *aufgegebenen* Blicks. So wird der Anspruch des Textes nachgetragen, insgesamt doch gerade die Natürlichkeit des Theaters in Frage zu stellen, mit der (angedeuteten) »Natur der Sache« aber nicht nur die Scheinhaftigkeit des Theaters, sondern auch die Wahrheit des kindlichen Blicks festzuhalten.

Nur im Spiel mit diesem Blick, durch die inszenatorische Versetzung in die Naturgeschichte der Theaterwahrnehmung als einer kindlichen Wahrnehmung, ist auch der kritische Gehalt der *Naturgeschichte des Theaters* zu erfassen. Das verweist wiederum auf Benjamins *Berliner Kindheit um Neunzehnhundert*, von der 1932 viele Teile schon publiziert waren und die Adorno dann 1950 selbst in einer ersten Gesamtfassung herausgab. Auch früheste Theaterbesuche spielen darin eine Rolle, wie im Stück *Affentheater*. Sieht es doch ein entscheidendes Moment der Theatererfahrung in der kindlichen Wahrnehmung erfasst

9 Ebd.

– dass der Blick auf die Bühne, auf Wilhelm Tell oder Dornröschen, keineswegs der alleinige und höchste Zweck der Veranstaltung ist: »Höher lag der andere: im Theater, unter den anderen zu sitzen, die auch da waren. Was auf mich wartete, wußte ich nicht, doch sicher schien mir zuzusehen nur Teil, ja Vorspiel eines weit bedeutungsvolleren Verhaltens, in das ich dort mit anderen mich finden sollte.«[10] Diese kindliche Neugier der festlichen Gemeinschaft gegenüber ist auch der Impuls, den Adorno seinem Text mit der Einleitung nachträglich zugeschrieben hat. Als Zurücknahme dieser Geste, die gerade im Bereich kindlicher Erfahrung Zitatcharakter annehmen musste, könnte seine Entscheidung verstanden werden, für die abschließende Fassung des Textes auf die Einleitung und auf den autobiographischen Bezug wieder zu verzichten, deren Aussage aber in der neuen Widmung zum Gedächtnis an die Mutter gestisch zu verdichten, in einer letzten Umbesetzung der Hauptrolle. Deren Aufbau ist allerdings nicht weniger literarisch. Vorgeprägt ist er durch die ödipale Faszination des Erzählers an einer bestimmten Parkettloge in Prousts *Guermantes*-Roman. Dort lässt das Phèdre-Spiel der großen Tragödin Berma die als Meergöttin eingeführte Fürstin Guermantes erst recht zur Geltung kommen:

»Jetzt lag die Loge ausgetrocknet am Lande und gehörte nicht mehr zur Wasserwelt, die Fürstin war auch keine Nereide mehr; weiß-blau beturbant, erschien sie wie eine wunderbare Tragödin im Kostüm der Zaïre oder vielleicht der Orosmane; als sie sich dann in die erste Reihe gesetzt hatte, war das weiche Seeschwalbennest, das das rosige Perlmutter ihrer Wangen umhegte, in daunigem samtenem Glanz ein riesiger Paradiesvogel geworden.«

Die damit eröffnete, vom Auftritt der Herzogin selbst noch gesteigerte Wahrnehmung des Theaters als einem mythologischen, von Muttergottheiten regierten Strandleben war Adorno, wiewohl er sich später daran nicht recht erinnern wollte, vermutlich doch auch in Benjamins

10 Walter Benjamin: »Berliner Kindheit um Neunzehnhundert«, in: ders., Gesammelte Schriften, hg. v. Rolf Tiedemann u. Hermann Schweppenhäuser, Frankfurt/M.: Suhrkamp 1980, Bd. IV, S. 268f. Im Text wird aus dieser Ausgabe zitiert mit Bandnummer (römische Ziffern) und Seitenzahl (= IV, 268).

Übersetzung dieses Romans bekannt geworden, die 1930 erschienen war.[11]

Applaus als Vorspiel

In seiner wohl schon mit dem Typoskript im Brief an Benjamin 1932 festgelegten Anordnung ist der Text *Naturgeschichte des Theaters* eine Folge von sechs bzw. sieben Abschnitten, die sich zugleich als Stationen auf einem Rundgang durch ein Opernhaus lesen lassen und als Phasen einer imaginären Aufführung, deren Spielorte weitab von der Bühne liegen: *Applaus – Galerie – Parkett – Loge – Zweiter Rang, 1. Reihe Mitte – Foyer – Kuppel als Schlußstück*. Damit ist der Text aber weniger eine Sammlung von Aphorismen oder, wie sein Autor meinte, eine Aneinanderreihung »unverbundene[r] Bildchen«, sondern vielmehr eine Inszenierung von Situationen, die gerade dadurch zu *Denkbildern* werden, dass hier der gewohnte Blick umgekehrt, das ›Sehen und Gesehenwerden‹ des Theaterbesuchers mit sich selbst konfrontiert und so das vermeintlich schlechthin Subjektive als »Manifestation eines Objektiven« kenntlich wird. Diese Definition aus Adornos kurzem, 1955 entstandenen Essay *Benjamins ›Einbahnstraße‹*[12] bildet zugleich ein Prinzip seiner eigenen Schreibweise. So ist die dem Glücksspiel wie dem Traum verwandte Technik, die Adorno an der *Einbahnstraße* hervorhebt, auch an der *Naturgeschichte des Theaters* zu beobachten: »Denken verzichtet auf allen Schein der Sicherheit geistiger Organisation, auf Ableitung, Schluß und Folgerung, und gibt sich ganz dem Glück und Risiko anheim, auf die Erfahrung zu setzen und ein Wesentliches zu treffen.« (11, 682) Äußerlich verweisen schon die Ti-

11 Die hier nach dem Supplement III zu Benjamins Gesammelten Schriften (1987, S. 40) zitierte, 1926 abgeschlossene Übersetzung dürfte Adorno spätestens aus der Druckfassung gekannt haben, er zählte sie zu den »vollkommensten Übersetzungen der deutschen Sprache« (vgl. ebd., S. 593). In der Einleitung zur *Naturgeschichte* will er Prousts »Mythologie des Zuschauerraums« aber nicht als Quelle, sondern nur als verwandten, überindividuellen »Typus von Erfahrung« gelten lassen (vgl. Th. W. Adorno, »Zur Naturgeschichte des Theaters«, in: R. Schweizer (Hg), Theater - Wahrheit und Wirklichkeit, S. 36).

12 Th. W. Adorno: Noten zur Literatur, in: Gesammelte Schriften Bd. 11, 1981, S. 680-685, hier: S. 680.

tel der Abschnitte von Adornos Text auf die vielfach räumlichen Bezeichnungen der Stücke bei Benjamin: *Tankstelle*, *Frühstücksstube*, *Souterrain*, *Vestibül*, *Speisesaal*, *Baustelle* usw. Von Anfang an geht es mit diesen Örtlichkeiten nicht um eine kontinuierlich erfahrbare Topographie, eher um eine *Desorientierung* im Gewohnten, die zu seiner Erkenntnis notwendig ist. Angewandt auf die Räumlichkeit des Theaters ist ein solches Außersichbringen der Bewegung des Lesens und Denkens Voraussetzung dafür, seine Bedeutung als Situation und Prozess auch abgelöst von der traditionellen Fixierung auf Werke und ihre ›Wiedergabe‹ zu begreifen.

Wenn sich die *Naturgeschichte* räumlich als Wanderung durch Stationen begreifen lässt, folgt sie doch keineswegs der Chronologie des Theaterbesuchs. Sie beginnt nicht etwa am Haupteingang, um dann über Kasse und Garderobe zur Vorstellung zu gelangen, sondern wendet sich sprunghaft gegen jede Totalität eines ›runden‹ Erlebnisses. Mit dem *Applaus* setzt der Text ein, definiert ihn als »die letzte Form objektiver Kommunikation von Musik und Hörer«, als *blinden Vollzug,* mit dem die für sich selber spielende Musik und das private Hörerlebnis für einen Moment sich treffen, jenseits des Geschmacks:

»Der Vollzug mag auf alte, längst vergessene Opferrituale zurückdeuten. So haben vielleicht einmal Männer und Frauen, unsere Ahnen, in die Hände geklatscht, wenn die Priester die Opfertiere schlachteten. [...] Darum ist der wahre und eigentliche Applaus vom Wohlgefallen oder Mißfallen des Publikums weit unabhängiger, als es vermeint. Am liebsten ereignet er sich bei gesellschaftlichen Repräsentationen, Festvorstellungen oder vorm Ruhm des Namens der Musikheroen; dort klingt er am schlagendsten, wo er nicht aus freier Stellungnahme, sondern aus einer zeremonialen Funktion hervorgeht.« (16, 309)

Der blinde, vor allem aber: *körperliche* Vollzug erweist den Applaus als Voraussetzung des Theaters überhaupt, als kollektive Reaktion, die des Gebäudes noch gar nicht bedarf, die sich überall durch Ansammlung einer Menschenmenge um eine Opferhandlung oder deren festliche Repräsentation herum abspielen kann.

Offenkundig sind schon in diesem ›Vorspiel‹, und nicht erst im Schlussstück des Textes, stoffliche und methodische Anleihen auch bei der Tragödientheorie von Benjamins Trauerspielbuch, wo es heißt: »Die tragische Dichtung ruht auf der Opferidee. Das tragische Opfer aber ist in seinem Gegenstande – dem Helden – unterschieden von jedem anderen und ein erstes und letztes zugleich. Ein letztes im Sinne des Sühnopfers, das Göttern, die ein altes Recht behüten, fällt; ein erstes im Sinn der stellvertretenden Handlung, in welcher neue Inhalte des Volkslebens sich ankündigen.« (I, 285) Damit wird die Ambivalenz der Tragödie absehbar, die mit dem Opfer des Helden den Mythos ein letztes Mal bestätigt, mit seiner Klage gegen die Ungerechtigkeit der Götter die Zuschauer jedoch in den Konflikt hineinzieht, ihnen die Entscheidung über das Opfer zuspielt. Die Aufführung dieses Theaters war eingebettet in den Kosmos, Schauplatz eines verbindlichen Vollzugs unter freiem Himmel. Allen neueren Theaterformen, zumal dem barocken Trauerspiel, fehlt diese räumliche Situation, in der sich das Theater für die Bürger der Polis als Verhandlung wichtiger Angelegenheiten ereignen konnte.[13]

Von seinen kultischen und zugleich politischen Anfängen hat das Theater dennoch einige zeremonielle Momente beibehalten, auf die auch Adornos *Naturgeschichte* hinweist. Am Applaus schlägt der Text den Bogen vom archaischen Ritual bis hin zur entzauberten und zugleich gespenstischen Bühne der Moderne sowie zur erneuten Verdinglichung im Fetischcharakter von Technik und Ware. Applaus wäre der Moment, in dem sich Opfer und Kunstbetrieb durchdringen, wobei nicht von einer identischen Wiederkehr des Rituals auszugehen ist, eher von seinem plötzlichen und *verwirrten* Einbruch in die Gegenwart. Dass dabei auch das Publikum sich geopfert sehen kann, ist nicht nur ironische Anspielung auf die mitunter enttäuschende Qualität des Dargebotenen, sondern Ausblick auf Strategien moderner Kunst, den Zuschauer bewusst zu über- oder unterfordern, seine Wahrnehmungsgewohnheiten zu stören, ihn auch mit der Umkehrung der Rollen zu erschrecken:

13 Zu Benjamins Tragödiendeutung im Kontext seiner dramen- und theatertheoretischen Schriften vgl. Patrick Primavesi: Kommentar, Übersetzung, Theater in Walter Benjamins frühen Schriften, Frankfurt/M.: Stroemfeld 1998, S. 219-374, hier besonders S. 262ff.

»Freilich, wie in unseren Träumen haben im Konzert die ritualen Charaktere sich verwirrt. Oftmals wissen wir nicht mehr, wer da geopfert wird: das Werk, der Virtuose oder am Ende wir selber./ Als rituale Handlung legt der Applaus einen Zauberkreis um Künster und Applaudierende, den beide nicht zu durchdringen vermögen. Er läßt sich erst von außen verstehen. Lehrreich, wenn in Theaterstücken auf der Bühne applaudiert wird. Solcher Applaus von weit her verbreitet Schrecken: die ihn spenden, jenseits, auf der Bühne, erscheinen als Gespenster der Vorzeit. [...] Vollends trägt das Radio zur Entzauberung des Beifalls bei. Applaus, durch Rundfunk übertragen, klingt wie das Feuer, das aus den hochgeschichteten Opferscheiten aufzischt.« (16, 310)

Technik vermittelt so bereits die Einsicht von außen, Entzauberung des rituellen Banns. Und doch, womöglich in Vorahnung des faschistisch manipulierten Massenbeifalls und seiner Verbreitung durchs Radio, spricht aus dieser Wendung auch die Einsicht in die Gefahr der mit technischem Fortschritt zum Fetisch gewordenen ›öffentlichen Meinung‹ und ihres katastrophalen Niederschlags als Wahlergebnis. Demgegenüber behält das Theater in Adornos Perspektive einen geradezu utopischen Charakter, der aber nicht etwa vom Parkett oder den Logen ausgeht, sondern von der Galerie.

Revolution von oben

Die Topographie des Theaters wird eröffnet durch den Abschnitt *Galerie*, mit dem eine Natur sowohl jenseits des Menschen als auch in ihm selbst, als einem politischen und *enthusiastischen* Wesen, ins Spiel kommt. Dabei nimmt Adorno nochmals Bezug auf die Urgeschichte der bürgerlichen, geschlossenen Opernhäuser, auf die Beziehung der antiken Szene zum freien Himmel:

»Wo heute die Galerie sich erstreckt [...], dort schien einmal der Himmel ins Theater, und das Schauspiel der ziehenden Wolken streifte in seliger Transparenz gedankenvoll die Szene der Menschen. Die oben saßen, waren die Anwälte der Wolken im Prozeß der Bühne, ihr Einspruch mochte das Recht der Handlung erweichen oder brechen. [...] Längst hat darüber die Kuppel sich geschlossen, die einzig den Klang der Bühne noch reflektiert, ohne den Blick zum Himmel freizulassen. Aber die ihr zunächst sitzen, für billiges Geld, der Bühne am fernsten, wissen um so besser, daß das Dach über ihnen nicht fest gefügt ist, und warten, ob sie es nicht eines Tages sprengen und die Vereinigung von Szene und Wirklichkeit herbeiführen, zu deren Bild bei uns Erinnerung und Hoffnung sich verschränken. Heute, da die Szene gebunden ist durch den Text und das Publikum durch die bürgerliche Sitte, bleibt die Galerie im Theater der einzige Ort wahrer Improvisation: an der äußersten Grenze des Theaterraumes hat sie sich verschanzt, aus dem Holz der Klappstühle baut sie ihre Barrikaden.« (16, 311)

So verknüpft Adorno Benjamins Auffassung des offenen Theaters und dessen entscheidenden »Vollzug im Kosmos« (I, 298) mit dem Bild einer sich dem Spiel der Wolken öffnenden Ruine, die einen Moment von Erlösung bedeutet, wie ihn die *Einbahnstraße* am *Heidelberger Schloss* entwirft: »Ruinen, deren Trümmer gegen den Himmel ragen, erscheinen bisweilen doppelt schön an klaren Tagen, wenn der Blick in ihren Fenstern oder zu Häupten den vorüberziehenden Wolken begegnet. Die Zerstörung bekräftigt durch das vergängliche Schauspiel, das sie am Himmel eröffnet, die Ewigkeit dieser Trümmer.« (IV, 123) Die Idee der Ruine als eines naturhaft gewordenen, gleichwohl Ewigkeit verheißenden Bruchstücks wird in der *Naturgeschichte* überführt in die Utopie eines Befreiungsanspruchs.

Die Sprengung des Dachs, als gewaltsame »Vereinigung von Szene und Wirklichkeit«, verbindet die Idee des antiken Theaterraums mit der modernen Idee der Revolution – daher sieht Adorno in diesem Bild »Erinnerung und Hoffnung sich verschränken« (16, 311). Wer die Zuschauer dieses Schauspiels wären, bleibt offen. Statthalter der Hoffnung sind die ärmeren, von bürgerlicher Konvention freieren Galeriebesucher, die mit gleichem Recht wie die Wolken ihr Recht einfordern sollen. Wie das aussehen könnte, lässt Adornos Schilderung einer Galerie im Varieté zu Marseille ahnen:

»Da hatte sich oben, nirgends sonst zu Hause, in einer dichten Rauchwolke mit Mädchen, Mütze und Getränk das Hafenvolk einquartiert für die lange Fahrt des Abends; konfiszierte Gesichter, die auf jeder Bühne sich besser ausgenommen hätten als im Zuschauerraum. Wie sie über die Köpfe der honetten Leute weg johlend, klatschend, anfeuernd mit den Darbietungen sich verbanden, war es, als hätten die Maskerade auf der Bühne und die Maskierten auf der Galerie sich verschworen, denen, die dazwischen sind, den Garaus zu machen und sich zu vereinen: sei es, daß die von oben auf der Bühne ihren Einzug halten, sei es, daß der ganze Theaterraum von der Bühne der Exzentriks in Freiheit ergriffen wird.« (16, 311)

Solche Impulse seien in Deutschland verborgener, aber selbst in den Opernhäusern erhalten als »Möglichkeit von Improvisation« und Enthusiasmus der Galeriebesucher. Wenn Enthusiasmus – den schon Kant als Bedingung politischer Veränderung und zugleich als Garant eines Fortschritts der Menschheit zu Freiheit und Gerechtigkeit wertete[14] – sich noch mit Kennerschaft verbinden könnte, wäre die Kunst strengsten Kriterien unterworfen, »und das geräumte Parkett wird für die Handlung frei sein. Brecht sprach vom ›Rauchtheater‹ der Zukunft.« (16, 312) Die Handlung, die sich im Parkett abzuspielen hätte, wäre also schon ein Theater der Zukunft, ohne Parkettbewohner.

Doch die Revolte bleibt ein paradoxes Aufbegehren, wie in Kafkas Erzählung *Auf der Galerie,* die zunächst die Fiktion einer hinfälligen und gnadenlos angetriebenen Kunstreiterin ausbreitet, der der junge Galeriebesucher todesmutig zu Hilfe eilen würde, wenn es denn so wäre. »Da es aber nicht so ist [...], legt der Galeriebesucher das Gesicht auf die Brüstung und, im Schlußmarsch wie in einem schweren Traum versinkend, weint er, ohne es zu wissen.«[15] Das Personal von Adornos Galerie könnte an eine (schon Kafka vertraute) Erzählung von Robert Walser erinnern: »Ich saß auf der Galerie des Lustspielhauses zu Z..., das halbausgetrunkene Bierglas neben mir, den Zigarrenstengel zwischen den Zähnen, neben Studentinnen, Arbeitern und dicken Weibsbildern.«[16] Die rauchenden Zuschauer sind aber, worauf Adorno explizit verweist, auch eine Vision von Brecht, der die vor Kunsteifer erstarrenden Normalbürger dazu bringen wollte, »ihre Zigarren herauszuzie-

14 Immanuel Kant: »Der Streit der Fakultäten«, in: ders., Werke, hg. v. Wilhelm Weischedel, Darmstadt: Wissenschaftliche Buchgesellschaft 1981, Bd. 9, S. 359.

15 Franz Kafka: »Auf der Galerie«, in: ders., Sämtliche Erzählungen, hg. v. Paul Raabe, Frankfurt/M.: Suhrkamp 1970, S. 129.

16 Robert Walser: »Lustspielabend« (1907), in: ders., Das Gesamtwerk, hg. v. Jochen Greven, Frankfurt/M.: Suhrkamp 1978, Bd. 1, S. 154.

hen«.[17] Dass Adorno trotz aller Vorbehalte gegen Brecht und dessen Einfluss auf Benjamin die Mahagonny-Oper schätzte, zeigt sein 1930 nach der Frankfurter Premiere des Stückes entstandener Text *Mahagonny*. Darin konstatiert er, dass es »zumindest fürs deutsche Bewußtsein, keinen unkapitalistischen Raum [gibt]. So muß die Transzendenz paradox im Raum des Bestehenden sich vollziehen. Was dem geraden Blick darin nicht gelingt, erreicht vielleicht der schiefe des Kindes« (17, 114). Vor diesem Kinderblick, dem die bürgerliche Welt als wilder Westen erscheint, wäre auch die Befreiung des Theaters ein Spaß: »Erst der Schuß, der von der Galerie gelöst wird und dem Darsteller des Hauptbösewichts wie einer Schießbudenfigur mitten ins Herz geht, erlöst die Galerie und die Bühne mit ihr.« (16, 312) So verwandelt sich das Theater in eine jener märchenhaften »Schießbudenlandschaften«, die schon die *Einbahnstraße* streift (IV,1, 126f.). Nicht ohne Ironie enthält die gewaltsame Erlösung in Adornos Szenario des Unterhaltungsbetriebs, die Räumung des Parketts ebenso wie die Sprengung des Dachs, ein kritisches, anarchisches Moment, das immerhin den (kindlichen) Impuls zur radikalen Veränderung aller Ordnung bewahrt.

Bürger als Gespenst

Das einstweilige Ausbleiben der Befreiung hat längst zur Verknöcherung des im Theater angewachsenen Publikums geführt. Im Parkett haust das Bürgertum, seine Freiheit ist die der »freien Konkurrenz: den andern zu stören und ihm das beste Stück Bühne fortzuschnappen« (16, 312). Dabei handelt es sich bei seinen Plätzen im Unterschied zum barocken Theater, wo die Sessel der Standespersonen sogar auf der Bühne zu finden waren, gar nicht mehr um Sessel: »Heimlich sind sie bereits Stühle. In ihrem Innern schlottern die Gebeine, welche als klappernde Stuhlskelette im Parterre allem Volk offenbar werden.« (16, 313) Was sichtbar wird, ist gerade das Kleinliche, Beschränkte der bürgerlichen Inszenierung eines geborgten und ermatteten Glanzes

17 Bertolt Brecht: »Anmerkungen zur Oper ›Aufstieg und Fall der Stadt Mahagonny‹« (1930), in: ders., Werke Bd. 24, S. 81. Zur Haltung des »Rauchend-Beobachtens« vgl. auch die »Anmerkungen zur Dreigroschenoper« (1930), ebd., S. 59.

›echter‹ Repräsentation. Als Parkettbewohner wird der Bürger selbst zum Stuhlskelett. Das abstrakte Privileg der teuersten Plätze verstärkt den Eindruck. Unter den Stühlen wird noch dazu versteckt, was sonst diesen Ort hätte interessant machen können, seine einstige Funktion als Arena. Ins Parkett wieder Raubtiere einbrechen zu sehen, können sich aber nur noch »arge Träume« erlauben oder eben der von Adorno entfaltete *destruktive* naturgeschichtliche Blick, der nicht zuletzt auf Sensationsgier trifft, für die sich das schaulustige Publikum allemal zu opfern bereit ist.

Im bürgerlichen Theater ist nicht mehr nur die Bühne der Ort der wiederkehrenden Toten, sondern das Haus insgesamt: »In den Logen wohnen die Gespenster. Sie wohnen da seit 1880 oder seit das Ringtheater verbrannte, sie haben keine Billetts gekauft, sondern besitzen prähistorische Abonnements, vergilbte Adelsbriefe, die weiß Gott wer ihnen übermachte. Als rechte Gespenster sind sie an den Ort gebunden.« (16, 314) En passant wirft der Text Schlaglichter auf die moderne Theatergeschichte, wobei sich die allgemeine von der privaten und kindlichen kaum mehr trennen lässt. Hatte das Theater von Anbeginn schon mit Gespenstern zu tun, konnten sie erst in den Kulturpalästen des späten 19. Jahrhunderts richtig zum Inventar werden. Das im Text präzisierte Datum verweist nicht zufällig auf das Jahr, in dem das Frankfurter Opernhaus eröffnet wurde, wo Adorno wohl seine wichtigsten (Musik-)Theatererfahrungen machen konnte. Also war das äußerlich so prunkvoll die Form griechischer Tempel zitierende Gebäude mit seiner Widmung »Dem Wahren Schoenen Guten« immer schon von Gespenstern bewohnt, den dienstältesten Akteuren, zurückgezogen in das Dunkel der Logen. Die zweite Zeitangabe: »oder seit das Ringtheater verbrannte« gibt den Gespenstern eine bestimmtere Identität: Die Idee, die über vierhundert Toten der Wiener Katastrophe von 1881 spukten seither durch die Logen aller Theaterhäuser, sichtet das Gespenstische gerade dort, von wo aus es sonst nur in sicherer Distanz bestaunt wird. Möglich, dass Adorno bei dieser Eröffnung des Kapitels *Loge* Schnitzlers 1932 erschienene Erzählung *Fritzi* vor Augen hatte, wo der Brand schon zur Anekdote geworden ist, die eine Unbeteiligte um so effektvoller zum Besten geben kann: wie »groß, wie herrlich schön« das Schauspiel der in den Zuschauerraum schlagenden Flammen gewesen sein mochte.[18] Und nicht zuletzt an die Feuergestalt des »Loge« wäre zu denken, den Brünnhilde am Ende von Wagners *Götterdämmerung* die Burg Walhall entzünden lässt. Oder an die schönen Augen der Fürstin von Guermantes, deren Blicke schon vom kleinsten Reflex abgelenkt »die Tiefen des Parterres mit unmenschlichen, waagerecht strahlenden Feuern in Brand« setzen konnten.[19]

Die *Naturgeschichte des Theaters* ist durchzogen von der großen Katastrophe, aus der es auch für den Logenbesucher kein Entrinnen mehr gibt – es sei denn in gesteigerter Immanenz, wie sie E.T.A. Hoffmanns teuflischer Konstrukteur Dapertutto mit seinen verspiegelten Tapetentüren anbietet: »dann mußt du dein eigenes Bild im Spiegel über die Theaterlandschaft legen, bis sie über dir sich schließt« (16, 315). Auch mit dem Begriff der *Fremdenloge* (»was sollen schon Fremde in Logen, wenn sie nicht in die Zauberkabinette eingeladen sind?«) verweist Adorno auf den Romantiker, dessen *Don Juan*-Erzählung den einsamen Hotelbesucher unverhofft der Opernaufführung nebenan teilhaftig werden und den Tod der Sängerin vorwegnehmen lässt. Schließlich wurde das Frankfurter Opernhaus mit *Don Juan* eröffnet, und das Wiener Ringtheater brannte im Jahr darauf nach der Uraufführung von *Hoffmanns Erzählungen.* Das textuelle Geflecht all dieser Anspielungen bietet den Rahmen für praktische Ratschläge, etwa: den zweiten Rang, erste Reihe Mitte zu besetzen, weil die Distanz zur Bühne bereits die nötige »Dekomposition« des Werks begünstigt, sein *Gefüge* erfahren lässt, da man »von den besonderen szenischen Anstrengungen möglichst wenig merkt« (16, 317). Für die Naturgeschichte sind ohnehin die anderen Schauplätze bedeutungsvoller. Geben sie doch weit eher eine Vorstellung, wie rasch hier die Zeit vergeht und wie sie die natürliche Vergängnis als Verhängnis des Menschen besiegelt: »Wenn das Theater, ein Uhrgehäuse, den Gang der Welt am Zeiger des Schicksals von Abend zu Abend nachmißt, dann ist darin das Foyer das Sekunden-Ziffernblatt, welches das kleine Abbild der großen Welt im kleineren nochmals wiederholt, als sollte ein unendli-

18 Arthur Schnitzler: »Fritzi« (Die Komödiantinnen), in: ders., Gesammelte Werke/Die erzählenden Schriften, Frankfurt/M.: Fischer 1981, Bd. 1, S. 217.

19 M. Proust, »Guermantes«, in: W. Benjamin, Gesammelte Schriften, Supplement III, S. 39f.

ches Spiegelsystem hergestellt werden, in dem allmählich die Welt verschwindet.« Und gerade im Zwischenreich des Foyers flanieren die Gespenster, die aber nichts verzehren dürfen: »Euren Leib habt ihr im Zuschauerraum zurückgelassen; darum zieht es stets im Foyer zu euren Plätzen euch zurück. Wolltet ihr hier essen, ihr färbtet euch mit Blut; euer Leib folgte begierig euch nach, als sterbliche Geschöpfe lebtet ihr auf, unterbrochen wäre der sakrale Kreislauf, und ihr bliebet stehn vorm Bufett, um mit eurer Schwere ins Bodenlose abzustürzen.« (16, 318)

So bleibt das Theater den (Un-)Toten und Kindern vorbehalten – vorausweisend auf die grausamen Visionen Antonin Artauds und den schwarzen Humor Heiner Müllers (»Die ausgestopften Pestleichen im Zuschauerraum bewegen keine Hand«[20]) spielt die *Naturgeschichte des Theaters* durchaus ironisch mit einer Utopie der Zerstörung. Auf diesem Umweg verspricht der Text seinen Höhepunkt: *Kuppel als Schlußstück.*

»Daß die Oper mehr ist denn jene Verfallsform, als welche das Studium des Trauerspiels sie erscheinen läßt, könnte nichts drastischer erweisen als die Existenz der Kuppel im neuzeitlichen Theaterplan. [...] Der gefangene Laut der Kreatur, der aufstieg als Gesang und nicht zerschellte, sondern im Echo dem wieder begegnet, der ihn entließ, tönt von der Hoffnung, die Kreatur sei nicht verloren, die einmal zu singen vermag.« (16, 320)

Als »Verfallsprodukt« hatte Benjamin die Oper vom Trauerspiel aus bezeichnet, weil hier die »schwelgerische Lust am bloßen Klang« die immer von Hemmung zeugende Trauer verdränge, auf die doch alle Erlösung angewiesen sei (I, 386ff.). Ähnlich lässt Adorno selbst die Resonanz dem »trüben, fehlbaren, unreinen Gesang« zukommen, mit der Gewalt einer *jähen* Rettung: »kraft der Vergänglichkeit, mit der sie transparent die Bühne betritt und sie wieder verläßt, wird Gegenwart ewig.« (16, 320) Das aber erreicht die Oper (dem Trauerspiel näher als der Tragödie, für deren Wiedergeburt Nietzsche sie halten wollte) nur gebrochen, als Verfallsform.

20 Heiner Müller: »Hamletmaschine«, in: ders., Mauser, Berlin: Rotbuch 1978, S. 95.

Später hat dann auch Adorno konstatiert, dass an der Oper gerade »im Zerfall« wesentliche Elemente des Theatralischen hervortreten (16, 24). So bleibt das *Schlussstück* auf den »Schlüsselstein« in der Konstruktion des Trauerspiels angewiesen, auf Ostentation und Inszenierung, die den körperlichen Rest der Kreatur ausstellen als vorläufige Antwort auf die Frage nach Erlösung (I, 260). Der paradoxe Vollzug der Transzendenz »im Raum des Bestehenden« hätte diesen Raum selbst zu verändern. Ist Adornos Text, wie Benjamin kommentierte, tatsächlich als Begründung *einer jeden künftigen Geschichte des barocken Bühnenhauses* zu lesen, sind darin die Überwindung des Guckkastentheaters und die zunehmende Reflexion auf den Ort und die Situation des Zuschauers im modernen Theater mitzudenken (das prinzipiell jeden brauchen und mit beliebiger Bedeutung ausstatten kann, wie Kafkas *Naturtheater von Oklahoma*). Gegen das am Ende der *Naturgeschichte* »geträumte Kugeltheater«, das an die geometrischen Architekturen eines Boullée wie an die Raumentwürfe von Gropius und Kiesler erinnert, spricht der andere Traum von der Sprengung der Kuppel durch die Galeriebesucher. Und während mit Kugelräumen das auf totale Illusion ausgerichtete Surround-Kino experimentiert, haben sich die Neuerungen des postdramatischen Theaters der letzten Jahrzehnte vom Glauben an das Idealtheater längst verabschiedet. Eher spielten sie in Ruinen industrieller Technik, auf den Schädelstätten der Produktion, wo das Gespenst des Fortschritts umgeht. »Die allegorische Physiognomie der Natur-Geschichte, die auf der Bühne durch das Trauerspiel gestellt wird, ist wirklich gegenwärtig als Ruine.« (1, 353)

THEATER, AURA, CHOCK UND FILM

HANS-THIES LEHMANN

I

Im Kunstwerkaufsatz ging es Benjamin um das bereits im 19. Jahrhundert entschiedene Schicksal der Kunst. Es ist wahrnehmbar geworden erst in der eigenen Gegenwart, seinem »Jetzt der Erkennbarkeit«, weil es »im Ticken eines Uhrwerks enthalten ist, dessen Stundenschlag erst in *unsere* Ohren gedrungen ist. Uns, so will ich damit sagen, hat die Schicksalsstunde der Kunst geschlagen«.[1] Ob »Schicksalsstunde« die Stunde des Todes der Kunst oder der Entscheidung darüber ist, ob sie in der Zeit der Massen/Technik »überwintern« kann – klar ist, dass die neu angebrochene Epoche Kunst mit der Zersetzung der Konzepte von Individuum, Persönlichkeit und Einmaligkeit konfrontiert.

Eines von Benjamins Motiven war es, von ihrer Produktion her gesehen, »die Kunst aus ihrer Abhängigkeit von dem sogenannten Talent durch ihre innigste Verbindung mit didaktischen, informatorischen, politischen Elementen aus dem Verfallsprozess, in dem sie sich offenkundig befindet, zu retten.« (I, 1051) Ein anderes, sich der Wirklichkeit der Massen und ihrer Rezeption von Kunst zu stellen: »Die Masse ist die matrix, aus der gegenwärtig alles gewohnte Verhalten Kunstwerken gegenüber neugeboren hervorgeht.« (I, 503) »Die technische Reproduzierbarkeit des Kunstwerks verändert das Verhältnis der Masse zur Kunst.« (I, 496) Masse und Technik treiben in Gestalt vereinfachter

1 Walter Benjamin: Gesammelte Schriften, hg. v. Rolf Tiedemann u. Hermann Schweppenhäuser, Frankfurt/M.: Suhrkamp 1974-1987, Bd. 5, S. 1149. Im Text wird aus dieser Ausgabe zitiert mit Bandnummer (römische Ziffern) und Seitenzahl (= V, 1149).

Aneignung und Reproduzierbarkeit der Kunst die Aura aus. An der umfassenden époché der Massen/Technik partizipiert alle Wahrnehmung, nicht nur die ästhetische, partizipieren alle Künste.

Das Theater stellt in diesem Zusammenhang zunächst den Fall einer durch und durch »auratisch« verfassten Kunst dar. In einer später verworfenen Aufzeichnung notiert Benjamin seine differentia specifica: »Unter allen Künsten ist das Theater der mechanischen Reproduktion, das heißt der Standardisierung am wenigsten zugänglich: daher wenden die Massen sich von ihm ab.« (I, 1042) Was sich der Reproduktion entzieht, ist der Ereignischarakter des Theaters. Auch die durchkomponierteste Inszenierung ist in der Wiederholung nicht mit sich identisch, ihr Wesentliches besteht in einem nicht reproduzierbaren (oder speicherbaren) Überschuss, der an das hic et nunc, an die Gemeinsamkeit von Aussendung und Empfang von Zeichen und Signalen, an den gemeinsamen Zeit-Verlauf für Akteure und Besucher gebunden ist. Noch die heruntergekommene Dernière hat an diesem (der Aura am originalen Kunstwerk zugeschriebenen) Primat des Hier und Jetzt teil. Benjamin hat Aura, »einmalige Erscheinung einer Ferne, so nah sie sein mag«, nicht nur an der Erschütterung vorm Original, nicht nur an der kontemplativen Versenkung in das Werk des Genies illustriert, sondern auffälligerweise an dem, was er das »Atmen« einer Landschaftsaura nannte, und bezieht sie auf den unwiederbringlichen Lebensmoment des Betrachters, seine Zeit und seinen Leib. Das übrigens macht erst die Einmaligkeit der Erscheinung in der bekannten Formel verständlich – und es verbindet in der Tiefe das Theater mit der Landschaft, deren Aura geatmet wird. Wie aus dem bekannten Landschaftsbild des Kunstwerkaufsatzes, noch deutlicher aber in der Version im Photographietext erhellt, geht es beim »Atmen« der Aura um eine Erfahrung, in der erfahrene Lebenszeit und Betrachtungszeit sich vereinen. Der Blick folgt den erblickten Dingen, »bis der Augenblick oder die Stunde Teil an ihrer Erscheinung hat« (II, 378). Der Betrachter, auf den »am Nachmittag« der »Schatten« eines Zweigs fällt, der also das Zusammenfallen der Zeit des Betrachteten mit der eigenen (vom Ahnen des Endes gezeichneten) Lebenszeit erfährt, befindet sich im Atmen der Aura (der Luft) wie im Augenblick des Theaters, bei dem Akteure und Spieler die Luft des identischen Lebensmoments atmen. Zum Theater gehört strukturell etwas wie Aura, die also kaum verfallen kann ohne den Todesfall des Theaters zu bewirken.

Wäre dann Theater, sofern es weiter existiert, vom Verfall der Aura ausgenommen? Bildet es ein Residuum, einen Restposten auf der Wacht für den Fortbestand einer auf Kult fundierten Kunst? Die Folgerung wäre voreilig, da Benjamin weniger von Veränderungen in den einzelnen Künsten als der Wahrnehmungsweise spricht und also nur die Kunst tout court zur Diskussion steht. Der Kunstbegriff und die Wahrnehmungsweise, von der er dependiert, definieren Sinn, Möglichkeit und Wahrnehmung aller Künste, auch des »auratischen« Theaters. Vor allem aber hat die Kunst des Theaters eine andere Seite, die vollkommen verwoben ist mit seiner »auratischen« Qualität. Konstitutiv ist in ihm die Auflösung der Grenze des Ästhetischen. Indem es nicht eigentlich Werk wird, bleibt es ein doppelt belichtetes Ereignis als realer (nicht-ästhetischer) Vorgang und als ästhetisch organisierte Form. Es ist immer schon Kunst am Rand der Kunst, Randgebiet der Nicht-Kunst. Eine Theateraufführung kann nicht sauber aus dem Kontinuum der sozialen Zeit herausgeschnitten werden, setzt vielmehr im Prozess der Aufführung stets zugleich die Alltagszeit fort, die sie nicht abschütteln kann und will. Als Kunst der mitgelebten Energien, der geteilten Zeit, des geselligen Geschehens und Herstellung einer Akteure und Besucher in einer Gemeinschaft verbindenden Situation bleibt der Einschuss des nicht-künstlerischen Alltags in das Gewebe seiner ästhetisch organisierten Zeichen für es durch und durch bestimmend. Theater antizipiert in seiner Praxis immer schon seinen Untergang als Kunst, ist immer schon »theater at the vanishing point« (Herbert Blau) – ein Sog, der in der gegenwärtigen Transformation des Theaters zu Performance, Aktion, szenisch werdender Theorie, zur Ausstellung des Prozessualen und des Probens unverkennbar geworden ist.

Was Benjamin am Kino faszinierte, ist zunächst durchaus etwas, das es mit dem Theater teilt: die »simultane Kollektivrezeption« (I, 497). Anders als Epos, Bauwerk oder Film kann ein Gemälde praktisch nicht Gegenstand einer derartigen gemeinsamen und gleichzeitigen Rezeption werden. Dem Publikum des Groteskfilms hingegen schreibt Benjamin zu, es habe hier einen Weg, »auf welchem die Massen in solcher Rezeption sich selbst hätten organisieren und kontrollieren können« (I, 498). Benjamin suchte im Film (und in der Metapher des Films) ein anti-auratisches Kunstverständnis zu formulieren, das den Bezirk der Kunst selbst überschreitet. (Und auch darin bleibt sein Denken aktuell in einem Moment, wo die Auflösung des Künstlerischen sich immer wieder anzukündigen scheint, wo man an der Kunst mehr und mehr ihr Dasein als »Überrest« ihrer selbst (Nancy) zu denken sucht.) Nur konsequent ist in diesem Sinne seine These, die »künstlerische« Seite am Kunstwerk, nicht nur am Theater Brechts werde man künftig als »rudimentär« erkennen (Kunstwerkaufsatz, 1. Fassung: I, 444), bzw. als »beiläufig« (2. Fassung: I, 484). Und: »Vielleicht ist es aus der historischen Perspektive das wichtigste in Brecht Werk, dass seine dramatische Produktion es dem Theater erlaubt, seine nüchternste und bescheidenste, ja seine reduzierteste Form anzunehmen, um dergestalt gleichsam zu überwintern.« (I, 1042)

Es drängt sich der Gedanke auf, dass von seiner Verfassung her eigentlich das Theater, in dem das Ästhetische jederzeit verlassen ist, gleichsam der erste Kandidat für Benjamins Zukunftsprojektion hätte sein müssen – wäre es nicht in seiner Gesamtheit (den Ansätzen der historischen Avantgarden zum Trotz) so tief ins bürgerlich-individualistische Kulturverständnis versenkt gewesen. Wäre die Utopie eines sich in Gesten, modellhaft vereinfachten Geschehnissen und in der Gemeinschaft einer leiblichen Kommunikation selbst »organisieren- den« Publikums und einer anderen politischen Öffentlichkeit irgend von ferne erblickbar, so am ehesten in der Wirklichkeit kritischer Prozesse und passager organisierter Öffentlichkeiten in Performance, neuartigen Choreographien, Hybriden aus Installation, Medienmix und szenischer Aktion. Der Film hingegen hätte im Sinne der benjaminschen Aura-Theorie in einer Hinsicht geradezu Anwärter auf den am meisten klassischen Platz sein können, auf die auratische Tradition schlechthin, insofern er, bildlich gesprochen, niemals den Rahmen einer scène à l'italienne verlassen kann. Reproduziert nicht eher das Kino – konservativ – den Wunsch nach dem mythischen Ursprung, der Tradition, dem Kultwert? (Ein Blick auf die kultische Begeisterung für filmische Reliquien aller Art könnte diesen Verdacht bestätigen.) In diesem Licht wäre die Frage nach seiner Signifikanz neu zu stellen. War womöglich gerade das Kino prädestiniert dazu, nicht etwa den Verfall der Aura, sondern die massenhafte Verbreiterung ihrer Erfahrbarkeit zu bezeugen? Heißt Kino nicht: Aura im Zeitalter ihrer technischen Produzierbarkeit?

II

Benjamin schätzte am »Sonderfall« des brechtschen Lehrstücks, dass es sich »im wesentlichen« dadurch heraushebe, »daß es durch Armut der Apparatur die Auswechslung des Publikums mit den Akteuren, der Akteure mit dem Publikum vereinfacht und nahe legt. Jeder Zuschauer wird Mitspieler werden können.« (II, 536) Gerade mit Rücksicht auf diese Möglichkeit soll die Aufführung (hier ist vom epischen Theater im Allgemeinen die Rede) einfach bleiben: »ihrer artistischen Armatur nach ist sie durchsichtig zu gestalten.« (II, 532) Nicht das Ideal eines artistischen Minimalismus, sondern der potentielle Rollentausch von Zuschauern und Akteuren begründet diese Programmatik. Man könnte meinen, diese Bestimmungen seien spezifisch nur für Benjamins (singulär hellsichtige) Brecht-Lektüre. Werfen wir jedoch einen Blick auf den Aufsatz *Der Autor als Produzent*, so taucht dort das epische Theater wiederum als Modellfall dafür auf, dass es für die (im gegebenen Kontext revolutionäre) Wirkung auch von Schriftstellern nur um einen einzigen Maßstab gehen kann: dass sie schreibend Schreiben lehren. Der verbesserte »Apparat« (der Sinn des Worts übersteigt hier die Technik der Photographie oder des Films, beinhaltet Schrift und ihre Techniken ebenso wie den Apparat des Theaters) hat für Benjamin nur ein einziges und unzweideutiges Maß, nachdem er zu beurteilen ist, und dies ist das Maß, in dem er »Konsumenten der Produktion zuführt, kurz aus Lesern oder aus Zuschauern Mitwirkende zu machen imstande ist.« (II, 696)

Worauf es ankommt, ist der Umstand, dass hier ebenso wie in Benjamins Überlegungen zum Theater die Situation potentieller Mitwirkung alle weiteren Bestimmungen leitet. Sie bleibt, als Potentialität, entscheidend auch dort, wo sie sich nicht körperlich-faktisch realisiert. Am Theaterprozess wird die Idee einer *konkret-leiblichen Situation von Gemeinschaft* als wesentlichste Bestimmung erfasst. Das gilt nicht nur hier, sondern ebenso vom Kollektiv der Theater spielenden Kinder; es gilt vom »Affentheater«, wo für das Kind der schiere Akt, in Gemeinschaft »im Theater, *unter den anderen* zu sitzen, die auch da waren« eine Art »Vorspiel« wird »eines weit bedeutungsvolleren Verhaltens, in das ich dort *mit anderen* mich finden sollte.« (IV, 269, Hervorh. HTL) Überhaupt liegt Benjamin, wenn er auf Theater zu sprechen kommt, der Gedanke an das Kind, ans Kindliche oder an die Gemeinschaft der Kinder nicht fern. An den Kindern wiederum ist es ihr unvergleichliches *mimetisches und kollektives Verhaltenspotential*, das in der passageren Gemeinschaft des Theaterspiels – vom Zuschauen nicht getrennt – utopisch manifest wird. Diese Utopie war es, die dem Avantgardetheater und seiner Überschreitung der Rampe innewohnte und die Benjamin bei seiner nicht eben durchsichtigen Formulierung von der »Verschüttung der Orchestra« bei Brecht auch vor Augen gestanden haben dürfte. Es geht um das Vor-Spielen (im doppelten Sinn des Worts) einer ganz anderen – und, hört man Benjamins Formulierungen in »Affentheater« nach, nicht nur menschlichen und eigentlich unausdenkbaren – Kommunikationsweise, in der durch den mimetisch-kollektiven Akt momentweise ein Verlust kategorialer Grenzen (Mensch-Tier; öffentlich-privat; inszeniert-spontan) geschieht. Diese Gemeinschaft ist im Sinne Jean Luc Nancys[2] eine »entwerkte«, sie hat nicht im Zeichen einer lenkenden gedanklichen Übereinstimmung statt, sondern überlässt jeden Teilnehmer der Gemeinschaft der spielerischen »Diktatur« der sinnlichen, zumal gestischen Impulse, deren gegenseitige indirekte Ausgleichung, Aufnahme, Korrektur oder Zurückweisung aber die Substanz dieses Kommunizierens darstellt: Gemeinschaft jenseits ideologischer Selbstidentität.

III

Ein weiterer Gesichtspunkt ist in Rechnung zu stellen, bevor die Rolle des Films, des Theaters und ihrer Differenz in Benjamins Denken genauer bestimmbar ist. Das ist der Aspekt der Schulung. Wo immer Benjamin etwas wie Gemeinschaft (eines Publikums, eines Kollektivs, einer Klasse, einer vorübergehend im Kino oder im Theater versam-

2 Vgl. Jean Luc Nancy: Die undarstellbare Gemeinschaft, Stuttgart: Edition Schwarz 1988.

melten Masse) vor Augen stand, ist ihm diese Gemeinschaft eine lernende. Seine Faszination an allen Phänomenen der Schulung, Askese, Übung, Erziehung und Belehrung ist nicht ohne Folgen für seine Auffassung der technischen Künste geblieben. Um Schulung geht es in der *Kleinen Geschichte der Photographie*, in der man liest, der Blick müsse »politisch geschult« sein, der die »heilsame Entfremdung zwischen Umwelt und Mensch« zu nutzen wisse (II, 381). Vom »Russenfilm« heißt es, er basiere auf einem Umfeld, wo das Foto »auf Experiment und Belehrung« ausgehe – obwohl man hier vielleicht statt an Belehrung eher an Propaganda denken könnte. Der berühmte Fotoband von August Sander avanciert im gleichen Sinne zum »Übungsatlas« für die »Ausbildung, Schärfung der physiognomischen Auffassung« (I, 381). Einerseits steht Benjamin hier offensichtlich in jener von alters her in der deutschen Kultur mehr als anderswo wirksamen Tradition, Kultur, Kunst, Theater, Ästhetik als Lernen und Schule vorzustellen (vielleicht weil unter den Bedingungen des Fehlens einer eigentlich höfischen und sogar großbürgerlichen souveränen Hochkultur alles in dieser Richtung so mühsam gelehrt werden musste). Hier aber kommt es auf den Umstand an, dass Benjamin, vom Modellfall Theater und Text herkommend, die Vision (oder das Phantasma) des lernenden, sich schulenden Kollektivs auf das Publikum der Künste der Reproduktion *übertrug*.

Die Stichworte zum epischen Theater (organisierende Kraft, Lachen, Montage, die Geste als Unterbrechung, die dadurch mögliche Entdeckung von zuvor nicht Wahrgenommenem, analog zum Optisch-Unbewussten) kehren sämtlich in der Filmanalyse wieder – nur fehlt eben jener Gesichtspunkt, der Benjamin zuvor als wesentlichstes Moment für die »oberste Dialektik« (die zwischen Erkenntnis und Erziehung) bzw. als der eigentliche Maßstab jeder adäquaten Kunst-Praxis gegolten hatte: die Durchlöcherung der Grenze zwischen Akteuren und Publikum. Was geschieht, so muss man fragen, im Inneren jener Kategorien, die für das (epische) Theater und/oder Kindertheater gültig sind, wenn sie auf den Film übertragen werden, bei dem die zentralen Motive: die Überschreitung der Rampe, des Rahmens (in den das Filmbild immer eingeschlossen bleibt) und die wechselseitig wirksame gestisch-leibliche Gemeinschaft gar nicht denkbar oder – wie bei Rundfunk oder heute Life-Fernsehen – nur sehr partiell denkbar ist? Sie werden unter der Hand aus Bestimmungen einer leiblich-gestischen Kommunikabilität zu Bestimmungen eines einsinnig gerichteten Vorgangs der Organisation, Ausrichtung, Konditionierung – die Benjamin nur mit Mühe von ihren gewalttätigen Implikationen »freidenken« kann. Belehrung soll nun durch die chock-artige Konfrontation mit der Apparatur erfolgen; nicht mehr in wechselseitigem Reagieren, Ausgleichen, Korrigieren zwischen Menschen, sondern zwischen Mensch und Apparat. Was im Theater Resultante eines gestischen und auch beim bloßen Beobachten leiblichen Nehmens und Gebens war, wird »Direktive«, die vom Filmbild ausgeht und in die sich die Rezipienten des Films lustvoll eingewöhnen (lassen).

Nicht dass es für diese Umbiegung der Analyse keine guten Gründe gegeben hätte. Die Elemente des Vortrags *Der Autor als Produzent* und die frühere Auseinandersetzung mit dem epischen Theater boten sich einer solchen »Metapher« an, in der das am Theater Beschriebene zur Matrix der Filmanalyse wird: »dramatisches Laboratorium« statt Gesamtkunstwerk; Realität als »Versuchsanordnung«, wo der Mensch als »reduzierter«, als »in einer kalten Umwelt kaltgestellt« erscheint. Wo er »Prüfungen« und »Begutachtungen« unterworfen wird. Und wo es nicht wie im alten Drama und im bürgerlichen Humanismus auf »Tugend« und »Entschluss«, sondern auf »gewohnheitsmäßigen Verlauf«, »Vernunft und Übung« (II, 699) ankommt. Statt das Publikum mit Gefühlen zu versorgen – »und seien es auch die des Aufruhrs« – geht es ja im epischen Theater darum, die Menschen den Zuständen zu entfremden, in denen sie leben. Zumindest erstaunlich bleibt dennoch die Unbefangenheit, mit der Benjamin hier wie auch in Hinblick auf die Photographie (dort ist die Rede von »Weisungen, die in der Authentizität der Photographie liegen« (II, 385)) die Auslieferung an die Führung durch derartige Weisungen begrüßt:

»Wegweiser beginnen (dem Betrachter) gleichzeitig die illustrierten Zeitungen aufzustellen. Richtige oder falsche - gleichviel. In ihnen ist die Beschriftung zum erstenmal obligat geworden. Und es ist klar, dass sie einen ganz anderen Charakter hat als der Titel eines Gemäldes. Die Direktiven, die der Betrachter von Bildern in der illustrierten Zeitschrift durch die Beschriftung erhält, werden bald darauf noch präziser und gebieterischer im

Film, wo die Auffassung von jedem einzelnen Bild durch die Folge aller vorangegangenen vorgeschrieben erscheint.« (I, 485)

Dass bei dieser Übertragung vom Theater auf den Film das »Lernen« sich in seinem Kern verwandelt, aus einer wechselseitigen Übernahme von Rolle, Geste, Stimme, Haltung zur Übernahme einer Direktive und einer diktatorisch wirkenden Konditionierung wird, sah Benjamin vollkommen klar, er begrüßt es mit einer sonderbar gegen den eigenen Neigungswinkel abstechenden Schärfe. Die heutige aus Magie emanzipierte Technik werde vom Menschen nicht gemeistert, daher benötige er angesichts dieser »zweiten Natur« einen »Lehrgang« – so wie in der Urzeit die magischen Bilder »Anweisungen« für magische Praktiken enthielten.

»Der Film dient, den Menschen in denjenigen neuen Apperzeptionen und Reaktionen zu üben, die der Umgang mit einer Apparatur bedingt, deren Rolle in seinem Leben fast täglich zunimmt. Die ungeheure technische Apparatur unserer Zeit zum Gegenstande der menschlichen Innervation zu machen - das ist die geschichtliche Aufgabe, in deren Dienst der Film seinen wahren Sinn hat.« (I, 445)

An der Leistung des Schauspielers könne sich der Zuschauer am Abend im Kino kompensatorisch weiden als wie an einer »Revanche«, denn er scheint sich zu behaupten gegen eben die Apparatur, an die die Kinozuschauer in ihrem Arbeitsleben tagtäglich »ihrer Menschlichkeit sich entäußern« müssen. (I, 450)

Benjamin fügte 1939 in der zweiten Version seines Textes *Was ist das epische Theater?* in seine Darstellung des epischen Theaters die neu gewonnene Theorie des Chocks ein. Hatte Benjamin zuvor die Dialektik von Darstellung und Dargestelltem akzentuiert und so der Spezifik der theatralen Situation Rechnung getragen, so soll nun das epische Theater nach Art des Films arbeiten: »Das epische Theater rückt, den Bildern des Filmstreifens vergleichbar, in Stößen vor. Seine Grundform ist die des Chocks, mit dem die einzelnen, wohlabgehobenen Situationen des Stücks aufeinandertreffen.« (II, 537) Der »Fehl«, den die hier hervorgehobene Ausblendung oder Unterbelichtung der von Brecht her kommenden Motive einer theatralen Kommunikation darstellt, markiert sich in der forciert wirkenden Übertragung der diktatorischen Formierungskraft des Films auf das Theater. Wohl war auch in der ersten Fassung von *Was ist das epische Theater?* schon die Rede davon, dass dieses sich auf der Höhe von Kino und Rundfunk und ihrem technischen Standard befinde. Doch dort führt das Argument in die Freiheit des Publikums: zum Beispiel gebe es im epischen Theater »grundsätzlich keine Zuspätgekommenen«. Bezeichnenderweise entfallen jedoch in der zweiten Fassung des Textes eben jene Ausführungen der ersten, die das Theater als soziales Ereignis thematisieren, etwa die Formulierung über Brechts Theater, dass »weitaus größer als der Abbruch, den es dem Theater als abendlichem Amüsierbetrieb tut, die Bresche ist, die es in das Theater als gesellschaftliche Veranstaltung legt.« (II, 524)

IV

Aus dem dramatischen Zusammenstoß von Leiblichkeit und Technik hat Benjamin auf eine erdrutschartige anthropologische Verwerfung geschlossen, mit deren Radikalität mitzuhalten ein ebenso wagemutiger wie verzweifelter Impuls seines Denkens gewesen ist. Die Überpointierung des Politischen an der Filmrezeption und die (schon als durchaus fragwürdig erkennbare) Utopie der sich organisierenden und kontrollierenden Masse gehören zu den problematischsten Stücken seiner radikalen Modernität. Gibt es aber auch immanent theoretische Gründe für die Brüchigkeit in Benjamins Denken über Theater und Film? Einer von ihnen lässt sich an der Konzeption des Chocks festmachen. Sie ist zentral nicht nur für Benjamins Baudelaire-Studien und die Passagenarbeit. Sie bildet den Kern seiner Theorie authentischer Erfahrung – verwiesen sei auf die kondensierte Darstellung dieser Zusammenhänge im Kapitel IV von *Über einige Motive bei Baudelaire* (I, 615ff.). Die neusachlichen Menschenbilder der 20er und 30er Jahre, daran sei mit einem Blick auf Helmut Lethens *Verhaltenslehren der Kälte*[3] erinnert, waren wesentlich durch die Idee einer »Haltung« geprägt, die das Bedürfnis befriedigte nach einer »Zurüstung« und »Abrichtung« als Schutzvorrichtung des Ich gegen den täglichen Reiz-Beschuss. Worum

3 Helmut Lethen: Verhaltenslehre der Kälte, Frankfurt/M.: Suhrkamp 1991.

es bei Benjamin geht, ist aber gerade das Gegenteil davon: der Moment, wenn die Abwehr misslingt (der Schrei des getroffenen Poeten in Baudelaires Gedicht), eine Erschütterung eintritt, die »Erfahrung« wird – Erfahrung, die gerade ausfällt und stattdessen zum »Erlebnis« wird, wo das Bewusstsein die Chocks erfolgreich zu »parieren« vermag. Nur dort, wo der Reizschutz durchbrochen wird – wobei freilich diese Momente nicht der Verfügung anheimgestellt sind –, geschieht es Benjamin zufolge, dass uns Dinge und Ereignisse »zustoßen« oder »zufallen« und so wahrhaft Erfahrung werden. Eigentümlich muss es da berühren, dass derselbe Benjamin, dem im Baudelaire-Buch das »Erlebnis« als Index für ein Vermeiden oder Versäumen von Erfahrung galt, im Kunstwerkaufsatz, wenn es um das Kinopublikum geht, die innige Liaison von »Lust am Schauen und Erleben« mit der »Haltung des fachmännischen Beurteilers« als das fortschrittlichste Verhalten feiert. Jetzt soll der Film, gut neusachlich, dem Bedürfnis entsprechen, sich dem Reizbeschuss auszusetzen, um sich gegen die Überwältigung durch die apersonalen Mächte, allen voran die technische Apparatur zu rüsten. Die emphatische Bejahung jener Liaison und dieser Trainingsleistung steht in einem kaum auflösbaren Widerspruch zu der anderen Einsicht, dass nur auf Kosten der Integrität eines Vorfalls das Bewusstsein diesem den Status des Erlebnisses verleihen, ihm, was dasselbe meint, eine Zeitstelle im Bewusstsein anweisen kann.

Nur angemerkt sei ein anderer Aspekt, der den Status von Chock und Chockabwehr zweideutig macht: Benjamin knüpft den Chock an eine aus dem vergessenen Leben auftauchende individuelle Vergangenheit und bindet den strikten Begriff der Erfahrung an die »Konjunktion« individueller und kollektiver Geschichte. Erfahrung aus Chock ist somit für ihn auch eine historische Kategorie und als solche folgerichtig in der Passagenarbeit zur Theorie des historischen Erkennens und Erinnerns als »Erwachen« kodifiziert. Den Avantgarden der Epoche jedoch und, mit ganz anderen Akzenten, der Kunst für die Massen, die Benjamin so emphatisch meinte begrüßen zu wollen, ging es gerade um ein Vergessen. Die Adressaten sollten aus der Geschichte und in eine Art Hyper-Präsenz gesprengt werden. Diese Konzeption des Chocks ist sozusagen synchronisch konzipiert, Benjamins diachronisch.

V

Benjamin, so will es scheinen, hat in gewissen Schichten seiner Texte mit der Sensation paktiert, weil es ihm um die Überwindung der Kontemplation durch eine taktile, momenthafte, körperlich innervatorische Rezeptionsform ging. Seine Filmtheorie nimmt unter diesen Auspizien ihren Ausgang bei der technischen Reproduzierbarkeit und mündet in die Vision einer massenhaften Schulung. Angesichts vieler Notizen im Umfeld seiner Essays jener Jahre drängt sich jedoch der Gedanke auf, dass vielleicht jene im Recht waren, die schon damals bei Benjamin eine Art Überlaufen zu den ihn belagernden Gewalten wahrzunehmen meinten. Gibt es hier nicht das, was Freud als »Identifikation mit dem Angreifer« analysiert hat? Klaglos wird die distanzierende analytische Kontemplation verabschiedet, um vielleicht in einem Akt der Verzweiflung der Kapitulation eine Hoffnung auf das kommende Kollektiv abzuringen. Oder doch nur scheinbar klaglos? Immer wieder lassen seine Äußerungen durchblicken, dass ihm das utopische Heil in der Selbstorganisation der Massen weit weniger gewiss war, als es die Thetik seiner Schriften der 30er Jahre glauben machen kann. In den 1928 bis 1935 geschriebenen Notizen zum Erzähler-Aufsatz reflektiert Benjamin über das »gefährliche Verstummen«, das bereits in der Roman-Lektüre geschehe. Nun scheint ihm der Roman zwar definitiv passé, doch dem gestisch-stimmlichen Erzählen will er eine Chance im Film (und auch im Rundfunk) zuschreiben. Aber sie ist höchst fragil:

> »Der Unfug des Sterbens. Nun dann ist eben auch das Erzählen ein Unfug. Dann stirbt vielleicht, vorerst einmal, das pour commencer, die ganze Aura von Trost, Weisheit, Feierlichkeit, mit der wir den Tod umgeben haben, ab? Tant mieux. Nicht weinen. Der Unsinn der kritischen Prognosen. Film statt Erzählung. Die ewig lebenspendende Nüance.« (II, 1282)

Mit der letzten Wendung ist auf jene rettende Betrachtungsweise angespielt, die zwar den katastrophalen Unterschied zwischen *Faust* und einem Faustfilm wahrnimmt, aber sogleich auch die Nuance: den gewaltigen Unterschied zwischen einem guten und einem schlechten Faustfilm. Doch der Abgrund unter solchen Formulierungen ist zu ermessen, wenn man sich vergegenwärtigt, dass Benjamin noch 1927 den Film »eine der vorgeschobensten Maschinerien imperialistischer Massenbeherrschung« genannt hat (VI, 340).

Mit der Sensation, die Benjamin als unabdingbaren Bestandteil einer Kunst der Zerstreuung ansah, »wird dem Erdboden gleichgemacht, was der Weisheit, der mündlichen Überlieferung, der epischen Seite der Wahrheit noch ähnlich sieht« (V, 966). Die szenische Wirklichkeit des Erzählens in der Gemeinschaft geht verloren, und der Verlust scheint schmerzlicher zu sein als es der forsche Gestus des neusachlichen Konstatierens vermuten lässt. An die Stelle des wirklichen Erzählens (des Theaters) und der den Bereich des nur Privaten überschießenden Weisheit des Erzählens tritt eine unfreie Mechanik: »Die Heutigen sind zu schlecht ventiliert; durch jede, noch die schlichteste Erzählung geht ein großer Luftzug; wir machen uns keinen Begriff davon, wie viel *Freiheit* dazu gehört, noch die kleinste Geschichte zum besten zu geben.« Die »unverschämte Ausdehnung« des Privaten dagegen tötet den Geist der Erzählung, »jede intime, konventionelle, egoistische, persönliche Diskussion ist wie ein Schlaganfall, der dem Erzähler ein Stück seiner Sprachfertigkeit raubt.« Die Berührung zwischen den Individuen sei »atomistisch« geworden. (II, 1282) Konnte und kann man jedoch davon sich überzeugen, dass die apparative und direktive Organisation eine andere Qualität von Berührung herbeiführt? Wäre die Perspektive einer nicht-terroristischen kollektiven Organisation nicht viel eher der »auratische« – und zugleich das Ästhetische sprengende – Prozess des gestischen Austauschs im szenischen Spiel?

Benjamin blieb nicht verborgen, dass es eine andere Seite des Films gab, die seine Bedeutung ohne die Überanstrengung seiner kollektivierenden Energie erkennen ließ. *Erfahrung und Armut*, einer der ersten Texte, die 1933 auf Hitler reagieren, nennt die Micky-Maus-Filme als Traum der »heutigen Menschen von einem Dasein, das sich auf die einfachste Weise selbst genügt und für die schwere Müdigkeit und die endlosen Komplikationen des Lebens entschädigt« (II, 218). Hier ist es nicht der Chock, sondern, realistischer, die schwere- und verantwortungslose Träumerei, die den Film auszeichnet. Die amerikanische Groteskkomödie lobt Benjamin 1927 im Moskauer Tagebuch als »auf einem hemmungslosen Spiele mit der Technik« beruhend (VI, 340).

Vor einem Micky-Maus-Film, so Benjamin, »kann ein ganzes Publikum rhythmisch reagieren. Vor der Ilias oder der Göttlichen Komödie kann sich nur mancher Einzelne noch zurechtfinden« (II, 962). Die Antinomie von Traum und rhythmischer Erlösung hier, Formation und gebieterischer Schulung dort bleibt unaufgelöst. Wo die Grenze zwischen zerstreuter Examination und einem Anheimfallen an den Massenbetrug verläuft, bleibt ungewiss. Benjamins Apologie der Armut, sein Bekenntnis zu dem, was ihm »das von Grund auf Neue« heißt; sein Gedanke an die Menschheit, die sich anschicke, auch die Kultur, wenn es sein muss, zu überleben, auch im Lachen über Micky Maus, obgleich es hier und da barbarisch klingen mag, fasst sich in der von Brecht herkommenden Forderung zusammen, dass der einzelne »ein wenig Menschlichkeit an die Masse abgeben« solle, die sie ihm, eines besseren Tages, »mit Zins und Zinseszins« wiedergeben werde (II, 219). Man muss nicht umständlich auseinandersetzen, wie sehr alle Protagonisten: Kollektiv, Kino, Politik diese Hoffnung desavouierten. Umso mehr gilt es, wenn man Benjamins Medientheorien heute überdenkt, gerade jene Motive zu revitalisieren, die als Spur (nicht zuletzt der Trauer) in seiner Theorie des Film und des Auraverlustes virulent blieben als zunächst vordringliches, später gewaltsam zurückgeschnittenes Motiv: die Auseinandersetzung mit Lehrstück und epischem Theater, mit der Szene der Erzählung, mit dem Kollektiv spielender Kinder, mit Theater als passagerer, mit sich un-identischer Gemeinschaft.

Hans Blumenberg liest Walter Benjamin
Philologische Splitter

Eckhardt Köhn

I

Wer in den siebziger Jahren die Vorlesungen besuchte, die Hans Blumenberg freitagnachmittags in einem Seitenflügel des Münsteraner Schlosses hielt, wurde Zeuge der Wiederaufnahme seiner metaphorologischen Studien, deren Paradigmen er bereits 1967 dargelegt hatte. Er trug Überlegungen zu Goethes ›Ungeheurem Spruch‹ vor, die anschließend im Mittelpunkt seiner *Arbeit am Mythos* stehen sollten, und konkretisierte seine Theorie der Unbegrifflichkeit am Beispiel des Schiffbruchs mit Zuschauer, den er als stärkste Daseinsmetapher in seinem späteren Buch ausführlich interpretiert hat. Das waren zu dieser Zeit und im Zeichen einer extremen Politisierung der Hochschule nicht unbedingt aktuelle Themen. Unter engagierten Studenten galt Blumenberg als Philosoph, der auf besondere Weise verkörperte, was damals »bürgerliche Wissenschaft« genannt wurde, diese allerdings betreibe er auf ihrem höchsten Niveau, extrem gelehrt, aber eben doch mit wenig Einsicht für die Notwendigkeit grundlegender gesellschaftlicher Veränderungen, zudem äußerst schwierig im persönlichen Umgang. Blumenberg selbst machte in seinen Lehrveranstaltungen keinen Hehl daraus, dass die gegenwärtige Studentengeneration seinen Ansprüchen in keiner Weise gerecht würde und es für ihn nur noch darum gehen konnte, sie sich so weit wie möglich vom Leib zu halten. Die Geschwindigkeit, mit der er den Hörsaal zu Beginn der Vorlesung betrat und nach deren Ende wieder hinausstürzte, ganz so als sei der kurze Weg von der Tür bis zum Pult mit der Gefahr verbunden, von Studenten angesprochen zu werden, ließ das Maß seiner Distanz zu den Hörern überdeutlich werden. Hinweise derart, sein bestes Seminar läge über fünfzehn Jahre zurück und sei ein Seminar über das Werk Paul Valérys gewesen, das er zusammen mit Hans Robert Jauß in Gießen durchgeführt habe, verwiesen die Erfahrung qualifizierter studentischer Arbeit in die universitäre Vorgeschichte der frühen sechziger Jahre. Gelegentliche Spitzen im Vortrag taten schließlich das ihrige, um begreiflich zu machen, was er von den kritischen Geistern seiner Zunft hielt, deren Einfluss auf die Studentenbewegung er vermutlich für das akademische Elend verantwortlich machte, so, wenn er beteuerte, ihm habe noch nie jemand erklären können, was Dialektik sei, oder mit Blick auf einen älteren Text erklärte, man lese ihn so, »wie man heute Adorno liest«, also vor allem gelangweilt. Dagegen böte die allgemeine Unkenntnis über Bücher im Falle Marcuse eine gute Chance statt eines gewünschten Titels von Herbert aus Versehen einen seines um vieles interessanteren Namensvetters Ludwig in die Hand zu bekommen. Vor diesem Hintergrund war es um so erstaunlicher, als Blumenberg eines Tages sein Publikum mit der Geste eines nicht vermuteten Zutrauens konfrontierte. Gegenstand seiner Darlegungen war die Metapher des Eisbergs, der Blumenberg bereits in seinem Aufsatz *Beobachtungen an Metaphern* von 1971 nachgegangen war. Ihre Prägnanz sei darin zu sehen, dass sie »sprachlich homogen in einen ganzen Komplex von aktuellen Vermutungen [passe], nach denen das, was unserer Wahrnehmung und Aufmerksamkeit zugänglich ist oder dargeboten wird, immer nur der kleinere Teil der Wirklichkeit ist, der über dem Spiegel der Wahrnehmbarkeit liegt«.[1] Nachdem Blumenberg sich über einige Beispiele des falschen Gebrauchs in aktuellen Texten lustig gemacht hatte, verwies er darauf, dass seine erste Belegstelle für die Verwendung dieser Metapher aus einer im Jahre 1948 gehaltenen Vorlesung von Carl Friedrich von Weizsäcker über den *Begrifflichen Aufbau der theoretischen Physik* stamme. Dann, gänzlich unvermittelt, als habe ihn die Beschäftigung mit der Eisberg-Metapher zu einer neuen Wahrnehmung des Publikums inspiriert, forderte er die verdutzten Hörer auf,

1 Hans Blumenberg: »Beobachtungen an Metaphern«, in: Archiv für Begriffsgeschichte 15 (1971), S. 199.

ihm, sofern frühere Hinweise bekannt seien, diese doch bitte brieflich mitzuteilen, als Adresse genüge: Blumenberg, Universität Münster.

II

So viel Adorno und Scholem als Herausgeber der Werke Walter Benjamins für deren Rezeption geleistet haben, so wenig ist diese selbst von der besonderen geistespolitischen Konstellation der intellektuellen Nachkriegsgeschichte in Westdeutschland zu trennen. Dass als eines ihrer maßgeblichen Zentren die 1963 in Gießen von Hans Blumenberg und Hans Robert Jauß initiierte Konferenzserie *Poetik und Hermeneutik* gelten muss, tritt immer deutlicher hervor, auch wenn die von ihren Ergebnissen ausgehenden Impulse für die Modernisierung der Geisteswissenschaften in Deutschland bislang kaum erforscht sind.[2] Ob dazu auch die Einbeziehung der Arbeiten Walter Benjamins in einen spezifisch wissenschaftlichen Kontext, ihre Anerkennung im Rahmen universitärer Lehre und Forschung gehört, wird noch genauer zu klären sein. Unübersehbar ist jedoch, dass Walter Benjamin bereits 1964 in den Debatten der zweiten Tagung der Forschungsgruppe zum Thema *Immanente Ästhetik – Ästhetische Reflexion. Lyrik als Paradigma der Moderne* als Autorität präsent ist. Dieter Henrich verweist in seinem Einleitungsreferat *Kunst und Kunstphilosophie der Gegenwart* darauf, dass die moderne Ästhetik, dort, wo sie sich als Theorie der Krise der Künste verstehe, ihre bedeutendsten Leistungen dem »Reformmarxismus im Anschluss an Lukács und Benjamin«[3] verdanke. Wolfgang Iser belegt seine Ausführungen über das Verfahren der Montage im modernen Gedicht mit einem längeren Zitat Benjamins über die Bedeutung

2 Vgl. Jürgen Kaube: »Zentrum der intellektuellen Nachkriegsgeschichte. Die Konferenzserie ›Poetik und Hermeneutik‹ hat seit 1963 richtig gemacht, was heute alle falsch machen«, in: Frankfurter Allgemeine Zeitung v. 18.6.2003, S. 39.

3 Dieter Henrich: »Kunst und Kunstphilosophie der Gegenwart (Überlegungen mit Rücksicht auf Hegel)«, in: Wolfgang Iser (Hg.), Immanente Ästhetik - Ästhetische Reflexion. Lyrik als Paradigma der Moderne. Kolloquium Köln 1964. Vorlagen und Verhandlungen, München: Fink 1966, S. 12.

der Montage im Film.[4] Jacob Taubes schließlich knüpft bei seinem Versuch, den inneren Zusammenhang von Surrealismus und Gnosis zu erläutern, ausdrücklich an Überlegungen Benjamins an: »Ich gehe mit Walter Benjamin eins, daß sich im Surrealismus eine schöpferische Überwindung religiöser Erleuchtung vollzieht zu Gunsten einer profanen Erleuchtung, einer materialistischen, anthropologischen Inspiration.«[5] Die avancierten Bemühungen der Forschungsgruppe *Poetik und Hermeneutik*, das Problembewusstsein in den historischen und philosophischen Disziplinen zu verschärfen, greifen in zentralen Bereichen wie Kunstphilosophie, Lyriktheorie und Kunstpraxis der Avantgarde auf theoretische Ansätze Walter Benjamins zurück, wie wenig deutlich dieser Einfluss den Zeitgenossen damals gewesen sein mag. Dass Adorno selbst in den ersten vier und mit Abstand wichtigsten Bänden der Reihe *Poetik und Hermeneutik* mit keinem Wort erwähnt wird, darf allerdings als Kuriosum erwähnt werden, zumal er es gewesen war, der 1962 bei den Verhandlungen des Siebten Deutschen Kongresses für Philosophie in Münster einen der beiden Hauptvorträge zum Thema Philosophie und Fortschritt gehalten und auch bei dieser Gelegenheit nichts unversucht gelassen hatte, das Denken des Freundes endlich in den universitären Diskurs einzuführen. Dabei hatte er es weder an äußerster philosophischer Entschiedenheit noch an größter politischer Vorsicht fehlen lassen, als er »Benjamins Polemik gegen die Verkoppelung von Fortschritt und Menschheit in den Thesen über den Begriff der Geschichte« zu »dem Gewichtigsten« erklärte, »was zur Kritik der Fortschrittsidee von seiten solcher gedacht wurde, die man politisch zu den Progressiven zählt«.[6] Als habe man im frühen Kontext von *Poetik und Hermeneutik* Benjamin gewissermaßen ohne Adorno haben wollen, verzichtet auch Hans Robert Jauß, wie Blumenberg und Habermas Teilnehmer des Philosophen-Kongresses von 1962, in seiner

4 Vgl. Wolfang Iser: »Image und Montage. Zur Bildkonzeption in der imaginistischen Lyrik und in T.S. Eliots ›Waste Land‹«, in: ders. (Hg.), Immanente Ästhetik - Ästhetische Reflexion, S. 379.

5 Jacob Taubes: »Noten zum Surrealismus«, in: W. Iser (Hg.), Immanente Ästhetik - Ästhetische Reflexion, S. 428.

6 Theodor W. Adorno: »Fortschritt«, in: Helmut Kuhn/Franz Wiedmann (Hg.), Die Philosophie und die Frage nach dem Fortschritt, München: Anton Pustet 1964, S. 31.

Programmschrift der Rezeptionsästhetik von 1967 *Literaturgeschichte als Provokation der Literaturwissenschaft* auf jede Erwähnung, obwohl er sich gleichermaßen auf diesen Akzent der benjaminschen Thesen über den Begriff der Geschichte bezieht, indem er würdigt, dass »die Kritik, die Walter Benjamin vom Standpunkt des historischen Materialismus vorbringt, [...] unvermerkt über den Objektivismus der materialistischen Geschichtsauffassung«[7] hinausführe.

III

Blumenberg scheint in den sechziger Jahren von der Wiederentdeckung Walter Benjamins im Kreis der ihm näher verbundenen Kollegen weitgehend unberührt geblieben zu sein.[8] Weder die Impulse der Kolloquien noch der Dialog mit Kracauer[9], mit dem er einen Briefwechsel über geschichtstheoretische Probleme geführt und der sowohl Benja-

7 Hans Robert Jauß: »Literaturgeschichte als Provokation der Literaturwissenschaft«, in: ders., Literaturgeschichte als Provokation, Frankfurt/M.: Suhrkamp 1970, S. 152. Ganz anders dann die späte Bilanz in seinem Beitrag: »Der literarische Prozess des Modernismus von Rousseau bis Adorno«, in: Ludwig von Friedeburg/Jürgen Habermas (Hg.), Adorno-Konferenz 1983, Frankfurt/M.: Suhrkamp 1983, S. 95-130.

8 Zum Werk Blumenbergs und den Motiven seines Denkens vgl. die äußerst instruktiven Erläuterungen von Franz Josef Wetz: Hans Blumenberg zur Einführung, Hamburg: Junius 1993; sowie Manfred Sommer: »›Sagen zu können, was ich sehe‹. Notizen zu Hans Blumenbergs Selbstverständnis«, in: Neue Rundschau, H. 1, 1998, S. 78-82; Franz Josef Wetz/Hermann Timm (Hg.): Die Kunst des Überlebens. Nachdenken über Hans Blumenberg, Frankfurt/M.: Suhrkamp 1999. Im Übrigen gilt: »Dem frühen Ruhm zum Trotz und trotz der Hochschätzung des Spätwerks ist die Blumenberg-Philologie nicht aus den Kinderschuhen herausgekommen.« Anselm Haverkamp: »Die Technik der Rhetorik. Blumenbergs Projekt«, in: Hans Blumenberg: Ästhetische und metaphorologische Schriften. Auswahl und Nachwort von Anselm Haverkamp, Frankfurt/M.: Suhrkamp 2001, S. 435.

9 Aus den Briefen Kracauers geht allerdings hervor, wie weit er sich selbst nach dem Krieg vom Denken des früheren Weggefährten entfernt hatte: »Ich lese eben in Benjamins ›Schriften‹, bekanntes und unbekanntes. Manches hält stand, vieles ist verblasst und leidet unter einem Messianischen Dogmatismus, der in der Ebene, in der ich mich aufhalte, abstrus und willkürlich wirkt.« Peter-Erwin Jansen/Christian Schmidt: »In steter Freundschaft«. Leo Löwenthal - Siegfried Kracauer. Briefwechsel 1921 - 1966, Springe: zu Klampen 2003, S. 186.

mins als auch Blumenbergs Arbeiten in seinem 1969 posthum veröffentlichten Buch *History. The last things before the last* kritisch gewürdigt hatte, lassen in dieser Hinsicht eine Wirkung erkennen; schon gar nicht die durch Adorno vermittelte Rezeption Benjamins oder die in ihrer Folge beginnende, zunächst weitgehend von politischen Interessen bestimmte Aneignung durch die Studentenbewegung. Das ist nicht ganz selbstverständlich. Blumenbergs spätere Distanz gegenüber der Studentenbewegung darf nicht über zu Beginn durchaus vorhandene Gemeinsamkeiten hinwegtäuschen, die, daran ist zu Recht erinnert worden, vor allem in der frühen Kooperation mit Habermas[10] hervortraten:

»Am Anfang gibt es noch Übereinstimmung mit Habermas, wie sich an der heute fast naiv klingenden Identifizierung von Erkenntnisinteresse und theoretischer Neugierde ablesen läßt. So heißt es im Ankündigungsprospekt der renommierten wissenschaftlichen Reihe ›Theorie‹ vom Herbst 1966, an deren Herausgeberschaft seinerzeit sowohl Blumenberg als auch Habermas beteiligt waren: ›Diese Reihe [...] appelliert an das philosophische Interesse unserer Zeit: an ihre theoretische Neugier‹.«[11]

Es müsste Blumenberg daher um so merkwürdiger berührt haben, als sein epochales Werk *Die Legitimität der Neuzeit* ausgerechnet von einer Seite mit dem Denken Walter Benjamins in Berührung gebracht wurde, von der es am wenigsten zu erwarten gewesen war. Es ist Carl Schmitt, der im Nachwort seiner *Politischen Theologie II* von 1970 Blumenbergs Buch, vor allem dessen Thesen zum Verhältnis von Augustinus zur Gnosis kommentiert und in diesem Zusammenhang in einer Fußnote auf ein Zitat von Augustinus zu sprechen kommt, das Ben-

10 Habermas spätere Bemerkungen über Blumenberg sind immer äußerst präzise in der Sache, aber stets etwas bissig im Ton. So heißt es in *Der philosophische Diskurs der Moderne. Zwölf Vorlesungen*: »H. Blumenberg hat sich noch vor wenigen Jahren genötigt gesehen, mit großem historischem Aufwand die Legitimität oder das Eigenrecht der Neuzeit gegenüber den Erblassern von Christentum und Antike geltend zu machen.« (Frankfurt/M.: Suhrkamp 1985, S. 16)

11 Ferdinand Fellmann: Gelebte Philosophie in Deutschland. Denkformen der Lebensweltphänomenologie und der kritischen Theorie, Freiburg, München: Karl Alber 1983, S. 255.

jamin als Motto herausgestellt habe und von Rolf Tiedemann in seiner Arbeit *Studien zur Philosophie Walter Benjamins* (1965) behandelt worden sei. Allerdings beruht Schmitts Hinweis offensichtlich auf einem Lesefehler, denn nicht Benjamin, sondern Tiedemann selbst hat das betreffende Zitat von Augustinus dem dritten Teil seiner Studien als Motto vorangestellt. Jedenfalls musste der über die Augustinus-Interpretation hergestellte Bezug zwischen Blumenberg und Benjamin für Schmitt eine gewisse Plausibilität besitzen, denn Schmitt wusste aufgrund seiner genauen Kenntnis des ›Trauerspiel-Buches‹[12] nur zu genau, dass Benjamin im letzten, die Form Allegorie behandelnden Teil auf zwei Zitate aus Augustinus *Gottesstaat* zurückgegriffen hatte. Nach Blumenberg rettet Augustinus die traditionelle metaphysische Ordnung für das Mittelalter, indem er dem Menschen Freiheit zubilligt, ihm damit aber – zur Entlastung Gottes – auch die Verantwortung für die Schlechtigkeit der Welt aufbürdet, die die Gnostiker dazu geführt hatte, den Bestand der Welt insgesamt in Frage zu stellen. Die Gnosis wird damit zunächst abgewehrt, aber diese Abwehr erweist sich als unzureichend, weil sie dem Menschen keine Möglichkeit bietet, den von ihm verantworteten Zustand der Welt durch eigenes Handeln zu verändern. Die wahre Überwindung der Gnosis gelinge, so Blumenberg, erst mit der Aufklärung. Ihre theoretische Legitimation der Neugierde und das Prinzip der Selbsterhaltung der Vernunft billigten dem Menschen zu, durch seine Praxis die Welt zu verbessern und sich auf diese Weise von Gott zu entlasten. Blumenbergs Argumentation zielt vor allem darauf, die Legitimität der Neuzeit dadurch zu begründen, dass die in Wissenschaft und Philosophie sich durchsetzende Neugierde einen absoluten Neubeginn markiert, der in keiner Weise mehr in der Schuld des theologischen Denkens steht, und eben deshalb auch die Weltlichkeit der Welt nicht mehr als Umformung einer vorgängigen religiösen Position abgeleitet werden kann. Verweltlichung und Fortschrittsdenken sind keine Formen der Säkularisierung von Eschatolo-

12 Siehe Carl Schmitt: Hamlet oder Hekuba. Der Einbruch der Zeit in das Spiel, Stuttgart: Klett-Cotta 1985. Zu diesem Kontext vgl. Susanne Heil: ›Gefährliche Beziehungen‹. Walter Benjamin und Carl Schmitt, Stuttgart, Weimar: Metzler 1996.

gie, so Blumenbergs bekannte, bereits 1964 vorgetragene und gegen Karl Löwith gerichtete These, sondern treten an deren Stelle:

»Die entscheidende formale Differenz ist diese: die Eschatologie redet von einem in die Geschichte einbrechenden, in ihr selbst transzendenten und heterogenen Ereignis; die Fortschrittsidee extrapoliert von einer der Geschichte immanenten und in jeder Gegenwart mitpräsenten Struktur aus in die Zukunft. Noch wichtiger aber ist die genetische Differenz: die Eschatologie ist in ihrer späten und historisch der Neuzeit vorausliegenden Form eine Antwort auf die Frage nach dem Sinn und der Verlaufsweise im ganzen; die Fortschrittsidee ist ursprünglich eine Strukturform für theoretische Prozesse und als solche auf den ästhetischen Bereich angewendet worden als Protestformel gegen die humanistische Verbindlichkeit konstanter Vorbilder.«[13]

In der *Legitimität der Neuzeit* von 1966 kommt Blumenberg im Rahmen seiner Kritik an der Kategorie der Säkularisierung eher beiläufig auf Schmitts *Politische Theologie* zu sprechen, die davon ausgeht, alle prägnanten Begriffe der modernen Staatslehre seien säkularisierte theologische Begriffe. Angesichts der historisch-politischen Entwicklung, die den Glauben daran nicht mehr zulasse, »daß die Entscheidung zwischen Gut und Böse in der Geschichte unmittelbar bevorsteht«[14], also Politik in der modernen Welt keine Qualitäten mehr aufweise, die ausschließlich in Analogie zur Theologie bestimmt werden können, hat sich dieses Konzept für Blumenberg erledigt. Gleichwohl hält er fest: »Die ›Weltlichkeit‹ der Neuzeit ist nicht ihr gesichertes historisches Merkmal, sondern ihr dauerndes kritisches Officium.«[15] Die Ausführlichkeit, mit der er in der erweiterten und überarbeiteten Neuausgabe seines Buches von 1974 noch einmal auf Carl Schmitt und dessen Kritik an seinen Überlegungen eingeht, zeigt indes Verschiebungen, die Blumenberg ganz im Sinne dieser Maxime als durch den Zeitgeist be-

13 Hans Blumenberg: »›Säkularisation‹. Kritik einer Kategorie historischer Illegitimität«, in: H. Kuhn/F. Wiedman (Hg.), Die Philosophie und die Frage nach dem Fortschritt, S. 243.
14 Hans Blumenberg: Die Legitimität der Neuzeit, Frankfurt/M.: Suhrkamp 1966, S. 60.
15 Vgl. ebd., S. 61.

dingte Herausforderungen empfunden haben mag. Noch einmal und um vieles deutlicher versucht er darüber aufzuklären, in welchem Maße das Säkularisierungstheorem genuin theologische Bedeutungspotentiale von Begriffen in die immanente Sphäre von Politik und Geschichte überträgt. Der theologische Überschuss von Begriffen wie Ausnahmezustand und Entscheidung überfordere den auf partielle Rationalität angewiesenen Bereich der Politik und fungiere als Einfallstelle eines im Hintergrund wirkenden Radikalismus, der bei Schmitt[16] in Gestalt eines offensiv vertretenen katholischen Fundamentalismus immer wirksam war. Auch wenn der Gegenstand der Politischen Theologie nicht ganz eindeutig zu bestimmen und ihr Status entsprechend kontrovers diskutiert worden ist,[17] lässt sich doch festhalten, dass Schmitts Konzeption, die im Kern den Souverän als irdischen Repräsentanten Gottes versteht, als extreme Ausprägung des Säkularisierungstheorems gelten kann. Vielleicht wird mit der prinzipiellen Kritik der Säkularisierungsthese und ihrer stärksten Variante in Gestalt der politischen Theologie Schmitts ein systematisches Motiv der Philosophie Blumenbergs erkennbar, das auch Einsichten über sein Verhältnis zum Denken Walter Benjamins erlaubt. Ein Bericht von Jacob Taubes ist in diesem Zusammenhang aufschlussreich. Er erzählt, er habe 1967 Alexandre Kojève zu einem Vortrag nach Berlin eingeladen und dieser sei anschließend zu seiner größten Verwunderung nach Plettenberg zu Carl

16 Zur Politischen Theologie als einheitsstiftendem Zentrum seines Denkens vgl. Heinrich Meier: Die Lehre Carl Schmitts. Vier Kapitel zur Unterscheidung Politischer Theologie und Politischer Philosophie, Stuttgart, Weimar: Metzler 1994. »Schmitt hat wie kein anderer politischer Theoretiker des 20. Jahrhunderts Offenbarung und Politik zusammengesehen und nach Kräften zu verbinden gesucht.« (S. 111) Zu dieser Kontroverse vgl. Wolfgang Hübener: »Carl Schmitt und Hans Blumenberg oder über Kette und Schuß in der historischen Textur der Moderne«, in: Jacob Taubes (Hg.), Der Fürst dieser Welt. Carl Schmitt und die Folgen, München: Fink 1985, S. 57-76.

17 Vgl. Henning Ottmann: »Politische Theologie als Begriffsgeschichte. Oder: Wie man politische Begriffe der Neuzeit politisch-theologisch erklären kann«, in: Volker Gerhardt (Hg.), Der Begriff der Politik. Bedingungen und Gründe politischen Handelns, Stuttgart: Metzlersche Verlagsbuchhandlung 1999, S.169-188. »Ihre Grundfrage lautet, ob auch säkularisierte Begriffe noch theologische Gehalte an sich haben.« (S. 172)

Schmitt gefahren, eine Reise, die sich Taubes selbst, trotz seiner Faszination für Schmitts Denken, vor allem wegen dessen politischer Vergangenheit versagt habe: »Dann schrieb mir Hans Blumenberg: ›Hören Sie doch endlich auf mit dieser – wie hat er das gesagt? – tribunalistischen Einstellung‹; Sie, Kojève und Schmitt, bei ihnen dreht sich's ums selbe, was soll das.«[18] Zweifellos ist damit der Komplex der politischen Theologie gemeint und es gibt mehr als einen Grund zu der Vermutung, dass Blumenberg auch Walter Benjamin in diese Traditionslinie des Denkens eingereiht hat, nicht nur weil er sich durch Carl Schmitts Anmerkung bestätigt fühlen konnte oder er bereits in Kracauers frühem Artikel über Benjamin hatte lesen können: »Seine Absichten sind theologisch.«[19] Ein Grund für Blumenbergs zweite und erweiterte Offensive gegen das Säkularisierungskonzept mag neben der Kritik an seinem Buch die Ende der sechziger Jahre einsetzende, politisch folgenreiche Wirkung der *Thesen über den Begriff der Geschichte* gewesen sein, in denen Benjamin auf das Bild eines Schachautomaten zurückgegriffen und die Theologie zwar als klein und hässlich, aber für den Sieg der Puppe des historischen Materialismus unverzichtbaren Zwerg beschrieben hatte. Blumenberg sah offensichtlich in den politischen Partien der Studentenbewegung den Zwerg am Zug und von links angreifend mit geschicktem Spiel immer mehr theoretische Felder strategisch besetzen, für ihn eine Renaissance der Politischen Theologie aus dubiosen Quellen der zwanziger Jahre. In der überarbeiteten Fassung der *Legitimität der Neuzeit* bemerkt er selbstironisch: »Ich habe gesagt, die Kategorie Säkularisierung enthielte ein zumindest latentes ideologisches Element. Diese Formel hat mir das Odium des ›Ideologiekritikers‹ eingetragen, ganz gegen meinen Geschmack.«[20] Aber die dann doch erkennbaren Spuren seiner Beschäftigung mit dem Werk Benja-

18 Jacob Taubes: Ad Carl Schmitt. Gegenstrebige Fügung, Berlin: Merve 1987, S. 69.

19 Siegfried Kracauer: Das Ornament der Masse. Essays, Frankfurt/M.: Suhrkamp 1963, S. 249.

20 Hans Blumenberg: Säkularisierung und Selbstbehauptung, S. 136. Blumenberg hat später darauf hingewiesen, dass Lichtenberg den Schachspieler in die Philosophie eingeführt und Wittgenstein ihn darin etabliert habe. Vgl. Hans Blumenberg: Ein mögliches Selbstverständnis. Aus dem Nachlass, Stuttgart: Reclam 1996, S. 108f.

mins sind dazu angetan, dieses Urteil zu bestätigen, auch wenn sie nicht jene Konsequenz aufweist, mit der Blumenberg später am Beispiel Freuds die »Typik zeitgeistgefälliger Theorien«[21] beschreiben wird.

IV

Das erste Mal erwähnt Blumenberg Walter Benjamin in seinem Aufsatz *Selbstbehauptung und Beharrung. Zur Konstitution neuzeitlicher Rationalität* von 1970. Blumenberg untersucht, welche Formen der Negation des rationalen Prinzips der humanen Selbsterhaltung sich nach der Aufklärung herausgebildet haben. »Die Negation der Selbsterhaltung hat ihre romantische Gestalt gefunden. In der Idee der Selbstzerstörung bricht sie mit dem bloßen Und-so-weiter, als das die Theorie des Fortschritts in der Aufklärung die Geschichte sowohl zu begreifen als auch zu entwerfen gesucht hatte.«[22] In diesem Zusammenhang kommt er auf den romantischen Physiker Johann Wilhelm Ritter und dessen Vorstellung von der Selbsterhaltung der Welt als organischem Prozess der Selbsterzeugung zu sprechen. Blumenberg ergänzt in Klammern: Ritter »(dem Walter Benjamin die bedeutendste persönliche Prosa der deutschen Romantik zugeschrieben hat)«[23]. In den An-

---

21 Vgl. Hans Blumenberg: »Dies ist in Wirklichkeit nur jenes. Zur Typik zeitgeistgefälliger Theorien«, in: ders., Die Verführbarkeit des Philosophen, Frankfurt/M.: Suhrkamp 2000, S. 37-48. Ganz im Sinne Blumenbergs dürfte die Feststellung sein, mit der Giorgio Agamben seinen Hans Blumenberg gewidmeten Text »Idee der Musik« beginnt: »Dem Überangebot an begrifflichen Untersuchungen unserer Zeit steht die einzigartige Armut an phänomenologischen Beschreibungen gegenüber.« Giorgio Agamben: Idee der Prosa, München: Hanser 1987, S. 67.

22 Hans Blumenberg: »Selbsterhaltung und Beharrung. Zur Konstitution der neuzeitlichen Rationalität« in: Hans Ebeling (Hg.), Subjektivität und Selbsterhaltung. Beiträge zur Diagnose der Moderne, Frankfurt/M.: Suhrkamp 1976, S. 197. Der Aufsatz war erstmals 1970 als Abhandlung der Akademie der Wissenschaften und der Literatur in Mainz erschienen.

23 Vgl. ebd., S. 198. Bereits im Trauerspiel-Buch hatte sich Benjamin mit Ritter, in diesem Fall mit dessen Theorie der Schrift, auseinandergesetzt. Vgl. Walter Benjamin: Gesammelte Schriften, hg. v. Wolfgang Tiedemann u. Hermann Schweppenhäuser. Frankfurt/M.: Suhrkamp

merkungen verweist er auf die Charakteristik Benjamins zu Ritters Vorrede der Fragmente und bezieht sich auf die Ausgabe *Angelus Novus* von 1966. Ergänzend erwähnt er einen Brief Benjamins an Scholem vom 5. März 1924, in dem Benjamin Novalis im Vergleich zu Ritter als »Volksredner« bezeichnet hatte. Es ist nicht ohne Reiz zu sehen, dass Blumenbergs erster Verweis auf Benjamin, allerdings ohne den Titel zu nennen, sich auf einen der schönsten Texte von Walter Benjamin bezieht, *Ich packe meine Bibliothek aus*, der Blumenbergs Neugierde als Bibliophiler vermutlich schnell geweckt haben dürfte. Gleichwohl bleibt der Hinweis mehrdeutig. Geht es um eine Aufwertung der Quelle oder eher um die Fragwürdigkeit, dass Benjamin als »persönlichste Prosa« der Romantik wertschätzt, was Blumenberg als Theorie der schärfsten Kritik unterzieht? »Als rationales Prinzip ist Selbsterhaltung auch und gerade in dieser Konzeption negiert.«[24] Gänzlich am Rande der Argumentation, aber ebenfalls auf die Bücherwelt bezogen, bleibt Blumenbergs zweiter Hinweis auf Benjamin in *Die Genesis der Kopernikanischen Welt* von 1975. Blumenberg skizziert hier angesichts des Vorrangs, den die Aufklärung der Möglichkeit vor der Wirklichkeit einzuräumen bereit war, den Gedanken des Astronomen Lambert, Bücher zu rezensieren, die es gar nicht gebe. Blumenberg ergänzt in einer Fußnote, die wie ein Vorschlag einer motivgeschichtlichen Dissertation klingt: »Die reizvolle Geschichte der imaginären Bibliotheken beginnt mit Th. J. van Almeloveens ›Bibliotheca promissa et latens‹ (Gouda 1692) und führt über die aus dem Meßkatalog nachgeschriebenen des Schulmeisterleins Wuz bis zur Bibliothek der Universität Muri von Benjamin und Scholem.«[25] In seiner Studie *Arbeit am Mythos* findet sich das einzige längere Zitat von Benjamin und dieser kommt vermutlich deshalb so ausführlich zu Wort, weil seine Passage aus dem Essay *Über die Sprache überhaupt und über die Sprache des Menschen* im Kontext von Blumenbergs Frage nach der

1972-1989, Bd. 1, S. 387-389. Im Folgenden wird aus dieser Ausgabe zitiert mit Bandnummer (römische Ziffern) und Seitenzahl.

24 Vgl. ebd.

25 Hans Blumenberg: Die Genesis der kopernikanischen Welt, Frankfurt/ M.: Suhrkamp 1975, S. 615. Sein eigener Beitrag zu diesem Projekt: Hans Blumenberg: »Eine imaginäre Universalbibliothek«, in: Akzente H. 1, 1981, S. 27-40.

Bedeutung der Sprache innerhalb des biblischen Schöpfungsprozesses das von ihm stets geforderte Höchstmaß an deskriptiver Genauigkeit aufweist:

»Die biblische Schöpfung [...] ist Befehl, zu werden, und Benennung, zu sein. ›Mit der schaffenden Allmacht der Sprache setzt er ein, und am Schluß einverleibt sich gleichsam die Sprache das Geschaffene, sie benennt es. Sie ist also das Schaffende, und das Vollendende, sie ist Wort und Name. In Gott ist der Name schöpferisch, weil er Wort ist, und Gottes Wort ist erkennend, weil es Name ist. ›Und er sah , daß es gut war‹, das ist: er hatte es erkannt durch den Namen... Das heißt: Gott machte die Dinge in ihrem Namen erkennbar. Der Mensch aber benennt sie maßen der Erkenntnis.‹«[26]

Mit diesen Sätzen Benjamins findet Blumenberg den sprachmetaphysischen Hintergrund der Genesis präzise bezeichnet: »Es ist also eine der Voraussetzungen der biblischen Paradiesgeschichte, daß dem Menschen die Schöpfung dadurch zugänglich und vertraut ist, daß er die Geschöpfe bei ihrem Namen zu nennen weiß.«[27] In gewisser Weise korrespondiert diese Stelle mit der nächsten Erwähnung Benjamins, die in der Studie *Die Lesbarkeit der Welt* von 1981 zu finden ist. Blumenberg rekonstruiert die Konzeption der Romantik vom absoluten Buch und in dessen Folge Mallarmés Projekt *Un Coup de dés*. Valéry war der erste Mensch, der dieses Werk zu sehen bekommen hatte, und zwar am 30. März 1897. Er war zutiefst beeindruckt: »Dem äußeren Bild eines Textes einen Sinn und eine Wirkung zu geben, die denen des Textes selbst gleichkämen, diesen Versuch hatte noch niemand unternommen oder auch nur geträumt.«[28] Blumenberg kritisiert Valérys Anfälligkeit für diesen Gestus der Unüberbietbarkeit:

»Valéry war ergriffen von der Einsicht, die ihm Mallarmés Werk gewährt hatte - es mußte die höchste Versuchung für den Menschen, den Dichter

26 Hans Blumenberg: Arbeit am Mythos, Frankfurt/M.: Suhrkamp 1979, S. 44.
27 Vgl. ebd.
28 Paul Valéry: Werke Bd. 3, Zur Literatur, hg. v. Jürgen Schmidt-Radefeldt, Frankfurt/M.: Suhrkamp 1989, S. 252.

zumal, sein, die Wirkung eben des gestirnten Himmels aus sich, mit den Mitteln der Lesbarkeit, noch einmal hervorzubringen, auf dem weißen Blatt zu deren Evokation zu machen: [...] Was er vor sich gehabt hatte, was da gewagt und gewollt worden war, erschien ihm als ein äußerstes und unüberbietbares: die Koinzidenz von Universum und Text, in der die Möglichkeiten des Dichters zu Ende gingen. Er war genau der eschatologischen Suggestion erlegen, die der Autor des Gedichts hatte hervorbringen wollen: Weiter sollte es nicht getrieben werden können.«[29]

Auch hier ist Blumenbergs tiefe Aversion gegen eschatologische Anmaßungen spürbar, die im Falle Mallarmé den Gedanken eines historischen Endes der Dichtung hervorbringt. Und genau dieser Aspekt ist es, der Blumenberg veranlasst, Walter Benjamin in seine Darstellung einzubeziehen. Der Bewunderer Valérys hatte 1926 in Paris dessen Vortrag über Mallarmé gehört und darüber in der *Literarischen Welt* berichtet:

»In dem, was er eines Tages Valéry gezeigt hatte, war zum ersten mal durch einen Dichter ›die graphische Spannung des Inserates ins Schriftbild verarbeitet‹. Davon freilich, von dieser dubiosen Herkunft hatte Valéry nichts gesehen, folglich auch von der ›dialektischen‹ Artung des Vorgangs nichts mitbedacht: ›So schlug die absolute Poesie im Extrem ins scheinbare Gegenteil um, was für [...] den Denker sie bestätigt‹. Die über Valérys Erinnerung an Mallarmé gefundene Einsicht übernimmt Benjamin in den ›Vereidigten Bücherrervisor‹ der ›Einbahnstraße‹ von 1928. Jetzt ist Mallarmé der Untergangsprophet des Buches. Er sah, was kommen würde, als er im ›Würfelwurf‹ ›die graphischen Spannungen der Reklame ins Schriftbild verarbeitet‹ und damit in dem ›Versuch, der aus dem Innern seines Stils erwuchs‹, etwas aufgefunden hatte, ›was in prästabilierter Harmonie mit allem dem entscheidenden Geschehen dieser Tage in Wirtschaft, Technik, öffentlichem Leben‹ stand: die Rückkehr der Schrift aus den Büchern auf die Straßen, von wo sie als Inschrift gekommen war. Was Valéry als kosmische Vision getroffen hatte, hat eine Physiognomie sozialzuständlicher Verweisungen angenommen, die ihren Bezug zum Inhalt der Dichtung

29 Hans Blumenberg: Die Lesbarkeit der Welt, Frankfurt/M.: Suhrkamp 1981, S. 314.

vollends abblendet. Die Apokalypse des Buches hat ein graphisches Menetekel.«[30]

Blumenbergs Kritik gilt Mallarmés Suggestion, die Möglichkeiten des Dichters seien mit der Form seines Werkes ausgeschöpft, nicht minder Valéry, der sich davon hatte beeindrucken lassen und sich zumindest in seinem Entschluss, mit der Dichtung zu brechen, bestätigt fühlte, vor allem aber auch Walter Benjamin, der die eschatologische Suggestion gleichermaßen aufnimmt, sie soziologisch umformt, indem er, über die gesellschaftlichen Vermittlungen der Zeitung, nun Mallarmé zum Untergangspropheten des Buches erklärt. Alle drei Autoren erscheinen Blumenberg in diesem Punkt als Repräsentanten einer, wenn man den Begriff akzeptieren mag, ›literaturpolitischen Theologie‹, deren theoretische Optionen den widersprüchlichen und komplexen Charakter realer historischer Prozesse nicht erfassen, sondern verklären.

V

Benjamins frühes *Theologisch-politisches Fragment* beginnt mit der Feststellung: »Erst der Messias selbst vollendet alles historische Geschehen, und zwar in dem Sinne, daß er dessen Beziehung auf das Messianische selbst erst erlöst, vollendet, schafft. Darum kann nichts Historisches von sich aus sich auf Messianisches beziehen wollen.«[31]

30 Ebd., S. 317. Ganz ähnlich in der Abwehr gesellschaftskritischer Motive bei Benjamin verfährt Blumenberg in dem aus dem Nachlass erschienenen Band *Zu den Sachen und zurück*, indem er Benjamins Hinweis, dass es um 1830 in Paris schick wurde, mit Schildkröten an der Leine durch die Stadt zu flanieren, um damit die exzessive Verfügung über Zeit zu demonstrieren, aufgreift und fragt: »Muß man dies aber als Protestbewegung verstehen?« (Frankfurt/M.: Suhrkamp 2002, S. 272.)

31 W. Benjamin, GS II, 203. Der späte Jacob Taubes kommentiert diese These so: »Ein sehr schwieriger Satz. Also, erstens mal ist klar: Es gibt einen Messias. Keinen Schmonzes, ›das Messianische‹, ›das Politische‹, keine Neutralisierung, sondern der Messias. Das muß man klarstellen. Nicht, daß es sich hier um den christlichen handelt, aber es heißt: der Messias. Keine aufklärungswolkige oder romantische Neutralisierung.« Jacob Taubes: Die politische Theologie des Paulus, München: Fink 1993, S. 98; vgl. Jacob Taubes: »Der Messianismus und sein Preis«, in: ders., Vom Kult zur Kultur, München: Fink 1996, S. 43-49.

Hans Blumenbergs Text *Messianischer Minimalismus* aus dem Band *Matthäuspassion* von 1988 ist, wenn ich recht sehe, seine letzte, jedenfalls ausführlichste Auseinandersetzung mit dem Denken Walter Benjamins. Bereits die Eingangsfrage scheint Benjamins Gedankengang unmittelbar fortzusetzen: »Was, wenn der Messias kommt?«[32] Der nächste Satz beurteilt die Alternative der möglichen Folgen: »Würde alles anders, hätten die recht, die in der Idee der Großen Revolution das Säkulisariat des Messianismus wahrnahmen. Würde nichts oder kaum etwas anders, behielten die recht, die dem noch kommenden Messias des Judentums auch nicht mehr zutrauten als dem schon dagewesenen des Christentums.«[33] Blumenberg erläutert im Folgenden, dass Benjamin, wie der Kafka-Essay von 1934 zeige, zur zweiten Gruppe gehöre. »Da sind die von unbekannter Schuld Gebeugten Kafkas mit dem ›bucklicht Männlein‹ des Volkslieds verglichen als dem ›Insasse(n) des entstellten Lebens‹, der verschwinden werde, ›wenn der Messias kommt, von dem ein großer Rabbi gesagt hat, daß er nicht mit Gewalt die Welt verändern wolle, sondern nur um ein Geringes sie zurechtstellen werde‹«.[34] Blumenberg nennt diese Vorstellung Benjamins »messianischen Minimalismus«, die ihn indes weniger interessiert als die Frage, wer der große Rabbi sei, auf den sich Benjamin berufe.

»Darüber gibt ein Brief Scholems an Benjamin Auskunft, mit dem er auf die Bitte um eingreifende Kritik des Kafka-Essays antwortet und am Schluss schreibt: ›Und eine Frage: von wem stammen nun eigentlich diese vielen Erzählungen: hat Ernst Bloch sie von dir oder du von ihm? Der auch bei Bloch erscheinende große Rabbi mit dem tiefen Diktum über das messianische Reich bin ich selber; so kommt man noch zu Ehren. Es war eine meiner ersten Ideen über die Kabbala.‹ In seiner Edition des Briefwechsels von 1980 wird Scholem trocken kommentieren: ›Ich habe daran gelernt, welche Ehren man mit einem apokryphen Satz einlegen kann.‹«[35]

32 Hans Blumenberg: Matthäuspassion, Frankfurt/M.: Suhrkamp 1988, S. 273.
33 Vgl. ebd.
34 Vgl. ebd., S. 274.
35 Vgl. ebd., S. 275f.

Blumenberg hält das nicht für ein Spiel Scholems, sondern eher für ein mit List verfolgtes intellektuelles Experiment: »Er machte die Probe auf die Brauchbarkeit einer seinen Zeitgenossen unbekannten Art von Denken und Literatur, deren Feld er als einziger Souverän beherrschte. Was würde herauskommen?«[36] Für Scholem sieht Blumenberg einen doppelten Erfolg, indem seine sanfte und nicht die revolutionäre Vorstellung des Wirkens des Messias sich durchgesetzt habe, sogar bei seinem Freund Benjamin, dessen politischer Überzeugung die zweite besser entsprochen hätte. Blumenberg bezeichnet dies als den »revolutionären Illusionismus«[37] Benjamins. Dies ist sein klarstes und zugleich letztes Wort zu Walter Benjamin und es fällt vermutlich deshalb so deutlich aus, weil eine bescheidene philologische Rekonstruktion genügt, um zu zeigen, wie unbekümmert Benjamin in der Sphäre der letzten Dinge Worte verwendet, die nicht den heiligen Texten entnommen sind, sondern sich der intellektuellen Experimentierlust eines befreundeten Gelehrten verdanken. Auch dies für Blumenberg ein Kapitel aus der fatalen Geschichte des Nachwirkens politischer Theologie, die für ihn, wie er bereits in seiner Antwort auf Carl Schmitt im Hinblick auf den Begriff der Person gezeigt hatte, letztlich eine »metaphorische Theologie«[38] ist. Wird der Messias bei Benjamin als reale Person gedacht, handelt es sich um reine Theologie, wenn nicht, dann ist es metaphorische, jedenfalls keine politische Philosophie im neuzeitlichen Sinne.

VI

Wird das Verhältnis zweier Denker durch eine Distanz jenes Ausmaßes bestimmt, die Hans Blumenberg und Walter Benjamin voneinander trennt, gewinnt die Frage an Reiz, welches denn die Stelle in ihrem jeweiligen Denken ist, wo sie sich am nächsten kommen? Nicht ganz unbegründet erscheint zunächst die Vermutung, der späte Blumenberg habe sich mit seiner seit *Die Sorge geht über den Fluss* vollzogenen Hinwendung zu kurzen Prosaformen Darstellungsformen angenähert,

36 Vgl. ebd., S. 276.
37 Vgl. ebd.
38 Hans Blumenberg: Säkularisierung und Selbstbehauptung, S. 117.

die Benjamins Werk bestimmen, zumal ihm deren literarische Qualität das Urteil eingetragen hat, einer der bedeutendsten deutschsprachigen Gegenwartsschriftsteller[39] zu sein. Dies gilt vor allem dort, wo persönlichste Erfahrung in der Kindheit ins Zentrum der eigenen Theoriebildung gerückt wird. In der Erinnerung *Der Weisheit Anfang* beschreibt Blumenberg, dass seine Deutung der Inschrift ›Die Furcht des Herrn ist der Weisheit Anfang‹, die in der Aula seines Lübecker Gymnasiums zu lesen war, nämlich, dass mit diesem Spruch die berechtigte Furcht Gottes vor dem Selbstbehauptungsanspruch des Menschen gemeint sei, bereits das zentrale Theorem seiner späteren philosophiehistorischen Forschungen gegeben sei: »Trotz seither erlangten besseren Wissens ist meine kindliche Lesart des Aulaspruches der Tenor meiner ›Theologie‹ geblieben, sofern sie diesen Namen verdient.«[40] In dem programmatischen Text *Eine Begriffsgeschichte* erzählt Blumenberg, wie er als Junge seinem Vater, der ein leidenschaftlicher Fotograf war, bei der Arbeit in der Dunkelkammer zusehen durfte und dabei vollkommen fasziniert war vom Prozess der Bildentwicklung, in dem aus dem Nichts etwas entstand. Chemische Erklärungen des Vorgangs interessierten dabei wenig:

»Dafür gedieh der erste Artikel meines Credo: Ich wußte, ich sah es vor mir, wie es bei der Erschaffung der Welt zugegangen war. Erst nichts, und dann etwas - und etwas nur, weil zuerst einmal für Licht gesorgt worden war. [...] Man wird es mir nicht verzeihen: Einer, der an Schöpfung nicht glaubt, versteht ihren Begriff immer noch, wie er ihn in der Dunkelkammer anschaulich vor sich ›produzierte‹. Seither ahnte ich wenigstens, wie Begriffe entstehen.«[41]

Das sind Annäherungen in der Form, gewiss, aber wo sind sich Blumenberg und Benjamin in der Sache wirklich nahe? 1964 veröffentlicht Blumenberg seine erste große Studie zu Paul Valéry, die dessen Dialog

39 Vgl. Jürgen Habermas: »Philosophie und Wissenschaft als Literatur?«, in: ders., Nachmetaphysisches Denken. Philosophische Aufsätze, Frankfurt/M.: Suhrkamp 1988, S. 242-263.

40 H. Blumenberg: Matthäuspassion, S. 30.

41 Hans Blumenberg: Begriffe in Geschichten, Frankfurt/M.: Suhrkamp 1998, S. 8.

Eupalinos oder der Architekt von 1921 interpretiert. Darin erzählt Sokrates, wie er ein unbestimmbares Objekt am Strand gefunden hat. Es wird für Valéry der Ausgangspunkt seiner Reflexion über das ›objet ambigu‹. Blumenberg lässt sich an dieser Stelle zu einer ungewohnt offenen und persönlichen Bemerkung hinreißen: »Diese Erzählung ist eines der schönsten Stücke Prosa, die ich kenne.«[42] Walter Benjamin hatte 1931 in der *Literarischen Welt* den Artikel *Paul Valéry. Zu seinem 60. Geburtstag* veröffentlicht und seine Würdigung damit begonnen, dass Valéry einmal Seeoffizier hatte werden wollen und in dem, der er geworden sei, diese Züge seines Jugendtraumes immer noch kenntlich seien. »Das Meer und die Mathematik: sie treten an einer der schönsten Stellen, die er geschrieben hat, im erzählenden Sokrates, der der Phaedra von dem Funde berichtet, den er am Ufer machte, in bestrickende Ideenverbindung.«[43] Vielleicht hätte hier, in der identischen Beurteilung dieser Textstelle und im Verhältnis der beiden Denker zu Paul Valéry, eine umfassende Untersuchung der theoretischen Gemeinsamkeiten zwischen Blumenberg und Benjamin ihren günstigsten Ausgangspunkt, von dem aus die in den Texten manifeste Rezeption nur als Spitze eines Eisbergs erscheinen könnte.

Blumenbergs Bitte an die Hörer seiner Vorlesung blieb übrigens nicht ohne Resonanz. Ein Student, der damals etwas Benjamin gelesen und dem die vom Heft 31/32 *Walter Benjamin* der Zeitschrift *Text und Kritik* verfolgte historische Lesart neue Perspektiven auf das Werk eröffnet hatte, entdeckte in den in Band II der *Gesammelten Schriften* erstmals veröffentlichten Materialien zu Benjamins Surrealismus-Aufsatz eine Stelle, die Blumenbergs Vorgabe entsprach, da sie aus dem Zeitraum 1928/29 stammte und damit zeitlich weit vor Weizsäckers Verwendung der Metapher lag: »Aber die Schriften dieser Autoren formieren sozusagen nur die scharfe Spitze eines Eisbergs, der unter dem Meeresspiegel sein Massiv in die Breite streckt.«[44] Eine Woche

42 Hans Blumenberg: »Sokrates und das ›objet ambigu‹. Paul Valérys Auseinandersetzung mit der Tradition der Ontologie des ästhetischen Gegenstandes«, in: Franz Wiedmann (Hg.), Epimeleia. Die Sorge der Philosophie um den Menschen, München: Anton Pustet 1964, S. 300.

43 Walter Benjamin: Angelus Novus. Ausgewählte Schriften Bd. 2, Frankfurt/M.: Suhrkamp 1966, S. 223 (GS II, 386).

44 W. Benjamin, GS II, 1035.

nachdem Blumenberg eine Kopie des Fundes bei Benjamin erhalten hatte, schickte er als Antwort ein Exemplar seines Buches *Schiffbruch mit Zuschauer* mit einer Widmung, in der er für ›den wichtigen Hinweis‹ dankte. Ein Text aus dem Nachlass Blumenbergs fordert im Titel dazu auf ›Ohne Scheu Zuschauer sein‹. Warum also nicht auch, wenn es um die Begegnung von Blumenberg und Benjamin geht?

Fortschritt als ewige Wiederkehr des Neuen

Benjamins Überlegungen zu Ursprung und Folgen des Kapitalismus

Detlev Schöttker

Seit 1927 hat Benjamin mehrere Anläufe unternommen, eine Arbeit über die glasüberdachten Einkaufsstraßen zu schreiben, die seit dem ersten Drittel des 19. Jahrhunderts in Paris als Durchgänge zwischen den großen Boulevards entstanden sind und deshalb als Passagen bezeichnet wurden. Dahinter stand die Absicht, am Beispiel der neuen architektonischen Formen die veränderten Bewusstseinsformen zu beschreiben, die Entstehung und Ausbreitung des Kapitalismus begleitet haben. Die Passage wird damit zum Paradigma der kapitalistischen Moderne. Greifbar wird diese monadologische Konzeption an einem Zitat, das Benjamin einem Pariser Reiseführer von 1852 entnahm und als »locus classicus für die Darstellung der Passagen« bezeichnete. Es findet sich in allen einschlägigen Texten, die er über den Gegenstand verfasste.[1] »Diese Passagen«, so das Zitat,

»eine neuere Erfindung des industriellen Luxus, sind glasbedeckte, marmorgetäfelte Gänge durch ganze Häusermassen, deren Besitzer sich zu solchen Spekulationen vereinigt haben. Zu beiden Seiten dieser Gänge, die

1 Ich zitiere die Werke und Briefe Benjamins mit Band- und Seitenzahl nach folgenden Ausgaben: Walter Benjamin: Gesammelte Schriften, hg. v. Rolf Tiedemann u. Hermann Schweppenhäuser, 7 Bde., Frankfurt/M.: Suhrkamp 1972-1989 (GS); Walter Benjamin: Gesammelte Briefe, hg. v. Christoph Gödde u. Henri Lonitz, 6 Bde. Frankfurt/M.: Suhrkamp 1995-2000 (GB); Theodor W. Adorno/Walter Benjamin: Briefwechsel 1928-1940, Frankfurt/M.: Suhrkamp 1994 (AB).

ihr Licht von oben erhalten, laufen die elegantesten Warenläden hin, so daß eine solche Passage eine Stadt, eine Welt im Kleinen ist, in der der Kauflustige alles finden wird, dessen er benötigt« (GS V, 83).

Das Vorhaben, die Mentalität der Passagen-Flaneure als Beispiel für die Erfahrungsformen der kapitalistischen Moderne zu entschlüsseln, hat Benjamin bekanntlich bis zu seinem Tod im September 1940 nicht mehr losgelassen und neben umfangreichen Materialstudien zu immer neuen theoretischen Überlegungen geführt, die in Form von essayistischen Skizzen, Notizen, Exzerpten und zwei größeren Exposés von 1935 und 1939 vorliegen.[2] In diesen Exposés hat Benjamin seine Konzeption in konzentrierter Form dargestellt. Doch unterscheiden sich beide Texte trotz identischer Titel (*Paris, die Hauptstadt des XIX. Jahrhunderts* und *Paris, Capitale du XIXème siècle*) erheblich voneinander, da Benjamin seine Konzeption in den dazwischen liegenden Jahren weiterentwickelt hat. Auslöser für die Erneuerung war die Lektüre einer Schrift von Louis-Auguste Blanqui, auf die Benjamin 1937 bei Bibliotheksrecherchen gestoßen war. Sie hat dazu geführt, dass auch in die Konzeption des *Passagen-Werks* die Kritik am Fortschrittsgedanken integriert wurde, die ihn zur selben Zeit beschäftigt hat. Nicht die Warenerfahrung, sondern die Geschichtserfahrung trat damit in den Mittelpunkt des letzten Werkes.

I

Der Anspruch auf Erneuerung, mit dem der Kapitalismus im 19. Jahrhundert in Erscheinung getreten ist, hat Benjamin bereits im ersten Passagen-Exposé zur Vermutung veranlasst, dass das Neue nichts anderes als dessen ewige Wiederkehr ist. Angedeutet wird die Auffassung im fünften Abschnitt des sechsteiligen Textes, den Benjamin 1935 an

2 Das Material ist 1982 unter dem Titel *Passagen-Werk* als Bd. 5 der GS in der Edition von Rolf Tiedemann erschienen. Vgl. zur Entstehungsgeschichte und zum Zusammenhang der Texte Susan Buck-Morss: Dialektik des Sehens. Walter Benjamin und das Passagen-Werk, Frankfurt/M.: Suhrkamp 1993 [zuerst London 1989], S. 67ff. u. Detlev Schöttker: Konstruktiver Fragmentarismus. Form und Rezeption der Schriften Walter Benjamins, Frankfurt/M.: Suhrkamp 1996, S. 204ff.

Horkheimer und Adorno schickte, um ein Stipendium des Instituts für Sozialforschung für die Ausarbeitung seines Buchprojekts zu bekommen. Der Abschnitt spielt für die theoretische Konstruktion des *Passagen-Werkes* eine zentrale Rolle. Hier werden die methodischen Überlegungen des ersten und dritten Abschnitts zusammengeführt, während der zweite, vierte und sechste Abschnitt in erster Linie historische Konkretisierungen zu Medien, Künsten und Revolutionen des 19. Jahrhunderts enthalten. Benjamin weist zunächst darauf hin, dass die Anziehungskraft der Ware als Phantasmagorie des »Neuen« erklärt werden kann. Dieses »Neue« aber sei nichts anderes als das »Immerwiedergleiche«. Er schreibt:

»Das Neue ist eine vom Gebrauchswert der Ware unabhängige Qualität. Es ist der Ursprung des Scheins, der den Bildern unveräußerlich ist, die das kollektive Unbewußte hervorbringt. Es ist die Quintessenz des falschen Bewußtseins, dessen nimmermüde Agentin die Mode ist. Dieser Schein des Neuen reflektiert sich, wie ein Spiegel im andern, im Schein des immer wieder Gleichen« (GS V, 55).

Unklar blieb in diesem Entwurf die Verbindung zwischen der Deutung der Ware als »Phantasmagorie« des »Neuen« und der Deutung der Wahrnehmungsform im Kapitalismus als »dialektisches Bild« bzw. »Traumbild« (GS V, 55). Adorno hat diese theoretische Unklarheit als erster Leser des Exposés erkannt und Benjamin in seiner Antwort vom August 1935 unter anderem mit dem folgenden Einwand konfrontiert:

»Wenn Sie das dialektische Bild als ›Traum‹ ins Bewußtsein verlegen, so ist damit nicht bloß der Begriff entzaubert und umgänglich geworden, sondern hat eben damit auch jene objektive Schlüsselgewalt eingebüßt, die gerade materialistisch ihn legitimieren könnte. Der Fetischcharakter der Ware ist keine Tatsache des Bewußtseins, sondern dialektisch in dem eminenten Sinne, daß er Bewußtsein produziert. Das besagt aber, daß das Bewußtsein oder Unbewußtsein ihn nicht einfach als Traum abzubilden vermag, sondern mit Wunsch und Angst gleichermaßen ihn beantwortet« (AB 139).

Benjamin wollte sich jedoch auf eine Debatte nicht einlassen, wie sein Antwortbrief an Gretel Adorno zeigt, die immer dann zum Ansprechpartner wurde, wenn er die direkte Konfrontation mit Adorno zu vermeiden suchte. »Das dialektische Bild«, so schreibt er in seiner Antwort nur, »malt den Traum nicht nach – das zu behaupten lag niemals in meiner Absicht« (AB 157).

In der Tat wollte Benjamin die Ableitung von Denkweisen aus ihren ökonomischen Voraussetzungen, von der die marxistische Ideologietheorie ausging, im *Passagen-Werk* überwinden, so dass Adornos Einwand seine Konzeption im Innersten traf, wie eine der erkenntnistheoretischen Aufzeichnungen im Konvolut *N* zeigt. Hier heißt es:

»Marx stellt den Kausalzusammenhang zwischen Wirtschaft und Kultur dar. Hier kommt es auf den Ausdruckszusammenhang an. Nicht die wirtschaftliche Entstehung der Kultur, sondern der Ausdruck der Wirtschaft in ihrer Kultur ist darzustellen. Es handelt sich, mit anderen Worten, um den Versuch, einen wirtschaftlichen Prozeß als anschauliches Urphänomen zu erfassen, aus welchem alle Lebenserscheinungen der Passagen (und insofern des 19. Jahrhunderts) hervorgehen« (GS V, 573f.).

II

Dennoch waren die Kategorien zur Analyse der neuen Denk- und Ausdrucksformen Mitte der dreißiger Jahre nicht ausgearbeitet. In Angriff genommen hat Benjamin die Arbeit ab Herbst 1937, nachdem er mit Horkheimer einen Aufsatz über Baudelaire für die *Zeitschrift für Sozialforschung* vereinbart hatte (vgl. GS I, 1067ff.). Benjamin wollte hier den fünften Abschnitt des ersten Passagen-Exposés zugrunde legen, in dem die Kategorien »Flaneur«, »dialektisches Bild« und »Neuheit« aufeinander bezogen werden. Während der Arbeit an dem Aufsatzes stieß er im Herbst 1937 auf Blanquis Schrift *L'éternité par les astres*, die 1872 erschienen ist.[3] Blanqui war seit 1830 der führende Kopf der revolutionären Bewegungen in Frankreich, hatte in der Revolution von 1848 Arbeiterdemonstrationen organisiert und wurde im März 1871

3 Der vollständige französische Text findet sich unter http://www.marxists.org/francais/blanqui/1872/astres.htm. Eine deutsche Übersetzung liegt nicht vor; sie ist für 2004 bei Matthes & Seitz angekündigt.

Mitglied der Pariser Kommune.[4] Doch kam er noch im selben Monat ins Gefängnis, wo er die von Benjamin entdeckte Schrift verfasste. In ihr ist die Idee der ewigen Wiederkehr mehrere Jahre vor Nietzsche entfaltet.[5] Die Entdeckung dieser Tatsache hat Benjamins Arbeit verändert, wie ein Brief zeigt, den er im Januar 1938 an Horkheimer schrieb und wörtlich ins *Passagen-Werk* übernahm:

»Mir ist in den letzten Wochen ein seltner Fund zugefallen, der die Arbeit entscheidend beeinflussen wird: ich bin auf die Schrift gestoßen, die Blanqui in seinem letzten Gefängnis, dem Fort du Taureau, als seine letzte geschrieben hat. Es ist eine kosmologische Spekulation. Sie heißt ›L'éternité par le astres‹ und ist, soviel ich sehe, bis heute so gut wie unbeachtet geblieben. [...] Es ist zuzugeben, daß die Schrift beim ersten Blättern sich abgeschmackt und banal anläßt. Indessen sind die unbeholfenen Überlegungen eines Autodidakten, die ihren Hauptteil ausmachen, nur die Vorbereitung einer Spekulation über das Universum, deren man von niemandem weniger als von diesem großen Revolutionär sich versehen würde. [...] Das Erschütternde ist, daß diesem Entwurf jede Ironie fehlt. Es stellt eine vorbehaltlose Unterwerfung dar, zugleich aber die furchtbarste Anklage gegen die Gesellschaft, die dieses Bild des Kosmos als ihre Projektion an den Himmel wirft. Das Stück hat in seinem Thema: der ewigen Wiederkunft, zu Nietzsche die merkwürdigste Beziehung, eine verborgene und tiefere zu Baudelaire, an den es an einigen großartigen Stellen fast wörtlich anklingt. Diese letzte werde ich mich bemühen, ins Licht zu setzten« (GB VI, 9f.; vgl. GS V, 169).[6]

Benjamin verknüpft hier die Ausführungen Blanquis mit einem zentralen Gedanken Nietzsche, nämlich dem der ewigen Wiederkehr, der wie erwähnt bereits im fünften Abschnitt des Passagen-Exposés auftauchte. Der Gedanke war Benjamin durch die Lektüre von Nietzsches Werken

4 Vgl. Louis-Auguste Blanqui: Instruktionen für den Aufstand. Aufsätze, Reden, Ausrufe, hg. v. Frank Deppe, Frankfurt/M.: Europ. Verlagsanst. 1968; ders.: Schriften zur Revolution, Nationalökonomie und Sozialkritik, hg. v. Arno Münster, Reinbek: Rowohlt 1971.

5 Vgl. Karl H. Bergmann: Blanqui. Ein Rebell im 19. Jahrhundert, Frankfurt/M., New York: Campus 1986, S. 497ff.

6 Bergmann hält den Brief für die »wohl bemerkenswerteste Stellungnahme« zu Blanquis Schrift (ebd., S. 602).

gut vertraut.[7] Nietzsche selbst hat die Idee allerdings nicht ausgearbeitet, obwohl sie seit dem *Zarathustra* (1883-1886) ins Zentrum seiner Philosophie gerückt ist.[8] Ein Abschnitt der *Fröhlichen Wissenschaft* (1882), den Benjamin im *Passagen-Werk* zitiert (GS V, 176f.), enthält eine der wenigen zusammenhängenden Erläuterungen. Hier heißt es:

»Wie, wenn dir eines Tages oder Nachts, ein Dämon in deine einsamste Einsamkeit nachschliche und dir sagte: ›Dieses Leben, wie du es jetzt lebst und gelebt hast, wirst du noch einmal und noch unzählige Male leben müssen; und es wird nichts Neues daran sein, sondern jeder Schmerz und jede Lust und jeder Gedanke und Seufzer alles unsäglich Kleine und Grosse deines Lebens muss dir wiederkommen, und Alles in der selben Reihe und Folge - und ebenso diese Spinne und dieses Mondlicht zwischen den Bäumen, und ebenso dieser Augenblick und ich selber. Die ewige Sanduhr des Daseins wird immer wieder umgedreht - und du mit ihr, Stäubchen vom Staube!‹ - Würdest du dich nicht niederwerfen und mit den Zähnen knirschen und den Dämon verfluchen, der so redete? Oder hast du einmal einen ungeheuren Augenblick erlebt, wo du ihm antworten würdest: ›du bist ein Gott und nie hörte ich Göttlicheres!‹«[9]

Da Horkheimer und Adorno sich seit den zwanziger Jahren mit Nietzsche beschäftigt hatten,[10] konnte Benjamin mit dem Hinweis auf die

7 Vgl. Helmut Pfotenhauer: »Benjamin und Nietzsche«, in: Burkhardt Lindner (Hg.), Walter Benjamin im Kontext, Frankfurt/M.: Athenäum 1985, S. 100-126. Der Band und sein Vorläufer »Links hatte noch alles sich zu enträtseln...« (1978) gehört zu den Publikationen, mit denen Burkhardt Lindner mein Interesse an Benjamin geweckt und am Leben erhalten hat.

8 Vgl. Karl Löwith: Nietzsches Philosophie der ewigen Wiederkehr des Gleichen, Stuttgart: Kohlhammer 1956 [zuerst 1935]; Walter Kaufmann: Nietzsche. Philosoph, Psychologe, Antichrist, Darmstadt: Wiss. Buchgesellschaft 1982, S. 359ff.; Günter Abel: Nietzsche. Die Dynamik der Willen zur Macht und die ewige Wiederkehr, 2. Aufl. Berlin, New York: de Gruyter 1998 [zuerst 1984], S. 187ff.; Alexander Nehamas: Nietzsche. Leben als Literatur, Göttingen: Steidl 1991, S. 183ff.

9 Friedrich Nietzsche: »Die Fröhliche Wissenschaft«, in: ders., Sämtliche Werke. Kritische Studienausgabe in 15 Bde., hg. v. Giorgio Colli u. Mazzino Montinari, Bd. 3, München: dtv 1988, S. 570.

10 Vgl. Norbert Rath: »Zur Nietzsche-Rezeption Horkheimers und Adornos«, in: Willem van Reijen/Gunzelin Schmid-Noerr (Hg.), Vierzig Jahre

Idee der ewigen Wiederkehr bei seinen Gesprächspartnern und Geldgebern auf Interesse hoffen. Vor allem aber wollte er Zeit für die Ausarbeitung des Aufsatzes über Baudelaire gewinnen, der in der Zwischenzeit zum »Miniaturmodell« (GB VI, 64) für das *Passagen-Werk* geworden war (vgl. GS V, 1158ff. u. I, 1070ff.). Die Idee der ewigen Wiederkehr sollte hier eine zentrale Stellung einnehmen. Blanquis Schrift hat Benjamin dazu angeregt, den Zusammenhang zwischen dem »Neuen« und dem »Immerwiedergleichen« auszuarbeiten, wie ein weiterer Brief an Horkheimer vom April 1938 zeigt. Hier heißt es über die Konzeption: »Die Arbeit soll drei Teile haben. Ihre projektierten Titel sind: Idee und Bild; Antike und Moderne; Das Neue und Immergleiche« (GB VI, 65).

Die Erläuterungen bestätigen, dass Benjamin seine Überlegungen zur Phantasmagorie der Ware durch die Ausarbeitung der Kategorien des »Neuen« und »Immergleichen« weiterführen wollte: »Der dritte Teil«, so schreibt er an Horkheimer,

»behandelt die Ware als die Erfüllung der allegorischen Anschauung bei Baudelaire. Es erweist sich, dass das Neue, welches die Erscheinung des Immergleichen, in deren Bann der spleen den Dichter geschlagen hat, sprengt, nichts anderes als die Aureole der Ware ist. [...] Der dritte Teil hat es mit der historischen Konfiguration zu tun, in die die Fleur du Mal durch die idée fixe des Neuen und Immergleichen mit der Eternité par les astres von Blanqui und dem Willen zur Macht (der ewigen Wiederkunft) von Nietzsche treten« (GB VI, 66f.).

Auch in einem Brief an Gretel Adorno vom Juli 1938 betont Benjamin, dass die Kategorien des »Neuen« und »Immerwiedergleichen« bei der Arbeit am Baudelaire-Aufsatz »an erster Stelle« stehen sollten (GB VI, 136f.).

Doch konnte Benjamin das Vorhaben nicht realisieren. Nachdem Horkheimer bereits im Juni 1938 gebeten hatte, »den Aufsatz über Baudelaire spätestens Mitte September« abzuliefern (GS I, 1076), drängte die Redaktion in den folgenden Monaten immer mehr, so dass

Flaschenpost: ›Dialektik der Aufklärung‹ 1947-1987, Frankfurt/M.: Fischer 1987, S. 73-110.

Benjamin ihn unter großer Anstrengung fertig stellte und Ende September 1938 nach New York schickte (GB VI, 161). Das Manuskript umfasst 90 Druckseiten, trägt die Überschrift *Das Paris des Second Empire bei Baudelaire* und hat drei Abschnitte mit den Überschriften *Die Bohème*, *Der Flaneur* und *Die Moderne* (GS I, 509-604). Adorno hat den Druck aber abgelehnt und für die Entscheidung dieselbe Begründung geltend gemacht, mit der er bereits das erste Passagen-Exposé kritisiert hatte. »Es herrscht durchweg eine Tendenz«, so schreibt er im November 1938 an Benjamin, »die pragmatischen Inhalte Baudelaires unmittelbar auf benachbarte Züge der Sozialgeschichte seiner Zeit und zwar möglichst solche ökonomischer Art zu beziehen« (AB, 366f.). Erst eine Umarbeitung des mittleren Abschnitts, die Benjamin 1939 vornahm, wurde im selben Jahr unter dem Titel *Über einige Motive bei Baudelaire* in der *Zeitschrift für Sozialforschung* gedruckt (GS I, 605-653). Doch hat sich Benjamin hier von seinem ursprünglichen Manuskript weit entfernt und am Beispiel von Baudelaires Werk eine Theorie der Erfahrungsformen in der Moderne entwickelt, ohne auf die Kategorien des »Neuen« und des »Immergleichen« einzugehen, da er hier auf die Analyse der Warenform verzichtete, um, wie zu vermuten ist, nicht wiederum Ärger zu entfachen.

III

Dennoch zeigen viele Aufzeichnungen zum *Passagen-Werk* und zur Arbeit über Baudelaire, die inzwischen zum Buchprojekt geworden war (GB VI, 158), dass Benjamin nicht nur intensiv an einer begrifflichen Durchdringung des Materials gearbeitet hat, sondern die Kategorien des »Neuen« und des »Immergleichen« hier eine zentrale Stellung einnehmen sollten. Im Konvolut *D* des *Passagen-Werks* finden sich Exzerpte aus Blanquis *L'éternité par le astres*, aus Nietzsches Werken sowie aus Karl Löwiths Buch *Nietzsches Philosophie der ewigen Wiederkehr des Gleichen* von 1935 (vgl. GS V, 168ff.). Hinzu kommen grundsätzliche Überlegungen (auch in den Konvoluten *J* und *S*), die die Idee der ewigen Wiederkehr in unterschiedliche Zusammenhänge stellen.[11] Auch die theoretischen Überlegungen zur Konzeption der Baudelaire-Arbeit, die Benjamin 1938 aus den Aufzeichnungen zum *Passagen-Werk* herausnahm und mit der Überschrift *Zentralpark* versah (GS I, 655-690), bestätigen sein Vorhaben. Er hat sich dabei um weitere Präzisierungen bemüht, um das Verhältnis von Neuheit und ewiger Wiederkehr bei Baudelaire, Blanqui und Nietzsche zu klären. Es heißt:

»Mit allem Nachdruck ist darzustellen, wie die Idee der ewigen Wiederkunft ungefähr gleichzeitig in die Welt Baudelaires, Blanquis und Nietzsches hineinrückt. Bei Baudelaire liegt der Akzent auf dem Neuen, das mit heroischer Anstrengung dem ›Immerwiedergleichen‹ abgewonnen wird, bei Nietzsche auf dem ›Immerwiedergleichen‹, dem der Mensch mit heroischer Fassung entgegensieht. Blanqui steht Nietzsche sehr viel näher als Baudelaire, aber die Resignation ist bei ihm vorwiegend. Bei Nietzsche projiziert sich diese Erfahrung kosmologisch in der These: es kommt nichts Neues mehr« (GS I, 673).

Die Überlegungen verweisen auf eine Problemlage, die für Benjamin Ende der dreißiger Jahre immer drängender wurde, nachdem der Nationalsozialismus seine Macht gefestigt hatte: das Problem des historischen Fortschritts. Schon Nietzsche hatte sich mit der Idee der ewigen Wiederkehr gegen Hegels Auffassung vom Fortschritt in der Geschichte gewandt, deren Anhänger auch Benjamin noch Mitte der dreißiger Jahr im Sinne eines wahrnehmungspsychologisch fundierten historischen Materialismus war. »Jede Epoche«, so heißt es am Schluss des ersten Passagen-Exposés, »träumt ja nicht nur die nächste, sondern träumend drängt sie auf das Erwachen hin. Sie trägt ihr Ende in sich und entfaltet es – wie schon Hegel erkannt hat – mit List« (GS V, 59).

Ende der dreißiger Jahre mehrten sich jedoch die Zweifel an der Fortschrittsidee, so dass sich Benjamin um eine Revision bemühte, wie viele Notizen im Konvolut *N* des *Passagen-Werks* zeigen. »Es kann als eines der methodischen Objekte dieser Arbeit angesehen werden«, so lautet die erste einschlägige Aufzeichnung, »einen historischen Materi-

11 Vgl. für die Notizen zum geplanten Baudelaire-Buch: Michel Espagne/ Michael Werner: »Vom Passagen-Projekt zum ›Baudelaire‹. Neue Handschriften zum Spätwerk Walter Benjamins«, in: DVjs 58 (1984), H. 4, S. 593-657.

alismus zu demonstrieren, der die Idee des Fortschritts in sich annihiliert hat. Gerade hier hat der historische Materialismus alle Ursache, sich gegen die bürgerliche Denkgewohnheit scharf abzugrenzen. Sein Grundbegriff ist nicht Fortschritt, sondern Aktualisierung« (GS V, 574). Das Prinzip der »Aktualisierung« sollte an die Stelle der Fortschrittsidee treten. »Entscheidend ist weiterhin«, so heißt in es einer anderen Aufzeichnung des *Passagen-Werks*, »daß der Dialektiker die Geschichte nicht anders denn als eine Gefahrenkonstellation betrachten kann« (GS V, 587). Deshalb sei »der Begriff des Fortschritts in der Idee der Katastrophe zu fundieren«, was Benjamin wie folgt erläutert: »Daß es ›so weiter‹ geht, *ist* die Katastrophe. Sie ist nicht das jeweils Bevorstehende sondern das jeweils Gegebene« (GS V, 592; Hervorh. im Orig.).

In einem der *Zentralpark*-Texte hat Benjamin den Blick zugleich auf Baudelaire und Blanqui gerichtet und ihre Kritik des Fortschrittsgedankens mit seiner eigenen verknüpft. Er schreibt:

»Es ist sehr wichtig, daß das ›Neue‹ bei Baudelaire keinerlei Beitrag zum Fortschritt leistet. [...] Es ist vor allem der ›Fortschrittsglaube‹ den er mit seinem Haß verfolgt, wie eine Ketzerei, eine Irrlehre, nicht wie einen gewöhnlichen Irrtum. Blanqui seinerseits zeigt keinerlei Haß gegen den Fortschrittsglauben; er überschüttet ihn aber im Stillen mit seinem Hohn. Es ist keineswegs ausgemacht, daß er damit seinem politischen Kredo untreu wird. Die Aktivität des Berufsverschwörers wie Blanqui einer gewesen ist, setzt durchaus nicht den Glauben an den Fortschritt, sondern zunächst nur die Entschlossenheit, mit dem derzeitigen Unrecht aufzuräumen, voraus« (GS I, 687).

IV

Durch die Konfrontation mit dem Problem des Fortschritts bekommt die Idee der ewigen Wiederkehr einen anderen Stellenwert als bei der Analyse der Warenform. Aus einer philosophischen Kategorie, die die Anziehungskraft der Ware als Schein entlarven sollte, wird nun eine politische Kategorie, die auf die Entlarvung der Fortschrittsgläubigkeit gerichtet ist. In den Thesen *Über den Begriff der Geschichte*, an denen Benjamin seit Kriegsausbruch im Jahr 1939 schrieb (GB VI, 435), ist die Problematik behandelt. Benjamin kritisiert hier nicht nur den Fortschrittsglauben des Historismus, sondern auch den des historischen Materialismus und bezeichnet ihn als Ursache für die Fehleinschätzung des Faschismus (GS I, 693ff.). »Die Vorstellung eines Fortschritts des Menschengeschlechts in der Geschichte«, so heißt es zusammenfassend, »ist von der Vorstellung ihres eine homogene und leere Zeit durchlaufenden Fortgangs nicht abzulösen. Die Kritik an der Vorstellung dieses Fortgangs muss die Grundlage der Kritik an der Vorstellung des Fortschritts überhaupt bedeuten« (GS I, 701). In diesem Sinne macht Benjamin die schwebende Gestalt auf einer Zeichnung von Paul Klee, die er als »Engel der Geschichte« bezeichnet, zum Repräsentanten einer fortschrittskritischen Geschichtsauffassung, dessen Verfechter er selbst geworden war. »Wo eine Kette von Begebenheiten vor *uns* erscheint«, so heißt es hier über den Engel, »da sieht *er* eine einzige Katastrophe, die unablässig Trümmer auf Trümmer häuft« (GS I, 697; Hervorh. im Orig.).

Die Thesen *Über den Begriff der Geschichte* zeigen zugleich, dass Benjamin die Idee der ewigen Wiederkehr anders als Nietzsche in seiner Auseinandersetzung mit Hegel nicht an die Stelle des Fortschrittsglaubens setzen wollte. Vielmehr entwickelt er gegen die Auffassungen der ewigen Wiederkehr auf der einen und gegen die des historischen Fortschritts auf der anderen Seite eine eigene Konzeption: die einer aktualisierenden Geschichtsdeutung. Die entsprechenden Ausführungen in den Thesen (GS I, 701ff.) werden durch zwei Aufzeichnungen im *Passagen-Werk* ergänzt, in denen Benjamin die Idee der ewigen Wiederkehr ebenso wie die des Fortschrittsglaubens als »mythische Denkweisen« bezeichnet. Hier heißt es:

»Die Essenz des mythischen Geschehens ist Wiederkehr. Ihm ist als verborgene Figur die Vergeblichkeit eingeschrieben, die einigen Helden der Unterwelt (Tantalus, Sisyphos oder die Danaiden) an der Stirne geschrieben steht. Den Gedanken der ewigen Wiederkunft im neunzehnten Jahrhundert noch einmal denkend, macht Nietzsche die Figur dessen, an dem das mythische Verhängnis sich neu vollzieht. [...] Der Glaube an den Fortschritt, an eine unendliche Perfektibilität - eine unendliche Aufgabe in der Moral - und die Vorstellung von der ewigen Wiederkehr sind komplementär. Es sind die unauflöslichen Antinomien, angesichts derer der dialektische Begriff der historischen Zeit zu entwickeln ist. Ihm gegenüber erscheint die Vorstellung von der ewigen Wiederkehr als eben der ›platte Rationalismus‹ als der der Fortschrittsglaube verrufen ist und dieser letztere der mythischen Denkweise ebenso angehörend wie die Vorstellung von der ewigen Wiederkehr« (GS V, 178).

In der »Einleitung« und am »Schluss« des französischen Passagen-Exposés von 1939 hat Benjamin seine Überlegungen zum Ursprung des Fortschrittsglaubens und der ewigen Wiederkehr im 19. Jahrhundert erstmals skizziert. »In einer Einleitung und in einem Nachwort«, so schreibt er im März 1939 an Horkheimer, »habe ich den theoretischen Grundriß des Entwurfs, wie ich denke, nachdrücklicher als vordem hervortreten lassen« (GB VI, 233). Die durch Blanquis Schrift angeregte Revision der Passagen-Konzeption war allerdings noch einschneidender, als Benjamin hier andeutet. Denn nun wird das »Neue« nicht nur als Phantasmagorie der Ware, sondern auch als Phantasmagorie des historischen Denkens verstanden. Beide, die Ware und der Fortschrittsglaube, sind damit nach Benjamins Auffassung Trugbilder, die dem Mythos verhaftet bleiben. In der deutschsprachigen Vorlage der französischen Übersetzung heißt es dazu:

»Die Untersuchung macht es sich zur Aufgabe, darzustellen, wie die Bezugnahme auf die verdinglichte Vorstellung von Kultur die neuen, vor allem durch die Warenproduktion bedingten Schöpfungen und Lebensformen, welche dem vorigen Jahrhundert zu danken sind, dem Ensemble einer Phantasmagorie einbeziehen. Es soll gezeigt werden, wie diese Kreationen nicht erst in theoretischer Verarbeitung ideologisch, sondern in unmittelbarer Präsenz sinnlich ›verklärt‹ werden. Sie stellen sich als Phantasmagorien dar. [...] Daß der Glanz, mit dem die warenproduzierende Gesellschaft sich so umgibt und die Verborgenheit in welcher sie sich wähnt, nicht verläßlich ist, bringt ihr der Zusammenbruch des Second Empire und die Pariser Kommune in Erinnerung. Gleichzeitig hat ihr gefürchtetster Widersacher, Blanqui, in seiner letzten Schrift die schrecklichen Züge dieser Phantasmagorie aufgewiesen. In ihr figuriert die Menschheit als Verdammte. Alles Neue, das sie erwarten könnte, wird sich als ein Von jeher dagewesenes entschleiern« (GS V, 1255f.).

Eine Passage aus Blanquis Buch, die Benjamin am Schluss seines Exposés zitiert, zeigt, das er hier seine eigene Kritik am Fortschrittsglauben vorweggenommen sah. Blanqui schreibt unter anderem: »Eines freilich fehlt daran: Fortschritt. Stets und überall auf der Erde das gleiche Drama, die gleiche Dekoration, auf derselben schmalen Bühne, eine brausende Menschheit, berauscht von ihrer Größe. Stets und überall hält sie sich selbst für das Universum und lebt in ihrem Gefängnis, als wäre es unermeßlich, um doch bald mit dem Erdball in den Schatten zu sinken, der mit ihrem Hochmut aufräumt« (GS V, 1257). Benjamin kommentiert die Stelle wie folgt:

»Diese hoffnungsvolle Resignation bildet das letzte Wort des großen Revolutionärs. Das Jahrhundert hat den neuen technischen Möglichkeiten nicht mit einer neuen gesellschaftlichen Ordnung zu entsprechen vermocht. So erhielten die trügerischen Vermittlungen des Alten und des Neuen die Oberhand, welche der Term seiner Phantasmagorien waren. Die von diesen Phantasmagorien beherrschte Welt ist - mit einem Schlüsselwort, das Baudelaire für sie gefunden hat - die Moderne. Blanquis Vision begreift in diese Moderne - als deren Boten die ›Sept Vieillards‹ auftauchen - das Universum ein. Ihm wird zuletzt die Neuheit zum Attribut dessen, was dem Reich der Verdammnis angehört« (GS V, 1257f.).

Noch deutlicher als in den Thesen *Über den Begriff der Geschichte* – in denen Blanqui nur beiläufig erwähnt wird (GS I, 700) – hat Benjamin also in der Überarbeitung des Passagen-Exposés einen zentralen Gedanken seines Spätwerks, nämlich die Kritik an der Fortschrittsauffassung der Moderne, auf seinen Ursprung in der kapitalistischen Warenproduktion zurückgeführt. Nicht die Idee der ewigen Wiederkehr, sondern die Kritik des Fortschrittsglaubens, die bei Nietzsche nur implizit vorhanden war, hat Benjamin an Blanquis Schrift fasziniert. Sie steht damit auch am Schluss seines unvollendeten Hauptwerks.

V

Die Idee, den Fortschrittsglauben auf den Kapitalismus zurückzuführen, hatte Benjamin bereits Jahre vor den ersten Passagen-Notizen. Der Gedanke findet sich in einem Text mit der Überschrift *Kapitalismus als Religion*, der 1921 nach der Lektüre von Max Webers Abhandlung *Die protestantische Ethik und der Geist des Kapitalismus* (1904/05) entstanden ist. Er blieb zwar unabgeschlossen und umfasst nur wenige Seiten, hat inzwischen aber eine Debatte über den religiösen Status des Kapitalismus angeregt.[12] Wie in seinem Aufsatz *Kritik der Gewalt*, der 1921 im *Archiv für Sozialwissenschaft und Sozialpolitik* publiziert wurde, versucht Benjamin hier die theologischen Kategorien seiner frühen Schriften mit kultur- und gesellschaftstheoretischen Überlegungen zu verknüpfen.[13] »Im Kapitalismus«, so Benjamin, »ist eine Religion zu erblicken, d.h. der Kapitalismus dient essentiell der Befriedigung derselben Sorgen, Qualen, Unruhen, auf die ehemals die so genannten Religionen Antwort gaben« (GS VI, 100).

Im Gegensatz zu Weber aber möchte Benjamin darstellen, dass der Kapitalismus nicht nur »ein religiös bedingtes Gebilde«, sondern eine »essentiell religiöse Erscheinung« ist (ebd.). Der Text rückt damit in die Vorgeschichte des *Passagen-Werks* ein. Mehr noch: Mit dessen später Konzeption verbindet ihn der Bezug auf Nietzsche, der für Benjamin bereits hier zum Gewährsmann wird. »Der Typus des kapitalistischen religiösen Denkens«, so schreibt er, »findet sich großartig in der Philosophie Nietzsches ausgesprochen« (ebd., 101). Auch Ideen, die zur Konzeption der ewigen Wiederkehr gehören, werden hier angesprochen, wenn Benjamin z.B. von der »permanenten Dauer des Kultus« im Kapitalismus spricht (ebd., 100).

12 Der Text wurde 1985 aus dem Nachlass ediert (GS VI, 100-103), aber erst durch einen Kommentar von Uwe Steiner in seiner Bedeutung erkannt. Vgl. Uwe Steiner: »Kapitalismus als Religion. Anmerkungen zu einem Fragment Walter Benjamins«, in: DVjs 72 (1998), H. 1, S. 147-171. Aufgenommen wurden die Anregungen Benjamins und Steiners bei Norbert Bolz: Das konsumistische Manifest, München: Fink 2002, S. 63ff., und in Beiträgen eines Sammelbandes von Dirk Baecker (Hg.), Kapitalismus als Religion, Berlin: Kadmos 2003. Allerdings scheint mir die Debatte damit keineswegs erledigt zu sein.

13 Vgl. D. Schöttker, Konstruktiver Fragmentarismus, S. 54ff.

Benjamin hätte also durchaus eine Brücke zwischen seinen frühen und den späten Überlegungen schlagen können, wie durch eine Notiz im *Passagen-Werk* bestätigt wird. Sie lautet: »In der Zeit der Hölle ist das Neue (das Pendant) immer [das] ewig Selbe« (GS V, 680). Die Formulierung verweist auf eine Idee des frühen Kapitalismus-Textes. Hier heißt es: »Der Geist, der aus der Ornamentik der Banknoten spricht« (GS VI, 102). Erläutert hat Benjamin diese Idee wiederum in einer Skizze der *Einbahnstraße* (1928), deren Zusammenstellung um 1926 auf die Anfänge des *Passagen-Werks* verweist: »Es wäre eine beschreibende Analysis der Banknoten zu liefern. [...] Denn nirgends mehr als in diesen Dokumenten gebärdet der Kapitalismus sich naiv in seinem heiligen Ernst. [...] Fassadenarchitektur der Hölle« (GS IV, 139). Auch Adorno wollte Benjamin in seiner Kritik des ersten Passagen-Exposés auf die alte Idee des Kapitalismus als Hölle festlegen. »Das goldene Zeitalter«, so schreibt er 1935, »ist vielleicht der wahre Übergang zur Hölle« (AB 146).

Wenn Benjamin in den späten dreißiger Jahren dennoch die Möglichkeit verworfen hat, den Kapitalismus als Hölle und als Religion gleichermaßen zu begreifen, dann deshalb, weil er sich nicht auf Adornos Forderung nach einer »inversen Theologie« (AB 74) einlassen wollte, obwohl dieser schon »vorm Eingang« zu den »Passagen« darauf drängte, »daß das Bild von Theologie, in dem ich gerne unsere Gedanken verschwinden sähe«, hier verwirklicht werden solle (AB 90). Auch nach der Lektüre des ersten Exposés meinte Adorno: »Wenn ich mit einem gewagten Griff den Bogen meiner Kritik zusammenfassen dürfte, so müsste er, und wie könnte es anders sein, um die Extreme sich schließen. Eine Restitution der Theologie oder lieber eine Radikalisierung der Dialektik bis in ihren theologischen Glutkern hinein müsste zugleich eine äußerste Schärfung des gesellschaftlich-dialektischen, ja des ökonomischen Motives bedeuten« (AB 143).

Benjamin aber wollte die Kritik am Fortschrittsgedanken nicht durch eine negative Dialektik ersetzen, die in Adornos Philosophie seit den späten dreißiger Jahren in den Vordergrund rückte und in der *Dialektik der Aufklärung* zur Auffassung der Geschichte als permanenter Katastrophe führte. Hier hätte die These vom »Kapitalismus als Religion« in der Tat ihren intellektuellen Ort finden können. Benjamin aber hatte spätestens seit der Lektüre von Blanquis Schrift die Theologie und die Geschichtsphilosophie hinter sich gelassen und die Politik zum Ort seinen Denkens gemacht. Burkhardt Lindner hat das seit jeher gewusst:

»Bereits hier wird deutlich, daß sich Benjamins Konzeption von der der *Dialektik der Aufklärung* unterscheidet. Letztere rekonstruiert die Geschichte der bürgerlichen Gesellschaft, indem sie das Äquivalenzprinzip auf seinen Ursprung im Mythos zurückführt und in Kritik aller Fortschrittsideologie die Perpetuierung und Vervollkommnung des mythischen Banns beschreibt. Während hier Selbstreflexion des Geschichtsverlaufs die Kontinuität der Katastrophe erkennt, geht es Benjamins Fortschrittskritik darum, diese Kontinuität an einer bestimmten Stelle aufzubrechen und den bestimmten Einsichten, die an eben dieser Stelle zu gewinnen sind, auch politisch entscheidende Kraft zuzuerkennen«.[14]

14 Burkhardt Lindner: »Herrschaft als Trauma. Adornos Gesellschaftstheorie zwischen Marx und Benjamin«, in: Heinz Ludwig Arnold (Hg.), Theodor W. Adorno. München: edition text + kritik 1977, S. 72-91, hier S. 81f.

»... Ein geradezu unendlicher Verkehr«
Zu einem Motiv Franz Kafkas

Irving Wohlfarth

»Le poète travaille«.[1] So das Schild, das ein Surrealist an seiner Tür befestigt, als er schlafen geht. »Diese Geschichte ›Das Urteil‹«, notiert Kafka in seinem Tagebuch am 23. September 1912, »habe ich in der Nacht vom 22. bis 23. von 10 Uhr abends bis 6 Uhr früh in einem Zug geschrieben«.[2] Eine formvollendete *écriture automatique* scheint am Werk gewesen zu sein. Während der Séance beobachtet sich der Autor wie ein Träumender – einer, der zumal *Die Traumdeutung* kennt: »Gedanken an Freud natürlich«. »*Nur so*«, heißt es weiter, »kann geschrieben werden, nur in einem solchen Zusammenhang, mit solcher vollständigen Öffnung des Leibes und der Seele«. Zusammenhang: Seele und Leib, Wach- und Beischlaf zugleich; Schreiben, Geschriebenwerden, in einer aktiven Passivform, als sei er Mann und Frau zusammen. Ein eigentümlicher Schrift- und Geschlechtsverkehr ist hier im Spiel.

---

1 Walter Benjamin: Gesammelte Schriften (hiernach GS u. Bandangabe mit römischer Ziffer), hg. v. Rolf Tiedemann u. Hermann Schweppenhäuser, Frankfurt/M.: Suhrkamp 1972-1989, Bd. 2, S.296f.

2 Franz Kafka: Tagebücher 1910-1923 (hiernach T), hg. v. Max Brod, Frankfurt/M.: Fischer 1986, S. 214. In seinem Buch *Verkommene Söhne, missratene Töchter. Familiendesaster in der Literatur* (München, Wien: Hanser 1995, S. 264ff.) analysiert Peter von Matt die Wechselbeziehungen zwischen diesem Brief und dem *Urteil*. Merkwürdigerweise bezieht von Matt Kafkas eigene Analyse seines Textes - die Tagebuch-Eintragung vom 11. Februar 1913 - in die seine kaum ein. Sie bietet unter anderem eine kohärente Deutung des Problems, für das es laut von Matt keine hermeneutische Lösung geben kann: den Status des »Freundes aus Petersburg«. Vorliegender Artikel verdankt von Matts bewundernswertem Buch viele Anregungen und manchen Dissens.

Welch zwingende Logik Kafka dabei getrieben, welch schlafwandlerische Sicherheit ihn begleitet hat, enthüllt sich ihm in vollem Maß erst nachträglich. Beim Korrekturlesen notiert er »alle Beziehungen«, die ihm »in der Geschichte klargeworden sind«, einschließlich einer Reihe von anagrammatischen Namensbeziehungen, die sich zu einem Kampf zwischen Vater und Sohn um den Phallus und den Namen des Vaters gruppieren.[3] Nichts war also hier Zufall, jeder Satz folgte mit derselben Notwendigkeit, mit der die Geschichte selber ihrem Ende entgegenging. »Aus dem Tor sprang er, über die Fahrbahn trieb es ihn«, heißt es von Georg Bendemann, der vom Urteil des Vaters vertrieben wird wie Adam von der Stimme des Herrn. Damit scheint die Geschichte ihr eigenes Getrieben- und Geschriebenwerden, die Stimme *ihres* Herren mitgeschrieben zu haben.

Wie steht es also um das Ende selber? Es handelt sich um einen letzten Absatz, der aus einem einzigen, scheinbar völlig prosaischen, aber auch rhythmisch leicht abgehoben Satz besteht. Er steht somit für sich allein – ein Schlusswort, Nachwort oder Nachruf von geheimnisvoller Banalität, der nichts und alles zu sagen scheint.

»In diesem Augenblick ging über die Brücke ein geradezu unendlicher Verkehr.« (E, 60)

3 Der Brief nimmt Jacques Lacan auch darin vorweg, dass er auf die Insistenz von Buchstaben, Anagrammen usw. verweist. Z.B.: »In Bendemann ist ›mann‹ nur eine für alle noch unbekannten Möglichkeiten der Geschichte vorgenommene Verstärkung von ›Bende‹« (T, 217f.). »Ben« bedeutet wiederum auf hebräisch »Sohn«, so dass »mann« tatsächlich dessen »Verstärkung« ist und Bendemann nicht nur der Name des Vaters ist, sondern dies auch bekundet. Das »Gemeinsame«, das »um den Vater aufgetürmt« (217) steht, ist also nicht nur der Freund, die Mutter (die, so der Vater, ihre »Kraft« an ihn »abgegeben« hat; Franz Kafka: Die Erzählungen, hiernach E, hg. v. Roger Hermes, Frankfurt/M.: Fischer 2002, S. 58f.) und die Braut, sondern auch der Name. Dieser aber überdauert sie beide. Georg »Bendemann« ist *Sohn des »Sohns des Mannes«*. Das klingt nach manchen Bibelversen, deren endlose Genealogien in letzter Instanz auf Adam oder Gott verweisen. Der Sohn ist damit in einen potentiellen regressus ad infinitum: einen »geradezu unendlichen Verkehr« verwickelt.

Mit diesem *envoi* soll die vorangegangene Geschichte in den unendlichen Verkehr seiner Leser und Nichtleser geschickt werden. Der Satz tut, was er sagt, indem er einen Augenblick lang auf Unendliches blicken lässt. Er zögert einen Augenblick auf der Schwelle – der Brücke – zum Publikum, so wie am Anfang der Geschichte der Protagonist, Georg Bendemann, nach Beendung eines folgenschweren Briefs, aus dem Fenster auf eben diese Brücke, die Szene seines kommenden Todes, zerstreut hinausschaut – »auf den Fluss, die Brücke und die Anhöhen am anderen Ufer mit ihrem schwachen Grün«. (E, 47)

Der Satz sitzt, ohne dass man genau weiß, warum. Aber man ahnt, dass er wohl deshalb stimmt, weil sich so viel Unbewusstes in ihm, wie in Georgs Brief und wie in der vorangegangenen Erzählung, so vielstimmig verdichtet hat. Wo alles so überdeterminiert ist, muss alles überinterpretiert werden. Beides – Kodierung wie Dekodierung – hat selber am »unendlichen Verkehr« der Sprache und der Deutung teil. Dadurch wird der fragliche Satz keineswegs vertrauter. Je näher man ihn ansieht, desto ferner sieht es zurück.

Der Schlusssatz des *Urteils*: Untergang des Untergangs

Schriftverkehr[4]

Peter von Matt hat überzeugend gezeigt, dass eine »reziproke Struktur von Textgenese und Textgeschehen« auf allen Ebenen der Erzählung zu beobachten ist.[5] Solche Ineinanderspiegelung des Schreibens und des Geschriebenen wiederholt sich auch hier. In der Eintragung vom 23. September schreibt Kafka:

»Wie alles gesagt werden kann, wie für alle, für die fremdesten Einfälle ein großes Feuer bereitet ist, in dem sie vergehn und auferstehn. Wie es vor dem Fenster blau wurde. Ein Wagen fuhr. Zwei Männer über die Brücke gingen. Um zwei Uhr schaute ich zum letzten Mal auf die Uhr. Wie das

4 Vgl. zu dieser Thematik Wolf Kittler/Gerhard Neumann (Hg.): Franz Kafka. Schriftverkehr, Freiburg: Rembach 1990.

5 P. von Matt: Verkommene Söhne, S. 282ff.

Dienstmädchen zum ersten Male durchs Vorzimmer ging, schrieb ich den letzten Satz nieder. Auslöschen der Lampe und Tageshelle.« (T, 214)

»Wagen« und »Brücke«, mitten in der Schreibtrance erblickt, vergehen im Feuer der Inspiration und erstehen in der Schlusszeile des Textes potenziert wieder auf. Die Ankunft des »Dienstmädchens« wird hingegen von der »Bedienerin« knapp vorweggenommen, die im vorletzten Abschnitt der Erzählung – wie dann in der Wirklichkeit – gekommen ist, »um die Wohnung nach der Nacht aufzuräumen« (E, 60).

»Um zwei Uhr schaute ich zum letzten Mal auf die Uhr«. »...über die Brücke ein geradezu unendlicher Verkehr«. Die Differenz zwischen erzählender und erzählter Zeit wird im »Verkehr« beider miteinander »geradezu« überbrückt, die Zeit in einer schriftstellerischen Epiphanie fast aufgehoben, der abschließende »Augenblick« des Schaffensprozesses festgehalten und zu einem »unendlichen« verlängert. War nicht der ganze achtstündige Schreibakt selber fast ein einziger, geradezu unendlicher Augenblick?

Diese Koinzidenz der Zeiten in einem zeitlosen Augenblick ist nicht die proustsche *mémoire involontaire*. Aber sie hat eine ähnliche Struktur. Man könnte vielleicht von einer unwillkürlichen Erinnerung *nach vorne* sprechen, wodurch der Schriftsteller, am letzten Satz seiner Leib- und Seelenwanderung angelangt, die erste brutale Wahrnehmung vorwegnimmt, mit der er konfrontiert sein wird, wenn er wieder aufschaut: den Morgenverkehr auf der gegenüberliegenden Brücke. Hat der Autor auf der Schwelle zur empirischen Welt zurück den Wecker – die lärmende Brücke – vorbeugend eingebaut, wie ein Träumer die Störung, die ihn nicht wecken soll? Will der, der vom Wachschlaf des Schreibens aufwachen muss, den letzten Augenblick vorm anderen Aufwachen magisch verlängern?[6]

Man mag hier an Kafkas kurzen Text *Auf der Galerie* denken. Unfähig, dem Pferd der lungensüchtigen Kunstreiterin, das »monatelang, ohne Unterbrechung im Kreise rundum getrieben« wird, »Halt!« zuzurufen, im Schlussmarsch des Orchesters »wie in einem schweren

6 Oder es gar jenem legendären chinesischen Maler nachmachen, der über eine gemalte Brücke lächelnd in seinem Bild verschwindet? (Vgl. Benjamin, GS IV, 262f.)

Traum versinkend«, weint der junge Galeriebesucher, »ohne es zu wissen« (E, 251f.). Er aber wird von einem *alter ego* beobachtet, gleichsam von einer anderen Galerie aus, von einem Besucher, der es weiß, aber umso weniger eingreifen kann – vom unsichtbaren Erzähler. Unfähig, die unerbittliche Manege aufzuhalten, hält er es im Bilde magisch fest.

Der kafkasche Erzähler ist der einsame Zeuge. Um den Verkehr zu sehen, muss er sich aus dem Verkehr gezogen haben, in den er immer wieder hineinmuss. »[E]r sieht anderes und mehr als die anderen, er ist doch tot zu Lebzeiten und der eigentlich Überlebende« (T, 399).[7]

Geschlechtsverkehr

Die ekstatische Koinzidenz von Erzählendem und Erzähltem kann ebenfalls als eine sexuelle beschrieben werden. »Gedanken an Freud natürlich«. Max Brod berichtet, dass sich Kafka beim Schreiben des Schlusssatzes die Vorstellung einer ›starken Ejakulation‹ aufgedrängt hat.[8]

»[...] und so wie man einen Toten nicht aus seinem Grabe ziehen wird und kann, so auch mich nicht vom Schreibtisch in der Nacht«. »[...] die Nächte können gar nicht lang genug sein für dieses äußerst wollüstige Geschäft«.[9] Von Matt stellt diese zwei Briefstellen nebeneinander, verbindet Georgs Sprung ins Wasser mit Kafkas Beschreibung der Nacht, in der die Geschichte entbunden wurde (»wie ich in einem Gewässer vorwärtskam. Mehrmals in dieser Nacht trug ich mein Gewicht auf dem Rücken«, T, 214), und bezieht beide auf den Initiationstod bei Naturvölkern und diesen auf »das was die Franzosen ›la petite mort‹ nennen«.[10]

Dann wäre die Nacht, die der Autor mit der »Geburt« (T, 217) seines Kindes verbracht, das Verhältnis, das er mit seiner Geschichte ein-

7 Vgl. dazu »Ein Traum« (E, 248ff.).

8 Hartmut Binder: Kafka-Kommentar zu sämtlichen Erzählungen, München: Winkler 1975, S. 152.

9 Franz Kafka: Briefe an Felice (hiernach BF), hg. v. Erich Heller u. Jürgen Born, Frankfurt/M.: Fischer 1967. Briefe v. 26.6.1913 u. v. 24.11. 1912.

10 P. von Matt: Verkommene Söhne, S. 279ff.

gegangen wäre, ein sublimierter, und damit verlängerter, erotischer Akt. Es wäre »Zusammenhang« und »Öffnung des Leibes und der Seele«, Mann, Frau, Vater, Mutter, Kind, alles in einem, mit einem Wort: ein »Autoomnibus«. Von einem solchen ist im vorletzten Satz des *Urteils* die Rede:

»Noch hielt er sich mit schwächer werdenden Händen fest, erspähte zwischen den Geländerstangen einen Autoomnibus, der mit Leichtigkeit seinen Fall übertönen würde, rief leise: ›Liebe Eltern, ich habe euch doch immer geliebt‹, und ließ sich hinabfallen.« (E, 60)

Der Autobus schwillt im letzten Satz zu einem »unendlichen Verkehr« an. Unter dem vordergründigen Sinn dieses Worts blickt ein anderer, unter dem Bild des Brückenverkehrs Freuds »andere Szene« hervor.

Eine Filmszene von Theo Angelopoulos zeigt, wie ein Mädchen von einem Lastwagenfahrer auf einem Parkplatz vergewaltigt wird. Was im Fahrzeug geschieht, wird jedoch nicht gezeigt: nur die laute Autobahn. Es geht, mit einem Wort, um den Verkehr: den Autobahnverkehr, den anonymen sexuellen Akt, und die Art, wie mit diesem umgegangen – verkehrt – wird. *Ein* Verkehr *vertritt* und *übertönt* einen *anderen*, wie im Wort »Verkehr« selber und wie im letzten Satz des *Urteils*. Und von »übertönen« war im vorletzten Satz die Rede.

»Noch etwas Wichtiges: Das letzte Wort des vorletzten Satzes soll ›hinabfallen‹, nicht ›hinfallen‹ sein« (BF, 2.6.1913). Diese Korrektur veranlasst von Matt, die Frage aufzuwerfen, ob der Sohn das Urteil wirklich ausführt.[11] Gehen wir einen Schritt weiter. Wie, wenn der Vater den Sohn zur *petite mort* verurteilt hätte? Oder Georg das Urteil unterwegs in diesem Sinn umgebogen hätte? Damit hätte er der mythischen Drohung des archaischen Vaters, ihm die Braut wegzufegen (E, 59), ein Schnippchen geschlagen. Hier hat die anarchische Komik, die Gilles Deleuze überall bei Kafka zu wittern meint, tatsächlich ihren Platz.

»Auf der Treppe, über deren Stufen er wie über eine schiefe Fläche eilte, überrumpelte er seine Bedienerin, die im Begriff war heraufzugehen, um

11 Ebd., S. 265ff.

die Wohnung nach der Nacht aufzuräumen. ›Jesus!‹ rief sie und verdeckte mit der Schürze das Gesicht, aber er war schon davon. Aus dem Tor sprang er, über die Fahrbahn zum Wasser trieb es ihn. [...]. Er schwang sich über, als der ausgezeichnete Turner, der er in seinen Jugendjahren zum Stolz seiner Eltern gewesen war.« (E, 60)

Was treibt Georg hinunter? Es und Überich, Eros und Thanatos sind hier kaum unterscheidbar, die brave Turnübung übertönt eine andere. Freud hat in der *Traumdeutung* das Treppensteigen als symbolische Darstellung des Geschlechtsakts beschrieben. Kafka gesteht seinerseits seine Gewohnheit, »die Treppen als ein Schrecken aller Hinaufsteigenden hinunterzurasen« (BF, 5.12.1912). Hier werden sie heruntergeflogen. Wer dabei »überrumpelt« wird, ist die übliche sozial untergeordnete Gestalt für die Erfüllung »niederer« Bedürfnisse – die Bedienstete, die »nach der Nacht« aufräumt. Dass sie ihr Gesicht mit ihrer Schürze bedeckt, ist verkehrt zu lesen: nämlich als Verkehr. Sie hebt ihre Schürze, so wie, dem flötenden Vater zufolge, Georgs Braut »die Röcke gehoben hat« (E, 57).[12] Kurzum, die ganze Sequenz ist ein Treppenwitz. Der Sohn wird zum ausführenden Organ des Vaters in einem ganz anderen Sinn, beschläft das Dienstmädchen *en passant* und entkommt auch ihr (»aber er war schon davon«). Kurzum, er »überrumpelt« beide.[13]

Warenverkehr

Kluges etymologischem Wörterbuch zufolge wurde »Verkehr« zunächst in der Bedeutung »Warenaustausch, Handelsverkehr« verwendet, dann auf andere Gebiete übertragen. Kafkas »Gedanken an Freud« sind hier jedenfalls einige an Marx hinzuzufügen. Wurde die *Brücke* vorhin als die emblematische Außenwelt gedeutet, die der Autor noch

12 Vgl. die schmutzigen Schürzen der Küchenmädchen – »sie begossen sie absichtlich« – in *Der Heizer* (E, 69).

13 Damit werden Elemente des *Verschollenen* neu und glücklich vermischt. Dort schickt der Vater den Sohn nach Amerika, »weil ihn ein Dienstmädchen verführt und ein Kind von ihm bekommen hatte« (E, 61) – ein so traumatisches Erlebnis, dass man sich fragen kann, ob er nicht mit seiner Verbannung einverstanden ist.

draußen halten will, so kann der *Verkehr*, der endlos über sie geht, auf keine Weise aufgehalten werden. Die Assoziation liegt nahe: Der Brückenverkehr steht hier für jene potentiell unendliche Steigerung des Handels- und Warenverkehrs, die das Bewegungsgesetz des Kapitals ist.

»Solcher Verkehr ist Georg keineswegs äußerlich oder fremd. Seit seiner Übernahme der väterlichen Firma hat sich das Geschäft in diesen zwei Jahren ganz unerwartet entwickelt. Das Personal hatte man verdoppeln müssen, der Umsatz sich verfünffacht, ein weiterer Fortschritt stand zweifellos bevor.« (E, 49)

Dieser Satz trägt förmlich selber zum Umsatz bei, indem er die Wachstumsrate doppelt unterstreicht (*verdoppeln*, *verfünffacht*), und bereitet damit die Steigerung des letzten Satzes vor. »Geradezu« verstärkt »zweifellos«; »unendlich« treibt »verfünffacht« ins Maßlose; »Verkehr« wird zur Metonymie für das, was die Moderne im Innersten zusammenhält. Der »Fortschritt« des Geschäfts hat somit am weltgeschichtlichen Fortschritt teil, den Marx im kommunistischen Manifest umrissen hatte. »Der Weltmarkt«, heißt es dort, »hat dem Handel, der Schiffahrt, den Landkommunikationen eine unermeßliche Entwicklung gegeben«. Die Bourgeoisie »drängt« alle anderen Klassen »in den Hintergrund«; die Zunftmeister werden »verdrängt« durch den industriellen Mittelstand, an die »Stelle« der feudalen Betriebsweise tritt die Manufaktur, an deren »Stelle« die moderne große Industrie; alle neugebildeten Verhältnisse »veralten, ehe sie verknöchern können«; an die »Stelle« begrenzter Verhältnisse »tritt ein allseitiger Verkehr«.[14]

So etwa auch im *Urteil*. Vater und Sohn verkehren zwar noch mit- und nebeneinander im Geschäft.[15] Aber der Sohn hat den Vater, wie dieser klagt, verdrängt, und dieser sich in ein dunkles »Hinterzimmer«

14 Karl Marx: Die Frühschriften, hg. v. Siegfried Landshut, Stuttgart: Kröner 1968, S. 526-529. »An die Stelle treten« (oder »setzen«) kommt hier achtmal, »verdrängen« dreimal vor. Dem wäre zu entnehmen, dass nicht nur die »Entzauberung der Welt«, sondern in eins damit das Vergessen (das Verschollene, Entstellte, Gespenstische, Unheimliche) dem Bewegungsgesetz des Kapitals entspringt.

15 »[E]r verkehrte mit seinem Vater ständig im Geschäft« (E, 52).

(E, 58) zurückgezogen. Gleichzeitig waltet eine ganz andere, ältere Ökonomie, die eine letzte Wiederkehr des Verdrängten ermöglicht. Der untergehende Patriarch besitzt noch Reste seiner alten Hausmacht, und sein Todesurteil zahlt es dem Sohn nach einem archaischen Tauschprinzip heim. So drängen sich beide aus dem Verkehr. Das archetypische Drama zwischen Vater und Sohn ist in die Phase eines – selber vielleicht unendlichen – Endspiels eingetreten, das den marxschen Satz zu bestätigen scheint, die Geschichte wiederhole sich als Farce.[16] Als eine solche haben Kafka und seine Freunde sie beim Vorlesen dieser Geschichte auch empfunden.

Das aber ruiniert die große Erzählung vom Fortschritt der Weltgeschichte hin zur Weltrevolution. In der marxschen Version der hegelschen Herr-Knecht-Dialektik gleicht die Bourgeoisie dem »Hexenmeister« (*sic*), der die unterirdischen Gewalten, die er heraufbeschwor, nicht mehr beherrschen kann und nun selber verurteilt ist, den Platz zu räumen.[17] Im *Urteil* hingegen gehen Vater und Sohn unter zur dröhnenden Begleitmusik eines »endlosen Verkehrs«. Dieser könnte entweder – wie vorhin angedeutet – als das ausweglose Vater-Sohn-Verhältnis gedeutet werden[18] oder aber als die Macht, die jenes Verhältnis erschüttert, es zur Irrelevanz verurteilt und – »Die Weltgeschichte ist das Weltgericht« (Hegel) – über Gott und die Welt das letzte »Urteil« spricht.

In diesem Falle wäre der endlose Verkehr, jetzt mit und gegen Marx gelesen, jene entfesselte, und dann nicht mehr zu zügelnde, Dynamik, die »eine Welt nach ihrem eigenen Bilde« schafft, nur »eine gewissenlose Handelsfreiheit« kennt, alle, einschließlich des »Poeten«, in »bezahlte Lohnarbeiter verwandelt« und alles in »gefühllose ›bare Zahlung‹« und »Tauschwert« »ertränkt« – »die persönliche Würde«,

16 Vgl. von Matts Deutung des *Urteil* als das Durchspielen eines archaischen Szenarios, ders.: Verkommene Söhne, S. 267ff.

17 K. Marx: Frühschriften, S. 531. Unterm Eindruck der hegelschen Herr-Knecht-Dialektik verwechselt Marx hier Zauberlehrling und Hexenmeister. Vgl. meinen Artikel »Der Zauberlehrling oder: die Entfesslung der Produktivkräfte. Zu einem Motiv bei Goethe, Marx und Benjamin«, in: Gérard Raulet/Uwe Steiner (Hg.), Walter Benjamin. Ästhetik und Geschichtsphilosophie, Bern: Lang 1998, S. 165-198.

18 Kafkas »Brief an den Vater« weiß, dass man die Schäden höchstens begrenzen kann.

das »Familienverhältnis«, »alle feudalen, patriarchalischen, idyllischen Verhältnisse«[19] – und, *pace* Marx, vielleicht auch die Revolution. Der Schlusssatz des *Urteils* würde dann, mit Weber und Benjamin gelesen, als die Allegorie eines schicksallosen Schicksals, das »dialektische Bild« einer »Dialektik im Stillstand« dastehen;[20] und als das Bild einer Welt, die ihre literarische Darstellung – fast – »übertönt«. *La rue assourdissante autour de moi hurlait...*[21] Wie Baudelaires Anfangszeile wird Kafkas nüchterner Schlusssatz, aber auf unscheinbarere Weise, durch Wortstellung und Rhythmus aus der bürgerlichen Prosa in die literarische gehoben.

Das Urteil des *Urteils* wäre somit, dass es immer so weitergehen wird. Die schlechte Unendlichkeit des Verkehrs spräche ein vernichtendes Urteil über die schlechte Endlichkeit all derer aus, die ihn in Gang halten. Dieses Urteil wäre das unpersönliche Gegenstück zum Urteil des sterbenden Patriarchen. Während dieser sagt: »Ich verurteile dich jetzt zum Tode des Ertrinkens!« (E, 60), gibt der sprachlose und sprachlos machende Verkehr zu verstehen: »Ich, der ich weder tot noch lebendig bin, ich, der Tod, der nicht sterben kann, denn ich bin ja Verkehr, wenn auch ein verkehrter, kein lebendiger Eros, dafür aber unermüdlich, ich überlebe Euch alle«.[22]

Aber blitzt nicht die Revolution in weiter Ferne flüchtig auf? Der Sohn erinnert den Vater, dass sein Freund aus Petersburg auf einer Geschäftsreise in Kiew einen Geistlichen auf einem Balkon gesehen habe, »der sich ein breites Blutkreuz in die flache Hand schnitt, diese Hand erhob und die Menge anrief«; und dass der Vater »ja selbst diese Geschichte hie und da wiedererzählt« habe (E, 55). Etwas später sieht Georg im Geist seinen Freund im weiten Russland verloren, »an der Türe des leeren ausgeraubten Geschäftes«, zwischen »den Trümmern der

19 K. Marx: Frühschriften, S. 528-530.

20 Vgl. dazu Benjamins Begriff des »dialektischen Bildes« und der »Dialektik im Stillstand« (GS V, 55) sowie Webers paradoxe Vorstellung einer *schicksalhaften* »Entzauberung der Welt«.

21 Charles Baudelaire: »A une passante«, Les Fleurs du Mal, XCIII.

22 Analoges gilt für Odradek, das »Wesen«, das nicht sterben kann und deshalb den Hausvater überleben wird (E, 343f.). Aber Odradek verkehrt nicht; es ist nicht einmal eine aus dem Verkehr gezogene, unsterblich gewordene Ware.

Regale, den zerfetzten Waren, den fallenden Gasarmen« (E, 57).[23] Auch die Revolution erscheint hier – wie Freund, Mutter und Braut – als das »Gemeinsame«, um das Vater und Sohn so erbittert kämpfen. Man könnte meinen, sie stehe auf der Seite der Sohns. Aber die Indizien – einerseits die »unglaubliche Geschichte« von einer väterlich-geistlichen Autorität, die der Revolution Einhalt zu gebieten scheint, andererseits das Schreckbild vom ruinierten Geschäft des ausgesetzten Jugendfreunds – sprechen dagegen.

Der Verkehr – auch der mörderische Verkehr zwischen Vater und Sohn – hat das letzte Wort, aber die Revolution rumort bedrohlich im Hintergrund. Sie *muss* kommen, aber *kann* sie, *soll* sie kommen?[24] Sie hat hier nichts von der Eindeutigkeit, die sie in der Logik des marxschen Schemas besaß.

Verkehrter Verkehr

Der Text bietet eine nahe liegende Deutung seines letzten Satzes an, die durch den vorletzten vorbereitet wird. Georg, heißt es dort, habe einen Autoomnibus erspäht, der »mit Leichtigkeit seinen Fall übertönen würde«. Damit macht der Vertriebene (»Georg fühlte sich aus dem Zimmer gejagt«) einen eigenen Gebrauch von der Großstadt. Dem Flüchtling, dem Verbrecher und sogar dem Flaneur nicht ganz unähnlich, verwischt er seine Spuren und taucht unter. »Als der ausgezeichnete Turner«, der er ist, passt er die Gelegenheit zum Kopfsprung ab. *Ars moriendi*: der Lärm des Autobusses erlaubt es Georg, sich sang- und klanglos aus dem Verkehr zu ziehen.[25] Ob er den anschwellenden

23 Kafka notiert, dass Georg das Gemeinsame zwischen ihm und seinem Vater »nur als Fremdes, Selbständig-Gewordenes, von ihm niemals genug Beschütztes, russischen Revolutionen Ausgesetztes« (T, 217) fühlt.

24 Dass sie stattfinden *muss*, geht aus einer Betrachtung über geistige Revolutionen hervor, die mit den denkwürdigen Worten endet: »denn es ist noch nichts geschehen« (»Betrachtungen über Sünde, Leid, Hoffnung und den wahren Weg« Nr. 6). Dass sie nicht stattfinden *wird*, ist insbesondere dem *Heizer* zu entnehmen.

25 Und vor allem klaglos; »Warum klagen wir wegen des Sündenfalles?« (*Er*, hg. v. Martin Walser, Frankfurt/M.: Suhrkamp 1964, S. 202). »Die Erbsünde, das alte Unrecht, das der Mensch begangen hat, besteht in

Verkehr des nächsten Satzes dabei mitberechnet hat, ist natürlich unentscheidbar. Aber sein letzter Gestus ist wohl als Versuch zu deuten, den übermächtigen Verkehr gegen sich zu kehren. Das heißt: gegen den Verkehr und gegen ihn selber. Noch in der Auslöschung der eigenen Person wäre ein eigener Wille, ein letzter Wille, ein Testament am Werk. Georg ginge im Verkehr unter und in die Kraft des Gegners ein.

Sein bedingungsloser Gehorsam hat auch in anderer Hinsicht ein Janusgesicht. Einerseits stellt er den letzten verstohlenen Widerstand eines Sohnes dar, der hinter dem Inkognito des *pius filius* dem Gesetz des Vaters einen lustigen, lustvollsten Streich spielt. Andererseits gehorcht hier ein höriger Sohn der Stimme seines Vaters und Herrn bis in den Tod hinein. Erst gegen diese pechschwarze Folie gewinnt der Treppenwitz seine panische Qualität. Georgs Unterwerfung ist Farce und Melodrama zugleich, tödlicher Ernst und Pantomime, die komische Unterwanderung und die schreckliche Überbietung des Gesetzes. Jede dieser Verhaltensweisen enthält die andere und kippt schon in sich selber um.

Verweilen wir bei Georgs zweideutiger Überbietung des väterlichen Willens. Indem er seinen *salto mortale* so veranstaltet, dass sein Untergang seinerseits untergeht, führt er das Urteil gleichsam doppelt aus. In diametralem Gegensatz zum russisch-orthodoxen Priester, der seine selbst zugefügten Stigmata der Menge vorzeigt, löscht Georg sogar die – akustischen – Spuren seiner Selbstauslöschung aus. Der Sprung ins Wasser, der durch einen »Autoomnibus« übertönt wird, wäre damit selber ein »Autoomnibus«: Georg vollstreckt alles (omnibus) an sich selber (auto), sowohl die Selbstauslöschung als auch deren Auslöschung. Insofern gleicht seine Vollstreckung des Urteils einem perfekten Verbrechen. In vorauseilendem Gehorsam geht er über den Wortlaut des Urteils hinaus. Aber er handelt wohl ganz in dessen Sinn. Kaum Zufall, dass der Vater ihn zum »Tod des Ertrinkens« verurteilt. Denn der Ertrunkene verschwindet von der Oberfläche und hinterlässt keine Spuren. Georg hat vielleicht verstanden, dass er mit quasi rückwirkender Kraft zu verschwinden hat; dass der Vater (»ich, von dem du ausgingst«; E, 58) die Gabe des Lebens, die er ihm gespendet hat, so

dem Vorwurf, den der Mensch macht [...], dass ihm ein Unrecht geschehen ist« (ebd., S. 214).

weit zurücknehmen will, dass es den Sohn nie gegeben haben wird. Es ist, als hätte er aus seinem Todesurteil herausgehört: »Sei (nie) gewesen!« Dann wäre nicht nur die Vollstreckung perfekt, sondern auch das Urteil, und zwar in einem grammatischen Sinn. Es wäre damit eine schwarze Parodie auf das göttliche »Es werde« sowie auf einige der zehn Gebote.[26] Es wäre dann nur logisch, dass das Urteil auf den Vater wie ein Bumerang zurückfällt.[27]

So gelesen entspricht der »unendliche Verkehr« der doppelten Vollstreckung des Urteils. Er verlängert die von Georg gesuchte Spurlosigkeit bis ins Unendliche. Aber wessen Tat wäre das, die des Protagonisten oder des Autors? Hat Georg durch sein gezieltes Sterben sein Schicksal noch in der Hand? Ist ihm die Verkehrung gelungen? Oder übertönt der ewige Verkehr seinen Tod so massiv, dass der Schlusssatz eher wie ein trostloser Nachruf auf ein verlorenes Leben anmutet?

So oder so: Der Schlusssatz des *Urteils* setzt ein Denkmal für einen Verschollenen. Er bewahrt die Spur dessen, der seine Spuren verwischen wollte. Diese Paradoxie führt tief in Kafkas Welt hinein.

Verkehrsregel

»Nur in einem solchen Zusammenhang« konnte geschrieben werden. Die vorangegangenen Deutungen stehen in einem oft verwirrenden, scheinbar alogischen Zusammenhang zueinander, der nur aus einer zugleich vertrauten und fremden, mit einem Wort: einer *unheimlichen*, einer unheimlich genauen und zwingenden Logik der freien Assoziation heraus zu verstehen ist. Diese Logik ist überall im Spiel und am Werk. Macht die Sprache vor, welche aus- und aufeinander weisenden

26 Z.B. »Du sollst keine Götter neben mir haben«; »Ehre deinen Vater und deine Mutter« usw. - »Ehre deinen Vorgesetzten!«, »Sei gerecht!« (E, 169, 190), heißt es in der *Strafkolonie*. Die Parallele reicht weiter: So wie der alte Kommandant dort »alles in sich vereinigt« - »Soldat, Richter, Konstrukteur, Chemiker, Zeichner« (E, 169) -, ist der Vater hier Richter, Ankläger und verletzte Partei und der Sohn Verteidiger, Angeklagter und Vollstrecker in einer Person. Daraus ergibt sich, dass die Familie und die »Strafkolonie« - samt dem »eigentümlichen Apparat« (E, 164) - vergleichbare Institutionen sind.

27 »[...] den Schlag, mit dem der Vater hinter ihm aufs Bett stürzte, trug er noch in den Ohren davon« (E, 60).

Möglichkeiten in einem gegebenen Wort stecken, so tun ihre Sprecher das Ihre hinzu. Die Traumarbeit zeigt, wie viel Symbolik zugleich überindividuellen und idiosynkratischen Ursprungs sich in einem einzelnen Motiv verdichten kann. Dies gilt ebenfalls für die Dichtung und damit auch für deren Deutung. Beides ist die Sache einer offenen, aber nicht beliebigen, weil immer unter Zeit- und Triebdruck stehenden Kombinatorik.

Dies deutet auf eine weitere mögliche Dimension des Wortes »Verkehr«. Kafkas Schlusssatz verweist nicht nur auf die verschiedenen Bedeutungs- und Deutungsmöglichkeiten, die in ihm stecken, sondern vielleicht ebenfalls auf den »geradezu unendlichen« Verkehr, in dem sie zueinander stehen. Damit hätte der Satz sich selber reflektiert: sich unendlich in sich gespiegelt.

Könnte es also sein, dass der »unendliche Verkehr« auf zweierlei hindeutet? Auf das Dröhnen der Moderne, das alles, einschließlich der Sprache und der Literatur, zu übertönen droht, aber auch auf das Rumoren von Sprache und Literatur selber? Das wirft die weitere Frage auf, in welchem Verkehr auch *diese* Gegensätze zueinander stehen.

Variationen zum Thema

Freud nennt den Traum ein Würfelspiel, das seine Elemente immer neu kombiniert. Die hier versuchten Variationen zum Schlusssatz des *Urteils* wären durch eine Analyse derjenigen auszuweiten, die andere Erzählungen zur selben Thematik durchspielen. Diese wird meistens von einem geschichtlichen Schema umrahmt, das im *Urteil* erst im Schlusssatz angedeutet wird: dem Übergang von der alten zur neuen Zeit. Dazu einige kurze Skizzen.

Die Verwandlung: Loswerden des Loswerdens

Die Schlusssequenz dieser Erzählung ist die grandioseste Inszenierung der Thematik »Auslöschung«, die es bei Kafka gibt. Sie setzt mit dem Satz: »Liebe Eltern, so geht es nicht weiter« (E, 152) ein und endet mit dem Ausblick auf eine Zukunft, wo es – nach Beseitigung des Problems – sehr wohl weitergehen wird. Das Problem heißt Gregor Samsa:

der in einen Parasiten verwandelte Sohn und bisherige Alleinernährer der Familie. Diese könne nicht, fährt seine Schwester fort, mit einem »Untier« weiter leben (E, 154) und müsse deshalb versuchen, »es loszuwerden« (E, 152).

Dazu sei ein *anderes* Loswerden notwendig – eines, so wäre hinzuzufügen, das selber der Anfang des eigentlichen Loswerdens ist:

»›Weg muss es‹, rief die Schwester, ›das ist das einzige Mittel, Vater. Du musst bloß den Gedanken loszuwerden versuchen, dass es Gregor ist.« (E, 153)[28]

»Wenn es Gregor wäre«, fährt sie fort, »er [...] wäre freiwillig fortgegangen«. Dieser Satz, stellvertretend für die Eltern gesprochen, variiert den väterlichen Todesspruch des *Urteils*, und Gregors Verhalten variiert Georgs, dessen Vorname nicht umsonst ein Anagramm des seinen ist. Völlige Selbstaufgabe erscheint auch hier als die letzte, paradoxe Möglichkeit der Selbstbehauptung. Auch Gregor überbietet das Todesurteil durch Unterwerfung, vollstreckt es an sich selbst, und verwandelt es in ein sublimes Liebesopfer. »Liebe Eltern«, hatte Georg leise gerufen, bevor er sich hinabfallen ließ, »ich habe euch doch immer geliebt«. Gregors Dahinscheiden ist vom selben Gedanken beseelt. Sein Opfertod erlöst die seinen; er ist zugleich der Christus und der Jude der Familie.

»An seine Familie dachte er mit Rührung und Liebe zurück. Seine Meinung darüber, dass er verschwinden müsse, war womöglich noch entschiedener als die seiner Schwester. In diesem Zustand leeren und friedlichen Nachdenkens blieb er, bis die Turmuhr die dritte Morgenstunde schlug.« (E, 155)

Bleibt nur die Beseitigung seiner sterblichen Reste, bevor man ihn endgültig los ist. Aber die Familie will auch das Loswerden loswerden, sowie die Person, an die sie die Aufgabe stillschweigend delegiert hat. »Ja,« eröffnet die Bedienstete der Familie, »also darüber, wie das Zeug

28 Das Verhalten der Mutter ist ihrerseits der Versuch, *sämtliche* Gedanken loszuwerden.

von nebenan weggeschafft werden soll, müssen Sie sich keine Sorgen machen. Es ist schon in Ordnung« (E, 159). Eben weil die Familie keine Sorgen haben will, wird die gesprächige Handlangerin prompt entlassen. Die Entsorgung wird damit entsorgt, die Familie schließt sich neu zusammen, macht einen Ausflug ins Freie, es liegt Frühling in der Luft – wie im *Urteil*[29] – und die Eltern bemerken plötzlich, dass ihre Tochter »zu einem schönen und üppigen Mädchen aufgeblüht« ist und es »nun Zeit« wird, einen Mann für sie zu suchen. »Und«, so endet die Geschichte,

»es war ihnen wie eine Bestätigung ihrer neuen Träume und guten Absichten, als am Ziele ihrer Fahrt die Tochter als erste sich erhob und ihren jungen Körper dehnte.« (E, 161)

Dieser Schlusssatz ist ein genaues Pendant zu dem des *Urteils*. Er eröffnet die Aussicht auf einen »geradezu unendlichen Verkehr«: auf die unverwüstliche *Wieder*kehr der Frühlinge und der Familie, deren Hölle mit »guten Absichten« und immer »neuen Träume[n]« gepflastert sein wird. Die »ewige Wiederkehr des Gleichen« erweist sich – *pace* Nietzsche – als Mythos im bösesten Sinn; und wenn man die zwei Schlusssätze aufeinanderlegt, dann sieht Zarathustras »Kreis« des Lebens plötzlich wie Marxens »Zirkulationssphäre« aus.[30] Dass das Versprechen neuen Lebens gerade an der Person aufleuchtet, die ihren Bruder zum Verschwinden gebracht hat, sagt alles. Die Unschuld ihres jungen Körpers beruht auf einer begangenen und ebenso zielstrebig vergesse-

29 »Es war«, so der erste Satz des *Urteils*, »an einem Sonntagvormittag im schönsten Frühjahr« (E, 47). Das »an« gibt schon zu denken. Anfangs- und Schlusssatz ergeben zusammen die unendliche Wiederkehr des Anfangs und des Endes, der Jahreszeiten und der Stadt.

30 Philosophiegeschichtlich gesehen übersetzt Kafkas »unendlicher Verkehr« Nietzsches »Willen zur Macht« in Schopenhauers sinnlos zeugenden »Willen« zurück, dessen »Umwertung« er sein sollte. Was jener Wille erzeugt, ist »Fabrikware der Natur«: Verkehr im ökonomisch-sexuellen Sinn. – Aber gerade Zarathustra liefert ein mögliches Motto zur *Verwandlung*: »[U]nd schon wenn ihr zu fünfen mit einander seid, muss immer ein sechster sterben« (»Von der Nächstenliebe«, Also sprach Zarathustra, Erstes Buch).

nen Schuld. Was für Zeiten sind es, wo, frei nach Brecht, ein Ausflug ins »Freie« ein Doppelverbrechen verbirgt?

Es gehört somit zu den Verkehrsformen der Familie, dass man von den Verkehrsunfällen nicht spricht. Das totgeschwiegene, euphemisierte Opfer wird ein zweites Mal geopfert, das Loswerden losgeworden, das Verschwinden wird verschwunden[31], die Vergangenheit bewältigt.

Hierzu eine Zwischenbemerkung. Ein amerikanischer Spezialist für die Literatur der Shoah hat die Tendenz, Kafka in falscher Rück- und Vorschau zum »Propheten des Holocaust« umzudeuten, zu Recht beanstandet.[32] Dennoch spricht alles für die Herstellung solcher Zusammenhänge – darunter das hier verfolgte Motiv. Was Kafka in der Kleinfamilie aufspürt, gehört, industriell verwaltet, zur Logik der Totalitarismen und der Genozide. Niemand, frohlocken sie, wird wissen, was geschah; ihr seid wie nie gewesen; wir sind das perfekte, totale Verbrechen, Herren der Welt und der Zeit, die die Spuren unserer Zerstörung zerstören und unseren Opfern alles nehmen – Leben, Tod, Gegenwart, Zukunft, Vergangenheit.[33] Kurzum, es gibt einen »unendlichen Verkehr«, sei's der Familie, des Handels und der Straße – wo »der Tod von allen Seiten zugleich herangaloppiert kommt«[34] –, der im Keim der Massenmord ist.

Ein weiterer Zusammenhang drängt sich hier auf. Wo die Spuren der Auslöschung ihrerseits ausgelöscht werden – wie bei Kafka im Umbruch von der alten zur neuen Zeit oder im Wechsel der Jahreszei-

31 Nicht von ungefähr fällt einem heute zu Kafka jene Transformierung von »Verschwinden« in ein transitives Verbum ein, das man auf die faschistischen Methoden des argentinischen Militärs geprägt hat: Entführung, Ermordung, Nicht-Anerkennung. Es ging um ein aktiviertes, potenziertes Verschwinden: ein Verschwinden des Verschwindens.

32 Lawrence Langer: »Kafka as Holocaust Prophet: A Dissenting View«, in: ders., Admitting the Holocaust, New York: OUP 1995, S. 109-124. Dagegen Benjamin: »Kafkas Werk ist ein prophetisches« (GS II, 678). Langer, der viele namhafte Kritiker bei solcher Laxheit ertappt, wird mit Benjamins Kafka-Lektüre nicht fertig.

33 Vgl. Himmlers Posener Rede über die Vernichtung der Juden als ein nicht zu schreibendes Ruhmesblatt der deutschen Geschichte. Die »Spur« jener Aufgabe, so eine komplementäre Rede, könne »auch nicht in Jahrtausenden untergehen« (zit. n. Hannah Arendt: Elemente und Ursprünge totaler Herrschaft, München: Piper 1996, S. 679f.).

34 Charles Baudelaire: »Perte d'Auréole«, Petits poèmes en Prose XLVI.

ten, wie bei Marx in der *tabula rasa* und dem An-die-Stelle-Treten,[35] da droht das Verbrechen in der Tat perfekt zu werden. Es gibt potentiell keine Leichen mehr, keine Täter, keine Zeugen. Es herrscht Vergessen und Vergessen des Vergessens. Das instinktive Bestreben der Opfer von Genoziden, Spuren zu hinterlassen, Zeugnis abzulegen und damit ihre eigenen Zeugen zu sein, ist der Versuch, ihr Leben vor diesem zweiten Mord zu retten.

Im *Urteil* und in der *Verwandlung* gibt es hingegen keine Zeugen. Georg sorgt dafür, dass sein Tod keine Zeugen hat; und sein einziger Komplize, der Vater, stirbt mit. Gregor stirbt allein im Zimmer und seine Angehörigen wollen nicht die Zeugen des Gruppenmords sein, den sie ihn haben ausführen lassen. Die Opfer sind hier mit den Tätern so einverstanden, dass sie keine Zeugenschaft hinterlassen wollen. Wäre dies ganz gelungen, dann wären sie spurlos verschollen. »Wer«, fragt Paul Celan, »Zeugt/ Für die Zeugen?« Kafkas Erzählungen zeugen für solche, die es innerhalb ihrer nicht gibt oder die es nicht sein wollen. Sie sind deren verweigerte Flaschenpost. Indem sie die Spuren sichern, die Verwischung der Spuren vereiteln, verhindern sie das Zustandekommen des perfekten Verbrechens.

In der Strafkolonie: Peinlichkeiten, Apparat, Hafenbau

Die Erzählung findet in einer fernen, gottverlassenen Strafkolonie statt, wo sich der Übergang von einem barbarischen und autokratischen *ancien régime* zu einer zeitgemäßen, liberalen Ordnung fast restlos vollzogen hat. Beide Regimes, alt und neu, verwischen die Spuren auf eine je eigene Weise. Die neue vereint die gefühllose Härte moderner Zeiten mit ebenso moderner und gefühlvoller Philanthropie. Daher der Wunsch des »neuen Kommandanten«, ein letztes, »peinliches«[36] Überbleibsel der alten Ordnung endgültig zu entfernen: den »eigentümli-

35 K. Marx: Frühschriften, S. 528f.

36 Nimmt man Kafkas diesbezüglichen Brief an Kurt Wolff vom 1.10.1916 (zit. n. Klaus Wagenbach: In der Strafkolonie. Eine Geschichte aus dem Jahre 1914, Berlin: Wagenbach 1998, S. 63f.) hinzu, so erscheint »peinlich« – ohnehin ein wiederkehrendes Wort bei Kafka (vgl. E, 220, 401, 481, 509) – als ein Schlüsselwort dieses Textes. Vgl. S. 169, 172, 194.

chen Apparat«, der vom »alten Kommandanten« erfunden wurde und von seinem treuesten Anhänger, dem »Offizier«, weiter bedient wird.

Diese Schreib- und Exekutionsmaschine ritzt den Menschen, die ihr als Rohmaterial dienen, die Vorschrift, die sie verletzt haben, in den Rücken ein. Dennoch zerstört auch sie die Spuren ihrer Zerstörung. Um der einen unauslöschlichen Spur willen sollen sämtliche Spuren des Menschlichen, Allzumenschlichen möglichst ausgeschaltet werden.[37] Der »einzige Fehler« (E, 172) – der menschliche Makel – dieses unmenschlichen Apparats ist, dass solche Auslöschung nicht restlos gelingt. Er wird von den Körperflüssigkeiten der Menschen, die er bearbeitet, unvermeidlich beschmutzt. Die Unmöglichkeit der vollkommenen Maschine ist die des perfekten Verbrechens. Ein verwandter Konstruktionsfehler wird in allen kommenden totalitären Apparaten stecken, ganz zu schweigen von jener archaischen Strafkolonie, die bei Kafka die Familie heißt.

Um den Apparat endgültig absetzen zu können, spannt der »neue Kommandant« einen »Forschungsreisenden« ein, der als unabhängiger Sachverständiger gegen die alte Ordnung aussagen soll. Nachdem der Offizier vergebens versucht hat, den Zeugen für sich zu gewinnen, begibt er sich selber unter den Apparat. Ein letzter Vertreter und Zeuge des *ancien régime* sucht hier dem Urteil der Geschichte zuvorzukommen, indem er es, seinem Ehrenkodex gemäß, an sich selber vollstreckt und die alte Ordnung ihren Tod damit symbolisch überleben lässt. Aber der Apparat spielt nicht mit und massakriert stattdessen ihn und sich – eine weitere Variation auf die sich selbst destruierende Destruktion.

Damit scheint sich die alte Ordnung von selbst erledigt zu haben. Im Augenblick jedoch, wo die neue, humanitäre Ordnung über die alte, inhumane triumphiert, wird klar, dass sie lediglich deren neo-koloniale Modernisierung darstellt. Sie muss gerade deswegen die letzten Spuren des Veralteten verwischen, weil sie deren Fortsetzung mit anderen Mitteln ist. *Ein* Kommandant, *ein* Apparat löst den anderen ab, aber die

37 Ein »Filzstumpf« hat den Zweck, »am Schreien und am Zerbeißen der Zunge zu hindern« (E, 167); eine »besonders präparierte Watte« »stillt die Blutung« (176); während eine lange Nadel schreibt, spritzt eine kleine Nadel Wasser aus, um »die Schrift immer klar zu erhalten« (173); schließlich wird der Körper aufgespießt, in eine Grube geworfen und eingescharrt (177).

Kolonie bleibt, was sie ist. Die Strafe besteht freilich nicht mehr in der exemplarischen Zurschaustellung der Gewalt eines quasi-feudalen Souveräns vor dem gesammelten Volk, sondern in der Ausbeutung des Volks selber zugunsten des Handels- und Schiffsverkehrs. Der neue Kommandant ist vor allem an »Hafenbauten, immer wieder Hafenbauten« interessiert, und die Hafenarbeiter sind »armes, gedemütigtes Volk« (E, 187, 197). Das Regime des unendlichen Verkehrs, das die alte Ordnung ablöst, ist die mythische Wiederkehr des Alten im Neuen.[38] Der andauernde Zustand ist ebenso »peinlich« wie der veraltete Apparat *in* der Strafkolonie: Es ist nicht sicher, ob der nach Europa entkommende Forschungsreisende da wirklich herauskommt.

Die verschwindende alte Ordnung begeht Harakiri; die siegreiche neue erneuert sie, indem sie sie verdrängt; und der europäische Forscher – der einzige unabhängige Beobachter, der vielleicht eingreifen könnte – erweist sich als ein charakterloser, machtgeschützter Mitläufer aufgeklärter Herrschaft, der seiner Aufgabe – Webers »Wissenschaft als Beruf« – überhaupt nicht gewachsen ist. So bleibt der Erzähler auch hier der einzige wahre, aber posthume Augenzeuge eines Geschehens, in das er nicht eingreifen kann.

Wobei es auch hier gespenstische und schwer deutbare Spuren einer unbekannten anderen Macht gibt, wie im *Urteil* das ferne Rumoren der Revolution: nämlich die Inschrift auf dem – in einem abseits gelegenen Teehaus begrabenen – Grab des alten Kommandanten, die seine Auferstehung verkündet, und die Schwierigkeit, zu wissen, ob die herumstehenden Arbeiter seine »Anhänger« sind und, wenn ja, ob ein Versprechen darin liegt. Haben sie ihre Spuren konspirativ vor der Außenwelt verwischt? (Vgl. E, 196ff.) Oder hat sich der Autor vielmehr gegen den Leser verschworen?

38 Dies wird besonders deutlich in einem unveröffentlichten Fragment, wo der »immer fröhliche« Kommandant fleißige, klaglose Arbeiter, die er »Schlangenfraß« schilt, antreibt, alles zu »Staub« zu zerklopfen, um der »Schlange den Weg zu ebnen« (T, 383f.). »Arbeit macht frei«: Die Auslöschung der Auslöschung hat hier die Form einer Entfremdung von der Entfremdung.

Ein Hungerkünstler: Verschwinden des Verschwindens

Noch entschiedener als seine Schwester vertritt Gregor Samsa die Meinung, dass er »verschwinden müsse«. Die Kunst des Hungerns ist eine Technik langsamen Verschwindens. Zugleich wird der Hungerkünstler von seinem geschäftstüchtigen Impresario daran gehindert, bis ans Ende zu gehen. Seine Kunst hätte sich damit nicht nur erfüllt, sondern sich mit ihm selber aufgehoben. Und da der Hungerkünstler – wie in anderen Zusammenhängen Georg und Gregor – am Ende tatsächlich von der Erdoberfläche verschwindet, verdankt auch er sein Nichtvergessenwerden allein der Geschichte – der Erzählung eines Autors, der seinerseits ein Hungerkünstler war. Die bisher konstatierte Erzählsituation wiederholt sich auch hier: die eines posthumen Zeugen, der ein alter ego und/oder eine andere Zeit eigenhändig vor der Vergessenheit rettet.

Der Hungerkünstler wird nicht nur aus eigenem Antrieb, sondern auch von außen zum Verschwinden gebracht. Der Schwindsüchtige *wird* auch verschwunden, er muss den Platz räumen, weil es keinen Platz für ihn in der neuen Zeit gibt.[39] Die Kunst des Schwindens schwindet, die Gunst des Publikums zieht sich zurück. So wie in der *Strafkolonie* die neue Zeit den Stab über die alte Technik des Hinrichtens bricht, spricht sie hier ihr »Urteil« (E, 402) über die inhumane Kunst des Hungerns aus. Beide werden ausquartiert. Und so wie die »Bedienstete« die Reste Gregor Samsas wegräumt, geht der »Aufseher« mit dem Hungerkünstler um, der zuletzt »nur ein Hindernis auf dem Weg zu den Ställen« (ebd.) ist. »Es ist schon in Ordnung« (E, 159), sagt sie, nachdem sie »das Zeug von nebenan weggeschafft« hat. »›Nun macht aber Ordnung!‹ sagte der Aufseher und man begrub den Hungerkünstler samt dem Stroh« (E, 403). »Ordnung« – alte, neue – wird wiederhergestellt.

Die Parallele zwischen den Schlusssequenzen der *Verwandlung* und des *Hungerkünstlers* entwickelt sich an dieser Stelle zu einem instruktiven Kontrast zwischen zwei Kontrasteffekten. Mit der Beseitigung unwerten Lebens – denn auf solche Kategorien läuft die hier auf-

39 Sein Ahne ist Baudelaires »alter Gaukler«, »in dessen Bude die vergessliche Welt nicht mehr eintreten will« (*Petits poëmes en Prose* XIV).

gezeigte Logik hinaus – melden hier wie dort die Kräfte des Lebens ihre Rechte wieder an. Aber diese sind im einen Fall der sich dehnende Körper der jungen, heiratsschwangeren Tochter, im anderen der kraftstrotzende Körper eines jungen Panthers; und der Hintergrund, gegen den sie sich abheben, ist ein jeweils ganz verschiedener. Das Aufblühen der Tochter verdankt sich dem Erfolg des innerfamiliären Pogroms, zu dem sie aufgerufen hat; von jedem Skrupel unangekränkelt, muss sie moralisch angekränkelt erscheinen. Demgegenüber liegt die schrecklich schöne »Glut« (E, 404) des Raubtiers diesseits von gut und böse und ist von einer kaum zu ertragenden, aber unwiderstehlichen Anziehungskraft. Hier zeigt sich besonders deutlich, wie Kafkas Geschichten ähnliche Elemente ganz anders kombinieren. So »antinietzscheanisch« der Schlusseffekt der *Verwandlung*, so »nietzscheanisch« der des *Hungerkünstlers*. Hat die aufblühende Schwester ihrem abgeschafften Bruder gegenüber Unrecht, so scheint der Fleisch fressende Panther neben dem dahinsiechenden Hungerkünstler fast Recht – oder zumindest gleiches Recht – zu haben. Es ist fast, als würde der Text das Todesurteil des Lebens gegen den Hungerkünstler selber unterschreiben.

Darin spiegelt sich die ganze Zweideutigkeit des »unendlichen Verkehrs«. Benennt diese Formel eine schuldige oder eine unschuldige, eine tödliche oder eine elementare Reproduktion des Lebens? Eros oder Thanatos? Wenden Georg, Gregor und der Hungerkünstler eine mörderische Logik gegen sich selber? Oder tun sie gut daran, den Platz zu räumen und keine Spuren zu hinterlassen? Hat diese Tat einen totalitären oder einen erlösenden Sinn?

Soviel ist klar: Die Künstler werden in Kafkas Erzählungen vor einem spurlosen Untergang keinesfalls verschont. Das Verenden des Hungerkünstlers dicht neben »der sich heranwälzenden Menge« (E, 400), die unterwegs zu den Zirkustieren ist, fällt nicht viel anders aus als der Tod Georg Bendemanns oder Gregor Samsas. Es sind drei Variationen auf das Doppelthema: Verschwinden und Verschwunden-Werden.

Daraus ergibt sich folgende Paradoxie. Auf der Ebene des Erzählten verschwinden die Protagonisten (Hungerkünstler, Georg, Gregor usw.), ohne Spuren zu hinterlassen. Die Erzählung hingegen hält die

Spuren ihres Untergangs fest. Erst so kommt ihr Schicksal überhaupt in Sicht. Ihr Leben wird zumindest ästhetisch gerettet. Posthum widerfährt dem Vergessenen etwas von der Gerechtigkeit, die es in der erzählten Welt selber nicht gab. Die Kunst kann nicht wirklich retten, aber sie kann nichts anderes als retten.

Daraus eine »Erlösung durch Kunst« zu machen, wäre voreilig. Zwar ist das Erzählen als solches immer schon die Rettung des Erzählten – sei's durch dessen erinnernde Wiedergabe, sei's durch dessen freie Erfindung. Aber vielleicht deutet das Erzählte – das spurlose Verschwinden, von dem hier erzählt wird – auf ein anderes, ebenso tiefes Bedürfnis der Kunst: auf den Willen, *nicht* gerettet zu werden, sondern im unendlichen Verkehr unterzugehen.

Wie, wenn dies eine *andere* Rettung wäre? Dann stünden zwei Rettungen miteinander im Streit. Jede würde die andere verhindern. Die Rettung – gleich welche von beiden – würde sich über den letzten Willen des Betreffenden nach der *anderen* Rettung hinwegsetzen. Vorhin wurde der Schluss des *Urteils* in diesem Sinne gedeutet. Die Erzählung rettet Georg aus der Lethe, in die er gesprungen ist. Wenden wir uns jetzt dem gegenteiligen Szenario zu, wonach die Erzählung ihre Hauptfigur vor der Unsterblichkeit rettet und in die Sicherheit des Vergessens bringt.

Josefine, die Sängerin oder Das Volk der Mäuse: Erlösung von der Erlösung

Es gibt bei Kafka eine Künstler-Gestalt, seine letzte, deren Verschwinden in der Menge nicht das Unheil, sondern gerade die Erlösung ist:

»Josefine aber, erlöst von der irdischen Plage, die aber ihrer Meinung nach Auserwählten bereitet ist, wird fröhlich sich verlieren in der zahllosen Menge der Helden unseres Volkes, und bald, da wir keine Geschichte treiben, in gesteigerter Erlösung vergessen sein wie alle ihre Brüder.« (E, 538)

Josefine, die die Allüren einer *prima donna* hat, wird freundlich, aber bestimmt vom Volk als eine von ihnen, eine unter vielen, *prima inter pares* behandelt. Die Meinungen klaffen hier auseinander: Josefine *oder* das Volk. Das Selbstverständnis der geplagten »Auserwählten« ist hier Baudelaires frühem Gedicht *Bénédiction* fast wörtlich entnommen, in dem der auf Erden gemarterte Dichter »weiß«, dass ein »Platz« und ein »Diadem« aus »reinem Licht« – eine Gloriole – ihn im Himmel erwarten.[40] Das Urteil des Volks und des unsichtbaren Erzählers entspricht wiederum eher dem korrigierten Prosagedicht *Perte d'Auréole*, in dem der Dichter, der seinen Heiligenschein im Stadtverkehr verloren hat, sich freut, »inkognito spazieren gehen« und in der Menge untergehen zu können.[41] Hier scheint die Parallele allerdings aufzuhören. Sind doch die zwei Mengen himmelweit verschieden: hier das Stadtgewimmel, da die Schar der Volkshelden. Aber vielleicht stellt der letzte Satz des *Urteils* die Verbindung wieder her: Der Untergang im unendlichen Verkehr entspräche der Erlösung, die der letzte Satz von *Josefine* in Aussicht stellt.

Mit jenem Satz wird die Selbstapotheose der Kunst – der Heiligenschein – fallen gelassen. »Große« Ansprüche werden durch eine »kleine Literatur«[42], eine von der europäischen Romantik missbrauchte Christologie durch jüdischen Humor abgelöst. Dem pseudo-religiösen, selbst ernannten »Auserwählten«-Status des romantischen Künstlers steht eine echte, nüchterne, weltliche »Erlösung« gegenüber. Diese Erlösung ist wohl deshalb eine »gesteigerte«, weil sie eine Erlösung, und damit eine Ablösung, (von) der falschen Erlösung ist.[43] Josefine wird erlöst, indem sie an ihrer vermeintlichen Erlösung gehindert wird. Sie will die *eine*, individuelle Unsterblichkeit und bekommt die *andere* – ihren rechtmäßigen Platz in der »Masse« des Volks und der »Menge« (E, 538) seiner Helden. Dieses *ad plures ire* ist das glückliche Pendant zum unglücklichen Unbewusstsein des ignorierten, sich verzehrenden,

40 *Les Fleurs du Mal* 1.

41 Vgl. zu diesem Gedicht und dem »Verlust der Aura« Benjamin, GS I, 650ff.; 477ff. Dazu meinen Artikel »›Perte d'Auréole‹: The Emergence of the Dandy«, Modern Language Notes, Baltimore, Mai 1970, S. 529-571.

42 Vgl. zu dieser Thematik Gilles Deleuze: Kafka. Für eine kleine Literatur, Frankfurt/M.: Suhrkamp 1976.

43 Vgl. dazu, wenn auch sehr anders, »Von der Erlösung«, Also sprach Zarathustra 11. Die Invektiven, die Zarathustra hier gegen »große Menschen« loslässt, werden der kleinen Josefine, die sich für groß hält, erspart.

über die Menge klagenden, seinen Platz suchenden, von seinem Platz geräumten romantischen Künstlers – einer Figur, die sich in Josefines Hochmut und im Martyrium des Hungerkünstlers pantomimisch überschlägt.[44]

Ihre zwei Schicksale sind indessen diametral entgegengesetzt. Die anerkannte Künstlerin geht unwissentlich dem kollektiven Vergessen entgegen, in dem sie gut aufgehoben werden wird. Der Hungerkünstler hungert dagegen immer weiter, ohne wahrgenommen zu werden, sodass er selber am Ende nicht mehr weiß, wie groß seine Leistung ist: »nichts konnte ihn mehr retten, man ging an ihm vorüber« (E, 402). *Ihre* – kommende – Vergessenheit ist die Erlösung, *seine* – jetzige – die Verdammnis.

Von hier aus ließe Georg Bendemanns Untergang im unendlichen Verkehr zwei gegenteilige Deutungen zu: eine romantische und eine anti-romantische, jüdisch-messianische. Sein Sprung ins Wasser könnte entweder der trostlose, von ihm selber mitbewirkte Untergang des Individuums in der schlechten, gleichgültigen Vergessenheit der modernen Großstadt sein oder aber ein erlösender, ihn von sich selber erlösender Eingang in eine große, gute Vergessenheit – wenngleich kein »Volk« diesmal in Sicht ist.

Sein Name könnte ebenfalls auf zweierlei Weise gedeutet werden: sei's als die verstohlene Verewigung des Namens seines literarischen Vaters[45], sei's als ein Eigenname, der als Gattungsname (Ben-de-Mann: »Sohn des Mannes«) fast nichts Eigenes hat und in der Allgemeinheit, im »unendlichen Verkehr«, wenn nicht gar in der »menschlichen Eintracht« (E, 34) untergeht.

Es wäre daher zwar nicht falsch, aber gewiss einseitig, und damit schließlich doch falsch, Kafka eine europäisch-romantische Künstler-

44 Kafkas Tagebücher zeigen ihn zwar selber als einen sich verzehrenden, vom eigenen Leiden zehrenden Romantiker: als einen »Hungerkünstler«. Dieser wird jedoch in seiner Erzählung literarisch objektiviert, indem er ganz von außen gesehen wird. Was Benjamin über die Surrealisten schreibt, gilt auf andere Weise für Kafka: »Hier wurde der Bereich der Dichtung von innen gesprengt«, indem sie »›Dichterisches Leben‹ bis an die äußersten Grenzen des Möglichen« trieben (GS II, 296).

45 »Georg hat so viele Buchstaben wie Franz. [...] Bende hat ebenso viele Buchstaben wie Kafka und der Vokal e wiederholt sich an der gleichen Stelle wie der Vokal a in Kafka« (T, 217).

Metaphysik anzudichten: Erlösung des Dichters und Rettung der Welt durch Kunst.[46] Es geht ihm eher um Rettung der Kunst durch Welt.

---

46 Eine solche Tendenz schwächt von Matts Kafka-Deutung. Was er Kafkas »Labor für das Gold des 20. Jahrhunderts« (ders.: Verkommene Söhne, S. 298ff.) nennt, ist selber bezeichnenderweise eine Metapher aus dem 19. Jahrhundert. (Baudelaire: »J'ai pétri de la boue et j'en ai fait de l'or«, »Orgueil«, *Les Fleurs du Mal*, »Bribes«). Aus einer Nacht, die »die Weltliteratur verändert« (S. 264ff.) haben soll, kommt hier am Ende europäische Romantik heraus. Das Argument verläuft folgendermaßen. Die quasi post-modernen Spielelemente, die im *Urteil* aufgedeckt werden, schießen zu einem einzigen quasi-archaischen Spiel zusammen: zu einer Art Initiationsritual, durch den der Künstler aus dem - vielleicht nicht stattgefundenen - Wassertod seines Protagonisten wiedergeboren emporsteigt (S. 275ff.). Die Symbolik von »Wasser« und »Brücke« wird dabei im Anschluss an W.E. Mühlmann und M. Eliade als *rite de passage* beleuchtet (S. 278f.); und anhand von Kafkas Tagebuchnotiz über die Entstehungsnacht, in der es ausdrücklich um Gewässer, Feuer und Auferstehung geht, wird die Korrespondenz zwischen dem »Initiationsspiel in der Erzählung und der Initiationserfahrung des Autors beim Schreiben der Erzählung selbst« (279) schlüssig nachgewiesen. Daraus wird gefolgert: »Die Geschichte vom missratenen Sohn Georg Bendemann [...] ist gleichzeitig im Leben dessen, der sie schreibt, ein Vorgang der Selbstwerdung [...]. Indem er beschreibt, wie der Sohn über die Schwelle des Hauses zur Brücke stürzt und sich ins Wasser wirft, überschreitet er selbst die Schwelle in jenen Raum hinein, von dem er weiß: Das ist mein Ort. [...] Vom Selbstverlust schreibend, gewinnt der Schreibende sich selbst« (S. 280). So einleuchtend diese Lektüre teilweise ist, sie mündet wie von ungefähr in die theologische Figur des »Wirf weg, damit du gewinnst« und steht damit der Ideologie einer »Erlösung durch Kunst« sehr nah. Der Verkehr, der über die Brücke geht, findet dabei kaum Erwähnung. Dieses Motiv könnte freilich innerhalb seiner »alchemisierenden« Deutung untergebracht werden: etwa als der literarische Zeugungsakt, der gerade in dem Augenblick stattfindet, wo der Protagonist untergeht. Dann hätte der Rausch des literarischen Schaffens den Tod, von dem berichtet wird, übertönt. Nicht (nur) die lärmende Wirklichkeit hätte Georgs Untergang untergehen lassen, (auch) die Kunst hätte - umgekehrt - die Wirklichkeit übertäubt. Man braucht nicht zwischen diesen gegensätzlichen Deutungen, die selber zwei unter vielen sind, zu entscheiden. Im Gegenteil: Beide sind für sich genommen banal und werden erst im Mit- und Gegeneinander wahr. Etwa im Sinne von Baudelaires Prosagedicht *Une mort héroïque*, wo es an einer Stelle heißt: »der Rausch der Kunst ist geeigneter als jeder andere, die Schrecken des Abgrunds zu verschleiern« (*Petits poëmes en prose*, XXVII). Der »Verkehr« wäre beides: »Rausch« *und* »Abgrund«. Kurzum,

Auch *darin* liegt Benjamins Affinität zu Kafka beschlossen. Und damit hängt eine weitere Frage zusammen, die laut Benjamin keine Befassung mit Kafka umgehen kann: die Rettung seiner Schriften vor seinem Testament (vgl. GS II, 427).

Kafkas Testament: »Verwisch die Spuren!«

»Sorge, wenn du zu sterben gedenkst
Dass kein Grabmal steht und verrät, wo du liegst
Mit einer deutlichen Schrift, die dich anzeigt
Und dem Jahr deines Todes, das dich überführt!
Noch einmal:
Verwisch die Spuren!

(Das wurde mir gesagt.)«

So lautet die letzte Strophe des ersten Gedichts in Bertolt Brechts *Lesebuch für Städtebewohner.*[47] Dort geht es freilich um Anweisungen für den politischen Untergrund. Hier gewinnen sie eine ganz andere Resonanz. Oder geht es doch um dieselbe? Um einen *literarischen* Untergrund?

---

er ist so unausdeutbar wie von Matt zufolge das Motiv des »Freundes in Petersburg« (S. 267).

47 Vgl. Benjamins Kommentar zu diesem Gedicht (GS II, 555ff.), seine eigene Variation zum brechtschen Refrain: »Der destruktive Charakter verwischt sogar die Spuren der Zerstörung« (GS IV, 398), und dazu meinen Artikel »Benjamin zwischen den Fronten. Zum ›Destruktiven Charakter‹«, in: Burkhardt Lindner (Hg.): »Links hatte noch alles sich zu enträtseln...« Walter Benjamin im Kontext, Frankfurt/M.: Syndikat 1978, S. 65-99. Dieselbe Parole kann also entweder eine kommunistische oder eine faschistische Order sein. Siehe oben Fußnote 33. - »Der destruktive Charakter«, heißt es weiter, muss der Natur zuvorkommen, die ebenfalls die Spuren ihrer Zerstörung verwischt. Der »Rhythmus« ihrer »ewigen und totalen Vergängnis«, heißt es an anderer Stelle, ist »Glück«; und alles Irdische »erstrebt« diesen messianischen »Untergang« (GS II, 204). »Um«, so eine weitere Stelle, »nachdem [es] vor Gott [seinen] Hymnus gesungen, aufzuhören und in Nichts zu vergehen« (GS II, 246). Der »unendliche Verkehr« des *Urteils* ist auch *solche* »ewige Vergängnis«, Kafkas Verwischung der eigenen Spuren Scham und Takt der Schöpfung gegenüber.

Das Urteil beginnt damit, dass Georg Bendemann den Brief an einen Freund, den er gerade beendet hat, »in spielerischer Langsamkeit« (E, 47) verschließt. »Endlich« (E, 51), vier Seiten später, nach vielem Zögern, steckt er ihn in die Tasche und geht zum Vater. Mit seiner Erwähnung dieses Briefs bricht die Hölle los. Er wird dem Vater jedoch nur andeutungsweise gezeigt. »Er zog den Brief aus der Tasche und ließ ihn wieder fallen« (E, 53). Dieser Satz klingt im vorletzten Satz der Geschichte nach: »...und ließ sich hinabfallen« (E, 60). Seinen *Brief an den Vater* hat Kafka ebenfalls nicht abgeschickt. Aber welchen Brief schickt er im *Urteil*, das auch ein Brief an den Vater ist, an die vielen Dritten?

Max Brod hat begründet, warum er Kafkas letztem Willen, seinen Nachlass zu vernichten, nicht habe folgen können. Aus dieser – seit Kafkas Tod viel diskutierten – Gewissensfrage hat ein Kritiker, Ehm Welk, sowohl Brod als auch Kafka einen moralischen Strick gedreht. Dagegen hat Benjamin Einspruch erhoben. Gewiss, Kafka habe sich durch sein testamentarisches Arrangement von der Entscheidung über das Schicksal seiner Schriften entlastet. Dies sei jedoch kein Jesuitentrick gewesen.

»Ihm diese tiefste Absicht beizulegen, dass dieses Werk erscheine und zugleich des Dichters Einspruch gegen dieses Erscheinen! Jawohl, [...] die echte Treue gegen Kafka war, dass dies geschah.« (GS IV, 467f.)

Anders gesagt: Es gab in Kafkas Willen einen anderen, einen Willen nach dem letzten. Und diese Doppelheit war kein dialektischer, moralisch anfechtbarer Widerspruch, sondern eine unaufhebbare Aporie. Keine Seite konnte die andere besiegen.

Kafkas Scheu vor der Veröffentlichung seines Werks entsprang, so Benjamin weiter, der »Überzeugung, es sei unvollendet, und nicht der Absicht, es geheim zu halten«. Dass diese Erklärung nicht ausreicht, deutet Benjamin selber in einem späteren Brief an, wo er in Kafkas Testament ein Indiz für die »Spannungen« sieht, von denen sein Leben durchzogen gewesen sei, und in seiner Freundschaft mit Brod ein »Fragezeichen«, das er »an den Rand seiner Tage« habe malen wollen.[48]

Benjamins eigene Reflexionen zu Kafka kreisen um den Komplex des Vergessens (vgl. GS II, 430ff.). Sie stellen jedoch keine explizite Verbindung mit einem Vergessen-werden-Wollen des Werkes selber her. Eine solche Verbindung könnte aufgrund der hier unternommenen Deutungsversuche vermutet werden. Dazu einige abschließende Fragen.

Klingt nicht das, was Kafka mit seinem Testament angestellt hat, merkwürdig vertraut? Ist es nicht eine Geschichte aus Kafka selber? Eine Variation auf seine Themen? Resümieren wir das Szenario in diesem Sinne: Ein besorgter »Hausvater«[49] verurteilt seine »Söhne«[50] zum Tode durch Verbrennen, aber er vertraut die Vollstreckung des Urteils *dem* »Gehilfen« an, der sie mehr als die eigenen liebt. Frei nach der Geschichte Abrahams: Vielleicht genügte der Vorsatz, um dessen Ausführung zu umgehen.

Brod verstand es, das Werk zu retten, indem er es gleichsam zwischen den Zeilen des Testaments las. Wäre dieses Verständnis nicht durch sein Gegenteil zu ergänzen? Dann wäre das Testament zwischen den Zeilen des Werks – und manchmal sogar im Wortlaut – zu lesen.

Vom »unendlichen Verkehr« übertönt zu werden und damit zum »Verschollenen« zu werden – ist das die Verdammnis oder die Erlösung? Erscheint nicht diese Frage am Rande mancher Texte Kafkas, wenn man sie mit anderen zusammenliest?

Und gehört nicht folgende Aporie zu den Spannungen, die Kafkas Leben und Werk durchziehen? Niemand ist dem kategorischen Imperativ des Nichtvergessens, Spurensicherns, Überlieferns so hoffnungslos ausgeliefert wie der letzte Zeuge. Und niemand sehnt sich deshalb mehr nach dem Vergessen(werden).

48 Walter Benjamin: Briefe, hg. v. Theodor W. Adorno u. Gershom Scholem, Frankfurt/M.: Suhrkamp 1966, Bd. 2, S. 758; S. 764.

49 Vgl. »Die Sorge des Hausvaters« (E, 343-344).

50 Vgl. »Elf Söhne« (E, 312-317).

Postskriptum

Lichtenberg hat zeitlebens an *Sudelbüchern* geschrieben, die nicht für die Publikation bestimmt waren und die später dennoch, wie von ungefähr, an die Öffentlichkeit gerieten. Diese Vor-Öffentlichkeit hat er als ein Vor- und Versteckspiel genossen, das sich fast selber genügte.

Zwei benachbarte Eintragungen in jenen Heften eröffnen den Reigen der hier diskutierten Aporien. Ein mit Inkognito versehener fiktiver Autor beschwert sich bei einigen Journalisten, deren Rezensionen seines Buches *Timorus* in allen Zeitungsbuden ausliegen, dass sie ihm des größten Glücks, das er kenne, beraubt haben:

»dass meine Schrift Sr. Majestät der Königin Vergessenheit, der ich sie allein gewidmet habe, für die ich allein lebe und für die allein dereinst zu sterben wünsche, allein eigen geblieben ist.«[51]

Nebbich! Dass dieses intime Glück so eine Sache ist, und dass nur ein Mann des Gesetzes eine solche Widmung wörtlich nehmen könnte, wird einige Seiten später laut und deutlich, aber immer noch klammheimlich verraten.

»Zur Verteidigung des Timorus. Der Magistrat in H. hat es recht gemacht der den Verkauf desselben verboten und das war der Dedikation gemäss. Glaubt ihr denn dass ich ein Buch woran ich zehn Jahre gearbeitet habe Sr Majestät der Königin Vergessenheit dedizieren werde? glaubt ja nicht, dass ich ein solcher Tor bin.«[52]

Wem sagt er das? Wem sagt er das!

51 Georg Christoph Lichtenberg: Schriften und Briefe, hg. v. Wolfgang Promies, München: Hanser 1968, Bd. 1, C 254.

52 Ebd., C 271. Vgl. auch E 251.

Literatur und Literaturkritik
Worum geht es eigentlich im Streit zwischen Martin Walser und Marcel Reich-Ranicki?

Jochen Hörisch

Literatur ist – wir haben es immer schon gewusst und wissen dennoch nicht so recht, wie wir mit diesem so schlichten wie intrikaten Phänomen umgehen sollen – Literatur ist überkomplex. Denn sie ist ein systematisch unreiner Diskurs. Handelt sie doch, enthemmt alles mit allem mischend, von nicht weniger als allem: von Liebe und Tod, von Krieg und Frieden, von Sex and Crime, von Gott und der Welt, von Blechtrommeln und scharlachroten Buchstaben, von Melancholie und Justizirrtümern, von Schuld und Sühne, von Autorennen und Paradiesgärten, von göttlichen Kindern und Einhörnern, vom Leben in Zeiten der Cholera und Sirenen, vom Sinn des Lebens und vom Unsinn des Ganzen... aber halt, die Liste wird, da Literatur tatsächlich von allem Möglichen und selbst vom Unmöglichen, nicht nur von allen wirklichen Sachverhalten und Ereignissen handelt, allzu lang, nämlich unendlich lang.

Das Überkomplexitäts-Problem der schönen Literatur haben die Arbeiten von Burkhardt Lindner verlässlich im Blick. Sie haben, produktiv an die Tradition von Walter Benjamins und Theodor W. Adornos Literatur-Essays anknüpfend, ein ausgeprägtes Bewusstsein davon, wie gering und wie entscheidend die Grenze ist, die Literaturkritik und Literaturwissenschaft voneinander trennt. Dass auch literaturkritische Urteile begründete Urteile sein müssen und dass literaturwissenschaftliche Sätze die Aufgabe haben, das in Literatur angesiedelte Wissen namhaft zu machen, ist das nüchterne Pathos, das Burkhardt Lindners Arbeiten charakterisiert. Ihnen ist die von Walter Benjamin ins Spiel der Lektüre gebrachte Unterscheidung von Sachgehalt und Wahrheitsgehalt der Literatur geläufig. Auf das mit jeder geglückten Literatur gegebene Überkomplexitätsproblem reagieren Lindners Untersuchungen deshalb nicht durch gnadenlose Anstrengungen zur Reduktion von Komplexität, sondern durch eine Art der Analyse, die weiß, dass sie Einsichten in das Wissen der Literatur gibt, indem sie der Literatur interpretatorisch das entnimmt, was sie ausmacht. Wer Lindners Arbeiten liest, wendet sich mit neuer Lust den von ihnen analysierten und gedeuteten Werken zu, die sich dann anders, ganz anders als zuvor präsentieren. Das unterscheidet Lindners Texte von vielen literaturkritischen Texten – und von den meisten literaturwissenschaftlichen sowieso.

Das von schöner Literatur fokussierte Überkomplexitätsproblem wird dadurch nicht geringer, dass sie nicht nur alle möglichen und unmöglichen Themen und Motive zulässt, sondern auch alle denkbaren Genera dicendi miteinander vermischt. Belletristik kann, muss aber nicht argumentativ sein; sie kann Affekten aller Art Raum geben; sie darf dem Assoziationsstrom ihrer Protagonisten folgen; sie ist mit dem Ton von Märchen, von Predigten, von Liedern, von Gebeten, von Hasstiraden, von Stoßseufzern, von Rätseln, von Aphorismen, von öffentlichen Reden, von Befehlen oder von Abzählreimen vertraut. Diskursive Reinheit in dem Sinne herzustellen, dass man sagen kann: dieser Satz ist ein logischer, jener ein affektiver, dieser ein Glaubens-, jener ein Meinungssatz, diese Passage ist nur assoziativ, jene hingegen fordert zur sachlichen Zustimmung auf – das ist ersichtlich nicht das Kerngeschäft der schönen Literatur, die in Vieldeutigkeiten weniger ein Problem als vielmehr ihre Geschäftsgrundlage sieht. Belletristik tut alles, um in thematischer wie semantisch-stilistischer Hinsicht Klarheit und Eindeutigkeit zu unterlaufen. Was in anderen Diskursen (etwa jenen der Jurisprudenz, der Wissenschaft oder der Verwaltung) eine Sünde gegen den Heiligen Geist wäre, macht den Unheiligen Geist der Dichtung aus. Sie dichtet, verdichtet, sucht geradezu systematisch Mehr- und Vieldeutigkeiten, spielt unterschiedliche Erzählperspektiven gegeneinander aus, schätzt die Rollenprosa, verleiht dem Wahnsinn eine plausible Stimme, verliert sich in Allegorien, setzt ein geradezu unverantwortliches Vertrauen in Metaphern und – wehrt sich häufig vehement dagegen, wenn ein Interpret so auftritt, als habe er aus all diesen überkomplexen Stimmen, die da literarisch zu einem Text werden, eine distinkte Botschaft herausgefiltert.

Zwischen Schriftstellern und Interpreten herrscht seit alters her Feindschaft – also spätestens seit den Zeiten Platons, der bekanntlich die Dichter aus der idealen Republik verbannen wollte, eben weil sie so irreduzibel überkomplex sprechen und zudem ein entspanntes Verhältnis zu dem entwickeln, was man vornehm »Fiktion« nennt und was doch, Platon zufolge, bloß die vermeintliche Lizenz zur Lüge ist. Die Feindschaft zwischen dem deutschen Starkritiker Marcel Reich-Ranicki und dem Schriftsteller Martin Walser hat archetypische Dimensionen und ist insofern Jahrtausende alt. Wenn man sie nicht in solchen Großperspektiven wahrnehmen will, ist sie hingegen erst 40 Jahre alt.[1] Beide kennen sich – lange und gründlich. Beide waren regelmäßig bei den Treffen der legendären Gruppe 47 dabei, beide publizieren seit Jahrzehnten im selben Verlag, beide sind je auf ihre Weise Exponenten der von George Steiner so getauften »Suhrkamp-Culture«, und beide haben auch schon mal die Seiten gewechselt: Walser war in seinen jungen Jahren Kulturredakteur beim Südwestfunk, er schreibt auch heute noch gerne Essays und rezensiert gelegentlich, Reich-Ranicki hat (nach schnell aufgegebenen Ansätzen, sich als Schriftsteller zu versuchen) im Alter mit seiner Autobiographie *Mein Leben* Primärliteratur in jedem Wortsinne vorgelegt. Vor allem aber: Reich-Ranicki hat viele der sehr vielen Romane und Novellen von Martin Walser rezensiert – und häufig (nicht immer) handelte es sich um Verrisse.

Diesseits und jenseits solcher eher privaten Aspekte aber hat der Streit zwischen Martin Walser und Marcel Reich-Ranicki Dimensionen, die auf die eingangs angesprochene uralte Geschichte der Auseinandersetzung von schöner Literatur und Kritik resp. Theorie zurückverweisen. Die Ausprägungen dieses Konfliktes haben Topoi-Qualitä-

1 Vor genau 40 Jahren publizierte Marcel Reich-Ranicki sein erstes Walser-Porträt: Marcel Reich-Ranicki: »Der wackere Provokateur Martin Walser«, in: Die Zeit vom 27.9.1963. Auch in: ders., Deutsche Literatur in West und Ost, München: dtv 1963, S. 200-215.

ten.[2] Philologie und Philosophie, Fiktion und Argument, Belletristik und Sachbuch, Primär- und Sekundärliteratur, Narration und Theorie haben, um zurückhaltend zu formulieren, ein gespanntes Verhältnis zueinander. Und beide – Reich-Ranicki wie Walser – tun alles, um diesen uralten Konflikt nicht etwa »nur« zu re-präsentieren, sondern vielmehr auch zu inkarnieren. Die Stärke beider ist, dass sie den prototypischen Streit zwischen Literatur und Literaturkritik bis zur Selbstkarikatur treiben. Ihre Leitmotive sind dabei von denkbar größter Schlichtheit. Und gerade deshalb sind sie so wirksam. Martin Walsers Leitmotiv ist schnell genannt, wir kennen es schon, es ist nicht neu, und es ist sicherlich nicht ganz falsch: Geglückte Literatur ist komplex, sie widersetzt sich allen Tendenzen der »Formalisierung, [der] Standardisierung der Sprache«[3]. Der Protagonist aus *Tod eines Kritikers* beschäftigt sich intensiv mit der Sprache der Mystik und der durch sie erschlossenen neuen hochsubjektiven Ausdrucksmöglichkeiten. Sein Standardvortrag steht unter dem Titel *Von der Sprache lernen.*[4] Was er zu sagen hat, liegt auf der Hand: So genannte schöne Literatur unterläuft zugunsten dichter Sprache, die tiefen und polyvalenten Erfahrungen zum Ausdruck verhilft, jedes allzu konsistente Fachvokabular.[5] Wer wollte da widersprechen?

Auch der berühmteste und einflussreichste unter den gegenwärtigen deutschen Literaturkritikern würde dem gewiss nicht ausdrücklich widersprechen. Aber seine literarturkritische Praxis widerspricht dieser schlichten Einsicht in die Überkomplexität poetischer Reden flagrant. Denn Marcel Reich-Ranicki pflegt in schöner Eindeutigkeit eine Ur-

2 Vgl. Ernst-Robert Curtius: Europäische Literatur und lateinisches Mittelalter, 7. Aufl. Bern, München: Francke 1969. Kap. 11: Poesie und Philosophie.

3 So die Formel des programmatischen Vortrags »Über freie und unfreie Rede«, den Walser am 5.11.1994 in der Alten Aula der Universität Heidelberg gehalten hat. In: Martin Walser: Ansichten, Einsichten - Aufsätze zur Zeitgeschichte, Werke in 12 Bde, hg. v. Helmut Kiesel, Frankfurt/M.: Suhrkamp 1997, S. 1057.

4 Martin Walser: Tod eines Kritikers, Frankfurt/M.: Suhrkamp 2002, S. 127.

5 So die Grundfigur eines Vortrages unter dem Titel »Vokabular und Sprache«, den Martin Walser am 13.1.2003 in der Neuen Aula der Universität Heidelberg gehalten hat und der in der Zeit vom 22.1.2003 veröffentlicht wurde.

teils-Rede, die ihren wenig diskreten Charme daraus bezieht, dass sie Literatur ungeachtet all ihrer Untiefen und Abgründe gänzlich überschaubar macht. Ein atemberaubendes, aber eben keineswegs untypisches Beispiel für diese aus schnell einsichtigen Gründen ein Höchstmaß an Popularität sichernde literaturkritische Praxis, poetische Komplexität gnadenlos auf übersichtliche Formate herunterzubrechen, ist der kurze, jüngst (genauer: am 19.1.2002 in der Frankfurter Allgemeinen Sonntagszeitung auf Seite 18) erschienene Kommentar Reich-Ranickis zu einem Goethebild von Moritz Oppenheim. Der Kritiker erinnert sich an ein Gespräch mit dem polnischen Schriftsteller Andrzey Szczypiorski aus dem Jahr 1992, das dieses Goethebild zum Ausgangspunkt hatte, aber so schnell wie Reich-Ranicki-Kritiken auf Inhaltliches, also in diesem Fall auf Goethe zu sprechen kam.

»Dann fragte er [Szczypiorski, J.H.] mich, konspirativ flüsternd: ›Sagen Sie mir vertraulich, sagen Sie mir die Wahrheit, nur ganz unter uns, ich werde es niemandem weitersagen, ich werde Sie bestimmt nicht verraten, sagen Sie mir also: Ist dieser Goethe wirklich ein guter Dichter?‹ / Ich antwortete ihm: ›Mein lieber Freund Szczypiorski, er hat zwei herrliche Romane geschrieben, aber den beiden russischen Romanciers, wohl den bedeutendsten der Menschheit, Tolstoj und Dostojewski, kann er letztlich doch nicht das Wasser reichen. Er hat Dramen verfasst, aber von diesem Mann aus Stratford, diesem Engländer, gibt es bessere Stücke. Und doch‹, sagte ich zu dem misstrauischen Polen Szczypiorski, ›ist dieser Goethe Europas größter Dichter. Er hat den *Faust* geschrieben, er hat die schönste Lyrik der Welt geschrieben und noch einiges mehr.‹ [...] Von Goethe habe ich gelernt, dass bei manchen großen Dichtern so gut wie alles, was sie verfasst haben, auf Selbstdarstellung hinausläuft. Für Shakespeare gilt das nicht, er sprengt alle Grenzen, wohl aber für Goethe. Ja, er spricht unentwegt über sich – und zugleich über uns alle. Dies ist wohl der tiefste Grund seines Erfolgs.«

Darf, soll, muss man solche Texte, die sich selbst richten, kommentieren? Natürlich nicht – und natürlich doch. Denn immerhin sind es Strick-, Web-, Textmuster wie diese, die einen der ersichtlich schlechtesten Leser zum berühmtesten Literaturkritiker, ja zum öffentlichen Medien-Star gemacht haben, der weit über die Literaturszene hinaus wirkt. Die Szene beginnt mit einer Peinlichkeit, die Reich-Ranicki offenbar gar nicht wahrnimmt: Er stilisiert den umfassend belesenen, nicht nur Goethes Werke souverän kennenden, weltliterarisch versierten polnischen Schriftsteller als eine Figur, die von Tuten und Blasen und Goethe keine Ahnung hat und sich deshalb an die ausschlaggebende Fachautorität (und die ist selbstredend der deutsche Meisterkritiker MRR) wendet, um nicht etwa dessen Urteil über, sondern die richtige Meinung schlechthin über Goethe zu erfahren: »ist dieser Goethe wirklich ein guter Dichter?« MRR lässt dieser schlichten Gretchenfrage des mittlerweile verstorbenen Schriftstellers, der sich also gegen diese Darstellung nicht wehren kann, eine im Vergleich zur Kürze des Textes, der letzten Aufschluss über Goethe und sein Werk verspricht, opulente rhetorische Figur vorangehen, die abgeschmackter kaum sein könnte: »›Sagen Sie mir vertraulich, sagen Sie mir die Wahrheit, nur ganz unter uns, ich werde es niemandem weitersagen, ich werde Sie bestimmt nicht verraten, sagen Sie mir also‹« – eine Hyperbolik der Vertraulichkeit, des Ganz-unter-sich-Redens, des Nicht-Weitersagens, des Nicht-Verrats, die MRR aber sofort verrät, indem er sie in einem Sonntagsblatt mit hoher Auflage und Reichweite verbreitet. Was er sagt, steht nun in einem wenn nicht grenzdebilen, so doch trivial-verqueren Verhältnis zur höchsten Geheimhaltungsstufe. Denn weder der kumpelhaft herbeizitierte Shakespeare (MRR verkehrt mit »diesem Mann aus Stratford« offenbar ähnlich vertraulich wie mit Szczypiorski) noch Tolstoj noch Dostojewski sind literarische Geheimtipps. Warum »die herrlichen Romane Goethes« (gemeint sind offenbar, wie ein Blick in den von MRR zusammengestellten Roman-Kanon zeigt, *Die Leiden des jungen Werther* und die *Wahlverwandtschaften*) der Prosa Tolstojs und Dostojewskis »nicht das Wasser reichen können«, erfährt der Leser, wenn er bis hierhin zu lesen durchgehalten hat, nicht. Wohl aber, was selbst ein so universal Belesener wie MRR noch von Goethe lernen konnte: »dass bei manchen großen Dichtern so gut wie alles, was sie verfasst haben, auf Selbstdarstellung hinausläuft. Für Shakespeare gilt das nicht, er sprengt alle Grenzen, wohl aber für Goethe. Ja, er spricht unentwegt über sich – und zugleich über uns alle. Dies ist wohl der tiefste Grund seines Erfolgs.« Ist es auch Wahnsinn, so hat es doch Methode. No further comment.

Nein, so enthemmt wie in dieser strikt vertraulich-öffentlichen Verlautbarung über die tiefsten Dimensionen von Goethes Werk legt MRR seine Karten nicht immer auf den Tisch. Aber diesem Web-Muster sind seine Texte alle mitsamt verpflichtet: Gnadenlos bringen sie komplexeste Zusammenhänge auf das trivialste Niveau. Das, was Martin Walser »Vokabular« schimpft, findet in MRRs Literaturkritik eine geradezu unglaubliche Manifestation. MRR erfüllt das Feindbild des tertiär analphabetischen, weil an stilistisch-motivlichen Feinheiten offensiv desinteressierten Kritikers vollauf: Literatur wird von ihm nach den Kriterien spannend/langweilig, realistisch/unwahrscheinlich, dahinter steht eine bzw. keine interessante Schriftstellerbiographie, politisch korrekt/inkorrekt, dem gesunden Menschenverstand verpflichtet/widersprechend und nach einem Zusatzaspekt bemessen: alter Mann liebt deutlich jüngere Frau/oder dieses Motiv entfällt – nach diesem Raster ergeben sich dann die klaren Urteile gutes/schlechtes Buch. Und so ist der Konflikt zwischen Martin Walser und MRR geradezu vorprogrammiert: Walsers Verteidigung der Sprache gegen das Vokabular trifft in MRRs Literaturkritik auf eine enorm medientaugliche Vokabular-Maschine, die verlässlich die Leistung erbringt, selbst Gesamtwerke wie das Goethes auf Formeln zu bringen wie die, es spreche stets von seinem Autor und von uns allen. »Schlagt ihn tot, den Hund, er ist ein Rezensent«, hat Goethe bündig formuliert. Dass er sein nicht interpretationsbedürftiges Diktum zurückgenommen hätte, wenn er gelesen hätte, wie Marcel Reich-Ranicki sein Gesamtwerk charakterisierte, ist wenig wahrscheinlich. Mit Walsers *Tod eines Kritikers* und Bodo Kirchhoffs *Schundroman* erschienen im Jahr 2002 fast gleichzeitig zwei Romane, die Tötungsphantasien nicht gegenüber Literaturkritikern überhaupt, sondern gegenüber einem ganz bestimmten Literaturkritiker: MRR bemerkenswert enthemmt nachgaben.

Der Explosions-Knall beim Zusammentreffen dieser zwei konfligierenden Motive: 1. Literatur ist komplex und 2. man muss sie so interpretieren, dass sie ihre Komplexität verliert, wäre nun selbst vollkommen trivial, wenn nicht beiden Motiven von ihren ja nicht immer nur schlicht denkenden Vertretern eine je spezifische Wende mitgegeben würde. MRR scheint ab und an dunkel zu ahnen, dass seine Liebe zur Literatur eine zutiefst unglückliche ist. Er hat sein Leben der Literatur geweiht, er liebt die Literatur leidenschaftlich – allein: Sie liebt ihn nicht zurück, sie enthüllt ihm nicht ihre eigentlichen Reize, sie gewährt ihm keine tieferen Einblicke, sie gibt sich ihm nicht zu erkennen, sie verschließt sich ihm. Und deshalb wendet der enttäuschte Liebhaber seine reichen Fähigkeiten anderen Objekten und Themen zu. MRR entfaltet seine Stärken immer dann, wenn er nicht über ein literarisches Werk, sondern über alles andere spricht. Und das kann er fraglos glänzend – über alles (sei es über den Literaturbetrieb, Sex, Politik, Zeitfragen, Skandale, Leute, Geschichte und Geschichten) so sprechen, dass man ihm fasziniert zuhört. Denn hier spricht er zwar nicht immer, aber doch bemerkenswert häufig anders, als wenn er über Literatur spricht und schreibt: nämlich nicht-trivial. Kurzum: MRR ist ein hellwacher, urteilsscharfer, pointiert formulierender, glänzend medientauglicher, nie langweiliger Zeitgenosse, der eben nur diesen einen Nachteil hat – er ist ein sehr schlechter Literaturkritiker.

Auch Martin Walser scheint die Gefahr zu spüren, dass sein poetologisches Leitmotiv (um eine in poetische Logiken knapp und präzise initiierende Wendung von Edgar Allan Poe zu bemühen) »a little bit too obvious« ist. Und deshalb lässt er das bewährte Kontrastschema »authentische Sprache der Literatur vs. unauthentisches Vokabular der Theorie und Kritik« in seinem Werk eine aufschlussreiche, aber höchst degoutant strauchelnde Volte schlagen. Wenn konsistente Vokabularien wie die der dogmatischen Theologie, der Soziologie, der strukturalen Linguistik oder der Psychoanalyse allzu großer Abstraktionen verdächtig sind, dann kann, ja dann muss das auch für »eigentlich« sympathische Sprechweisen gelten. Abstrahieren etwa humanistische, ideologiekritische, Nazi-Vergangenheiten aufarbeitende Texte nicht? Abstrahieren heißt ja nichts anderes als wegsehen. Literatur aber sieht hin und versucht, das, was sie beobachtet, zu versprachlichen. So sieht und umschreibt sie etwas, was diejenigen Diskurse nicht sehen, die auf Fach-, Sach- oder anders geartetem Konsistenz-Vokabular basieren. Z.B. die wenigen Tabus, die es in spätliberalen westlichen Gesellschaften noch gibt.

Aus dieser so riskanten wie verheißungsvollen Überlegung resultiert ein spezifisch walsersches Pathos: Es kann danach nicht angehen, dass in einem Streit nur eine Seite Recht, aber auch völlig Recht hat.

Dieses Motiv durchzieht schon Walsers Familienroman *Ohne einander* aus dem Jahr 1993: Die Mutter Ellen ist Publizistin und sie schreibt eine Kritik des Films *Hitlerjunge Salomon*, mit der sie den »Meinungssoldaten« zeigen will, dass sie zu Unrecht aufgrund eines in *DAS – Das Magazin der Meinungen* veröffentlichten Artikels antisemitischer Einstellungen geziehen wurde. Und siehe da: Es fällt ihr schwer, politisch Korrektes über den latent inkorrekten Film zu schreiben, in dem die Geschichte eines Hitlerjungen erzählt wird, der seine jüdische Identität verbirgt. Ellen spürt wenig Lust und Anlass, sich systematisch gegen die Verdächtigungen zu wehren, sie sei rechtslastig geworden – auch dann nicht, wenn sie damit die Erwartungen des Kritikers Willi André König erfüllen würde, der schon in diesem Roman überdeutlich karikierend Reich-Ranicki nachgebildet ist. Noch heikler spielt Walsers viel gepriesener und im Jahr der Paulskirchenrede (also 1998) erschienener Roman *Ein springender Brunnen* mit dem Motiv, sich dem Druck der politischen Korrektheit auch und gerade in Fragen des Umgangs mit der Nazivergangenheit nicht zu beugen. Der deutlich autobiographische Züge tragende Roman erzählt nicht zuletzt die Geschichte von Johanns Mutter (Johann ist Martin Walsers zweiter Vorname). Sie trat schon vor der Machtergreifung Hitlers in die NSDAP ein und ist trotzdem eine gute und liebenswerte Mutter. Denn sie ist als Gaststätten-Wirtin in wirtschaftlich schwerer Zeit anders als der stets tagträumende Vater die Gestalt, die die Familie ernährt und zusammenhält und dem Heranwachsenden eine halbwegs idyllische Jugend und Pubertät ermöglicht. Diese Jugend ist von allen üblichen Adoleszenz-Problemen zwischen Schule, Familie, Dorf, Hölderlin-Lektüre, Sex und Beichte geprägt – nicht aber von dem Blick, der Jahrzehnte später zum obligatorischen, gewissermaßen vom großen Bruder verbindlich implementierten Blick auf die Zeit zwischen 1933 und 1945 avanciert.

Dass es in dieser Zeit einen industriellen Massenmord an Juden gegeben hat – dieses Wissen hat Johanns Jugend ebenso wenig erreicht wie seinerzeit seine Nazi-Mutter. Das starke Motiv an Walsers Roman ist ersichtlich, aber zumindest latent banal: Die selbst erfahrene Lebens-Geschichte ist etwas anderes als die von Historikern niedergeschriebene, im Schulunterricht vermittelte und in Gedenkreden öffentlich bedachte Geschichte. Eine aufregende Liebeserfahrung kann zeitlich mit der Schlacht von Stalingrad oder der Wannseekonferenz koinzidieren. Die mit der Diskrepanz von Individualerlebnis und Großgeschichte zusammenhängenden und in jedem Wortsinne bedenkenswerten Motive auszugestalten lag jedoch offenbar nicht in Walsers Interesse und im Fokus seines Romans. Dass die Massen inklusive solch tiefer Geister wie Heidegger und so liebenswerter Figuren wie Johanns Mutter den Faschismus gewollt haben, ist und bleibt das erklärungs- und aufklärungsbedürftige verstörende Faktum. Würde er es bedenken und gestalten, so stünde der wohl beste unter Walsers späten Romanen tatsächlich im Kraftfeld des starken Motivs, das vom »Vokabular« systematisch Übersehene zu thematisieren. So aber bedient Walsers Roman gerade das »Vokabular«. Denn Sätze wie »das haben wir nicht gewusst« oder (um den ehemaligen Ministerpräsidenten von Baden-Württemberg Hans Filbinger zu zitieren) »Was damals recht war, kann heute nicht Unrecht sein« sind ja gerade keine Minderheiten-Meinungen, sondern – das gängige »Vokabular«, zu dessen beredtem Vertreter sich Walsers Prosa in vollendeter Übereinstimmung mit seinen Reden und Essays macht. Denn auch diese sind genau in dem Maße, wie sie gegen das »Vokabular« angehen – Vokabular.

Das Recht des scheinbar Unrechten, das Übergangene und Übersehene zu fokussieren – das ist das programmatische Pathos von Walsers Prosa. Ganz neu ist auch dieses Pathos gewiss nicht. Es hat in so unterschiedlichen Texten wie in der *Antigone* des Sophokles, in der *Michael Kohlhaas*-Novelle von Kleist oder in Andersens Märchen von *Des Kaisers neuen Kleidern* immer erneut Ausdruck gefunden. Bemerkenswert aber ist, wie zäh, wie stur, wie beredt, wie treu Walser diesem Motiv bleibt. Sein 1996 veröffentlichter und schon wieder halbwegs vergessener Roman *Finks Krieg* ist wohl kaum das Beste, wohl aber das für den Grundimpuls seines Gesamtwerkes charakteristischste Buch Walsers. Der Schlüsselroman erzählt vom Unrecht, das dem höheren hessischen Verwaltungsbeamten Stefan Fink (alias Rudolf Wirtz) angetan wurde, der als Querulant galt und doch in einigen Punkten – Recht hatte.

Alle Ingredienzien des Skandals, den Walsers Roman über Reich-Ranicki ausgelöst hat, sind schon hier versammelt: vor allem die prekäre Mischung aus überdeutlichem Schlüsselroman und Fiktionalisierung sowie die affektgeladene Erprobung der These, dass auch das Unrecht seine Rechtsmomente hat, ausgerechnet an der – rechten, der rechtsradikalen, der Nazi-Politik. Dabei unterläuft Walser ein in seiner affektiven Plumpheit schwer zu verzeihender Fehler. Wie der mit den Nazis gemeinsame Sache machende Martin Heidegger den schreienden Widerspruch nicht erkannte, dass er, der sich 1927 mit *Sein und Zeit* als schärfster Kritiker des allgemeinen Geredes, des »man«, der »Uneigentlichkeit« und der »Verfallenheit« an die Öffentlichkeit einen auratischen Namen gemacht hatte, mit Millionen anderen Deutschen die Hand zum Hitlergruß reckte und »Heil« brüllte und sich gerade in diesem seinem Aufgehen in der Masse heroisch vorkam, so scheint Martin Walser ernsthaft zu glauben, er sei im Umkreis seines stärksten Motivs, wenn er Klischees bedient. Klischees der Medienkritik, aber eben auch unübersehbar antisemitische Klischees, wie sie in der deutschsprachigen Literatur massenwirksam etwa in Wilhelm Hauffs *Jud Süß* oder in Gustav Freytags Roman *Soll und Haben* Ausdruck gefunden haben. Klischees aber sind die engsten Verwandten dessen, was Walser »Vokabular« nennt.

Es wird Zeit, Martin Walsers Roman *Tod eines Kritikers* genauer zu analysieren. Stellen wir uns vor, Martin Walser hätte mit *Tod eines Kritikers* keinen Schlüsselroman, sondern eben nur einen Roman über den Literatur- und Medienbetrieb vorgelegt; stellen wir uns vor, es gäbe das Personal schlicht nicht, auf das Walsers überdeutlicher Schlüsselroman verweist (nach dem allzu schnell durchschaubaren und mit den für Schlüsselromane obligatorischen Abweichungen vom Identifikationszwang gestalteten Schema: André Ehrl-König = Marcel Reich-Ranicki, Rainer Heiner Henkel = Walter Jens, seine Schwester Ilse-Frauke = Inge Jens, Prof. Wesendonck = Habermas, Ludwig Pilgrim = Siegfried Unseld, seine Frau Julia Pelz-Pilgrim = Ulla Bekéwicz etc.) – wie erhellend, wie komplex, wie stimmig, wie stilistisch ansprechend, wie elegant komponiert wäre dann diese Prosa? Ihr nicht mehr nacherzählensbedürftiger, weil mittlerweile allgemein bekannter Plot ist von schwer zu überbietender Kolportage- bzw. der unfreiwilligen Schundroman-Qualität, mit der Bodo Kirchhoffs Parallelroman souverän spielt: Der angeblich ermordete Kritiker Ehrl-König alias MRR ist quicklebendig, er vergnügt sich, während die Nachrufe geschrieben werden, mit einer Jungautorin; der Verdächtige vergnügt sich seinerseits, nachdem er aus der Untersuchungshaft entlassen wurde, mit der Verleger-Gattin; und der treue Freund des Schriftstellers, der alle Spuren des Falls rekonstruierte und dabei (man vergleiche Haslingers souveräneren Roman *Opernball*) Tonband-Interviews transkribiert, ist (so will es die abenteuerlich schiefe Konstruktion) mit dem verdächtigen Schriftsteller selbst identisch. »Erzähler und Erzählter sind eins. Sowieso und immer.« (188)[6] Walser und MRR sind sich, um das schon hier festzuhalten, nicht nur in diesem Punkt einig: In Goethes Werken geht es nur um – Goethe; »Erzählter und Erzähler sind eins. Sowieso und immer.« Werke müssen Personen zu- und angerechnet werden – das ist der tiefste Sinn der literarischen wie der literaturkritischen Geschäftigkeit.

Wie der Plot, so der Stil des Buches. Walser schreibt, als wolle Walser sich selbst parodieren. Ab und an gelingt das sogar auf reizvolle Weise. So, wenn die Stimme der Verlegergattin charakterisiert wird, die stolz darauf ist, dass sie ihre Lyrik nicht im Betrieb des Ehegatten veröffentlichen muss: Julias Stimme klingt nach »Nichts als Ichkannmachenwasichwill. Nichts als Ichbinderfreiestemenschderwelt. Nichts als Ichbindiereinekraft.« (192) Ehrl-König ist auch die reine Kraft. Aber die reine Kraft der Destruktion. Nicht umsonst trägt er einen allzu plump gewählten und allzu direkt auf Goethes Balladen-Vater anspielenden Namen. Auf die Ausgestaltung von motivlichen Feinheiten, die selbst diese grobe Namenswahl noch ermöglichte, hat Walser verzichtet. Die berühmteste Zeile von Goethes Ballade – »In seinen Armen das Kind war tot« – lebt ja von einem souveränen Spiel mit dem antiken liberi/libri-Topos: Das Kind ist tot, die Literatur aber lebt – in Goethes, nicht in Walsers Text. Die Erlkönigmotivik gehört dennoch zu den komplexeren und stilistisch halbwegs stimmigen Elementen in Walsers Roman. Ansonsten aber gibt es viele missglückte Wendungen, die einem reifen Schriftsteller nicht unterlaufen sollten. Das beginnt schon mit der Widmung: »Für die, die meine Kollegen sind.« Sollte dergleichen verquere Rhetorik Schule machen, sollten Wendungen sich durchsetzen, denen man ansieht, dass sie im Modus »man wird ja wohl indi-

6 Seitenhinweise in Klammern beziehen sich hier und fortan auf Walsers Roman *Tod eines Kritikers*.

rekt, hinter vorgehaltener Hand sprechen und schreiben dürfen, ja müssen, wenn Meinungssoldaten das Sagen haben«, so hätten wir bald mit einer Flut von Widmungen nach dem Schema zu rechnen: »für die, die meine Frau ist«, »für die, die meine Kinder sind«, »für den, der mein Lehrer ist«. Schon die Widmung gibt zu erkennen, dass hier jemand gerne affektentbundenen Klartext schreiben würde, aber noch Restmittel der Selbstkontrolle einsetzen möchte und kann: Der bzw. die, die ich eigentlich meine, das, was ich eigentlich meine, würde ich gerne benennen, aber die internationale Macht des ... ist so groß, dass das zu gefährlich wäre. Deshalb brauche ich die Stärkung und Gemeinschaft der geschundenen Kollegen, die endlich gegen den Terror aufstehen. Auch sonst stottert diese Prosa auffallend, z.B. wenn sie in Pseudosatzform formuliert: »Die unmittelbare Hingerissenheit Hans Lachs von der Person Ehrl-König.« (50) Oder wenn sie ein neues Kapitel mit dem Satz anheben lässt: »Das passte dazu, dass es jetzt taute.« (143)

In Walsers Roman passt der Stil zum Plot. Und beide passen zu einem der durchsichtigsten Haupt-Motive: der Kritik eines vom Fernsehen dominierten Literaturbetriebes. Walser hat ein trauriges Stück hilfloser, simpelsten Klischees verfallener Medienkritik vorgelegt. Denn seine wiederholten Sätze: dass »das Fernsehen alle und alles verfälscht« (81), dass »die Medien wahrheitsimmun sind« (101), dass »die Medien eben gegen pure Wahrheit immun sind« (111) und dass »das Fernsehen mich krank macht« (155, die Formel wird auf Seite 163 wiederholt) zeugen nicht eben von originellen Einsichten in den Stand der Medienkultur. Mit der Kraft poetischer Sprache gegen die Sogkraft dessen anzudenken, was Walser als »Vokabular« charakterisiert, würde ja gerade Überlegungen nahe legen, die wertvoller wären als die gängige Münze der billigsten Medienkritik. Überlegungen wie diese etwa: Ist das Problematische am Fernsehen nicht, dass es anders als das lügentaugliche Medium der Literatur gerade auch die Möglichkeit hat, nicht zu verfälschen: Was denn wäre etwa (gerade im Vergleich mit einem nur sprachlichen Bericht) »verfälscht« an der Direktübertragung einer Parlamentsdebatte oder eines Sportereignisses? Walsers Ausfälle artikulieren hingegen nur die langweiligsten und ältesten Topoi der Medienkritik seit Platons Verwerfung des Mediums Schrift. Je nach Stimmung muss der Leser konsterniert oder amüsiert feststellen: Walsers Prosa ist gerade in ihren medienkritischen Sequenzen reinste Vokabular-Verlautbarungs-Meinungs-Klischee-Prosa und nicht etwa literarische Sprache.

Der Befund ist eindeutig: Walser hätte auch dann einen schlechten, von seinem genuinen und starken Motiv denkbar weit entfernten Roman vorgelegt, wenn es sich nicht um einen unkontrolliert-affektgeladenen Schlüsselroman handeln würde. Schlechte Romane, und seien sie aus der Feder eines berühmten Autors, haben eben (um fast so plump zu argumentieren wie Walsers Prosa) in der späten Mediengesellschaft nur dann eine Aufmerksamkeitschance, wenn sie skandalisieren, randalieren und krakeelen – also das Vokabular der banalen Mediengesellschaft bedienen. Eben dies tut Walsers Roman in irritierend unkontrollierter Weise. Er geifert gegen den Literaturkritiker André Ehrl-König alias Marcel Reich-Ranicki – aber nicht so sehr[7], weil dieser ein tertiär analphabetischer Literaturkritiker ist, sondern weil ihm die Person zuwider ist. Dabei bedient er sich in einer Weise, die man nur überlesen kann, wenn man sie schamvoll übersehen will, antisemitischer Ressentiments. Nicht überkritische und politisch überkorrekte Feuilletonisten haben antisemitische Untertöne in Walsers Text hineinprojiziert. Umgekehrt: dass gleich mehrere Kommentatoren Walsers Roman gegen den Vorwurf, antisemitisch zu sein, verteidigen, gehört zu den irritierendsten Momenten der Debatte. Den Vorwurf, Antisemit zu sein, müsste sich, wenn diese Kommentatoren Recht hätten, schließlich nur der gefallen lassen, der die Fortführung des Massenmordes an Juden fordern würde – nicht aber, wer so mit Motiven, Suggestionen, Klischees und Ressentiments umgeht wie Walser. Der antisemitische Grundton seines Romans ist jedoch unüberhörbar und motivlich fest verankert. Heißt es bei Walser doch von den Medien: »Das Thema war jetzt, dass Hans Lach einen Juden getötet hatte.« (144)

Der jüdische Kritiker, den Hans Lach, der fast so redlich ist wie Wagners Hans Sachs, mit Mordphantasien verfolgt, hat in seinem Leben so schwer gelitten, dass dieses Leiden nur Hohn und Spott verdient. Zu den nicht wenigen einfach geschmacklosen und fassungslos machenden Passagen des Romans zählt die, in denen Ehrl-König alias

7 Zu der einen Ausnahme-Passage, in der Walsers Roman die literaturkritische Praxis von MRR karikiert, siehe unten.

Reich-Ranicki sein Leiden ausstellt. An dieser Passage lässt sich genau analysieren, was den Schlüsselroman von anderer Prosa unterscheidet. Was ansonsten eine mäßige Variante des Tasso-Motivs vom übermäßig narzisstischen, sein Leiden ausstellenden Dichter (bzw. Literaturkritiker!) wäre, wird zur Ungeheuerlichkeit, wenn man weiß, dass Marcel Reich-Ranicki anders als seine Eltern, seine Schwiegereltern und weitere nahe Verwandte mit Not das Warschauer Ghetto und die Shoah überlebt hat: »So bin ich in meinem ganzen Leben noch nie beleidigt worden, hat Ehrl-König in Stuttgart dem Veranstalter ins Gesicht gebrüllt, weil der versäumt hatte, Ehrl-König mit dem Taxi vom Hotel abzuholen, so dass Ehrl-König selber den Portier am Empfang bitten musste, ein Taxi zu bestellen. Da beginnt man zu ahnen, was dieser Mann gelitten hat in seinem Leben.« (148) An diese Passage schließt sich in Walsers Manuskript unmittelbar ein Satz an, den das Suhrkamp-Lektorat dem Autor offenbar ausreden konnte: »Allmählich begreift man, warum es Rainer Heiner Henkel (alias Walter Jens, J.H.) so schnell gelang, ihn zu einem solchen Niedermacher und Zerfleischer auszubilden.« So hieß es in der ursprünglichen Fassung, die der Verlag Rezensenten per E-Mail zur Verfügung stellte, nachdem der Roman durch die öffentlich kundgetane Weigerung des FAZ-Herausgebers Frank Schirrmacher, ihn als Vorabdruck zu bringen, noch vor seiner Veröffentlichung zum Skandalfall wurde. Niedermachen und zerfleischen: Das ist es, was die Nazis mit Reich-Ranickis Familie gemacht haben und was sie mit ihm gemacht hätten, wenn er dem Massenmord nicht entkommen wäre. Bei Walser aber formuliert ausgerechnet Ehrl-Königs Frau: »Es passt nicht zu ihm, umgebracht worden zu sein.« (147) Ein Satz, den Walser Madame Ehrl-König wiederholen lässt: »Umgebracht zu werden passt doch nicht zu André Ehrl-König, ich bitte Sie.« (183)

Die vielfach betrogene Frau, die selbst Lust hätte, ihren Mann zu ermorden, wiederholt diesen Satz gerne. Und Walser stellt ihm einen schauderhaften Satz zur Seite: »Dass er ermordet worden war, gibt ihm recht in allem und gegen uns alle.« (116) Man muss und soll wohl auch diesen Satz in den Plural setzen: Dass die Nazi-Deutschen die Juden massenmörderisch liquidiert haben, gibt den Juden heute recht in allem und gegen alle. Aber nein, so ja schon der Grundton von Walsers

Paulskirchen-Rede aus dem Jahr 1998, wir dürfen uns durch die Dauerausstellung unserer Schande nicht erpressen lassen. Walsers MRR-Roman ist vier Jahre nach dieser hoch umstrittenen Friedenspreis-Rede und der sich an sie anschließenden Kontroverse mit dem Sprecher des Zentralrats deutscher Juden Ignaz Bubis erschienen. Mit dem Vorwurf, antisemitische Ressentiments zu bedienen,[8] sah sich Walser nicht erst seit dieser Rede konfrontiert. Mit dem Roman *Tod eines Kritikers* hat Walser diejenigen als schlechte Leser überführt, die ihre Hand dafür ins Feuer legen wollten, dass seine jüngeren Werke und Äußerungen mit Antisemitismus nichts, aber auch gar nichts zu tun haben.

Die antisemitischen (Unter-?)Töne in Walsers üblem Roman sind auch dies- und jenseits der zitierten Passage unüberhörbar. Walsers jüdischer Literaturkritiker ist sexbesessen, überheblich, geldgierig und vom internationalen Judentum gedeckt. Martha Friday alias Susan Sontag lobt in einer viel gesehenen TV-Sendung André Ehrl-König alias Marcel Reich-Ranicki dafür, dass er Philipp Roth alias Philipp Roth lobt. Drei Juden protegieren sich über Landes- und Nationalsprachgrenzen hinweg wechselseitig. Gegen ein solches mächtiges transatlantisches Kartell hat der Schriftsteller mit dem so bieder deutschen Namen Hans Lach keine Chance. So genannte schöne Literatur unterscheidet sich von anderen (etwa wissenschaftlichen oder journalistischen) Diskursen vor allem auch dadurch, dass sie Vieldeutigkeiten und Assoziationen nicht etwa bekämpft, sondern als ihre genuine Möglichkeit versteht. Allerdings müssen die Vieldeutigkeiten nicht so plump-eindeutig ausfallen wie in Walsers Roman, der eine Assoziation geradezu erzwingt: der biedere deutsche Dichter, der sich dem Studium der Schriften Seuses und Nietzsches gewidmet hat, wird vom internationalen Judentum fertig gemacht.

Das wirklich Absurde an Walsers Roman ist es nun aber, dass er mit seiner Kritik an der literaturkritischen Praxis von MRR einfach Recht hat – bzw. Recht hätte, wenn er sie nicht so grauenhaft mit Res-

8 Vgl. dazu mit eher Walser-freundlichem Unterton Dieter Borchmeyer: Martin Walser und die Öffentlichkeit, Frankfurt/M.: Suhrkamp 2001 und Walser-kritisch Amir Eshel: »Vom eigenen Gewissen – Die Walser-Bubis-Debatte und der Ort des Nationalsozialismus im Selbstbild der Bundesrepublik«, in: DVjs 2 (2000) sowie Vivian Liska: »Sprachflut – Zu Martin Walsers Duisburger Rede«, in: Wirkendes Wort 2 (1999).

sentiments und antisemitischen Affekten verstellte. Die einzige geglückte Passage in *Tod eines Kritikers* ist diejenige, in der Hans Lach beim Party-Talk in der Villa des Verlegers nach der Fernsehsendung, in der Ehrl-König sein Buch verriss, aus seinem Buch vorträgt und dabei erfolgreich zeigt, wie abgründig unbegründet die eben nicht literaturkritischen Pseudo-Urteile waren. Ehrl-König hatte die Protagonisten von Hans Lachs Roman als »primitive Frau« und »dumme Gans« charakterisiert. Dagegen setzt der Autor nun als »reine Textdarbietung« erstens Goethes *Prometheus*-Gedicht und zweitens die »viertletzte Seite seines Buches«, die einen inneren Monolog der Heldin bringt, dem kein Hörer resp. Leser ein gewisses Reflexionsniveau und Lust an Intellektualität absprechen kann (46). Der ersichtlich desavouierte Kritiker, der sich wie die von Prometheus gescholtenen Götter den Vorwurf gefallen lassen muss, er nähre sich kümmerlich von Opfersteuern, will wegen dieser »Anpöbeleien« das Haus des Verlegers verlassen. »Goethe, Anpöbelei! Rief Hans Lach.« Aber es ist der Goethe-Rezitator, der aus der Verleger-Villa verwiesen wird. Der leseunfähige Kritiker darf hingegen bleiben, sich huldigen lassen und – lustvoll leiden.

Damit sind wir bei den vertrackten Momenten von Walsers Roman. Wenn man sich denn an Klischees halten will, so fällt doch eines auf: Die Literaturkritik von MRR ist sehr, sehr »deutsch« bzw. »doitsch«. Von »jüdischer« Intellektualität, von äußerster Aufmerksamkeit für subtilste Motive, von Sinn für allegorische Vieldeutigkeiten, vom Gestus, schöne Literatur theoretisch zu illuminieren – von all diesen Tugenden, wie sie etwa Walter Benjamins unerreichte Kunst der Kritik vorgeführt hat, ist MRRs naive Art zu lesen sphärenweit geschieden. Nicht umsonst hat MRR dem Band mit den gesammelten Rezensionen Walter Benjamins eine seiner allerschlechtesten Kritiken gewidmet. Denn MRRs Kritiken sind antiintellektuell, sentimental, naiv inhaltlich gepolt, bekenntnisfreudig, urteils- und verurteilungsbereit, einem festen und schlichten Schema unerschütterlich treu verpflichtet.

Ehrl-König sieht seinen »keritischen Dienst« (da Juden, wie Walser in fröhlicher Übereinstimmung mit Möllemann-Ressentiments insinuiert, auf die religiösen Gefühle anderer keine Rücksichten nehmen) »in der Nachfolge des Nazareners: der habe gelitten für die Sünden der Menschheit, der Keritiker leide unter den Sünden der Schschschriftsteller«. Gäbe es nicht diesen trostlosen Affekt, so könnte Walsers Roman etwas beobachten: MRR ist kein unfehlbarer Literaturpapst – er ist der Dorfrichter Adam der deutschen Literaturkritik und in all seinen manifesten Schwächen so liebenswert wie dieser. MRR behandelt Literatur wie Adam Gesetze: kindlich-egozentrisch (Gesetze sind nur für Adam gemacht), parteiisch (Leitfrage: wer steckt dahinter), machtbewusst, willkürlich auslegend (das passt in meinen Kram, jenes nicht); und: alte Männer, die was mit jungen Frauen haben, dürfen immer mit Amnestie rechnen – dafür nimmt man jeden noch so schlechten Roman billigend in Kauf.

Kurzum: MRR ist ein schlechter Literatur-Kritiker. Und ein verehrungswürdiger, bedeutender, großzügiger, außerhalb der literarischen Sphäre unbestechlicher Zeitgenosse von bewundernswerter Präsenz, Schlagfertigkeit, Urteilssicherheit. Als Unterhalter, Moderator, Causeur, Talkshowmaster und Konversationstalent, aber auch als politisch wacher Analytiker, prinzipienfester Werteverteidiger und publikumsbezogener Pädagoge ist er schwer zu überbieten. Zu den wenig bedachten Auffälligkeiten von Walsers Roman gehört es, dass er den schlechten Kritiker MRR (bis auf die eine erwähnte Szene) gar nicht vorführt – wohl aber einen hassenswerten Juden, bei dem »das weiße Zeug, das ihm in den Mundwinkeln bleibt«, von »Scheißschaum« und »Ejakulat« nicht zu unterscheiden ist. »Der ejakuliert doch durch die Goschen, wenn er sich im Dienst der doitschen Literatür aufgeilt.« Genug, es ist nicht angenehm, dergleichen nur zu zitieren. Martin Walser, der mit Ausnahme seines frühen Romans *Einhorn* nie zu den wirklich großen Prosaisten des 20. Jahrhunderts gehört hat, aber ein bestimmtes Niveau auch selten unterschritten hat, hat mit *Tod eines Kritikers* ein peinlich schlechtes, affektgeladenes Machwerk vorgelegt. Der Autor dieses Romans ist so sehr oder so wenig ein bedeutender Schriftsteller wie Möllemann ein bedeutender Politiker oder Reich-Ranicki ein bedeutender Literaturkritiker.

Evolution des Literatursystems

Gerhard Plumpe

I

Evolutionstheoretische Überlegungen sind der Literaturwissenschaft unvertraut. Zwar hatte bereits der sog. Russische Formalismus in den zwanziger Jahren des 20. Jahrhunderts den Versuch unternommen, die herkömmliche Literaturgeschichte durch eine Theorie literarischer Evolution abzulösen,[1] dieser Ansatz konnte aber bekanntlich wegen der Monopolstellung des Marxismus in der Sowjetunion kaum intensiver verfolgt werden. Es blieb bei interessanten Hypothesen. Aber nicht nur das kulturpolitische Verbot stoppte die »Evolution« der Evolutionstheorie in der Literaturwissenschaft, sondern vielmehr noch die Adaption des linguistischen Strukturalismus, der innerhalb der Literaturwissenschaft die Beobachtung und Beschreibung diachroner Phänomene zugunsten der Synchronie und der Modellierung atemporal gedachter »Literarizität« in den Hintergrund schob, jedenfalls soweit sie sich dem strukturalen Denken verpflichtet fühlte. Das zeigte sich schon in den berühmten Thesen über *Probleme der Literatur- und Sprachforschung* von 1928, die Tynjanow gemeinsam mit Roman Jakobson verfasste; in diesen Thesen versuchte Jakobson das sprachwissenschaftliche Modell Saussures, die Unterscheidung »langue«/»parole«, für eine Theorie der Literatur fruchtbar zu machen; Jakobson postulierte ein abstraktes »literarisches System« im Sinne solcher Regeln, die allen tatsächlich geschriebenen literarischen Texten vorausliegen und sie so bedingten wie

1 Vgl. Jurij Tynjanow: »Über literarische Evolution«, in: ders., Die literarischen Kunstmittel und die Evolution der Literatur, Frankfurt/M.: Suhrkamp 1967, S. 37ff.

die Regeln der »langue« das wirklich vollzogene Sprechen (und Schreiben).[2] Der Beschreibung dieses Regelinventars, dieses »Systems« der Literatur, galt fortan der strukturalistische Ehrgeiz, während die Frage nach der Selektion, d.h. die Frage, warum diese, aber nicht jene Möglichkeit der Literatur, die die Regeln des Systems zulassen, gewählt bzw. nicht gewählt wurde, nur noch marginale Aufmerksamkeit fand.[3] Jakobson und Tynjanow formulierten 1928 die These, dass auf jene Selektion, die aus potentieller tatsächlich geschriebene Literatur werden lässt, koexistierende Systeme der Gesellschaft einwirkten, so dass die Systemgeschichte der Literatur nur im Rahmen einer Systemtheorie der Gesellschaft im Ganzen denkbar sei. Hinter diesen Andeutungen verbargen sich aber mehr Probleme als gangbare Lösungswege; das Projekt wurde fallen gelassen und im europäischen Kontext faktisch durch marxistisch inspirierte Sozialgeschichte der Literatur einerseits, durch strukturale (oder poststrukturale) Modellierungen literarischer Texte und Intertexte andererseits ersetzt.

Trotz dieser offenbaren Wirkungslosigkeit des Evolutionskonzepts der »formalen Schule« lohnt es sich, ihm erneut Aufmerksamkeit zu schenken, allein schon deshalb, weil sich die Disziplin der »Literaturgeschichte« heute in einem theoretisch desolaten Zustand befindet. Zwar herrscht an vielbändigen neueren Literaturgeschichten auf dem Buchmarkt kein Mangel; wer sie aber nur flüchtig durchblättert, wird rasch feststellen, dass in ihnen von einem auch nur irgend reflektierten Konzept einer »Geschichte der Literatur« keine Rede sein kann. Neben traditionellen Beschreibungen der Dichtung nach ihren Hauptgattungen findet man dort die Aufblätterung verschiedenartigster – politischer, ökonomischer, juristischer, philosophischer, pädagogischer oder natürlich auch medientechnischer – »Kontexte«, deren Zusammenhang mit Texten nur Unbegriffe wie »Einfluss«, »Abbild«, »Inter-Diskurs« oder gar »Kultur« suggerieren. In den meisten Fällen scheint die literarische Geschichte der »harten« Geschichte von Technik, Politik, Medien und Wirtschaft so zu folgen, wie sie früher dem Geist und seinen Ideen

2 Vgl. Jurij Tynjanow/Roman Jakobson: »Probleme der Literatur - und Sprachforschung«, in: Kursbuch 5 (1966), S. 74 ff.

3 Vgl. Tvetan Todorov: »Poetik«, in: Francois Wahl (Hg.), Einführung in den Strukturalismus, Frankfurt/M.: Suhrkamp 1973, S. 105ff., bes. S. 108.

folgte. Dass es in der Literaturgeschichtsschreibung, so wie sie heute betrieben wird, am allerwenigsten um Geschichte der Literatur geht, zeigt aber allein schon ein Blick auf die verwandten Epochenbegriffe, die in aller Regel der politischen Ereignisgeschichte verpflichtet sind und keine Probleme haben, deutsche Literatur »zwischen Revolution und Restauration« anzusiedeln, einen »vorindustriellen Realismus« abzugrenzen oder die Literatur der »Adenauerzeit« als Epoche auszuzeichnen. Diese und andere Beispiele zeigen, dass die Literaturgeschichtsschreibung keinen distinkten Literaturbegriff verwendet und sich insofern noch in jener semantischen Verfassung befindet, gegen die der Formalismus vor fast hundert Jahren das Konzept der Evolution in Stellung brachte.

Die erste Operation der formalen Schule galt der Definition eines spezifischen Gegenstandes der Literaturwissenschaft, für den nicht zugleich alle möglichen anderen Disziplinen zuständig sind: »Literatur« ist ein theoretisches Objekt der Literaturwissenschaft erst in Differenz zu ihrer Beschreibung innerhalb anderer Disziplinen.[4] Die zweite Operation bestand in einer Entontologisierung der Literatur; kritisiert wurde die Suggestion eines einheitlichen Seins der Literatur, das kontinuierlich erzählbar wäre; die Literatur ist vielmehr Resultat einer Konstruktion, die der Identität die Differenz vorzieht. »Man übersah«, schrieb Tynjanov 1924, »daß von einer kontinuierlichen Abfolge [...] im Rahmen der literarischen Evolution, deren Prinzip Kampf und Ablösung ist«, nicht die Rede sein kann.[5] Das klingt nicht zufällig ein wenig »avantgardistisch«, betont aber jedenfalls den Primat der Differenz. Die dritte Operation bestand in der Beobachtung der Kontingenz und ihrer Relevanz für literarische Evolution. In der Reproduktion der Literatur kommen immer Abweichungen von zeitgenössischen Erwartungsstandards vor, die Prämisse neuer Formenwahl sein können. Tynjanov spricht von einem Konstruktionsprinzip auf der »Grundlage ›zufälliger‹ Abweichungen und Fehler«. Und er gibt ein Beispiel aus dem lyrischen Genre: »Im Falle einer Herrschaft der kleinen Form (Sonette)

4 Roman Jakobson: »Die neueste russische Poesie« (1921), in: Boris Eichenbaum: Aufsätze zur Theorie und Geschichte der Literatur. Frankfurt/M.: Suhrkamp 1965, S. 14.

5 Jurij Tynjanov: »Das literarische Faktum«, in: ders., Die literarischen Kunstmittel, S. 13.

wird das ›zufällige‹ Ergebnis etwa darin bestehen, dass die kleinen lyrischen Formen zu Sammlungen vereinigt werden. Hat sich die kleine Form jedoch bereits hinreichend automatisiert, so setzt sich das zufällige Ergebnis durch. Die Sammlung wird als eigenständige Konstruktion begriffen.«[6]

»Evolution« meint also innerhalb des Formalismus ein Konzept, das die Temporalität der Literatur jenseits »großer Erzählungen« und ihrer Sinnzumutungen als Folge von Varianzkommunikation beschreibt, die zum Aufbau diskontinuierlicher Prozesse genutzt wird. In zeitlicher Hinsicht ist Literatur ein System, das seine Elemente – die Einzelwerke – im Modus der Differenz aneinander anschließt. Daraus folgt für Tynjanov die Notwendigkeit einer wechselseitigen interpretativen Erhellung von Einzelwerk und Literatursystem in ihrer Differenz zueinander. Das einzelne Werk gewinnt seine Identität erst in Differenz zu jenen Werken, die es in partialer Negation voraussetzen muss; das Literatursystem ist beschreibbar nur als zukunftsoffene Serie von »Brüchen« oder Differenzen, die sich aus dem Nacheinander von Werken ergeben, die sich ebenso in sich verschließen wie sie sich wechselseitig »öffnen«, um sich »intertextuell« beobachtbar zu machen. »Werk« und »System« sind insofern sich wechselseitig bedingende Begriffe der Literaturtheorie und nur in ihrer Referenz spezifisch verwendbar.

Arbeitet sich ein Beobachter der literaturwissenschaftlichen Fachgeschichte durch die Ablagerungen des Strukturalismus und der marxistisch inspirierten Sozialgeschichte zu diesem Anfang einer Theorie literarischer Evolution zurück, dann eröffnet sich ihm die Möglichkeit einer »Wiederholung« mit den Möglichkeiten einer elaborierten Systemtheorie der Gesellschaft, wie sie Niklas Luhmann in immer neuen Entwürfen vorgelegt hat. Für den Literaturwissenschaftler ist es gewissermaßen trostvoll und motivierend, in der eigenen Fachgeschichte Ansatzpunkte entdecken zu können, die eine »Wiederholung« lohnen, weil sie aktuelle Probleme einer Theorie literarischer Evolution noch orientieren können. Es handelt sich bei ihnen insofern geradezu um »evolutionäre Errungenschaften« für die Disziplin selbst.

6 Ebd., S. 22.

II

Die folgenden Überlegungen verknüpfen evolutionstheoretische Annahmen mit differenz- und kommunikationstheoretischen Aspekten. Wenn es um »Evolution literarischer Kommunikation« geht, soll zunächst geklärt werden, was literarische Kommunikation überhaupt heißt.[7] Auszuschließen ist zunächst alle Kommunikation über Literatur. Natürlich gibt Literatur manchen Anlass, über sie zu kommunizieren, in den Feuilletons der Zeitungen, in Lehrplänen für den Deutschunterricht, vor Gericht und natürlich auch in der Literaturwissenschaft. Aus der Perspektive der Literatur sind dies Umweltereignisse, die sie irritieren oder gleichgültig lassen können, jedenfalls aber keine eigenen Operationen. Literarische Kommunikation ist demgegenüber Kommunikation durch Werke. Der Werkbegriff ist so zu fassen, dass er ästhetische Semantiken neutralisiert und allein als Differenz von Medium und Form definierbar wird. »Werk« ist Form vor dem Hintergrund nichtartikulierter anderer Formen, die insofern als Medium fungieren. Ein Werk könnte immer anders artikuliert sein als es ist; es ist also kontingent, erwartet aber gleichwohl eine Bewertung, die ihm Perfektion nicht absprechen kann. Dieses Gelungensein kontingenter Formwahl erschließt sich daher erst einer Beobachtung, die auf Differenz abstellt und das realisierte Werk im Kontrast zu anderen Möglichkeiten als besonders »gekonnt« und »perfekt« beschreiben kann. Dieser Werkbegriff ist so allgemein gefasst, dass er Beobachtungen quer durch die Kunst- und Literaturgeschichte zulässt, also für altgriechische Epen im Kontext einer Gedächtnisform der Literatur ebenso zutrifft wie für avantgardistische Experimente, die Kunst gewissermaßen ununterscheidbar machen möchten; die Konservendose, der Flaschenöffner oder die leere Leinwand sind »Werke« nur für einen Beobachter, der sie in Differenz zur Kunst ihrer Zeit wahrnehmen kann.[8]

7 Vgl. Verf.: »Grenzen der Kommunikation? Über das Verstehen von Literatur aus systemtheoretischer Sicht«, in: Gudrun Kühne-Bertram/Gunter Scholtz (Hg.), Grenzen des Verstehens, Göttingen: Vandenhoeck & Ruprecht 2002, S. 257ff.

8 Vgl. Verf.: »Kann man Kunst erkennen? Arthur C. Dantos Ästhetik der Transfiguration«, in: Thomas Hecken/Axel Spree (Hg.), Nutzen und

Was heißt dann: Kommunikation durch Werke? Vorausgesetzt wird Luhmanns Version des Kommunikationsbegriffs, d.h. die Unterscheidung dreier Selektionen, Information, Mitteilung und Verstehen. Information meint dabei die Fremdreferenz, Mitteilung die Selbstreferenz der Kommunikation; im Verstehen wird deren Differenz als Ausgangspunkt einer weiteren Kommunikation eingesetzt, das Verstehen garantiert so die Autopoiesis der Kommunikation. Im Falle literarischer Kommunikation zeigt sich nun eine Verkomplizierung der Differenz von Information und Mitteilung, an die es verstehend anzuschließen gilt. Gewöhnlich informiert eine Kommunikation in einem Mitteilungsmedium (Stimme, Schrift, Gestik etc.) über einen externen Sachverhalt – wie dieser Aufsatz über Probleme der Evolution. In anderer Terminologie ließe sich diese übliche Information über externe Referenzen auch als Beobachtung erster Ordnung und ihre Mitteilung bezeichnen. Der Modus des Beobachtens selbst bleibt dabei unreflektiert. Ich schaue durch die Seiten der Morgenzeitung in die Welt und mache mir keine Gedanken über das Medium der Schrift und seinen Einfluss auf die Informationen selbst. Das Medium der Mitteilung wird gewissermaßen unsichtbar oder transparent, es setzt der Beobachtung keinen Widerstand entgegen. Natürlich lassen sich auch literarische Werke so beobachten, etwa wenn man realistischen Romanen des 19. Jahrhunderts Daten über die Mentalität des Bürgertums entnehmen möchte oder Liebesgedichte auf die psychischen Defekte ihrer Autoren hin durchsieht. Das kann man tun, man beobachtet und versteht dann aber keine Werke. Werke informieren weniger über die Welt als über sich selbst als Mitteilung; die Information wird selbstreferentiell und impliziert eine Beobachtung zweiter Ordnung: Ein Werk wird verstanden, wenn es als Beobachtung seines materialen Modus des Beobachtens beobachtet wird. Nur darin sind Informationen über die »Welt« impliziert. Man blickt also nicht durch die Buchstaben der Buchseite wie durch eine Glasscheibe hindurch in die Welt; die Beobachtung bleibt vielmehr in der Materialität der Zeichen hängen, deren Widerstand spezifisch wahrnehmbar wird und das Bewusstsein irritiert. Genau diesen Gedanken hatte Viktor Sklovskij bereits 1916 in das Zentrum sei-

Klarheit. Anglo-amerikanische Ästhetik im 20. Jahrhundert, Paderborn: Mentis 2002, S. 152ff.

ner literaturtheoretischen Überlegungen gestellt, als er das »Verfahren der Kunst« Verfahren der »Verfremdung« nannte, der »erschwerten Form, das die Schwierigkeit und Länge der Wahrnehmung steigert, denn der Wahrnehmungsprozeß ist in der Kunst Selbstzweck und muß verlängert werden«.[9] Als Kommunikation informiert das Werk über den Modus seiner Mitteilung, also etwa über die Raffinesse oder Schlichtheit jener rhetorisch-stilistischen Verfahren, in denen sein Sujet zur Sprache kommt.

Nun stellt sich aber eine nächste Komplikation ein. Luhmann nannte Kommunikation durch Werke gelegentlich auch »Kompaktkommunikation«, um auf eine spezifische Differenz von künstlerischer und sonst üblicher Kommunikation hinzuweisen. Für gewöhnlich ist ein Werk ja eine Sequenz einzelner Kommunikationen, die sich in eine zwar kontingente, gleichwohl aber nicht beliebige Form abschließt. Selten besteht ein Werk aus einem Satz, einem Pinselstrich, einem Akkord. (Solche Fälle mag es geben, wie auch pure Leere, bloßes Schweigen usw., aber das sind hoch voraussetzungsvolle Artefakte, die einen komplexen Kontext mitführen!) Es entspricht der Erfahrung, dass ein Kunstwerk seine Elemente in eine besondere Schließung bringt, die die Frage nach einer Fortsetzbarkeit anders und dramatischer aufwirft als etwa eine wissenschaftliche Abhandlung, die zweifellos anders aufhört als der vierte Satz in Beethovens 5. Sinfonie oder die letzte Verszeile in einem Baudelaire-Gedicht. Auch hier führen Einwände, die sich etwa auf die Poetik des Fragments berufen, nicht zu anderen Gesichtspunkten, weil solche kunstvoll unvollendeten Werke genau in dieser Unvollendung sich schließen und ihre artifizielle Imperfektion durch Kontexttheorie plausibilisieren.

Diese Abschließung der Werke in sich selbst ließe sich kommunikationstheoretisch so fassen, dass der Verstehensaspekt gleichsam internalisiert wird. Werke verstehen sich als Differenz von Information und Mitteilung selbst, wenn sie ihre Operationen einstellen, salopp gesagt, fertig sind. Ein Werk hat sich verstanden, wenn es auf weitere Operationen verzichtet, also nicht noch eine Verzierung anbringt, keine Note mehr hinzufügt, kein allerletztes Wort mehr erteilt. Andersherum

9 Viktor Sklovskij: »Die Kunst als Verfahren«, in: Jurij Striedter (Hg.), Russischer Formalismus, München: Fink 1969, S. 15.

gesehen, also vom Anfang her, lässt sich ein Werk als Ineins von Komplexitätsabbau und Komplexitätssteigerung interpretieren. Auf der unbemalten, leeren Leinwand geht noch alles, mit jedem Pinselstrich werden Möglichkeiten verringert, weil konkrete ergriffen werden. Diese Sequenz von Operationen ließe sich kommunikationstheoretisch so reformulieren, dass sie verstehend aneinander anschließen, bis nichts mehr zu gehen scheint, weil der letzte Zug getan ist. In diesem Sinne versteht ein Werk sich gesamthaft, wenn es seine Operationen einstellt und sich schließt oder »rahmt«. Man könnte diese Werkgenese als Prozessieren einzelner Kommunikationen bis zum Resultat des »Kompakten« hin, das Fortsetzung verbietet, natürlich einem Urheber und seinen womöglich »genialen« Intentionen zurechnen. Um die hier auftauchenden Probleme zu vermeiden, genügt die Annahme eines Beobachters, der eine Sinnsequenz als Werk im erläuterten Sinn wahrnimmt oder beschreibt und nicht als historische Quelle, Lärmbelästigung oder Hausarbeit im Deutschunterricht. Bei diesem Beobachter mag es sich um den Künstler handeln, es reichen aber auch Leser, Hörer oder Betrachter von Werken als Kompaktkommunikationen.

Träfe diese Skizze des Werks als Einschließung kommunikativer Operationen in den eigenen »Rahmen« umstandslos zu, gäbe es ebenso wenig Spielraum für Evolution wie es die Möglichkeit einer Systembildung von Literatur (und Kunst) gäbe. Werke schließen sich aber nicht nur gegenseitig ab, sie schließen sich auch gegenseitig auf. Daher kann man die These vertreten, dass es Werke sind, die Werke verstehen. So sehr das einzelne Werk die Möglichkeit seiner Fortsetzbarkeit auch abwehrt, es kann aus der Perspektive eines anderen Werkes im Blick auf seine Form gleichsam dekomponiert und alternativ arrangiert werden. Werk B versteht die Differenz von Mitteilung und Information in Werk A in der Offerte einer neuen Differenz, die die alte Lösung negiert und mit einer Alternative konfrontiert. In diesem verstehenden – affirmativen oder negierenden – Anschluss der Werke aneinander besteht die Prämisse einer Autopoiesis des literarischen Systems und seiner Evolution. In anderer Terminologie ließe sich sagen, dass es die prozessierte Differenz von Medium und Form ist, die literarische Evolution freisetzt. Artikulierte Formen – die manifesten Werke – werden immer wieder in die Stellung von Medien gebracht, also dekomponiert in Elemente, die andere, neue Formenfindung zulassen. Es handelt sich also um Kombination und Rekombination von Elementen, die immer schon literarische Elemente sind, und um nichts anderes. Dass auf dieser Grundlage eine »Geschichte« der Literatur als Systemevolution denkbar ist, war ein Gedanke, der bereits romantischer Theorie um 1800 vertraut war; ich zitiere eine Überlegung von August Wilhelm Schlegel, um einen anderen historischen Bezugspunkt aktueller Forschung in den Blick zu rücken. Schlegel sagt in seinen Berliner Vorlesungen:

»Man kann ohne Übertreibung und Paradoxie sagen, dass eigentlich alle Poesie Poesie der Poesie sei, denn sie setzt schon die Sprache voraus [...], die selbst ein immer werdendes, nie vollendetes Gedicht des gesamten Menschengeschlechtes ist. [...] In den früheren Epochen der Bildung gebiert sich in und aus der Sprache [...] eine dichterische Weltansicht [...]. Das ist die Mythologie. Diese ist gleichsam die höhere Potenz der ersten durch die Sprache bewerkstelligten Naturdarstellung; und die freie [...] Poesie, welche darauf fortbaut, für welche der Mythus wieder Stoff wird, den sie [...] poetisiert, steht folglich noch um eine Stufe höher. So kann es nun weiter fortgehen, denn die Poesie verlässt den Menschen in keiner Epoche seiner Ausbildung.«[10]

Streicht man von diesen Sätzen die Semantik des philosophisch-idealistischen Kontextes ab, dann erhält man den Entwurf eines Evolutionsmodells literarischer Kommunikation, das mit der Medium/Form-Differenz arbeitet und damit auf Autopoiesis abstellt: Literatur kann ihre Reproduktion allein aus Literatur gewährleisten.

Wenn man der Hypothese zustimmt, dass literarische Kommunikation Kommunikation durch Werke im erläuterten Sinn von Abschluss und Aufschluss ist, dann steht man vor der Frage nach dem Modus des kommunikativen Aneinanderanschließens der Werke. August Wilhelm Schlegels Idee einer Potenzierung als »Fortschritt« wird man gewiss nicht mehr gelten lassen. Die Geschichte der Literatur gibt keinen Anlass, irgendeine Bewegung zu »Höherem« etwa im Sinne von etwas

10 August Wilhelm Schlegel: Vorlesungen über Ästhetik, Bd. 1, hg. v. Ernst Behler, Paderborn u.a.: Schöningh 1989, S. 388.

Perfekterem beobachten zu können. Im Gegenteil: Das 17. und 18. Jahrhundert litt unter dem Eindruck, Perfektion in den Künsten sei längst – in der Antike – erreicht und der eigenen Zeit bleibe nur die Aufgabe der Bewahrung und Nachahmung einst geleisteter Schönheit. Und die Kritik an dieser normativen Hochschätzung der Antike operierte weniger mit einem Fortschrittsbegriff als mit der Idee des Relativismus; es gebe keine zeit- und kulturunabhängigen Standards der Literatur, sondern allein zeitgebundene: Jede Kultur müsse ihre eigenen Formen finden, ohne sie auf ältere stützen und durch sie legitimieren zu können. Dieser alle Teleologien abweisende Relativismus einer reflexiven Moderne hat allerdings nicht verhindern können, dass die im 19. Jahrhundert disziplinär entstehende Literaturgeschichtsschreibung mit starken Geschichtsverlaufsmodellen operierte und sich an »Fortschritt« oder »Zyklus« orientierte. Dabei stand zunächst die Idee einer Nationalliteratur im Mittelpunkt, an deren »Fortschritten« bis zu klassischer Höhe sich die Nation selbst erbauen könne; später gewann die Idee einer den historischen Fortschritt »realistisch« kommentierenden Literatur an Gewicht; noch später schien die Möglichkeit attraktiv, in der Geschichte der Literatur die Schicksale einer umfassenden »Modernisierung« der Gesellschaft nachzeichnen zu können. Das alles sind freilich Auswüchse einer politisch instrumentalisierten Literaturwissenschaft, die hier nicht weiter verfolgt werden. Wenn solche »starken« Annahmen über den Gang der Literatur aber obsolet sind, wie schließen dann Werke aneinander an?

Um hier weiterzukommen, ist die Zuhilfenahme differenztheoretischer Argumente nötig. Ich sprach eben von Modi der Affirmation oder der Negation, in denen Werke sich kommunikativ aufschließen können. Das ist eine sehr vage Formulierung. Es gibt offenbar Zeiten, in denen es unproblematisch scheint, wenn die Differenz der Werke minimal oder gering ist, und es gibt Zeiten, die solche (fast) identische Reproduktion irritiert und provoziert, weil sie Brüche und Diskontinuitäten so faszinieren, dass sie darauf eine ganze Poetik gründen, wie es die russische formale Schule tat, die sich von der Erfahrung der künstlerischen Avantgarde inspirieren ließ. Man kann sich den Sachverhalt auch durch eine andere Überlegung deutlich machen: Während es auch dem musikalischen Laien keine Mühe bereitet, Beethovens fünfte von seiner sechsten Sinfonie nach dem Hören weniger Takte zu unterscheiden, bedarf es schon der Erfahrung des Spezialisten, um Haydns dreiundvierzigste von seiner vierundvierzigsten Sinfonie zu unterscheiden. Offenbar schließen die Kompositionen der beiden Komponisten in ganz anderer Weise jeweils aneinander an: einmal seriell-kontinuierend, einmal diskontinuierlich oder »individualisierend«. Man könnte unter Verwendung evolutionstheoretischer Begriffe auch sagen, dass die Möglichkeit der Selektion und Stabilisierung von Varianten, die kommunikativ stets anfallen, nur im zweiten Fall systematisch eingesetzt worden ist.

Solche Phänomene verlangen nun eine differenztheoretische Erklärung. Denn die Nutzung von Variation im Prozessieren von Sinn vollzieht sich unter Leitung von Gesichtspunkten, die im Falle ausdifferenzierter Systeme Codes heißen. Damit wird die Bedeutung medientechnischer Prämissen, wie Luhmann sie immer wieder betont hat, nicht in Abrede gestellt. Natürlich erzwingt die Gedächtnisform der Literatur im Kontext oraler Kulturen (fast) identische Reproduktion; Variation ist nur in schmalem Unfang möglich, wie die Forschungen zu Homer oder zu noch lebendigen mündlichen Traditionen gelehrt haben. Das gilt noch für die Handschrift, und erst der Buchdruck gibt die Möglichkeit durchgreifender Variierung tradierter Sinnbestände und ihrer Selektion frei. Aber er gibt sie auch erst frei, denn der Literaturhistoriker kann den Sachverhalt nicht verkennen, dass die Poetiken im 17. und frühen 18. Jahrhundert keineswegs auf Variantenselektion und »Abweichung«, sondern auf normgesteuerte identische Reproduktion abstellen; sie erscheinen fast wie ein Bollwerk gegen die medialen Möglichkeiten des Buchdrucks. Daher sind es die Medien nicht per se, sondern allein im Verbund mit Systemdifferenzierung, die einen neuen Modus literarischer Kommunikation bewirken, der Variantenselektion prämiert.

Wenn mit der Forschung unterstellt werden kann, dass die Ausdifferenzierung literarischer Kommunikation im 18. Jahrhundert vollzogen wird und sich in der Autonomiepoetik der zweiten Jahrhunderthälfte auch reflexiv begründet, stellen sich in evolutionstheoretischer Perspektive zwei Fragen. Zunächst müsste man gleichsam retrospektiv überlegen, welchen Gesichtspunkten sich die geringe Varianzbereitschaft der älteren Literatur verdankt hat. Verglichen mit dem Veränderungstempo moderner Literatur bietet die Geschichte der Literatur Alteuropas das Bild großer Stabilität. Sujets, Gattungen und Stilmöglichkeiten ruhen in den Vorgaben der rhetorischen Tradition und zeigen nur geringe Variationsneigung, wiewohl der Buchdruck potentiell ja Negationen aller Art kommunizierbar werden lässt. Als Hypothese ließe sich formulieren, dass es die Inexistenz eines literaturspezifischen Codes ist, die das medial gegebene Variationspotential nicht ausspielt; oder positiv gesagt: Über die Selektion von literarischen Varianten entscheiden Kriterien nicht-literarischer Herkunft, vor allem politische, religiöse und moralische. Das »Schöne« – der Präferenzwert einer denkbaren Codierung literarischer Kommunikation – ist in den alteuropäischen Poetiken stets auch und zugleich das »Wahre« und das »Gute«, und diese Co-Codierung restringiert dann sichtbar das als »schön« noch Denkbare. Gleiches ließe sich an den alteuropäischen Bestimmungen der Funktion von Literatur zeigen. Hier stehen Nützlichkeitserwägungen im Vordergrund, und Ansätze zu Autonomieüberlegungen bleiben fast wirkungslos. Aber es gibt sie, und sie können gleichsam im retrospektiven Blick als »preadaptive advances« in Stellung gebracht werden, als Lösungen für Probleme, die eigentlich noch gar nicht existierten. So erhebt sich in der römischen Rhetorik etwa die Frage, was Literatur eigentlich könne, wenn doch alle vitalen Funktionen in anderen Arenen erfüllt würden: pragmatische in den Genres der Rhetorik, theoretisch-spekulative in der Philosophie oder politisch-orientierende in der Historie. Was kann die Dichtung innerhalb der »redenden Künste« dann noch eigenes tun? Aus der Perspektive der Rhetorik, die sich ihres Unterschieds zu aller Literatur trotz gemeinsamer Verfahren reflexiv versichert, entsteht so ein Funktionsproblem; die Rhetorik und nicht die Poetik stellt die Dichtung vor die Frage ihrer spezifischen Aufgabe. Quintilian glaubte, dass die Poesie exklusiv Lust bereite (solam voluptatem), und der unbekannte Verfasser der ungemein einflussreichen Schrift »Vom Erhabenen« (1. Jhd. nach Christus) sah in der Bezwingung der Einbildungskraft die eigentliche Leistung der Literatur, die sie erbringe, ohne sich um irgendwelche sachfremden Limitationen zu kümmern. Solche Hinweise auf mögliche spezifische oder autonome Funktionen sind in den alteuropäischen Poetiken ohne große

Resonanz geblieben. Sie offerieren aber Lösungen für Probleme, die sich im 18. Jahrhundert unabweisbar im Kontext von Codespezifizierung und Ausdifferenzierung einstellen. Wenn das »Wahre« oder das »Gute« (samt ihren Gegenbegriffen) in literarischer Kommunikation nicht länger orientieren, können Belehrung und Erbauung auch keine Aufgaben für sie mehr sein.

Unter evolutionstheoretischen Gesichtspunkten ist die Frage der Funktion aber weniger bedeutsam als das Problem des Codes. Wie ist literarische Kommunikation codiert, wenn die Sequenz der Werke einem Prinzip der Diskontinuität verpflichtet ist, so dass sich dem Beobachter der Eindruck aufdrängt, es gehe weniger um Fortsetzung und Wiederholung als um Bruch oder Überbietung? Seit Ausgang des 18. Jahrhunderts sind sich zeitgenössische Beobachter ja einig, dass die Literatur an Tempo gewinnt, dass sich die Vorlieben alle Tage ändern, dass nichts mehr bleibt wie es ist, ja, dass Literatur in temporaler Hinsicht von der Mode ununterscheidbar zu werden droht, die den dernier cri flugs zum alten Hut macht. Das sind Symptome für ein anderes Zeitverhältnis der Literatur unter den Vorgaben ihrer Ausdifferenzierung, Symptome, die eine Antwort auf die Frage verlangen, welche Gesichtspunkte nun die riskante Selektion von Variation und ihre Restabilisierung orientieren, ja fördern.

Eine einfache Antwort ist im Blick auf die Forschungslage nicht möglich. Für den generellen Fall der Kunst glaubte Luhmann noch in der »Gesellschaft der Gesellschaft« von dem Code »schön«/»nicht-schön« bzw. »stimmig«/»nicht-stimmig« ausgehen zu können. Ich will diese Vorschläge hier nicht diskutieren. Sie scheinen mir jedenfalls ungeeignet, das diskontinuierende Anschließen der Werke aneinander infolge forcierter Variantenselektion im Sinne einer Codierung, die einen Präferenzwert vorgibt, erläutern zu können. Im Präferenzwert des Codes muss ja gleichsam eine Motivationsressource stecken, das, was an Werkmöglichkeiten sichtbar ist, als Tradition zu behandeln, die man bricht oder überbietet. Der Code der Mode (»in«/»out«) käme der Sache schon näher. Näher jedenfalls als der Wert »schön«, der zu sehr Perfektion impliziert, als dass er Variation prämierte. Genauso sah es auch die ästhetische Reflexion um 1800. Der Wert »schön« wurde als zeitlos oder zeitresistent empfunden, und zwar sowohl in den Theorien der antikebegeisterten Klassizisten als auch in den Überlegungen der Kulturrelativisten, die das »Schöne« zwar relativierten, damit aber nicht zugleich temporalisierten. Innerhalb seiner Kultur oder Ethnie ist das Schöne ein zeitloser Modus, es darf lediglich anderen Kulturen nicht als Norm zugemutet werden.

Dem »Schönen« wurde in den Programmen der Frühromantik daher das »Interessante« als Konzept konfrontiert, dem die hohe Temporalität gleichsam eingebaut schien. Daher erscheint es plausibel, die Disjunktion »interessant«/»nicht-interessant« als Codierung literarischer Kommunikation in Anspruch zu nehmen. Schließt ein Werk (als Differenz von Medium und Form verstanden) unter der Präferenz, »interessant« zu sein, an ein anderes an, ergibt sich die Favorisierung von Varianz bei seiner Dekomponierung und Rekombinierung gleichsam von selbst. Ein Werk ist »interessant«, wenn es anders ist als alle bis dahin vertrauten Werke, wenn es überrascht, irritiert, provoziert, ratlos macht usw., kurz ein »modernes« Werk ist, dessen Aktualität freilich schnell in Frage gestellt wird. Nichts altert rascher als die Avantgarde! Die Codewerte sind beweglich genug, um austauschbar zu sein; hat man sich lange genug von ständigen Brüchen und Provokationen in Atem halten lassen, mag plötzlich die Wiederholung, also eigentlich das »Nicht-Interessante« bevorzugt werden.

Entscheidender ist, dass dem »Interessanten« jede Orientierung auf Perfektion, also auf einen Stoppwert hin, fehlt. Ein »höchstes Interessantes«, sagte bereits Friedrich Schlegel 1797, könne es schlechterdings nicht geben. Die interessanteste Lösung eines Formproblems kann immer noch interessanter gestaltet werden.[11] Genau das verlangt aber ein System literarischer Kommunikation, das die Möglichkeit des Ausspielens von Varianz forciert und als »Stil« des Stilbruchs systematisch stabilisiert. Das »Schöne« hat dann allein noch in Reflexionstheorien den Stellenwert eines Widerlagers zum Trend des permanenten Wechsels, wie man an den zeittypischen Debatten um das Verhältnis von Literatur und Mode zeigen könnte. Um nicht völlig Mode zu werden, benötige die Literatur zeitresistente Schönheitswerte; das Ganze

11 Friedrich Schlegel: »Über das Studium der griechischen Poesie«, in: Kritische Friedrich-Schlegel-Ausgabe, Bd. 1, hg. v. Ernst Behler, Paderborn u.a.: Schöningh, S. 217ff., hier S. 253.

bleibt aber ästhetische Theorie und kann den Operationsmodus der Literatur als Kommunikation durch Werke nicht mehr regieren.[12]

III

Im letzten Teil dieses Aufsatzes soll nun angedeutet werden, wie auf solchen evolutionstheoretischen Grundlagen noch eine »Geschichte der Literatur« möglich sein kann. Dieser Versuch mag Skepsis auslösen, brachte Luhmann den Begriff der Evolution doch geradezu als Gegenbegriff zu »Geschichte« in Stellung.[13] Luhmann wandte sich im Begriff der Geschichte vor allem gegen Kausalitätsannahmen und Teleologien und damit gegen Instrumentalisierungen historischen Wissens für politische Zwecke. Gleichwohl galt auch ihm »Geschichte« als eine kaum ersetzbare Form der Selbstbeschreibung und Selbstsimplifikation. In meinen Überlegungen geht es aber nicht um die Möglichkeit einer Beobachtung der Art und Weise, in der literarische Werke eine eigene »Geschichte« konstituieren, also nicht um die implizite Systemgeschichte der Literatur, sondern um deren literaturwissenschaftliche Konstruktion. Der hier waltende Unterschied wäre zu bezeichnen als Differenz zwischen einer intertextuellen Historie, deren Bezugspunkt jedes Einzelwerk wäre, das sich gleichsam in eine je eigenproduzierte Geschichte stellt, und einer Geschichte literarischer Kommunikation, wie sie dem Außenblick der Literaturwissenschaft erscheint.

Als Beispiel wähle ich die Literatur des 19. Jahrhunderts.[14] In diesem Jahrhundert, das man in Anlehnung an die Historiker auch ein »langes Jahrhundert« nennen und von der französischen Revolution bis zum Ausgang des 1. Weltkriegs währen lassen kann, war das Paradigma der Buchform literarischer Kommunikation so dominant, dass man auch vom »Jahrhundert der Literatur« gesprochen hat. Damit ist einmal gemeint, dass erst in diesem Jahrhundert jene Lesekompetenz ausgebil-

12 Verf.: Motto und Mode. Über den literarhistorischen Ort der Erzählprosa W. Hauffs (erscheint 2003).

13 Niklas Luhmann: »Evolution und Geschichte«, in: ders., Die Gesellschaft der Gesellschaft, Bd. 1, Frankfurt/M.: Suhrkamp 1998, S. 569ff.

14 Vgl. Verf.: »Programme moderner Literatur«, in: Herbert Jaumann u.a. (Hg.), Domänen der Literaturwissenschaft, Tübingen: Stauffenburg 2001, S. 131ff.

det wurde, die die Inklusion der Bevölkerung ins System der Literatur fordert. Damit ist zum anderen gemeint, dass nur in diesem Jahrhundert die Buchform der Literatur unbestritten war; vorher spielte mündliche Kommunikation eine zu große Rolle; nachher sah sich buchförmige Literatur mehr und mehr der Konkurrenz neuer (audio-)visueller Medien ausgesetzt. Das kann hier nur angedeutet werden.

Wie lässt sich nun auf der Grundlage der vorgestellten evolutionstheoretischen Überlegungen eine Geschichte der Literatur dieses 19. Jahrhunderts konzipieren, die sie nicht zum Appendix der Wirtschafts-, Politik- oder Mentalitätshistorie degradiert, ihr also eine eigene Geschichtlichkeit nicht entzieht? Ausgangspunkt ist wieder die Codierung der Variantenselektion, d.h. die »interessante« Formierung eines Werks im Kontrast zu seinem Medium – den ihm vorausliegenden Werken, auf die sich das neue Werk unter der Vorgabe einer »interessanten« Formenwahl im Modus der Dementis bezieht. Was diese Neuformierung des Mediums aber »interessant« (oder »uninteressant«) macht, kann aus den Codewerten nicht abgeleitet werden. Sie sind semantisch eher leer und müssen das als Codewerte auch sein. Die semantische Füllung wird erst durch Programme geleistet, die anspruchsvolle Interpretationen des Codes vornehmen. Man denke etwa an die Vielzahl divergierender Wahrheitstheorien in Philosophie und Wissenschaftstheorie!

Luhmann geht in seinem Kunstbuch davon aus, dass die Selbstprogrammierung der »Differenzierung von evolutionärer Variation und Selektion zugrunde [liegt]. Sie konstituiert sich erst, wenn gelungene Kunstwerke als solche Eindruck machen und andere Kunstwerke zu beeinflussen beginnen – sei es, dass man sie als ›neu‹ bevorzugt, sei es, dass man sie als abweichend herstellt«.[15] An den Selbstprogrammierungen des Codes ausdifferenzierter Literatur, d.h. in Deutschland etwa der Literatur seit Ausgang des 18. Jahrhunderts, lässt sich nun ihre »Geschichte« ablesen, insoweit man die Programme temporalisiert, zeitlich ordnet. Diese Geschichte steht natürlich in keinem luftleeren Raum, sondern in der Umwelt der Gesellschaft und ihrer Kommunikationssysteme, und dieser Umstand erforderte eine »ökologische« Re-

15 Niklas Luhmann: Die Kunst der Gesellschaft. Frankfurt/M.: Suhrkamp 1995, S. 369.

flexion, auf die ich hier aber verzichten muss. Vermuten lässt sich immerhin, dass die Kontingenz der Umwelt literarischer Kommunikation gerade an ihren Programmierungen nachweisbar wird (siehe etwa die Realismusprogramme).

Wie kann man aber Programme literarischer Kommunikation unterscheiden? Programme operieren mit dem semantischen Potential von Systemdifferenzierung, also mit der Differenz von System und Umwelt selbst, mit der Fremdreferenz (auf die Umwelt) und mit der Selbstreferenz. So ergibt sich ein Programm (für »interessante« Formenwahl), das sich auf die Differenz von Literatur (Kunst) und Umwelt bezieht und deren Potential semantisch auszuschöpfen versucht; sei es in Form einer dramatischen Entgegensetzung von Kunst und aller sonstigen Welt (bis hin zur Konturierung einer nahezu unverständlichen literarischen Sonderwelt in der Welt); sei es in Form einer literarisch in Aussicht gestellten Entdifferenzierung der Differenz von Kunst und Umwelt etwa in der Weise einer neuen poetischen Mythologie. Diese Programmierung darf man mit einem Zeitindex versehen und *romantisch* nennen. Ihr Potential für »interessante« Selektionen ist nicht unausschöpflich, es kann vielmehr »uninteressant« und epigonal werden, wird aber gleichwohl im »Gedächtnis« der Literatur latent weiter mitgeführt und bleibt immer neu aktualisierbar.

Ein nächstes Programm spielt die Fremdreferenz des Systems literarischer Kommunikation aus, nutzt also Konstruktionen der Umwelt, die in der Umwelt selbst konstruiert werden, als Medien für literarische Formenwahl. Fremdreferenz kann dabei nur in Form mitlaufender Selbstreferenz artikuliert werden, sonst würde das System kollabieren. Balzacs Beobachtungen der Pariser Gesellschaft mögen soziologisch präzise sein, sie verstehen sich gleichwohl als literarische Beobachtungen sozialer Sachverhalte und nicht als Statistiken oder Protokolle. Das die Fremdreferenz semantisch nutzende Programm hat strukturell die Möglichkeit einer Pointierung der Umweltkonstruktionen, die für sich genommen Interessantheitsaspekte aufweisen mögen; und es hat die Möglichkeit der Pointierung der Darstellung des Dargestellten, also der Art und Weise, wie Umweltsachverhalte literarisch, d.h. im Medium der Sprache überhaupt artikuliert werden können. Versieht man auch dieses Programm literarischer Kommunikation mit einem Zeitindex, kann man von *Realismus* sprechen.

Ihm kontrastiert eine Programmierung, die auf Fremdreferenz dezidiert Verzicht leisten möchte, um stattdessen exklusiv Selbstreferenz zu kommunizieren. Es handelt sich also um eine Literatur, die sich allein noch auf Literatur bezieht. Auch dieses Programm kennt eine strukturelle Alternative, weil es einmal die Möglichkeit eröffnet, literarische Welten zu imaginieren, die allein aus künstlerisch-artifiziellen Phänomenen kombiniert sind, pure Kunstwelten, die sich im Unterschied zur Romantik nicht mehr im Kontrast gegen eine als feindlich dämonisierte Umwelt selbst begründen; das Außen wird geradezu gleichgültig oder unsichtbar. Zum anderen kennt das Programm die Möglichkeit einer Artikulation des sprachlichen Mediums, der Literatursprache selbst, die auf alle Fremdreferenz programmatisch verzichtet, asemantisch wird, um stattdessen ihre akustischen oder optischen Reize auszustellen, sich also der Musik oder der Graphik anzunähern. Versieht man auch dieses Programm mit einem Zeitindex, spricht man von *Ästhetizismus.*

Damit scheinen die strukturellen Möglichkeiten für Programme erschöpft; es zeigt sich aber, dass das erstgenannte Programm noch eine Variante aufweist, die zeitlich erst ein Jahrhundert nach der heroischen Zeit der Romantik ausgespielt wurde. Diese wollte unter anderem die Differenz von Literatur und Umwelt literarisch entdifferenzieren: in Mythen oder Universalpoesien. Alternativ dazu zeigen sich Programmversionen, die jene Differenz nicht lediglich in literarischen Simulationen, also im Kunstsystem, sondern »real«, in der Gesellschaft selbst aufheben wollten. Das sind Programme der *Avantgarde* nach 1900, die Impulse des romantischen Programms kulturpolitisch radikalisierten. An dieser Stelle zeigt sich die Dringlichkeit einer »ökologischen« Rekonstruktion besonders klar, denn die Durchschlagskraft dieser Ideen hing entscheidend von innergesellschaftlichen Umwelten ab, die die Form literarischer Selbstprogrammierung deutlich konditionierten. Insofern erfordert eine Geschichte der Selbstprogrammierung literarischer Kommunikation eine polykontexturale Ausrichtung. Die steckt aber erst in den Anfängen. Das avantgardistische Postulat einer sozialen Entdifferenzierung von Literatur und Umwelt, also die Forderung nach einem Ende der funktional differenzierten Gesellschaft und nach ihrer Ablösung durch einen totalitär integrierten Alternativentwurf, der alle Avantgarden steuerte, hieß für Kunst und Literatur praktisch ihr Ununterscheidbarwerden; sie sollten in einer sozialen Umwelt als Werke nicht mehr unterscheidbar sein. Das konnte auf zweierlei Weise angesteuert werden. Einmal in der Weise einer Totalformierung der Gesellschaft im Ganzen, vor deren Formperfektion kein Kunstwerk länger irgendeinen Sonderstatus beanspruchen könne: die Programme der Futuristen in Italien und Sowjetrussland. Oder in der Weise einer gegenläufigen Entformung der Kunst, deren Formverzichte sie in einer chaotischen Umwelt gleichfalls unerkennbar machen würden: die Postulate der Dadaisten und frühen Surrealisten.

Dass diese Programme einer Nichtkunst gleichwohl große Werke hervorbringen konnten, die heute noch Resonanz finden, erweist die Indifferenz codierter Systemkommunikation gegenüber der Semantik bloßer Programme besonders eindrücklich. Man muss »Dinge« lediglich als interessante Formarrangements beobachten, um sie in Museen, zwischen Buchdeckeln oder auf Konzertpodien als »Werke« kommunizieren zu können.

The Muse Learns to Print
Inspiration und Oralität in Bettina von Arnims »Die Günderode«[1]

Thomas Küpper

»Einmal sagte Hölderlin, Alles sei Rhythmus [...] und alles schwinge sich von den Dichterlippen des Gottes [...]. Und so habe den Dichter der Gott gebraucht als Pfeil seinen Rhythmus vom Bogen zu schnellen«.[2] In Bettina von Arnims Roman *Die Günderode* vertritt Hölderlin als erzählte Figur heiligen Wahnsinn und göttliche Inspiration: »Geist gehe nur durch Begeistrung hervor.«[3] Hölderlins Wahnsinn wird darauf zurückgeführt, dass er mit den Göttern »zu nah verkehrt« hat.[4] Eine »göttliche Gewalt« müsse Hölderlin »wie Fluten [...] überströmt haben, und zwar die Sprache, in übergewaltigem raschen Sturz seine Sinne überflutend, und diese darin ertränkend; und als die Strömungen verlaufen sich hatten, da waren die Sinne geschwächt und die Gewalt des Geistes überwältigt und ertötet.«[5]

---

1 Viele Anregungen zu diesem Text verdanke ich dem gemeinsam mit Burkhardt Lindner durchgeführten Seminar *Was ist ein Autor?* vom Sommersemester 2003 an der Johann Wolfgang Goethe-Universität Frankfurt am Main. Es gab mir den Anstoß, einige Thesen neu zu überdenken, die ich 1999 auf der Tagung *Rethinking the Irrational: Madness in the Ancient World* in Cambridge/UK vorgetragen hatte.

2 Bettine von Arnim: Die Günderode. Werke und Briefe Bd. 1, hg. v. Walter Schmitz, Frankfurt/M.: Deutscher Klassiker Verlag 1986, S. 295-746, S. 547f.

3 Ebd., S. 545.

4 Ebd., S. 430.

5 Ebd., S. 544.

Hölderlin als Paradigma des begeisterten, besessenen und berauschten Dichters – dass dieses Autormodell zu den Formen der Selbstbeschreibung moderner Literatur gehört, scheint zunächst selbstverständlich zu sein. Versucht man es jedoch mediengeschichtlich einzuordnen, versteht es sich keineswegs von selbst. Schließlich steht für die moderne Gestalt der antike, von der Muse inspirierte Sänger Pate, der in einem ganz anderen Kontext verortet ist: *mündliche* Dichtung. Ein Roman wie von Arnims *Die Günderode* hingegen setzt den *Buchdruck* voraus. Wie kann die Muse diesen Wechsel von der Oralität zum Printmedium mitvollziehen? Wenn sie als Tochter der Mnemosyne[6] in der Antike die Gedächtnisfunktion mündlicher Dichtung personifiziert, was kann dann ihre Aufgabe in der Moderne sein?

Um dieser Frage nachzugehen, soll im Folgenden genauer rekonstruiert werden, wie von Arnim die antike Figur aufgreift.[7] Zunächst gilt es, das Vorbild für moderne inspirierte Dichter in den Blick zu nehmen: Platons Schilderung des Enthousiasmós. Sokrates erklärt etwa in dem Dialog *Ion*, der Gott raube den Dichtern den Verstand und benutze sie als seine Diener, »damit wir, die wir zuhören, wissen, daß nicht sie es sind, die so wertvolle Dinge sagen, denen doch der Verstand nicht mehr innewohnt, sondern der Gott selbst es ist, der spricht, durch sie hindurch aber seine Stimme zu uns dringt.«[8] Die Dichter erscheinen als »Besessene« (katechómenoi)[9] und auch das Publikum wird ergriffen und hingerissen – Sokrates vergleicht diese Wirkung mit der Anziehungskraft eines Magneten: So wie ein Eisenring den anderen magnetisiert, geht die Begeisterung vom Dichter über den Rhapsoden

6 Vgl. Hesiod: Theogonie Vv. 53f.

7 Neben dem Inspirationskonzept finden sich in dem Roman freilich auch konträre poetologische Auffassungen. Nach Ursula Liebertz-Grün spielt von Arnim »mit den zeittypischen Mystifikationen des Dichters in entmystifizierender Absicht«, so dass sich die mythologisierenden Formulierungen gegenseitig neutralisieren (dies.: Ordnung im Chaos. Studien zur Poetik der Bettine Brentano-von Arnim, Heidelberg: Carl Winter 1989, S. 60).

8 Platon: Ion 534c/d, nach d. Ausg. Griechisch/Deutsch, übers. u. hg. v. Hellmut Flashar, Stuttgart: Reclam 1988, S. 18f. Eine Übersicht über Platons Auseinandersetzung mit dem Enthusiasmus bietet Manfred Fuhrmann: Einführung in die antike Dichtungstheorie, Darmstadt: Wissenschaftliche Buchgesellschaft 1973, S. 72ff.

9 Platon: Ion 534e, S. 18f.

auf das Publikum über.[10] Alle in dieser Reihe unterliegen passiv dem Einfluss der Muse.[11] Dieses Eingenommensein durch den Vortrag wird von Platon als irrationales Moment der mündlichen Dichtung hingestellt.[12] Damit bezieht Platon Position in einem Kontext, in dem Oralität und Literalität miteinander konkurrieren: Die Tradition mündlicher Dichtung wird hinterfragt; die Eingebung durch die Muse muss sich einem Rationalitätstest unterziehen.[13]

So kritisch Platon den inspirierten Dichter auch betrachtet, stilisiert er ihn zu einem Modell, das noch in der modernen Literatur buchstäb-

10 Platon: Ion 533d/e, S. 14ff.; 535e/536a/b, S. 22ff.

11 Der Rhapsode Ion fügt sich allerdings nicht in dieses Schema; schließlich ist er bei seinem Vortrag keineswegs von Sinnen, sondern besitzt ausgesprochenen Geschäftssinn: Er richtet seine Aufmerksamkeit auf das Publikum und zielt darauf ab, viel Geld einzunehmen (Platon: Ion 535e, S. 20ff.).

12 Entsprechend wird in Platons »Dialogen« das Mitreißende der mündlichen Rede zurückgenommen und domestiziert. So erzählt Sokrates, dass Thrasymachos »im Sinn [hatte] fortzugehn, nachdem er uns wie ein Bader viel und reichliche Rede über die Ohren gegossen hatte. Allein die Anwesenden ließen ihn nicht, sondern nötigten ihn zu bleiben und Rede zu stehn über das Gesagte« (Platon: Politeia I 433d, nach d. Ausg. Griechisch/Deutsch, übers. v. Friedrich Schleiermacher, hg. v. Karlheinz Hülser. Frankfurt/M., Leipzig: Insel 1991, S. 75). Durch das Gespräch wird vorgeführt, wie man eine Rede kritisch prüft, statt sich von ihr überwältigen zu lassen; und es wird aus der Distanz erzählt. Wie Hans-Georg Gadamer bemerkt, »liebt es Plato, die Gespräche selbst nur im wiederholenden Bericht darzustellen, und er scheut sich nicht, selbst das zehn Bücher füllende Gespräch vom Staat am nächsten Tage von Sokrates wiedererzählen zu lassen. Nicht auf die Kraft der anschaulichen Wiedergabe kommt es ihm an, sondern auf [...] die Bewegung des Philosophierens, die in jeder neuen Wiederholung neu entspringt« (Hans-Georg Gadamer: »Plato und die Dichter«, in: ders., Gesammelte Werke Bd. 5, Tübingen: Mohr 1985, S. 187-211, hier S. 210).

13 Vgl. Eric A. Havelock: Preface to Plato, Cambridge/Mass.: Belknap Press of Harvard University Press 1963, S. 156; ders.: The Muse Learns to Write. Reflections on Orality and Literacy from Antiquity to the Present, New Haven/London: Yale University Press 1986, S. 8; Aleida Assmann/Jan Assmann: Einleitung, in: Eric A. Havelock: Schriftlichkeit. Das griechische Alphabet als kulturelle Revolution, Weinheim: VCH, Acta Humanoria 1990, S. 1-35, hier: S. 18; Timothy Clark: The Theory of Inspiration. Composition as a Crisis of Subjectivity in Romantic and Post-Romantic Writing, Manchester/New York: Manchester University Press 1997, insbes. S. 55f.

lich »begeistert« aufgegriffen wird. In *Die Günderode* ist es mehrfach abgewandelt und mit christlichen Vorstellungen verbunden.[14] Die Romanfigur Bettine berichtet zum Beispiel: Der heilige Geist »bläst mich an; – da hast Du Weisheit, sagt er. – Dann spring ich auf und glüh im Gesicht von seinem Hauch«.[15] Bettine schildert ihrer Freundin Günderode, wie sie das Wirken des Geistes (oder vielmehr er sie) erfasst hat: »Du [Günderode, T.K.] lasest mir vor am Morgen was Du am Abend gedichtet hattest, da sah ich mich immer nach *Dem* um der Dirs wohl vorbuchstabiert hätt, der Klang riß mich hin, ich ahnte es war der Geist der auch mir begegnet draus wenn ich auf der Höhe steh, und er braust von Ferne daher, beugt die Wipfel auf und nieder, und kommt näher und näher und fährt grad auf mich zu – umschlingt mich! [...] – wer kanns wehren?«[16] Widerstand scheidet aus; eher wird rückhaltlose Hingabe zum Prinzip gemacht. Die Gestalt des wahnsinnigen Hölderlin unterwirft sich dem Geist nach der Maxime: »*Nicht wie ich will, sondern wie du willst!*«[17]

Wie aber kann sich eine Dichterfigur im 19. Jahrhundert gerade durch den Verzicht auf den eigenen Willen profilieren? Muss sie nicht hinter denen zurückstehen, die künstlerische Freiheit und Eigenständigkeit für sich beanspruchen? Keineswegs. Eher überbietet der inspirierte Dichter die Freiheit der Letzteren noch, insofern er in seiner Verzückung und Raserei gesellschaftliche Vorgaben gänzlich außer Acht lässt. Die Ekstase bedeutet eine Ent-Rückung, ein Heraustreten aus dem Bereich der Vernunft und der Konvention – und beweist gerade auf diese Weise die Autonomie der Dichtung. Hinzu kommt, dass der Inspirierte ein Problem nicht kennt, das sich den anderen stellt: *Kontingenz*. Die Werke, die sie nach eigenem Willen – das heißt *willkürlich* – formen, könnten auch anders sein. Durch die höhere Gewalt der Inspiration dagegen werden Gedichte so, wie sie sind, als notwendig ausgewiesen – sie brauchen sich auf kein weiteres Prinzip zu stützen. Günderode erklärt: »Man muß nicht beteuern weil das Mißtrauen gegen die

14 Vgl. Hedwig Pompe: Der Wille zum Glück. Bettine von Arnims Poetik der Naivität im Briefroman *Die Günderode*, Bielefeld: Aisthesis 1999, S. 186ff.
15 B. von Arnim: Die Günderode, S. 466.
16 Ebd., S. 466f. (Hervorhebung im Original).
17 Ebd., S. 545 (Hervorhebung im Original).

eigne Eingebung wär.«[18] Dieses Bekenntnis zur Eingebung zieht noch Kontingenz in Betracht, als es eigens beteuert, dass nicht beteuert werden muss. Erst mit dem Wahnsinn, der die Hölderlin-Figur auszeichnet, wird die Eingebung unbezweifelbar.

Dass durch Wahnsinn Kontingenz vermieden wird, hat Friedrich Nietzsche klar gesehen. Neue und abweichende Gedanken seien fast überall von Wahnsinn begleitet gewesen, von etwas, das »das Zeichen völliger Unfreiwilligkeit trug« und »den Wahnsinnigen dergestalt als Maske und Schallrohr einer Gottheit« erscheinen ließ.[19] Man habe gefleht:

»Ach, so gebt doch Wahnsinn, ihr Himmlischen! Wahnsinn, dass ich endlich an mich selber glaube! Gebt Delirien und Zuckungen, plötzliche Lichter und Finsternisse, [...] lasst mich heulen und winseln und wie ein Thier kriechen: nur dass ich bei mir selber Glauben finde! Der Zweifel frisst mich auf, ich habe das Gesetz getödtet [...]. Der neue Geist, der in mir ist, woher ist er, wenn er nicht von euch ist? Beweist mir doch, dass ich euer bin; der Wahnsinn allein beweist es mir.«[20]

Nachdem »das Gesetz getödtet« ist, muss die Setzung des Neuen durch Wahnsinn abgesichert werden. Wahnsinn suggeriert Nicht-Beliebigkeit. So beansprucht Nietzsche Inspiration auch für sich: »Man hört, man sucht nicht; man nimmt, man fragt nicht, wer da giebt; wie ein Blitz leuchtet ein Gedanke auf, mit Nothwendigkeit, in der Form ohne Zögern, – ich habe nie eine Wahl gehabt. [...] Dies ist *meine* Erfahrung von Inspiration; ich zweifle nicht, dass man Jahrtausende zurückgehen muss, um Jemanden zu finden, der mir sagen darf ›es ist auch die meine‹.«[21] Nietzsche grenzt sich von den vielen ab, die die Erfahrung der Inspiration nicht für sich reklamieren können. In der Vorstellung, die man bei »dem geringsten Rest von Aberglauben in sich« kaum abwei-

18 Ebd., S. 578f.

19 Friedrich Nietzsche: Morgenröthe. Kritische Studienausgabe (KSA), hg. v. Giorgio Colli u. Mazzino Montinari, München, Berlin, New York: dtv, de Gruyter 1967-1977, Bd. 3., S. 26f.

20 Ebd., S. 28. Vgl. Karl Heinz Bohrer: Plötzlichkeit. Zum Augenblick des ästhetischen Scheins, Frankfurt/M.: Suhrkamp 1981, S. 154ff.

21 Friedrich Nietzsche: Ecce Homo, KSA Bd. 6, S. 339f.

sen könne, nämlich »bloss Incarnation, bloss Mundstück, bloss medium übermächtiger Gewalten zu sein«[22], wird damit eine herausgehobene Position eingenommen. Vor allem aber bleibt auch bei diesem Inspirationserlebnis Kontingenz außen vor (»ich habe nie eine Wahl gehabt«).[23]

Ebenso wird in dem Bild, das die Künstler davon anfertigen, wie sie Kunstwerke anfertigen, Kontingenz kaschiert. Wenn Künstler sich als inspiriert darstellen, verschweigen sie, dass die Entstehung der Werke auf einer Auswahl unter verschiedenen Möglichkeiten beruht, die immer auch anders ausfallen könnte. Nietzsche stellt fest:

»Die Künstler haben ein Interesse daran, dass man an die plötzlichen Eingebungen, die sogenannten Inspirationen glaubt; als ob die Idee des Kunstwerks, der Dichtung, der Grundgedanke einer Philosophie, wie ein Gnadenschein vom Himmel herableuchte. In Wahrheit producirt die Phantasie des guten Künstlers oder Denkers fortwährend, Gutes, Mittelmäßiges und Schlechtes, aber seine *Urtheilskraft*, höchst geschärft und geübt, verwirft, wählt aus, knüpft zusammen; wie man jetzt aus den Notizbüchern Beethoven's ersieht, dass er die herrlichsten Melodien allmählich zusammengetragen und aus vielfachen Ansätzen gewissermaassen ausgelesen hat. [...] Alle Grossen waren grosse Arbeiter, unermüdlich nicht nur im Erfinden, sondern auch im Verwerfen, Sichten, Umgestalten, Ordnen.«[24]

Indem Inspiration vorgegeben wird, erhalten die Werke einen »Hauch« von Unmittelbarkeit, sie scheinen im Augenblick entstanden zu sein. Gedruckte Texte imitieren auf diese Art die Spontaneität des Mündlichen. In von Arnims *Die Günderode* wird eine solche Spontaneität idealisiert. Die fiktionale Gestalt Bettine bemerkt: Mit Günderode allein »ist Sprechen lebendig, wo wir ohne Vor- und Nachurteil, den Gedanken uns auf die Schwingen werfen, und jauchzen, und gen Himmel fahren.«[25] Es geht darum, den Gedanken »aus freier Luft [zu] greifen und

22 Ebd., S. 339.

23 Vgl. T. Clark: The Theory of Inspiration, S. 174.

24 Friedrich Nietzsche: Menschliches, Allzumenschliches. KSA Bd. 2, S. 146f. Vgl. Wolfgang Lange: Der kalkulierte Wahnsinn. Innenansichten ästhetischer Moderne, Frankfurt/M.: Fischer 1992, insbes. S. 20ff.

25 B. von Arnim: Die Günderode, S. 338.

dem [zu] vertrauen«, statt ihn »aus Philistertum [zu] beweisen«.[26] Dieses Prinzip wird auch auf den ästhetischen Bereich übertragen, etwa in einem Gedicht, das in den Roman eingefügt ist. Narziss eilt »[v]on einem Schönen [...] zum Andern«[27] und spricht: »Drum laß mich, wie mich der Moment geboren./ In ew'gen Kreisen drehen sich die Horen;/ Die Sterne wandeln ohne festen Stand,/ Der Bach enteilt der Quelle, kehrt nicht wieder./ Des Lebens Strom, er woget auf und nieder/ Und reißet mich in seinen Wirbeln fort.«[28]

Der Moment kann nicht festgehalten werden; das bedeutet auch, dass es nicht möglich ist ihn niederzuschreiben. Im Roman heißt es: Die Gedanken hängen sich »an mich [Bettine, T.K.] [...] wie Schmetterlinge an Blumen, wer soll sie haschen? – sie merkens gleich und fliegen davon, und fasse ich einen so hab ich bald seine schöne Farbe abgewischt mit dem Schreibefinger«.[29] Ein Gedanke, »den man aufbewahrt, ist wie eine gedürrte Pflaume ganz verhutzelt und verkohlt.«[30]

Wenn im Buch solche Vorbehalte gegen Schrift geäußert werden, wenn es von mündlicher Unmittelbarkeit und plötzlicher Eingebung handelt, ändert es indessen nichts an seiner medialen Beschaffenheit: Es bleibt auf das Medium Schrift angewiesen. Das Werk kann seiner schriftlichen Verfasstheit gleichsam nur einen Anstrich von Mündlichkeit geben. Diesen Eindruck von Oralität erweckt es gerade als Briefroman. Im 18. Jahrhundert setzt sich die Forderung durch, im Brief Mündlichkeit nachzuahmen – Albrecht Koschorke stellt diese Entwicklung in den Zusammenhang einer »künstlichen Oralisierung des Schreibens«.[31] Es liegt auf der gleichen Linie, wenn sich das Briefschreiben in *Die Günderode* dem Sprechen annähert.[32] Die Figur Bettine erklärt in einem Brief, sie »mag ihn nicht überlesen, geschrieben ist

26 Ebd., S. 339.

27 Ebd., S. 326.

28 Ebd., S. 328f.

29 Ebd., S. 522.

30 Ebd., S. 534. Vgl. auch ebd., S. 425.

31 Albrecht Koschorke: Körperströme und Schriftverkehr. Mediologie des 18. Jahrhunderts, München: Fink 1999, S. 191ff.

32 Vgl. Karin Zimmermann: Die polyfunktionale Bedeutung dialogischer Sprechformen um 1800. Exemplarische Analysen: Rahel Varnhagen, Bettine von Arnim, Karoline von Günderrode, Frankfurt/M. u.a.: Lang 1992.

er, wahrheitsvoll ist er auch, wenn Du [Günderode, T.K.] die augenblickliche Stimmung der Wahrheit würdigst, wie ich sie deren würdige und nur sie allein, obschon die Philister sagen sie sei die Wahrheit nicht, nur was nach reiflichem Überlegen und wohlgeprüft vom Menschengeist sie angenommen, das sei Wahrheit.«[33] Der Brief ist demnach nicht elaboriert; vielmehr verdankt er sich ephemeren Situationen und nimmt spontane Impulse der Schreiberin auf. So werden in ihm momentane Gefühle gleichsam »ausgesprochen«. Hingegen kommt es auf das für Schrift kennzeichnende Bewahren und Weitertragen von Informationen so wenig an, dass Bettine nicht unbedingt leserlich schreiben muss: »[I]ch [Bettine, T.K.] hab diese Seite im Mondschein geschrieben, Du [Günderode, T.K.] wirst nicht lesen können, nun es schad nichts, es steht auch nichts drauf, was Du notwendig wissen müßtest, es ist mir doch so wohl seit dem kleinen Schauerchen von Furcht, ich hab auch keinen Schlaf mehr.«[34] Das Geschriebene ist für den Moment wichtig, aber danach nicht mehr.

Mit dem Verzicht auf das Ausarbeiten und Festhalten werden genau die Möglichkeiten der Schrift ungenutzt gelassen, auf denen alteuropäische Poetiken wie Horaz' *Dichtkunst* gründen. Man denke nur an Horaz' Anweisung, eine Dichtung sei zu verwerfen, »die nicht so mancher Tag und so manches Polieren gekürzt und wohl zehnmal, mit gestutztem Nagel geprüft, korrigiert hat«.[35] Für den Prozess des Prüfens und Änderns vor der Veröffentlichung werden in der *Ars poetica* Jahre anberaumt; der erste Entwurf zu einem Werk und die publizierte Version liegen weit auseinander. Horaz empfiehlt: »Falls du [...] etwas verfaßt, das vertraue sich den Ohren des Kunstrichters Maecius und deines Vaters an und den meinen, es bleibe bis zum neunten Jahre in Obhut, verschlossen noch im Konzept; dann darfst Du vernichten, was Du nicht veröffentlicht hast – das Wort, das du von dir gabst, kennt keine Rückkehr.«[36] Vor allem auch die Aussicht auf das Fortwähren, die in der *Ars poetica* eröffnet wird, steht Bettines Bindung an den Moment diametral gegenüber. Laut Horaz müssen die strengen Auflagen befolgt

33 B. von Arnim: Die Günderode, S. 490.

34 Ebd., S. 345.

35 Horaz: Ars Poetica, Lateinisch/Deutsch, übers. u. m. einem Nachwort hg. v. Eckart Schäfer, Stuttgart: Reclam 1972, Vv. 292ff., S. 22f.

36 Ebd., Vv. 386ff., S. 28f.

werden, um beständigen Ruhm zu erwerben: Ein Buch, das den Anforderungen genügt und Nützliches und Angenehmes miteinander verbindet, »gelangt übers Meer und verlängert seinem bekannten Verfasser die Lebensdauer«.[37] Wer nach den Regeln der Poetik schreibt, der bleibt. Schrift rückt in erster Linie als Speichermedium in den Blick. Entsprechend grenzen die Vorgaben der Dichtkunst das ein, was durch Schrift bewahrt werden soll. Es geht darum, Tradition gegen Beliebigkeit abzusichern.[38] Flüchtige Eingebungen werden in diesem Zusammenhang strikt auf ihre Haltbarkeit hin geprüft.

Obsolet sind diese Grundsätze und Verfahren dagegen, wenn in der modernen Literatur der Eindruck erweckt wird, plötzliche Inspirationen könnten sich *unmittelbar* in Werken niederschlagen. Dann lässt sich die Literatur weniger darauf festlegen, Traditionen kontinuierlich fortzuschreiben; vielmehr werden Brüche und unvorbereitete Neuerungen anerkannt. Dass das Bestehende und die Beständigkeit keine gültigen Maßstäbe mehr sind, ist nicht allein auf mediale Voraussetzungen zurückzuführen, sondern im unfassenderen Zusammenhang der Ausdifferenzierung des Literatursystems zu sehen.[39] Dieser Zusammenhang kann hier nur angedeutet, jedoch nicht weiter ausgeführt werden. Aus mediengeschichtlicher Perspektive bleibt zumindest festzustellen, dass der Wechsel von der Handschrift zum Buchdruck die Bevorzugung von Ad-hoc-»Eingebungen« *ermöglicht* (wenn auch nicht ohne weiteres bedingt). Michael Giesecke zeichnet nach, wie durch den Buchdruck in der frühen Neuzeit die Forderung ihren Sinn verliert, vorgegebene, überlieferte Texte abzuschreiben: »Das Hauptaugenmerk brauchte nicht mehr darauf gerichtet zu werden, die traditionellen Wissensbestände zu erhalten.«[40] Stattdessen setzt sich der Anspruch durch, Neues, über das

37 Ebd., Vv. 343ff., S. 26f.

38 Zur Traditionsbewahrung und Traditionserneuerung durch Schrift vgl. Aleida Assmann/Jan Assmann: »Schrift, Tradition und Kultur«, in: Wolfgang Raible (Hg.), Zwischen Festtag und Alltag. Zehn Beiträge zum Thema ›Mündlichkeit und Schriftlichkeit‹, Tübingen: Narr 1988, S. 25-49. Eine Evolutionstheorie der Poetik Alteuropas bietet Ingo Stöckmann: Vor der Literatur, Tübingen: Niemeyer 2001.

39 Vgl. Gerhard Plumpe: »Evolution der Literatur«, in diesem Band.

40 Michael Giesecke: Der Buchdruck in der frühen Neuzeit. Eine historische Fallstudie über die Durchsetzung neuer Informations- und Kommunikationstechnologien, Frankfurt/M.: Suhrkamp 1991, S. 427.

Schon-Gedruckte Hinausgehendes vorzulegen. »Diese Kehrtwendung hin zum Neuen und Außergewöhnlichen entspricht ganz den Erfordernissen des typographischen Informationskreislaufs. Sie widerspricht aber den oralen und skriptographischen Tradierungsformen.«[41]

Entscheidend ist, mit welcher Präzision Texte im Zeitalter des Buchdrucks reproduzierbar sind. Marshall McLuhan sieht das Besondere des Buchdrucks darin, dass Aussagen in ihrer graphischen Form beliebig oft und völlig exakt wiederholt werden können: »Die Botschaft des Drucks und der Typographie ist in erster Linie die der Wiederholbarkeit.«[42] Dazu gehört insbesondere die bei allen Büchern einer Ausgabe gleich bleibende Paginierung, die den Buchstaben und Wörtern feste Adressen zuweist.[43] Die schnelle und genaue Reproduktion lässt einen Sinn für Abweichungen aufkommen: Sobald eine Variante veröffentlicht ist, ist sie standardisiert und kann durch eine neue Variante überboten werden. Die rasche Verbreitung begünstigt Innovationen. Damit werden Inspiration und Oralität gerade in ihrer Flüchtigkeit für die Literatur interessant: Die plötzlichen »Eingebungen« und spontanen Regungen stellen Ereignisse im fortwährenden Prozess des Variierens dar.

Nicht zuletzt dient die Figur des Dichters, der für einen Moment ergriffen wird, als Vorbild für den Leser: Dem Modell entspricht ein Publikum, das die Werke nur einmal liest, um sich von ihnen eine kurze Zeit lang mitreißen zu lassen.[44] Die moderne Literatur profiliert sich dadurch gegenüber den Texten, die wiederholt studiert oder ausgiebig geprüft werden müssen.

Die Prämierung der Unmittelbarkeit und der Inspiration könnte man zur »sekundären Oralität« im Sinne Walter J. Ongs zählen. Er grenzt »primäre« und »sekundäre Oralität« voneinander ab. Beide be-

41 Ebd., S. 430.

42 Marshall McLuhan: Die magischen Kanäle. Understanding Media, Düsseldorf, Wien: Econ 1968, S. 174.

43 Vgl. Friedrich A. Kittler: »Memories are made of you«, in: Peter Koch/ Sybille Kramer (Hg.), Schrift, Medien, Kognition. Über die Exteriorität des Geistes, Tübingen: Stauffenburg 1997 (Probleme der Semiotik, Bd. 19), S. 187-203, hier S. 192.

44 Vgl. zu diesen Lektüregewohnheiten Erich Schön: Der Verlust der Sinnlichkeit oder Die Verwandlungen des Lesers. Mentalitätswandel um 1800, Stuttgart: Klett-Cotta 1987.

fördern aus seiner Sicht Spontaneität, allerdings auf unterschiedliche Weise: »primäre Oralität« dadurch, dass ihr die analytische Reflexivität, die das Schreiben mit sich bringt, verschlossen bleibt; »sekundäre Oralität« hingegen dadurch, dass analytische Reflexion ein Interesse an Spontaneität entstehen lässt.[45] Ong bringt »sekundäre Oralität« insbesondere mit den audiovisuellen Medien des 20. Jahrhunderts in Verbindung, in denen Spontaneität zur Schau gestellt wird.[46] Wie sich gezeigt hat, wird mit den Inspirationsdarstellungen »sekundäre Oralität« auch zum literarischen Programm. So ist die Muse im Zeitalter des Buchdrucks gefragt – the Muse learns to print.

45 Vgl. Walter J. Ong: Oralität und Literalität. Die Technologisierung des Wortes, Opladen: Westdeutscher Verlag 1987, S. 136. Vgl. auch Jack Goody/Ian Watt: »Konsequenzen der Literalität«, in: Jack Goody/Ian Watt/Kathleen Gough: Entstehung und Folgen der Schriftkultur, übers. v. Friedhelm Herborth, eingel. v. Heinz Schlaffer. 2. Aufl. Frankfurt/M.: Suhrkamp 1991, S. 63-122, hier S. 115.

46 Vgl. W. J. Ong: Oralität und Literalität, S. 136f. Zur im Fernsehen suggerierten Unmittelbarkeit vgl. auch Norbert Bolz: »Gute Unterhaltung«, in diesem Band.

Jean Paul, auszugsweise

Ulrike Hagel

> Wie der Taschenspieler aus einem gefalteten Papier eine Kappe macht, eine Serviette p. so macht ein Autor aus seinem Papier alles.
>
> *Jean Paul (Merkblatt)*

»Die Verwechslung der Lesbarkeit der Bücher mit der Lesbarkeit der Welt, worin sich das ältere magische Lesen fortbehauptet, ist nur der komische Grenzfall einer automatisierten semiotischen Praxis, durch die wir, bei allem Wissen um die Inadäquanz jeder Repräsentation immer sogleich, magisch, Referentialität qua Einbildungskraft herstellen und damit das Mediale unterschlagen müssen, von dessen Existenz uns die Drucklettern doch wieder hartnäckig überzeugen.«[1]

Im Werk Jean Pauls finden sich zahllose Reflexionen auf die materiellen[2] und situativen[3] Implikationen des Schreibens[4] und Lesens[5], die

1 Burkhardt Lindner: »Faust. Magie. Schein«, in: Bettina Gruber/Gerhard Plumpe (Hg.), Romantik und Ästhetizismus. Festschrift für Paul G. Klussmann, Würzburg: Königshausen & Neumann 1999, S. 29-51, hier S. 30. Dabei rekurriert Lindner in seiner Beschäftigung mit Goethes *Faust II* an dieser Stelle ausdrücklich auf Jean Paul.

2 Vgl. u.a. Peter von Haselberg: »Musivisches Vexierstroh. Jean Paul, ein Jakobiner in Deutschland«, in: Uwe Schweikert (Hg.), Jean Paul, Darmstadt: WBG 1974, S. 181-207; Monika Schmitz-Emans: »Vom Leben und Scheinleben der Bücher. Das Buch als Objekt bei Jean Paul«, in: Jahrbuch der Jean-Paul-Gesellschaft 28 (1993), S. 17-46.

3 Vgl. hierzu allg. u.a. Rüdiger Campe: »Die Schreibszene«, in: Hans Ulrich Gumbrecht/Karl Ludwig Pfeiffer (Hg.), Paradoxien, Dissonanzen,

nicht nur als mediale Begleiterscheinungen vorgestellt werden, sondern als bedeutungskonstituierend. Auf die ausgestellte Medialität seiner Texte wurde in der Forschung mehrfach hingewiesen.

Im Folgenden gilt das Augenmerk dem Medium des Auszugs bei Jean Paul, auszugsweise betrachtet als Exzerpt, Exodus, Lottogewinnklasse, flüchtige Essenz und materielles Destillat sowie als rituelle Praxis. Dabei spiegelt die Bedeutungsvielfalt des Wortes »Auszug«, mit der Jean Paul in seinem Werk spielt, den Auszugscharakter des Medialen selbst. Verstehen ergibt sich nicht automatisch aus der nachvollziehbaren Kombinatorik einzelner Sprachzeichen zu Wörtern, Sätzen und Texten, sondern ereignet sich – wenn man Glück hat – sozusagen in den Zwischenräumen, zugleich in und jenseits der Sprache.

Exzerpte

Jean Pauls »Poetik des Zettelkastens«[6] wird dem Leser erstmals 1795/96 in zwei programmatischen Erzählungen vorgeführt: in *Die Taschenbibliothek* und in *Leben des Quintus Fixlein, aus funfzehn Zettelkästen gezogen; nebst einem Musteil und einigen Jus de tablette.* Während erstere am Beispiel des Pagentanzmeisters Aubin das exzerpierende Lesen empfiehlt, erhebt letztere die Exzerptensammlung zum poetologischen Prinzip.

Zusammenbrüche. Situationen offener Epistemologie, Frankfurt/M.: Suhrkamp 1991, S. 759-772.

4 Vgl. u.a. Andreas Erb: Schreib-Arbeit. Jean Pauls Erzählen als Inszenierung »freier« Autorschaft, Wiesbaden: Deutscher Universitäts-Verlag 1996.

5 Zum Blättern als Form »sinnlichen Lesens« vgl. Verf.: »Vielseitige ›Blattlausfruchtbarkeit‹ bei Jean Paul«, in: Jürgen Gunia/Iris Hermann (Hg.), Literatur als Blätterwerk. Perspektiven nichtlinearer Lektüre, St. Ingbert: Röhrig 2002, S. 241-258.

6 Vgl. Annette Horn: Die Poetik des ›Zettelkasten‹. Assoziationspsychologie und die Ästhetik eines phantastischen Realismus, http://users.iafrica.com/h/ho/hornpete/Jean-Paul-SAGV.htm.

Der Pagentanzmeister Aubin hatte wenig Zeit, wenig Geld, noch weniger Gedächtnis und Bücher: - und doch wußt' er fast alle auswendig und war nicht bloß auf dem Tanzboden zu Hause. (II, 3, 769)[7]

Des Rätsels Lösung ist seine »Taschenbibliothek« (ebd.), bestehend aus Exzerpten und Exzerpten der Exzerpte. Der Generalautor[8] Jean Paul empfiehlt diese Methode seinen Lesern, um in der »Bücherflut« (II, 3, 772) des ausgehenden 18. Jahrhunderts wenigstens einige wertvolle Tropfen Hochgeistiges aufzufangen bzw. herauszudestillieren, und gesteht, dass er »beinahe auf demselben Wege seit dem 14ten Jahre gehe« (ebd.).

Wie Aubin hat auch Jean Paul – als schriftstellernder »Pagentanzmeister« – Exzerpte erstellt, Exzerpte aus Exzerpten und Register der Exzerpte aus Exzerpten, um »den Spiritus noch einmal abziehe[n]« (ebd.) zu können. Die in der Staatsbibliothek zu Berlin – Preußischer Kulturbesitz befindlichen handschriftlichen Exzerpte Jean Pauls werden zur Zeit in einem Projekt der Würzburger Jean-Paul-Arbeitsstelle lesbar gemacht und veröffentlicht.[9] Wie Götz Müller betont, der als erster die Exzerpthefte bibliographisch zu erfassen suchte, geht es Jean Paul mit seiner Sammlung von Auszügen weniger um das polyhisto-

7 Es wird zitiert nach: Norbert Miller (Hg.): Jean Paul. Sämtliche Werke (10 Bde.), München und Wien: Hanser 1959-85. Römische Zahlen bezeichnen die Abteilungen, arabische die Bände.

8 Mit diesem Terminus bezeichnet Burkhardt Lindner unter Verweis auf Walter Rehm die Personalunion von Autor und Erzähler bei Jean Paul. Vgl. Burkhardt Lindner: Jean Paul. Scheiternde Aufklärung und Autorrolle, Darmstadt: Agora 1976, S. 103.

9 Vgl. Ralf Goebel: Der handschriftliche Nachlaß Jean Pauls und die Jean-Paul-Bestände der Staatsbibliothek zu Berlin - Preußischer Kulturbesitz. Teil I (Fasz. Ia-XV), Katalog Wiesbaden: Harrassowitz 2002. Zur elektronischen Edition u.a. der Exzerpthefte vgl. *Jean Paul Online* unter: http://home.t-online.de/home/Ralf.Goebel. Berlin/jeanpaul.htm. Einen Überblick zum Stand der Jean-Paul-Edition verschafft allg.: Jahrbuch der Jean-Paul-Gesellschaft, Bd. 34 (1999), S. 9-34. Die aktuellen Forschungsschritte sind über die Links der Website der *Jean-Paul-Gesellschaft* jederzeit abrufbar unter: http://www.uni-wuerzburg.de/germanistik/neu/jean-paul/.

ristische Ideal einer umfassenden Wissensanhäufung und Wissensnutzung, sondern »um das Erfinden von Gleichnissen und Motiven«.[10]

Im Spätwerk stellt Jean Paul diese seine Montage- und Collagetechnik in materialtechnischer Hinsicht verstärkt als Konstruktionsprinzip seiner Texte mit aus. Zu nennen ist vor allem der allegorische »Papierdrache« in *Leben Fibels* und einer Werkankündigung im *Komet* (vgl. I, 6, 375, 425f. u. 569-572) sowie das Fußnotenchaos in *Schmelzles Reise nach Flätz* (vgl. I, 6, 13-68), das dem Leser als drucktechnischer Unfall verkauft wird.

Gerät die Zettelwirtschaft im Spätwerk symbolisch außer Kontrolle, so ist Ordnung in *Leben des Quintus Fixlein* noch das halbe Leben, wenn auch nur des Protagonisten. Dessen Lebensgeschichte ist laut Untertitel »aus funfzehn Zettelkästen gezogen«, benannt nach den mit Zetteln gefüllten Schubkästen der Kinderkommode Fixleins (vgl. I, 4, 83f.). Sie führt den Zettelkasten unter Berufung auf den Publizisten J. J. Moser und den Quintus (vgl. ebd.) quasi als *terminus technicus* biographischen Erzählens ein, sowohl auf die Quelle als auch auf den Anlass der Lebensbeschreibung rekurrierend (vgl. I, 4, 159).

Sein glücklicher Aufstieg vom Quintus, dem fünften Lehrer an einer Schule, zum Konrektor und schließlich zum Pastor seines Heimatdorfes Hukelum, seine glückliche Verlobung und Ehe mit einer Adligen, sein glückliches Los als Protagonist (s)einer Lebensbeschreibung, die tausende von Lesern haben wird – alle diese unwahrscheinlichen Glücksfälle machen Fixlein für Jean Paul in Bezug auf das Schreiben »originelle[r] Bücher« (ebd.) nicht zum Auszug (niedrigste Lottogewinnklasse), sondern zur: Quinterne (Hauptgewinn).[11] Die idyllische

10 Götz Müller: Jean Pauls Exzerpte, Würzburg: Königshausen & Neumann 1988, S. 321. Diesen Fokus des Exzerpierens sieht schon Eduard Berend in seinem Aufsatz: »Wie Jean Paul zu seinen Gleichnissen kam«, in: Neue Schweizer Rundschau, Neue Folge 20, 1952, S. 28-33. Annette Horn verweist auf die philosophische Tradition des englischen Empirismus und der Assoziationspsychologie, die für Jean Pauls »Poetik des ›Zettelkasten‹« wirkmächtig gewesen waren. Vgl. A. Horn: Die Poetik des ›Zettelkasten‹.

11 Die Gewinnklassen der damaligen Lotterie sind: Auszug, Ambe, Terne, Quaterne und Quinterne. Im *Hesperus* ist vom »Ehelotto« (I, 1, 530) die Rede; der Hauptgewinn, die »*Quinterne*«, ist ein »wahre[r] Engel« (ebd.), während sich der Generalautor als »dummer Auszug, ein Ambe«

Perspektive des Generalautors rät den Lesern schon im einleitenden *Billett an meine Freunde*:

»[...] daß man kleine sinnliche Freuden höher achten müsse als große, den Schlafrock höher als den Bratenrock, daß man Plutos *Quinterne* seinen *Auszügen* nachstehen lassen müsse [...].« (I, 4, 11f.)

Auf diese Weise vergrößere man sich seine kleinen Glücksmomente und kehre sich sogar die Auszüge zu Quinternen um. Wer den Pfennig nicht ehrt...

Glücklich ist für Jean Paul – in schriftstellerischer Hinsicht – gerade der Sammler, der unversehens wahre Schätze zusammenhäuft, die als Bausteine der literarischen Produktion dienen können (vgl. I, 4, 166).

Freilich gilt es Maß zu halten, wenn die Auszüge das eigene Geschriebene zwar bereichern, nicht jedoch überfluten sollen. Während die *Grönländischen Prozesse* die »Exzerpten oder Speisekammern« des literarischen Sammlers bzw. »schöpferischen Abschreiber[s]« noch satirisch geißeln als »Puls der Vielschreiberei« (II, 1, 391), zeigt ein Erzählerkommentar des *Titan* die Schattenseite der Sammelleidenschaft für den wirklich schöpferisch sein wollenden Schreiber auf:

»Heischesätze - Apophthegmen - Philosopheme - Erasmische Adagia - Bemerkungen von Rochefoucauld, von La Bruyere, von Lavater ersinn' ich in *einer* Woche unzählige und mehrere, als ich in sechs Monaten loszuwerden und als Einschiebeessen in meinen biographischen petits soupers wegzubringen imstande bin. So läuft der Lotto-Schlagschatz meiner *ungedruckten* Manuskripte täglich höher auf, je mehr ich dem Leser Auszüge und Gewinste *gedruckter* daraus gönne. Auf diese Weise schleich' ich aus der Welt und habe nichts darin gesagt.« (I, 3, 167)

Die akribische Sammelleidenschaft, die verhindern will, dass etwas Gesagtes der Vergessenheit anheim fällt, indem es dieses noch einmal

(I, 1, 531) bezeichnet. In *Leben des Quintus Fixlein* wird mehrfach mit der Überblendung Quintur - Quinterne gearbeitet, vgl. auch I, 4, 141 u. 185.

kundtut und gewissermaßen im Spiel hält,[12] diese akribische Sammelleidenschaft macht den Sammler selbst mundtot. Er wird zum Archivar, zum Funktionär seiner Sammlung, die sich selbständig zu machen droht, und muss seinerseits auf Sammler handschriftlicher Bonmots hoffen, die seinen eigenen »Lotto-Schlagschatz« heben und ihm ein editorisches Denkmal setzen. Die Kenntnisnahme des Geschriebenen wird zum Lotteriespiel.

Die Präsentation von Lesefrüchten geht auf Kosten des eigenen Schreibens. Immer wieder wird sie bei Jean Paul freilich jenen Autoren anempfohlen, die über wenig Phantasie und Erinnerungsvermögen verfügen und dennoch vom Ehrgeiz angestachelt werden, dicke Bücher zu publizieren. Die Reihe geht von den diversen Möchtegern-Schriftstellern, die in den Satirensammlungen gegeißelt werden, über Aubin (freilich eher ein Privatgelehrter), Fixlein und den Kunstrat Fraischdörfer, die beide ihre Zettelkästen bzw. ihre »Studierstube mit den Exzerpten und Büchern« (I, 4, 21) und ihre Kräutermützen (vgl. I, 4, 187 bzw. 21) brauchen, um nicht als »ordentlich unwissend und dumm, gleichsam nur ein schwacher Schattenriß und Nachstich [ihres] eignen Ichs, ein Figurant und curator absentis desselben« (I, 4, 21) zu erscheinen, bis zu den Helden des Spätwerks. Sie alle brauchen ihre Auszüge, um nicht als Auszug ihres Ichs dazustehen. Und die Reihe geht eigentlich bis zu Adam zurück. So heißt es in Adams Hochzeitsrede, die Leibgeber in einem Brief im *Siebenkäs* entwirft:

»Denn ich hatte im Stande der Unschuld alle Wissenschaften innen, die Universal- wie die Gelehrtenhistorie, die verschiedenen peinlichen und andern Rechte und die alten toten Sprachen sowohl als die lebendigen und war gleichsam ein lebendiger Pindus und Pegasus, eine tragbare Loge zum hohen Licht und gelehrte Gesellschaft und ein Taschen-Musensitz und kurzes goldnes Siècle de Louis XIV – bei dem Verstande also, den ich hatte,

12 Manfred Sommer betont in: Sammeln. Ein philosophischer Versuch (Frankfurt/M.: Suhrkamp 1999), dass das Sammeln zwei in sich antagonistische Tendenzen vereinige: »*Erstens*: Das akkumulativ Gesammelte geht seiner Vernichtung entgegen. [...] *Zweitens*: Etwas akkumulativ zu sammeln heißt, seine Vernichtung zu verzögern: es ist ein Aufschub des Verschwindens, ein Moment des Bleibens im Prozeß des Vergehens« (ebd., S. 40f.).

wars damals weniger ein Wunder als ein Glück, daß ich das Beste von meiner Allwissenheit in müßigen Stunden zu Papier brachte: – als ich nachher fiel und einfältig wurde, hatt' ich die Exzerpten oder ein räsonierendes Verzeichnis meines vorigen Wissens in Händen und schöpfte daraus.« (I, 2, 120)

Die Exzerpte werden, die platonische Schriftkritik aufnehmend, zum Ersatz des Wissens und der Phantasie. Sie sind klein bzw. kurz, handlich und überschaubar und beinhalten »das Beste von meiner Allwissenheit«, auf die auch die »Loge zum hohen Licht«, der »Musensitz«, »Pindus und Pegasus«, die Referenz an den Sonnenkönig etc. verweisen.

Die Auszüge beinhalten immer mehr, als auf ihnen verzeichnet ist. Sie werden zu Variablen, zu Chiffren des Wissens, das man als sein eigener *deus ex machina* stets aus der Tasche oder dem Zettelkasten ziehen kann, wenn es gewünscht ist. Das Universalgenie des ausgehenden 18. Jahrhunderts schließlich, der neue Adam, wird der Leser der Universallexika sein (vgl. I, 2, 283). Die Reduktion auf die Datenbank selbst bewirkt immer noch das Gefühl von Fülle und Verfügbarkeit, von Gewinn. Der Auszug als Quinterne.

In Anbetracht der Situation des Adams nach dem Fall, dem Fall in die Zeit, in der vor allem Zeit knapp ist, sind die Auszüge auch in anderer Hinsicht ein echter Gewinn. Diese Tendenz zu »pragmatischen Auszügen« wird nicht nur in Jean Pauls *Vorschule der Ästhetik* angeregt (vgl. I, 5, 368), sondern auch mehrfach in den Romanen selbst fingiert und inszeniert, sei es aus Gründen des Anstands (vgl. I, 2, 1055), sei es aus Gründen der Konzentration auf das für den Fortgang der Geschichte Wichtige und zur Vermeidung von Wiederholungen im Text (vgl. allein im *Hesperus* I, 1, 705, 820, 981), sei es aus Zeitgründen und gleichzeitiger Rücksichtnahme auf die Leser(innen)interessen wie im *Siebenkäs*, wo Johanne Pauline der *Hesperus* und die *Blumenstücke* des *Siebenkäs* in »guten pragmatischen Auszügen« erzählt werden, während der Vater schläft (I, 2, 19).

Das Buch. Exodus

Literatur, Sprache und Wörter sind es andererseits aber auch, die einen Auszug anderer Art bewirken können, den Exodus aus der harten Realität hinein in das gelobte Land der Phantasie. So wird Pauline mittels »pragmatischer Auszüge«, die dem Leser unbekannt bleiben, aus ihrem »Ägypten« herausgeführt: »- dann brach unser Fest der süßen Brote an« (I, 2, 25). Auch der Protagonist des *Siebenkäs* selbst erlebt einen »Auszug aus Ägypten« (I, 2, 355) und langt nach einer Fußreise an in Fantaisie.

Der kompensatorische Aspekt der Poesie und Literatur als Flucht in die Tagträume der Phantasie wird bei Jean Paul jedoch immer kritisch gesehen. Nicht zuletzt die vielen Illusionsbrüche in seinen Texten sollen die geschilderte Welt stets als eine Welt des (schönen) Scheins bewusst halten und dem identifikatorischen Lesen Hindernisse in den Weg legen. Immer wieder sind den Erzählungen Warnungen vorausgeschickt, Dichtung nicht mit Wahrheit zu verwechseln (vgl. z.B. I, 1, 486; I, 4, 51). Der Auszug macht vielmehr die Nicht-Identität von Auszuziehendem und Ausgezogenem bewusst. Der Auszug ist immer nur scheinbar, ist nur im Buch. Das Buch Exodus.

Der Auszug ist so scheinbar wie der inszenierte Tod des Firmian Siebenkäs, bei dem dieser »das Sterbliche ausgezogen [habe] und in die Ewigkeit gegangen [sei]« (I, 2, 522), wie der eingebildete des Quintus Fixlein (vgl. I, 4, 178ff.), wie der symbolische des Gustav beim Verlassen der Kindheitshöhle in der *Unsichtbaren Loge* (vgl. I, 1, 62ff.), wie der vergeblich erwartete des sich selbst überlebt habenden Greises Fibel (I, 6, 527-546). Das im sprachlich-literarischen Auszug vermeintlich Verlassene, Hinterlassene und Ausgezogene wird man einerseits nicht los, andererseits tritt der schriftliche Auszug im Erzählen und Lesen ein in die endlose Zirkulation der Kommunikation.

Der Auszug ist, wie das Wort selbst nahe legt, nichts ohne Rückbezug auf das Ausgezogene. Er ist kein freier Schritt in eine offene Zukunft, sondern ein rückgewandter Schritt ins Neue, dessen Neuheit sich aus seiner Differenz zum Bekannten bestimmt. Der Auszug ist humoristisch, gleich dem Vogel Merops mit dem Schwanz voran in den Himmel auffliegend (vgl. I, 5, 129).

Die Vergegenwärtigungen selbst, die sich in der Literatur in Form von Buchstabenfolgen materialisieren, sind nur ein dünner Auszug, der jedoch – und hierin besteht die Magie – einen phantastischen Auszug aus dem schriftlichen Auszug bewirken und die Phantasie des Lesers in Bewegung versetzen kann. In den Worten Jean Pauls: »Wenn der Verstand aus allen Gestalten nur unsichtbare Verhältnisse abzieht (destilliert): so breitet die Phantasie jene lebendig aus.« (I, 5, 178) Gerade die materielle Widerständigkeit des Mediums Schrift respektive Druck ermöglicht der Phantasie, als vermeintlich übersinnliches Medium zu fungieren.

Die lebendigen Gestalten der phantastischen *Vergegenwärtigung* sind jedoch zuerst der *Gegenwart* selbst verloren gegangen. So muss die Liebe bereits vorbei sein, bevor sie *als Liebe* beschreibbar wird, wie der Generalautor selbst mit Bedauern erkennt:

> »Ich nahm oft im Sommer meine Schreibtafel hinaus und wollte ihn an dieses Silhouettenbrett anpressen und dann abschatten; aber die Phantasie kann nur Vergangenheit und Zukunft unter ihr Kopierpapier legen, und jede Gegenwart schränkt ihre Schöpfung ein - so wie das von Rosen destillierte Wasser nach den alten Naturforschern gerade zur Zeit der Rosenblüte seine Kraft einbüßet. Daher mußt' ich allemal warten, bis ich untreu wurde, eh' ich mit meinem Reißzeug an die Liebe gehen konnte...« (I, 1, 1046)

Die konstitutive Nachträglichkeit der phantastischen Vergegenwärtigung bedeutet jedoch nicht, dass das Vergegenwärtigte früher unmittelbarer zugänglich gewesen wäre. Erst im Rückblick wird es erzählbar, wird es – in diesem Fall – erkennbar als die Geschichte einer Liebe. Zugleich wird es auf jene erzählbare Version reduziert. Die Liebe ist fortan die Geschichte einer Liebe – so wie das Leben der Idyllenhelden beispielsweise fortan *Leben des vergnügten Schulmeisterlein Maria Wutz in Auenthal*, *Leben des Quintus Fixlein* und *Leben Fibels* ist, das schriftliche Destillat, auszugsweise erzählt.[13]

13 Vgl. hierzu Verf.: Elliptische Zeiträume des Erzählens. Jean Paul und die Aporien der Idylle, Würzburg: Königshausen & Neumann 2003. Ebenso konnte Adam frühestens *nach* seinem Fall etwas zu Papier bringen (s.o., vgl. I, 2, 120), denn kein Schreiben ohne Reflexion, ohne Rückbe-

Auf diese Weise rückt die zu beschreibende Welt unwiederbringlich in die Vergangenheit, die Texte werden zur Nachschrift, zum Postskriptum,[14] Gegenwart nur nachträglich als eine solche postulierend. Die *Flegeljahre* beispielsweise sind explizit konzipiert als »kleiner Supplementband vom Buche der Natur«, als »Auszug und Anhang« (I, 2, 595f.).

Recht glücklich verbindet Thomas Schestag mit Bezug auf einen Erzählersatz zu Beginn von *Leben Fibels* mit dem Begriff »Auszug« Exzerpt und Exodus bzw. Exil, Makulatur und Lebensende:

»Der *treue Auszug* ist genau aus diesem Grund allein dem Auszug aus dem Auszug, dem *folgenden*, nämlich unvorhersehbaren Riß durch das, was zustandgekommenes *Exil*, zustandgekommenes *Exzerpt*, Leben oder Buch scheint, treu: *Das folgende Buch ist demnach der treue Auszug*. Aus dem Buch nicht weniger als aus dem Leben. Das Buch ist, vom *treuen Auszug* her, Buch auf der Schwelle zum (Abschied vom) Buch. Das Leben: auf der Schwelle zum (Abschied vom) Leben.«[15]

---

zug also, ohne Abstand. Dies spiegelt sich auch in der paradoxen Überblendung der Sprechperspektiven Adams und Leibgebers, die es ermöglicht, die »Allwissenheit« historisch und klassifikatorisch aufzufächern und mit dem Zeitalter der Aufklärung gleich zu setzen (vgl. ebd.).

14 Derrida richtet in Betreff dieser konstitutiven Nachträglichkeit aus vergleichbaren Gründen sein Augenmerk auf Appendix, Kodizill und Postskriptum, Schreibformen, die sich allesamt in Jean Pauls so genannten idyllischen Texten wieder finden lassen. Vgl. Jacques Derrida: »Freud und der Schauplatz der Schrift«, in: ders., Die Schrift und die Differenz, Frankfurt/M.: Suhrkamp 1997, S. 302-350, hier S. 324. Wenn sich diese Formen der »Nachrede« nicht auf ein selbst unzugängliches Unbewusstes, sondern wiederum auf einen Text beziehen, schaffen sie ein Text-Double, so Derrida. Für Derrida ist Jean Paul der »Meister des Doubles«, wobei er auf dessen als Appendix konzipierten *Jubelsenior* verweist. Ders.: »Buch-Außerhalb. Vorreden/Vorworte«, in: ders., Dissemination, Wien: Passagen 1995, S. 9-68, hier S. 35f., Anm. 15. Zu Jean Pauls Supplementen vgl. auch: Andrew J. Webber: The *Doppelgänger*. Double Visions in German Literature, Oxford: Clarendon Press 1996.

15 Thomas Schestag: Bibliographie für Jean Paul, in: Modern Language Notes 113 (1998), S. 465-523, hier S. 507.

Ägypten liegt hinter einem, aber die Tore des Paradieses sind ebenfalls geschlossen. Was bleibt? Das Buch. Exodus.

Die hermeneutische Lotterie

Die Auszüge sind die niedrigste Gewinnklasse in der hermeneutischen Lotterie. Das Wesentliche fehlt immer. Der literarische Auszug entzieht vor allem Gegenwart zugunsten der phantastischen Vergegenwärtigung. Markantes Beispiel ist immer wieder die Liebeserklärung. Schon in der *Unsichtbaren Loge* lässt Jean Paul Gustav erkennen:

»Beata! auf der Erde kann kein Mensch dem andern sagen, wie er ihn liebe. Die Freundschaft und die Liebe gehen mit verschlossenen Lippen über diese Kugel, und der innere Mensch hat keine Zunge.« (I, 1, 333)

Von treulicher Wiedergabe der Gefühle im Medium der Sprache kann nicht die Rede sein; vielmehr erkennt Jean Paul klar die Unzulänglichkeit ihrer Vermittlungsmöglichkeiten. Emanuel sagt im *Hesperus*:

»In zwei Körpern stehen wie auf zwei Hügeln getrennt alle liebende Seelen der Erde, eine Wüste liegt zwischen ihnen wie zwischen Sonnensystemen, sie sehen einander herübersprechen durch ferne Zeichen, sie hören endlich die Stimmen über die Hügel herüber – aber sie berühren sich nie, und jede umschlingt nur ihren Gedanken.« (I, 1, 785f.)

In der *Levana* heißt es recht drastisch, den von Emanuel im *Hesperus* formulierten Gedanken aufgreifend: »[...] zwei Ich sind einander wie auf Inseln entrückt und versperrt im Knochen-Gitter und hinter dem Haut-Vorhang.« (I, 5, 789)

Sind die Liebenden schon durch ihre Körperlichkeit voneinander getrennt, rückt sie auch weder Körper- noch Zeichensprache näher zueinander.

Diese Einsicht findet sich auch in theoretischen Äußerungen Jean Pauls wieder. Im *Magie*-Aufsatz wird gewarnt: »Die typographische Pracht dieser Lettern vermenge man nicht mit dem erhabenen Sinn, dessen *unwillkürliche* Zeichen sie sind.« (I, 4, 203) In der *Clavis Fichtiana* werden später in Bezug auf die Sprache »drei gewisse Wege [...], sich zu – verrechnen« (I, 3, 1024) angeführt: die Verwechslung von Quantitäten mit Qualitäten und umgekehrt sowie das absichtliche Übersehen der Arbitrarität der Sprache. Auch die *Vorschule der Ästhetik* insistiert darauf, dass es »kein absolutes Zeichen gibt – denn jedes ist auch eine Sache« (I, 5, 182), (die begrenzte Zahl der) Zeichen und (»erhabener«) Sinn differieren. Dennoch ist Sinnvermittlung auf Sprache angewiesen:

»Schrift fungiert als eine Instanz, welche zwischen dem erkennenden Subjekt und seinen Objekten in prägnanter Weise vermittelt. Sie etikettiert nicht nur nachträglich ein Wissen, das es genausogut ohne sie gäbe, sondern sie konstituiert dieses Wissen mit«.[16]

Die gelieferten sprachlichen Auszüge, die Exzerpte und Extrakte, sind zwar graphisch-materiell, aufgrund ihrer Arbitrarität einerseits und ihrer Historizität andererseits jedoch höchst flüchtige Essenzen.

Worte können stets nur einen Umriss geben und »*drükken* nie das ganz aus, was man *fült*« (II, 1, 81), erkennt Jean Paul schon sehr früh. Sie sind nur ein Auszug im homöopathischen Sinne, denn: »Unsere Seele schreibt mit vierundzwanzig Zeichen der Zeichen (d.h. mit vierundzwanzig Buchstaben der Wörter) an Seelen; die Natur mit Millionen.« (I, 4, 203) Man kann nur mit Worten von Worten auf Worte verweisen und muss den Rückschluss auf analoge Befindlichkeiten schuldig bleiben. Gilt dies schon im persönlichen Gespräch, so erst recht im je für sich einsamen und unter Umständen enorm zeitversetzten Schreib- und Lektüreakt. Die Wörter bleiben Spielmarken im Lotteriespiel des Verstehens.

Dennoch bedeutet dies für Jean Paul keineswegs ein fröhlich-selbstgenügsames, selbstreferentielles Spiel in der Endlichkeit. Die Einsicht in Begrenztheit und Unzulänglichkeit der irdischen Aus-

16 Monika Schmitz-Emans: »Das *Leben Fibels* als Transzendentalroman. Eine Studie zu Jean Pauls poetischen Reflexionen über Sprache und Schrift«, in: Aurora 52 (1992), S. 143-166, hier S. 145. Bereits in *Schnupftuchsknoten oder Sternbild. Jean Pauls Ansätze zu einer Theorie der Sprache* (Bonn: Bouvier 1986) arbeitet Schmitz-Emans überzeugend die Verschiebungen von einem instrumentalen zu einem transzendentalhermeneutischen Sprachmodell bei Jean Paul heraus.

drucksmöglichkeiten der Phantasie weckt zwar die Sehnsucht, den unüberwindlichen Abgrund zwischen Gegenwart und Vergegenwärtigung, zwischen Jetzt und Nachträglichkeit zu überwinden, gibt aber auf der anderen Seite auch erst die Gewissheit, dass es jene selbst unvermittelbare Unmittelbarkeit der Gegenwart, des Jetzt und des Lebens überhaupt gibt. Diesen Beweisgang tritt Jean Paul unter anderem im *Kampaner Tal* an (vgl. I, 4, 614).

Zeichen-Binden

Die Sprachzeichen haben in ihrer Widerständigkeit Restcharakter, denn im Gegensatz zur sinnerfüllten, lebendigen Leiblichkeit sind sie als lediglich potenzielle Sinnträger an sich tote Körperteile und sind Erzählungen »Mumien«, aus »Zeichen-Binden« (I, 1, 21) gewickelt. Titel und Untertitel schon des ersten Romans sind diesbezüglich sprechend: *Die unsichtbare Loge* bzw. *Mumien.*[17] Es ist ein buchstäblich todernstes Spiel, in dem das Mumifizierte nicht (mehr) abgelöst von seiner Mumifizierung betrachtet werden kann, weil es »kein absolutes Zeichen gibt – denn jedes ist auch eine Sache« (I, 5, 182), eine »Zeichen-Binde«, ein »Sprachgitter«[18]. Es handelt sich um Codes und Losungs-

17 Vgl. übrigens auch Ernst Bloch: »*Mumie und Auslese*: Viel Geschriebenes veraltet wie Brötchen, die offen liegen. Die Buchform hält Damaliges zwar frisch wie im Kühlschrank, oft auch nur wie in Höhlen und Schulausgaben, deren Luft die beigesetzten Leichen immerhin als Mumien erhält. Hat der Autor Glück, dann erhält sich das eine oder andere seiner Bücher sogar wie in einem Weinkeller und wird mit dem Alter besser.« Ernst Bloch: Literarische Aufsätze. Werkausg. Bd. 9, Frankfurt/M.: Suhrkamp 1965, S. 12. Damit die »Leichen« immerhin als »Mumien« erhalten bleiben, müssen sie in gewisser Weise »gelüftet« werden, d.h. die Bücher müssen aufgeblättert und gelesen werden, zumindest auszugsweise.

18 Zu einer Engführung der »Sprachgitter« unter dem Aspekt des Orientalischen vgl. den material- und aufschlussreichen Aufsatz von Sabine Eickenrodt: »Sinesische Sprachgitter: Jean Pauls Schriftbilder der anderen Welt«, in: Jahrbuch der Jean-Paul-Gesellschaft 38 (2003), S. 30-77. Eickenrodt betont den gestischen Charakter des allegorischen Verfahrens Jean Pauls, das die »Sprachgitter« als »sinesische«, d.h. gleichermaßen schriftliche wie pikturale und dabei immer doch negativistische, da zeitlich-endliche, Verweisungsmöglichkeit auf die andere Welt vorstellt. Sie bezieht freilich die Symbolik, die sich im Logenwesen mit

worte, die in sozusagen »geheimer«, »freimaurerischer« Weise funktionieren und fungieren.

Hinter die Funktionsweise der »Zeichen-Binden« will auch das schriftstellernde Schulmeisterlein Wutz kommen. In seiner im Anhang zur *Unsichtbaren Loge* beigegebenen Lebensbeschreibung müht es sich redlich, »den Hintergrund des Freimäurer-Geheimnisses auszuhorchen«, um darüber ein Buch schreiben zu können, dass er »genau durchlese und zu verstehen trachte« (I, 1, 428). Thomas Schestag legt in wortgenauen und assoziativen Interpretationsreihen dar, wie diese »Echographie« Wutzens sich in der Konzeption der *Unsichtbaren Loge* spiegelt, die weniger Synonym der *Ecclesia invisibilis* sei, als vielmehr »die Spur eines *Lesens*, zu dem *Loge* (ein Wort, in dem, ausgehorcht, *Lex – Logos – legein* nisten) aufbricht«, schreibe.[19] Wutz als autodidaktischer, fast als autistisch zu bezeichnender Schriftsteller wird freilich ein echt »mauerisches«[20] Buch über die Freimaurer schreiben, das das Arkanum bewahrt, weil es mit diesem gänzlich unbekannt ist.

Ist es bei Wutz schlicht Unfähigkeit aufgrund mangelnder Kenntnis, ist es bei Initiierten, Rezipienten wie Produzenten – Jean Paul

---

dem *Nahen* Osten verknüpft, aufgrund der Konzentration auf das »Sinesische« nicht in ihre Interpretationen ein. Vielleicht steuern meine abschließenden oben stehenden Überlegungen noch eine diesbezügliche Fußnote bei.

19 Vgl. Th. Schestag: Bibliographie für Jean Paul, S. 494. So bestehe eine Nähe zu den geoffenbarten mosaischen Gesetzen, die nichtsdestotrotz keine offenbaren Gesetzen sind, wie Schestag mit Moses Mendelssohn betont: »Das Wesentlichste der Gesetze bleibt dem Willen zur Sinnsuche und -findung, hermeneutischen Impulsen fremd. Die mündlichen und ungeschriebenen Zusätze sind dem Verstehen gezollt, das Wesentlichste aber ist den Buchstaben anvertraut worden« (ebd., S. 474). Die religiöse Beziehung zum Buch, Buch zwischen Bibel und Fibel, Lesen zwischen Loge und Auszug, beleuchtet Schestag am Beispiel der *Unsichtbaren Loge* (inkl. *Wutz*) und *Leben Fibels*.

20 In einem Brief an Karoline Herder vom 11. Mai 1803 kommentiert Jean Paul einen Aufsatz der *Adrastea* ihres Mannes wie folgt: »Der Aufsatz über die Freimäuerer ist mauerisch, nämlich es wird ein Schleier von einem - Schleier abgezogen; und das Licht raubt die poetische Schönheit der Mysterie nicht.« Vgl. Paul Stapf (Hg.): Jean Paul und Herder. Der Briefwechsel Jean Pauls und Karoline Richters mit Herder und der Herderschen Familie in den Jahren 1785 bis 1804. Mit zwei Faksimiles, Bern, München: Francke 1959, Brief Nr. 153, S. 122f., hier S. 122.

spricht von sich selbst in der Vorrede zur *Unsichtbaren Loge* mit dem Untertitel spielend als »Mumien-Vater« –, Bestimmung und Verpflichtung, das Geheimnis zu bewahren, bis sie alle »das Schicksal zur großen Mumie macht« (I, 1, 22).[21] Und wie das? Tiefe lässt sich am besten an der Oberfläche verstecken, Sinn am besten in Sprache, jenem »Gewölke, an dem jede Phantasie ein anderes Gebilde erblickt« (I, 4, 433; vgl. I, 5, 83 u. II, 3, 772), am allerbesten in Auszügen.

Bereits oben zitierter Auszug aus Adams Hochzeitsrede (vgl. I, 2, 120) bringt die Auszüge mit dem Logenwesen in Verbindung. Ebenso tun dies meines Erachtens die in der *Unsichtbaren Loge* zitierten Auszüge, mit denen die Ideenassoziation als sinnvolle Grundlage der Pädagogik vorgeführt werden soll. In jenen Beispielketten tauchen *in puncto* »alles Große oder Wichtige bewegt sich langsam« und *in puncto* »verhehlt wurde der Name« zweimal »die orientalischen Fürsten« auf (I, 1, 135) und schlagen – über ein assoziativ zu ergänzendes Zwischenglied, nämlich die symbolische Bedeutung des Ostens im Logenwesen – die Brücke zum Romantitel zurück. – Mit den »orientalischen Fürsten« könnte nicht zuletzt auch eine Selbstreferenz einhergehen, die – laut Goethe – »orientalische« Schreibweise mit dem seit dem *Hesperus* fingierten Status des Erzählers Jean Paul als Fürstensohn kombinierend...[22]

Im *Hesperus* scheint Jean Paul seine Tätigkeit in der »literarischen Arbeitloge« der Öffentlichkeit zugänglich machen zu wollen, doch auch hier hebt sich der »Vorhang« nur »vielleicht«, indem Auszüge präsentiert werden:

21 Ähnlich ließe sich auch die Rede von Buchtiteln als »Urnen« (vgl. II, 1, 423) deuten.

22 Vgl. hierzu auch A. Horn: Jean Pauls Poetik des ›Zettelkasten‹. Goethe wird schließlich in den *Noten und Abhandlungen zum besseren Verständnis des Westöstlichen Divans* sein früheres Verdikt über Jean Paul als »Orientalen« versöhnlich dahingehend korrigieren, »daß kein deutscher Schriftsteller sich den östlichen Poeten und sonstigen Verfassern mehr als *Jean Paul Richter* genähert habe«. Vgl. Johann Wolfgang von Goethe: »Noten und Abhandlungen zum besseren Verständnis des West-östlichen Divans«, in: ders., Werke. Hamburger Ausgabe (14 Bde.). Textkritisch durchgesehen und kommentiert von Erich Trunz, München: Beck 1994, Bd. 2, S. 184; gesperrt gedruckter Name von mir kursiviert, U.H.

»Vielleicht heb' ich durch das Geschenk dieses Entwurfs [einer Vorrede; U.H.] auch den Vorhang auf, der noch immer an meiner literarischen Arbeitloge herunterhängt, und ders der Nachwelt versteckt, wie ich darin arbeite als mein eigner dienender Bruder und als Meister vom schottischen Stuhl.« (I, 1, 480)

Es geht, entgegen der Interpretation von Erb, nicht um die Aufhebung des Geheimnisses als bürgerlicher Emanzipationsakt und versuchte Aufhebung von Hierarchien,[23] sondern um die Initialisierung des Publikums. Indem der Leserschaft ein Vorredenentwurf präsentiert wird, also stichwortartige Auszüge, die der Verfasser zum Teil selbst nicht mehr versteht (!) (vgl. I, 1, 481), bleibt das Geheimnis gewahrt und der Leser allenfalls mit dem Auszugscharakter der Sprache bekannt gemacht.

Das Heben des Vorhangs ist ein symbolischer Akt, der lediglich einen Schleier von einem Schleier abzieht (s.o.) bzw. einen Blick *auf*, aber nicht *in* die (Bundes-)Lade, nämlich auf die Auszüge, gewährt (vgl. dazu natürlich auch *Das Buch Exodus*: Ex 21,1-31,17 u. 35,1-40,38). Das Wesentliche wird nicht vermittelt durch Sprache, sondern durch Sprechen (vgl. I, 4, 748f.). Der Auszugscharakter der Sprache macht Kommunikation und Dialog zur Aufgabe. Im Auszug wird das Arkanum weitergereicht wie bei den Handwerkern in symbolischer Weise die Lade:

»Auszug heisset bey denen Handwercks-Leuthen, wenn sie die Lade vom bißherigen zu dem neuerwehlten Ober-Meister in einer ordentlichen Procession sämtlicher Compen weiter tragen.«[24]

23 Vgl. A. Erb: Schreib-Arbeit, S. 99-104. Inwiefern beispielsweise die Geschlechterhierarchie bei Jean Paul gerade in den empfindsamen Texten zum Thema Frauenschicksal in der Ehe immer gewahrt bleibt, hat Elsbeth Dangel-Pelloquin aufgezeigt, vgl. u.a. dies.: Eigensinnige Geschöpfe. Jean Pauls poetische Geschlechterwerkstatt, Freiburg/Br.: Rombach 1999.

24 Johann Heinrich Zedler: Grosses vollständiges Universal-Lexikon, Halle, Leipzig: Zedler 1732-50, Bd. 2., Sp. 2264. Ein Compe ist, so führt das Lexikon aus, »ein Meister, nemlich ins Handwerck eingeführet und aufgenommen, daß also nicht jedweder Meister ein Compe, darentgegen ieder Compe ein Meister ist [...]. Bedeutet also Meister den Stand *abso-*

Das Schreckgespenst des Generalautors ist der letzte Leser (vgl. I, 4, 1129), mit dem die Kommunikation abbrechen wird, sein Wunsch der geistige Bund bzw. die Seelenverwandtschaft mit dem Lesepublikum, die das Verstehen über alle Auszüge hinweg sichern und *selbst dann nicht* auf diese verzichten könnte,

»so daß ich gleichsam für den einen runden Stock der spartischen Skytale zu nehmen bin, um den der große Genius beschriebene Blätter wickelt, und der Leser für den zweiten, an dem die Blätter, weil er ebenso gehobelt ist, geradeso aufzuwickeln und abzulesen sind wie an mir selber. - -« (I, 4, 36)

Autor und Leser werden zu Medien des Textes, dessen »Zeichen-Binden« sich um ihre »geistlichen Mumien«[25] wickeln, so dass sie sich in ihnen verzetteln. Ist der Leser aus dem gleichen Holz geschnitzt wie der Autor, »entwickelt« sich für ihn der geniale schriftliche Auszug unverhofft zur Quinterne oder zumindest zur – »Ambe, eine Stadt im glückseligen Arabien«[26].

---

lute in simplici: Compe aber, die Gerechtsame, *relatiue & in composito*« (ebd., Bd. 6, Sp. 867). Ich gestatte mir hier, die Freimaurer zu den Maurern zu schlagen.

25 Tenzel unterscheidet den Körper als »leibliche [...] Mumie« von der »geistlichen *Mumia*«. Durch diese trete das Geistige zu »denen äußersten Theilen ihres Leibes« in Beziehung und kleide die Seele ein. Vgl. P.C. (Hg.): Andreas Tenzel: Medicinisch-Philosophisch- und sympathetische Schriften, vollständiger, original-getreuer Nachdruck der Ausgabe Leipzig 1753, Freiburg: Aurum 1978, S. 25f. Den Hinweis auf Tenzel verdanke ich Maximilian Bergengruen: Schöne Seelen, groteske Körper. Jean Pauls ästhetische Dynamisierung der Anthropologie, Hamburg: Meiner 2003, S. 49.

26 J. H. Zedler: Universal-Lexikon, Bd. 1, Sp. 1675. »Ambe« ist nach »Auszug« zugleich die zweithöchste Gewinnklasse der damaligen Lotterie.

Katastrophenbrüder

Thomas Manns »Bruder Hitler«

Thomas Regehly

Vom Extremen geht der Begriff aus.
Walter Benjamin

In den *Betrachtungen eines Unpolitischen* zitiert Thomas Mann Schopenhauer, der behauptet hatte: »Die Natur [...] macht es wie Shakespeare und Goethe, in deren Werken jede Person, und wäre sie der Teufel selbst, während sie dasteht und redet, recht behält weil sie so objektiv aufgefaßt ist, daß wir in ihr Interesse gezogen und zur Teilnahme an ihr gezwungen werden«.[1] In seinem Artikel *Bruder Hitler* imitiert Thomas Mann die Natur und zwingt den Lesern – allen, die jemals lesen werden können – die Teilnahme und das Interesse an der Person Hitlers auf. »Nächst dem Brief an den Dekan der philosophischen Fakultät der Universität Bonn hat Thomas Mann kaum je einen politischen Artikel verfaßt, dem eine ähnlich weitgreifende Wirkung beschert war«.[2]

1 Thomas Mann: Betrachtungen eines Unpolitischen (Gesammelte Werke in Einzelbänden, Frankfurter Ausgabe, hg. v. Peter de Mendelssohn), Frankfurt/M.: Fischer 1983, S. 226; das Zitat findet sich in: Arthur Schopenhauer: Werke in 5 Bde. Nach den Ausgaben letzter Hand hg. v. Ludger Lütkehaus, Zürich: Haffmans 1988, Bd. 4: Parerga und Paralipomena. Kleine philosophische Schriften, Bd. 1, S. 445.

2 Klaus Harpprecht: Thomas Mann - Eine Biographie, Hamburg: Rowohlt 1995, S. 1016.

Die Tagebücher weisen aus, dass der Text Anfang April 1938 in Beverly Hills, Californien, geschrieben wurde,[3] zunächst unter dem Titel *Tagebuch-Blätter*. Anfangs war er für die illustrierte Wochenzeitschrift *Cosmopolitain* gedacht, erwies sich dann aber als für diesen Zweck ungeeignet. In seiner ursprünglichen Form blieb er unveröffentlicht.[4] Thomas Mann kam im Laufe des Jahres immer wieder auf diesen bekenntnishaften und provozierenden Aufsatz zurück.

Das Tagebuch vom 1.8.1938 hält zunächst fest: »Wiedervornahme der ›Tagebuch-Blätter‹ von Beverley Hills und Versuche einer konzentrierten Fassung.« Wenige Sätze später heißt es: »Unerfreulicher Zustand zwischen den Arbeiten. Faust-Vortrag, ›Der Bruder‹?« (264) Das Fragezeichen hinter dem Titel signalisiert vielleicht noch leise Zweifel an der Überschrift. Einen guten Monat später, am 5.9.1938, wird die umgearbeitete, am Vortag fertiggestellte Fassung »nach dem Abendessen« erstmals vorgelesen. Die ersten Hörer sind Katia, der Bruder Heinrich, Therese Giehse und die »5 Kinder«. Der Text findet offensichtlich Beifall und wird für den geplanten Essay-Band *Achtung, Europa!* von den Anwesenden »akklamiert«, wie Thomas Mann sich notiert (281). Ende Oktober heißt es dann, unter dem Eindruck der politischen Ereignisse (Münchner Konferenz vom 29.9., Appeasement-Politik Chamberlains), dass »unter schwedischem Obrigkeitsdruck« der Text doch nicht aufgenommen werden kann (313). Am 12.11., nach der Reichspogromnacht, ist die Sache dann entschieden: »Kabel von Bermann wegen Weglassung des ›Bruders‹ mit Rücksicht auf die Pogrome u. mögliche persönliche Folgen. Zunächst anheim gestellt, dann entschieden verzichtet und Zurückhaltung des Buches vorgeschlagen.«

3 Thomas Mann: Tagebücher 1927-1939, hg. v. Peter de Mendelssohn, Frankfurt/M.: Fischer 1980, S. 211. (21.4.1938: »Beendete vormittags den Aufsatz ›Tagebuch-Blätter‹«.) Nachweise im Folgenden direkt im Text.

4 Thomas Mann: Tagebücher 1937-1939, Anm., S. 681. - Sie sind abgedruckt in: Thomas Mann: Essays, nach den Erstdrucken, textkritisch durchges., komment. u. hg. v. Hermann Kurzke u. Stephan Stachorski, Bd. 4 »Achtung, Europa!«, Frankfurt/M.: Fischer 1995, S. 439ff. Von der Ausgabe der Essays aus den dreißiger Jahren im Rahmen der im Erscheinen begriffenen Großen kommentierten Frankfurter Ausgabe sind weitere Aufschlüsse zu erwarten.

(319) Im März des neuen Jahres plant Thomas Mann die Veröffentlichung in Moskau – auch das war denkbar – oder Paris.

Erstmals auf Deutsch gedruckt wird der Aufsatz im *Neuen Tage-Buch*, der in Paris erscheinenden Exil-Zeitschrift, am 25.3.1939. Die englische Übersetzung lässt nicht lange auf sich warten. Der Ausdruck »Bruder Hitler« wird auseinandergefaltet zu der schockierenden These »This man is my brother«. Die Chicagoer Modezeitschrift *Esquire* darf sich glücklich schätzen, den Text bringen zu können. In Buchform erscheint er, mit dem reduzierten und deutlich entschärften Titel *A Brother*, 1942, im Essay-Band *The Order of the Day*. Die deutschen Leser mussten sich bis 1953 gedulden. Erst in diesem Jahr veröffentlichte Thomas Mann den Aufsatz in seinem Prosa-Sammelband *Altes und Neues. Kleine Prosa aus fünf Jahrzehnten*.

Wie kommt Thomas Mann dazu, Hitler einen, ja seinen Bruder zu nennen? Welche abgründige Intimität wird hier vor der interessierten Öffentlichkeit der Alten und Neuen Welt ausgebreitet? Wie ernst ist diese behauptete Brüderlichkeit zu nehmen, die dann Epoche machte und uns auch heute noch beunruhigen kann? Max Picard erläuterte 1946 den *Hitler in uns selbst*, in lebhaftester Erinnerung ist Heiner Kipphardts *Bruder Eichmann* von 1983, ein Stück, in dem die Palästinenser als die »neuen Juden« bezeichnet werden – so die Interviewerin Oriana Fallaci gegenüber Ariel Sharon – und ein israelischer Soldat sich in eine Gestapo-Uniform hineinträumt.[5] Die im Titel postulierte »Brüderlichkeit« brachte diese frappanten Grenzverletzungen auf den Weg.

Der Aufsatz *Bruder Hitler* beginnt mit dem Eingeständnis einer widerwilligen Faszination durch Hitler. »Ohne die entsetzlichen Opfer, welche unausgesetzt dem fatalen Seelenleben dieses Menschen fallen, ohne die umfassenden moralischen Verwüstungen, die davon ausgehen, fiele es leichter, zu gestehen, daß man sein Lebensphänomen fesselnd findet.«[6] Für den Nachgeborenen, der einen anderen Superlativ des

5 Heinar Kipphardt: Bruder Eichmann. Schauspiel, Reinbek: Rowohlt 1983, S. 133 u. S. 66.

6 Thomas Mann: »Bruder Hitler«, in: ders., An die gesittete Welt. Politische Schriften und Reden im Exil, Nachwort von Hanno Helbling, Frankfurt/M.: Fischer 1986, S. 253. Nachweise aus dieser Ausgabe im Folgenden direkt im Text.

Entsetzens kennen lernen konnte, stellt sich zunächst die Frage, von welchen »entsetzlichen Opfern« Thomas Mann hier spricht. Bereits in seiner flammenden Ansprache aus Anlass des Münchner Abkommens hatte Thomas Mann die Opfer benannt, an die er dachte: die »Greuel der Konzentrationslager, die Folterungen und Morde, die Juden- und Christenverfolgungen, die Austreibung des Geistes, die kulturelle Schreckensherrschaft eines an den Grundpfeilern der abendländischen Gesittung rüttelnden Banausen-Bolschewismus« (265). Man, so heißt es verschämt, sei gleichwohl fasziniert von dem »Phänomen« Hitler. Die Affekte beherrschen das Urteil. Da ist zunächst der Hass, der gefordert wird und sein muss, von dem sich Thomas Mann aber ausdrücklich distanziert. Es seien nicht seine besten Stunden, in denen er »das arme, wenn auch verhängnisvolle Geschöpf« hasse. Ironie, das »Heimatelement aller geistigen Kunst und Produktivität«, solle den Hass besiegen, sich zu dem – höchst affektiven – Interesse läutern. Mit diesem »Trieb« – man staunt – seien »humoristisch-asketische Ansätze zum Wiedererkennen, zur Identifikation, zum Solidaritätsbekenntnis verbunden«. Bevor die solidarische Anamnesis Fuß fassen kann, fährt Thomas Mann sich selbst mit einer einzigartigen Tirade ins Wort, die auch in seinem eigenen Werk ihresgleichen sucht. Das Objekt des Interesses wird in einer Periode, die sich über anderthalb Seiten schwingt, verbal geradezu vernichtet, und man wundert sich, dass nach dieser Fällung durch das künstlerische Wort der Hitler-Spuk nicht schon vorbei ist (254f.).

Diese Exekution mündet – wieder zurückschlagend – in das Eingeständnis einer »angewiderten Bewunderung« ein. Das »Künstlertum« ist der gemeinsame Nenner, der sich zunächst anbietet, um die Verwandtschaft zu begründen: Man wundert sich. Nach der Skizzierung des Künstlertums im Stadium der Verhunzung – ein schopenhauersches Motiv, das bereits zum festen Bestandteil der mannschen Gegenwartsdiagnose geworden war[7] – wird Hitler endlich als »ein Bruder« bezeichnet. Thomas Mann erinnert an den Ausgangspunkt seiner Überle-

7 K. Harpprecht: Thomas Mann, S. 973. - Das Wort »Verhunzen« wurde von Hamann und Lessing in die deutsche Schriftsprache eingeführt. Es bedeutet »wie einen Hund behandeln« (Friedrich Kluge: Etymologisches Wörterbuch der deutschen Sprache, Berlin, New York: de Gruyter 1975, S. 814).

gungen, die Überlegenheit der Ironie, des Interesses über den bloßen Hass: »[B]esser, aufrichtiger, heiterer und produktiver als der Haß ist das Sich-wieder-Erkennen, die Bereitschaft zur Selbstvereinigung mit dem Hassenswerten, möge sie auch die moralische Gefahr mit sich bringen, das Neinsagen zu verlernen.« Eine erhebliche Gefahr, die der Spruch »tout comprendre, c'est tout pardonner«, ein dogmatischer Grundsatz der Hermeneutik-Kritik, benennt.[8] Thomas Mann erläutert diesen Lebensgrund, sein brüderliches Künstlertum, und er weist auf diejenigen seiner Arbeiten hin, in denen der Primitivierungs- und Fanatisierungsprozess durch ihn eine literarische Formung erfahren habe: *Fiorenza* an erster Stelle, dann den *Tod in Venedig* (258). Die *Betrachtungen eines Unpolitischen* und andere wären hinzuzufügen.

Es lohnt sich, dem ersten Hinweis zu folgen. In dem Vortrag *On myself* benannte er 1940 die Koordinaten oder Leitideen, die sein »Schmerzenskind«, den »Zwitter« – halb Erzählung, halb Theaterstück – charakterisierten: »Das Künstler-Problem, der dialektische Gegensatz von Geist und Kunst auf der einen, und ›Leben‹ auf der anderen Seite [...] ist auch in meinem einzigen dramatischen Versuch, Fiorenza, abgewandelt.«[9] Lorenzo de Medici und Savonarola ringen im Florenz des Jahres 1492 um die Macht. Hier der »aufgeklärte, skeptische Diesseitsgeist des Humanismus«, dort der »totale Gottesstaat«. Der Künstler ringt mit dem Moralisten, »der sich selbst als einen Künstler definiert, der zugleich ein Heiliger ist und es nicht wahrhaben will, als ihn der sterbende Lorenzo Bruder nennt, den feindlichen Bruder im Geiste« (ebd.).

Aus der Anrede »Padre«, dann Frater, zu deutsch: »Bruder« entwickelt sich für den sterbenden Lorenzo wie von selbst die emphatische Adressierung Savonarolas als »Bruder«. Lorenzo ist wie besessen von dieser abgründigen Übereinstimmung, er will Verstehen und Verständigung mit dem Fanatiker geradezu erzwingen: »Ach Padre, wir verstehen uns! Wir werden uns verstehen!« heißt es, und »Ich muß [...] mich verständigen mit Euch«, bevor er dann in das Geständnis aus-

8 Hans Robert Jauß: Tout comprendre, c'est tout pardonner, in: ders., Wege des Verstehens, München: Fink 1994, S. 49-83.

9 Thomas Mann: Über mich selbst (1940), Frankfurt/M.: Fischer 1983, S. 69.

bricht »ich bin nicht weit entfernt, in meinem Herzen Euch Bruder zu heißen«.[10] Aus dem Ordensbruder ist im Zuge der Kommunikation der »metaphysische« Bruder geworden. Dieses Ansinnen weist der Prior empört zurück, äußerst ungehalten über diese Zudringlichkeit des Verstehen-Wollens. »Ich will Euer Bruder nicht sein. Ich bin nicht Euer Bruder.« (ebd.) Auch Lorenzo findet die Bruderschaft im gemeinsamen Künstlertum begründet: »Bruder, Ihr selbst – auch Ihr seid ein Künstler!« Savonarola gesteht dies zu, mit der bemerkenswerten Erläuterung, eigentlich sei er ein Prophet, dieser indessen »ein Künstler, der zugleich ein Heiliger« ist (484). Ihm schwebe eine andere Kunst, eine Geist-Kunst vor, die von einem »göttlichen Feuer« zehre, ein Thema, das bereits in der früheren Erzählung *Gladius Dei* präludiert wurde, wie Peter de Mendelssohn notierte (675). »Die Kunst«, so schmetterte dort der im lebensfrohen, kunstbeflissenen München herumspukende Asket dem Geschäftsinhaber der Kunsthandlung entgegen, »ist die heilige Fackel, die barmherzig hineinleuchte in alle fürchterlichen Tiefen, in alle scham- und gramvollen Abgründe des Daseins; die Kunst ist das göttliche Feuer, das an die Welt gelegt werde, damit sie aufflamme und zergehe samt all ihrer Schande und Marter in erlösendem Mitleid!« (213) – eine durchaus authentische These, die der Dichter hier in entlarvungspsychologischer Vermummung präsentiert.

Savonarola, der »asketische Priester«, den Thomas Mann rückblickend »einen der leidenschaftlichsten und radikalsten Christen aller Zeiten« nennt,[11] erinnert sich an diesen schmerzlichen Traum von dieser Kunst, welchen er der »Augen- und Schaukunst« des Renaissancepotentaten schroff entgegensetzt. Dieser erkennt die Feindschaft zwischen sich und Savonarola durchaus an, ruft aber gleichwohl aus: »Sind wir Feinde, wohlan, so sag ich, daß wir feindliche Brüder sind!« (487) Erneut die schroffe Ablehnung dieses »lüsternen Verstehens« durch den Mönch: »Ich bin nicht Euer Bruder! Vernahmt Ihr's nicht?« Er gesteht aber zu, ebenfalls von Ruhmbegierde und Ehrgeiz getrieben worden zu sein. Jetzt kann Lorenzo mit gutem Grund von einem »Wir«

10 Thomas Mann: Fiorenza, in: ders., Frühe Erzählungen, Frankfurt/M.: Fischer 1981, S. 483. Zitate aus dieser Ausgabe im Folgenden direkt im Text.

11 Thomas Mann: Über ›Fiorenza‹ (1908), in: ders., Rede und Antwort, Frankfurt/M.: Fischer 1984, S. 38.

sprechen, und beide vereinigen sich zu einem beispiellosen Duett, in dem die Verachtung der Menge – »sie«, die Vielen – eine ebenso intensive wie labile Gemeinschaft stiftet, bevor das Fieber Lorenzo überwältigt und die Machtgier beider zu einem ekstatischen Finale führt.

Das Stück stellt, wie sich zeigte, eine Art Vorprägung für den Aufsatz *Bruder Hitler* dar, anders gesagt erscheint der Titel wie ein verkapptes, etwas kokett daherkommendes Zitat, das völlig legitim gebraucht wurde, aber kaum entziffert werden konnte. Wer von den Lesern des Artikels kannte schon das Stück *Fiorenza*?

Aber zurück zu der wichtigeren Ausgangsfrage: Wie kommt Thomas Mann dazu, Hitler als seinen »Bruder« zu bezeichnen? Durch den Exkurs zu *Fiorenza* gewitzigt könnten wir auch fragen: Unter welcher Voraussetzung kann Lorenzo den Prior zu seinem Bruder ernennen?

In den *Betrachtungen eines Unpolitischen* zitierte Thomas Mann Tolstojs Ausspruch, Schopenhauer sei »der genialste aller Menschen«.[12] Angesichts der »Kulturkatastrophe des Nationalsozialismus« erneuert er den Umgang mit diesem »großen deutschen Denker und Schriftsteller ersten Ranges«.[13] Die Schopenhauer-Rezeption Thomas Manns hat sich zu einem eigenen Spezialgebiet entwickelt, einem Forschungsschwerpunkt, der mit der großen Arbeit von Edo Reents einen vorläufigen Abschluss gefunden hat.[14] Thomas Mann war ein »hingerissener Bewunderer Schopenhauers«, wie er in dem Vortrag über *Meine Zeit* 1950 sagte. Der groß angelegte Schopenhauer-Essay, als Vorwort zu einer Schopenhauer-Auswahl verfasst, entstand in direkter zeitlicher Nähe zum *Bruder Hitler* und erschien erstmals 1938. Nicht nur der Schluss des Artikels, in dem das Künstlertum der Zukunft als »ein beflügelt-hermetisch-mondverwandtes Mittlertum zwischen Geist und Leben« bezeichnet wird, knüpft direkt an Formulierungen des Essays an, in dem es heißt: »Die vermittelnde Aufgabe des Künstlers, seine hermetisch-zauberhafte Rolle als Mittler zwischen oberer und unterer Welt, zwischen Idee und Erscheinung, Geist und Sinnlichkeit« sei als

12 Th. Mann: Betrachtungen eines Unpolitischen, S. 130.

13 Thomas Mann: »Kultur und Politik« (1939), in: ders., An die gesittete Welt, S. 292.

14 Edo Reents: Zu Thomas Manns Schopenhauer-Rezeption, Würzburg: Königshausen & Neumann 1998.

die »kosmische Stellung der Kunst« zu begreifen.[15] Ein Gedanke Schopenhauers, der Gedanke des Mitleids und dessen metaphysische Deutung, bietet die Grundlage für das Exerzitium des Wiedererkennens, das Thomas Mann in dem Artikel – man muss fast sagen: absolviert. *Mitleidig* handele jemand, sagt Schopenhauer, der

»weniger als sonst geschieht, einen Unterschied macht zwischen sich und den anderen [...]. Er wird inne, daß der Unterschied zwischen ihm und Anderen, welcher dem Bösen eine so große Kluft ist, nur einer vergänglichen, täuschenden Erscheinung angehört: er erkennt, unmittelbar und ohne Schlüsse, daß das Ansich seiner eigenen Erscheinung auch das der fremden ist nämlich jener Wille zum Leben, welcher das Wesen jeglichen Dings ausmacht und in Allem lebt.«[16]

Mitleid ist kein bloß »subjektives Empfinden«, sondern darunter sei – so Michael Hauskeller – ein »kognitives Gefühl« zu verstehen, die »intuitive Erkenntnis der Wesensidentität alles Seienden.«[17] Diese Empathiefähigkeit und »Hineinbildungskraft« ist, was oft gänzlich übersehen wird, die Voraussetzung für das role-taking in der sozialen Welt, das »soziale Handeln«, und damit auch die Grundlage für das künstlerische Maskenspiel im dargestellten, das heißt potenzierten Handeln. Schopenhauer weist in seiner Schrift über die *Grundlage der Moral* – ganz am Ende, nachdem der Leser sich durch das Dornengestrüpp seiner Kant- und Fichtekritik sowie die verschiedensten Skeptizismen hindurchgearbeitet hat – auf dieses Fundament hin, das keiner vor ihm in seiner Bedeutung beachtet und gewürdigt habe. In dieser metaphysischen Perspektive wird der Unterschied zwischen Ich und Nicht-Ich aufgehoben. Diese Auffassung stelle »die metaphysische Basis der Ethik« dar, und »bestände darin, daß das eine Individuum im Anderen unmittelbar sich selbst, sein eigenes wahres Wesen wiedererkenne.«[18]

15 Thomas Mann: »Schopenhauer« (1938), in: ders., Leiden und Größe der Meister, Frankfurt/M.: Fischer 1982, S. 670.

16 A. Schopenhauer: Werke Bd. 1: Die Welt als Wille und Vorstellung, Bd. 1 (§ 66), S. 480.

17 Michael Hauskeller: Vom Jammer des Lebens. Einführung in Schopenhauers Ethik, München: Beck 1998, S. 53.

18 A. Schopenhauer: Werke Bd. 3: Kleinere Schriften, S. 627 (§ 22).

Insofern ist das Hauptwerk Schopenhauers nicht nur als die »philosophische Grundlage der Bruderkritik« in den *Betrachtungen eines Unpolitischen*[19] anzusehen, sondern als Grundlage des Bruderkonzepts selbst. Das virtuose Spiel mit der geheimen Identität von Thomas und Christian Buddenbrock, Adrian Leverkühn und Serenus Zeitblom, wie verschlüsselt und verspiegelt auch immer, wird hier unerträglich brisant, weil die Beobachterperspektive des Erzählers verlassen wird, Identisches nicht mehr in Gegenstrebiges literarisch auseinanderzufalten ist, sondern das Selbst die Klammer bildet für den Zwangszusammenhang mit einem extrem hassenswerten Alter Ego. Es hängt letztlich von der Reflexionskraft und dem Imaginationsvermögen des Erkennenden ab, wer als »Bruder« gilt – und in welchem Sinne.

Thomas Mann versucht also, sich öffentlich in Hitler wiederzuerkennen – eine äußerst waghalsige Attraktionsbewegung, die, wie bemerkt, ständig von Repulsionen durchzittert und zurückgenommen zu werden droht. Was für eine Geste: »Er holt Hitler ganz nahe – und womöglich näher, als manchem erlaubt schien – an sich heran, um ihn desto heftiger und entschlossener von sich wegstoßen zu können.«[20] Schopenhauers Metaphysik souffliert das »Tat twam asi« – »Dies bist du!«,[21] während es von Nietzsche her widerhallt: »Das bist du alles nicht!«[22] Die Intimität im Soliloquium der verstockten, im Blendwerk der Maja gefangenen Seele, die den »völlig unerleuchteten Egoismus«[23] repräsentiert, ist fast schon eine brüderliche, wenngleich wesentlich angestrengter daherkommend als das Selbstgespräch, in welches Nietzsche den Leser gleich zu Beginn seiner *Unzeitgemäßen Betrachtung* über Schopenhauer zieht.[24]

---

19 Hermann Kurzke, in: Thomas Mann-Handbuch, hg. v. Helmut Koopmann, Stuttgart: Kröner 1990, S. 694.

20 Edo Reents: Thomas Mann, München: Econ, Ullstein, List 2001, S. 135.

21 Thomas Mann: Schopenhauer, S. 689.

22 Friedrich Nietzsche: »Schopenhauer als Erzieher«, in: Werke in 3 Bde., hg. v. Karl Schlechta, München: Hanser 1966, Bd. 1, S. 288.

23 Thomas Mann: Schopenhauer, S. 688.

24 Zum »Ineinander« von Schopenhauer- und Nietzsche-Lektüre vgl. Georges Goedert: »Geist und Trieb – Zur Rezeption ästhetischer Gedanken Schopenhauers und Nietzsches beim frühen Thomas Mann«, in: 81. Schopenhauer-Jahrbuch (2000), S. 59-73.

Die Nähe ist beängstigend, die Distanzierung vor dem skizzierten gemeinsamen Hintergrund scheitert fast an der hybriden Form, in der sie erfolgt: »aus der heiteren Höhe der Kunst« wird verurteilt, fußend auf einem fast absolutistischen Kulturselbstverständnis, das dem Leser in dem legendären, vom Bruder in der Schrift *Ein Zeitalter wird besichtigt* retrospektiv formulierten Spruchs »Wo ich bin, ist die deutsche Kultur« entgegentritt. »Wo ich bin, ist Deutschland. Ich trage meine deutsche Kultur in mir«, hatte Thomas Mann etwas vorsichtiger formuliert.[25]

Nicht nur der Ursprung aus dem »Künstlertum«, sondern auch die Karriere der »Brüder« wies gewisse Parallelen auf. Hitler »wuchs [...] aus dem nationalen Maß ins europäische« (255) und weiter ins weltpolitische, und auch Thomas Mann hat diesen Weg genommen: vom Niederdeutschen (*Buddenbrooks*) über das Europäische (*Zauberberg*) ins Weltgeschichtliche, Allgemein-Mythische (*Josephsroman*). So verlockend es auch sein mag, Thomas Mann und Hitler zu den beiden »Möglichkeiten des Deutschseins« auseinander zu dividieren und auseinander zu stilisieren, hier der Weltverweser, dort der Weltdeutsche schlechthin, der sich als »deutscher Gegen-Hitler«[26] gerierte und profilierte, so wenig überzeugend, ja unernst bleibt diese Deutung, erinnert man sich an den »Grundgedanken« (H. Mann) des Faustus-Romans, dass nämlich »das böse Deutschland [...] das fehlgegangene gute (sei), das gute im Unglück, in Schuld und Untergang«.[27] Verglichen mit der postulierten Bluts- und Geistesverwandtschaft, die ganz andere Dimensionen anpeilt, verbietet sich eine derartige Vereinfachung. Plötzlich, für einen Augenblick nur, verschmelzen Thomas Mann und Hitler, wie der Amerikaner und Patera in Alfred Kubins *Anderer Seite*, zu einer »unförmlichen Masse«.[28] Eine Heimsuchung durch das Extrem des Eigenen, der Thomas Mann sich gestellt hat, aus der er sich aber schnell genug wieder zur Ordnung und »Forderung des Tages« ruft, die da lau-

25 Klaus Harpprecht: Thomas Mann, S. 979.

26 Eckhard Henscheid/Gerhard Henschel: Das Jahrhundert der Obszönität. Eine Bilanz, Berlin: Fest 2000, S. 253.

27 Th. Mann: »Deutschland und die Deutschen« (1945), in: ders., An die gesittete Welt, S. 721.

28 Alfred Kubin: Die andere Seite. Ein phantastischer Roman, München: Spangenberg 1990 (Reprint), S. 320.

tet: Diesen »Burschen« als *die* Katastrophe hinzustellen, die er werden musste.

Brüderlichkeit ist »Schicksal«, sagte Hans Wysling.[29] Dies trifft auch auf den »Katastrophenbruder« zu. Anders gewendet, zeigt sich an diesem »Burschen« aber auch, was es mit der »Brüderlichkeit« auf sich haben kann. Immerhin wurde die »Fraternité« im August 1789 den beiden anderen revolutionären Idealen, Liberté und Egalité, an die Seite gestellt. »Freiheit, Gleichheit, Brüderlichkeit« lautete die bekannte Revolutionsparole. »Alle Menschen werden Brüder«, hieß es in der Neufassung von Schillers Lied *An die Freude* (1803), aus dem Schlusschor der 9. Symphonie Beethovens jedem Gebildeten geläufig. Das angestrengte revolutionäre Pathos war im Laufe des 19. Jahrhunderts schal geworden. Für Thomas Mann hatte der sich ankündigende weltgeschichtliche »Primitivisierungsprozeß« seinen Reiz indessen nie verloren, wie er in *Bruder Hitler* eingesteht. »Ich war nicht ohne Kontakt mit den Hängen und Ambitionen der Zeit, mit dem was kommen wollte und sollte, mit Strebungen, die zwanzig Jahre später zum Geschrei der Gasse wurden« (258), schreibt er, auf die *Betrachtungen eines Unpolitischen* anspielend – ein Buch, das als Produkt des privaten »Bruderkriegs« gedeutet wurde[30] und in dem an einer zentralen Stelle das Ideal der »Brüderlichkeit« neben »Freiheit« und »Gleichheit« vielsagend ausgespart blieb.[31] Thomas Mann gilt vielen als der »konservative Revolutionär«; Hermann Kurzke fordert auf, »die Verwandtschaft von Thomas Mann und dem Nationalsozialismus [...] unerschrocken in den Blick zu nehmen«, als ein »ungemein Verschränktes«.[32] Er erläutert die Faszination des Faschismus auf Thomas Mann: »Der Faschismus bietet einen Ausweg aus der Dekadenz. Er ist ›romantische Barbarei‹ (ein Ausdruck Thomas Manns); romantisch, weil er auf der Suche nach der

29 Thomas Mann-Heinrich Mann: Briefwechsel 1900-1949, hg. v. Hans Wysling, Frankfurt/M.: Fischer 1984, S. LXI.

30 H. Kurzke, in: Thomas Mann-Handbuch, S. 688.

31 Th. Mann: Betrachtungen, S. 505.

32 Hermann Kurzke: »›Bruder‹ Hitler. Thomas Mann und das Dritte Reich«, in : 71. Schopenhauer-Jahrbuch (1990), S. 125-135. Die Pointe des Aufsatzes ist, dass das Wort »Bruder« sich im Zuge der Darstellung von den Anführungszeichen emanzipiert. Aus »Bruder« Hitler wird der »Bruder Hitler«.

verlorenen Irrationalität ist, Barbarei, weil er den Stand des Geistes hintergeht und gewalttätig die Wiederkehr des Mythos behauptet.«[33] Der Essay zu Hitler stellt vor diesem Hintergrund nicht nur den Stand des Genies im Stadium absoluter Verhunzung – auf den »politischen Hund gekommen« – dar, sondern arbeitet auf einer anderen Ebene mit künstlerischen Mitteln an der Verhunzung der Idee der Brüderlichkeit, und damit der Ideale der Französischen Revolution.

Bleibt zu fragen, wie der faktische Bruder denn »jenen ironischen Spaß«[34] aufgenommen hat. Das Verhältnis der Brüder Mann war bekanntlich nicht durchweg von Harmonie gekennzeichnet. »In Heinrich bekämpfte er vieles von dem, was er selbst in sich trug und was er fürchtete: die Neigung zum Bohemien, zum Faulenzen und Sich-gehenlassen, das Hedonistische und den Mangel an Disziplin.«[35]

Heinrich Mann kritzelte 1903 auf die Rückseite des Briefes von Thomas, der eine scharfe literarische Kritik an seinem jüngsten Roman und zugleich eine persönliche Abrechnung enthielt: »Es sind zwischen uns nur Gradunterschiede. Ich habe von dem zigeunerhaften Künstlerthum soviel mehr, dass ich nicht widerstehen kann.«[36] Im Dezember 1905 vertraut Thomas Mann ihm – eingeklammert und hervorgehoben – an: »Das Bruderproblem reizt mich immer«[37], während er zur selben Zeit im 7. Notizbuch Ausfälle gegen den Bruder zu einem »Anti-Heinrich«[38] zusammenträgt. Bei der Reserve gegenüber dessen Werk blieb es auch in späteren Jahren, auch wenn Thomas Mann dem Bruder öffentlich immer wieder Lob zollte.[39]

Wie erwähnt, war Heinrich zugegen, als Thomas Mann den Aufsatz am 5.9.1938 in Küsnacht zum ersten Mal vortrug. Dass er der »Akklamation« nicht zugestimmt hätte, vermerkt das Tagebuch nicht. Thomas Mann sandte seinem Bruder den Band *Order of the Day* im Oktober

---

33 H. Kurzke, in: Thomas Mann-Handbuch, S. 703.

34 Thomas Mann: Briefe 1937-1947, Frankfurt/M.: Fischer 1963, S. 70 (Brief an G. B. Fischer vom 6.12.1938).

35 E. Reents: Thomas Mann, S. 63.

36 Th. Mann-H. Mann: Briefwechsel 1900-1949, S. 40.

37 Ebd., S. 66.

38 Thomas Mann: Notizbücher 7-14, hg. v. Hans Wysling u. Yvonne Schmidlin, Frankfurt/M.: Fischer 1992, S. 115.

39 Vgl. E. Reents: Thomas Mann, Kap. III, S. 53-72.

1942 zu, nicht ohne den Essay *Bruder Hitler* mit drei weiteren der besonderen brüderlichen Aufmerksamkeit zu empfehlen. Heinrich bedankt sich am 25.10. mit den Worten: »Dein Buch ›Order of the Day‹ ist ein wundervolles Geschenk [...]. An die Kennzeichnung des fellow als ›A Brother‹ ging ich etwas zage heran, in meiner Erinnerung an die Zürcher Vorlesung war dem Burschen zu viel Ehre geschehen.« Diese Erwartung wurde aber – zum Glück – enttäuscht. Heinrich schreibt weiter: »Ich habe die freudige Überraschung, dass alles in Ordnung ist; einem Genie wie diesem ist nur zu wünschen, es wäre als Halbtalent hocken geblieben, noch besser, es wäre nie geboren.«[40] Er nimmt die Kennzeichnung Hitlers als »Genie« auf, geht aber über Thomas Manns Diagnose der »Verhunzung« hinaus, indem er auf den Grundsatz der tragischen Dichtung der Hellenen anspielt, den Hölderlin als Motto für den zweiten Band des *Hyperion* gewählt hatte und den Schopenhauer im zweiten Band des Hauptwerks, im Kapitel *Von der Nichtigkeit und dem Leiden des Lebens*, zitiert: »Nie geboren zu sein, das ist/ Weit das Beste«.[41] Er steuert brieflich eine Anekdote bei, die den »dunklen Drang« Hitlers belegen soll, auch in die »heitere Höhe der Kunst« zu gelangen. »Alltäglich um 12 Uhr« erschien Hitler in dem Schwabinger Künstler-Café Stephanie und »ging in die Telephonzelle, die durchaus nicht abgedichtet war, seine hochverräterischen Geheimnisse konnte er weniger beachtet anderswo durchblasen. Aber es zog ihn an die Stätte der Wortkünstler, soweit sie in künftigem Ruhm schwelgten und Eier im Glase aßen.« (ebd.) Thomas Mann nannte Hitler einen »großen Feigling und Erpressungspazifisten, dessen Rolle am ersten Tage eines wirklichen Krieges ausgespielt wäre« (260). Dass dieser »Bursche« sein Irrealitätsprinzip verwirklichen, der Welt seine Interpretation über Jahre hinweg aufzwingen würde, hatte der Wortkünstler im fernen Amerika nicht ahnen können. Wie Klaus Harpprecht sagte: »Er täuschte sich.«[42]

40 Th. Mann-H. Mann: Briefwechsel 1900-1949, S. 304f.
41 Sophokles: Oedipus Coloneus, V. 1224-1227.
42 K. Harpprecht: Thomas Mann, S. 1019.

DIALEKTIK DES EIGENSINNS
ÄSTHETISCHE DARSTELLUNG UND MEDIENREFLEXION BEI MICHAEL SCHARANG

IRINA DJASSEMY

Die bestehende Gesellschaft unter dem Aspekt ihrer Zerstörungswürdigkeit darzustellen[1] und zugleich die Elemente einer im Schoß dieser zerstörungswürdigen Gesellschaft sich entwickelnden neuen Gesellschaft zumindest literarisch freizusetzen, an diesem als obsolet geltenden Programm halten die Romane *Auf nach Amerika* und *Das Jüngste Gericht des Michelangelo Spatz*[2] des an Walter Benjamin ebenso wie an Theodor W. Adorno, an Karl Kraus wie an Robert Musil geschulten österreichischen Schriftstellers Michael Scharang fest. Heute Romane zu schreiben, ohne hinter das in Kunst und Literaturwissenschaft erreichte Reflexionsniveau zurückzufallen, erscheint indessen nahezu unmöglich. Der zum Scheitern verurteilte Versuch, ungebrochene Individualität zu restituieren, ist der Trivialliteratur vorbehalten; eine objektive historische Entwicklungstendenz, der in der Darstellung kollektiven emanzipatorischen Handelns Geltung zu verschaffen wäre,

1 Walter Benjamin: »Der destruktive Charakter«, in: ders., Illuminationen, Frankfurt/M.: Suhrkamp 1977, S. 289f. Vgl. zur Deutung scharangscher Texte mit Benjamins Kategorien bereits Hansjörg Graf: »Aus dem beschädigten Leben der kleinen Leute. Die Erzählungen des Österreichers Michael Scharang« (1969), in: Gerhard Fuchs/Paul Pechmann (Hg.), Michael Scharang, Graz/Wien: Droschl 2002 (=Dossier 19), S. 165-168.

2 Michael Scharang: Auf nach Amerika, Hamburg/Zürich: Luchterhand 1992. Ders.: Das Jüngste Gericht des Michelangelo Spatz, Reinbek bei Hamburg: Rowohlt 1998 (im Folgenden als »Michelangelo Spatz« zitiert).

ist weniger denn je in Sicht, und durch die künstlerischen Verfahren der Moderne dieses Dilemma oder den Mangel an authentischer Erfahrung provokativ ins Bewusstsein zu heben, funktioniert angesichts der feindlichen Übernahme dieser Verfahren durch die Kulturindustrie[3] auch nicht mehr ohne Weiteres. Scharangs Gesamtwerk legt von dieser Situation Zeugnis ab, indem es von Anbeginn, schon seit den ersten Sammelbänden mit Erzählungen,[4] experimentelle Verfahren, Sozialkritik und die Darstellung brüchiger Individualität verknüpft, um den jeweiligen Reduktionen zu entgehen.[5]

Während die Schriften seiner Mitstreiterin Elfriede Jelinek auch in der wissenschaftlichen Öffentlichkeit breit rezipiert werden, sind zu Scharangs Romanen, abgesehen von Zeitungsrezensionen, nur wenige Studien zu finden. Offenbar wird der Deutungsspielraum unterschätzt, den seine Schriften nicht zuletzt aufgrund der genannten Traditionslinien, die in jene letzten beiden, zusammengehörigen Romane zwanglos integriert sind, bieten. Immerhin liegt nun ein Sammelband mit Aufsätzen und Kritiken vor, in denen auch dieser Aspekt thematisiert wird.[6]

Der Bezug auf die Tradition kritischer Schriftsteller und Philosophen erfolgt sowohl explizit, indem Romanfiguren die Schriften jener Gewährsmänner zitieren, als auch implizit durch Anspielungen und durch die Übernahme oder Weiterentwicklung bestimmter Gedanken, Darstellungsweisen und Haltungen (im brechtschen Sinne). Dass deren Integration ohne kunstfremde Gewaltsamkeit gelingt, liegt an der Kongruenz der ihnen zugrunde liegenden Problemstellungen. Unausgesprochen fragen Scharangs Romane nach den Möglichkeiten subversiver

3 Vgl. Burkhardt Lindner: »Nach dem Ende der Wiederentdeckungen. Avantgardismen im Alltag und erneuerte Literaturform«, in: syndicat anonym (Hg.), Kunst und Politik der Avantgarde, Frankfurt/M.: Syndicat 1989, S. 31-48, sowie Kurt Bartsch (Hg.): »Trans-Garde: die Literatur der ›Grazer Gruppe‹, Forum Stadtpark und ›Manuskripte‹«, Graz: Droschl 1990 (darin insbesondere die Beiträge von Bartsch, Kosler und Žmegač).

4 Michael Scharang: Verfahren eines Verfahrens, Neuwied/Berlin: Luchterhand 1969. Ders.: Schluß mit dem Erzählen und andere Erzählungen, Neuwied, Berlin: Luchterhand 1970.

5 Obwohl Scharangs essayistische Schriften und die gedruckten Gespräche mit ihm durchaus instruktiv sind, werden sie hier aus Gründen des Umfangs in der Deutung seiner Romane beiseite gelassen.

6 G. Fuchs/P. Pechmann (Hg.): Michael Scharang.

Individualität unter den zeitgenössischen Bedingungen und nach den Möglichkeiten ästhetischer Erfahrung nach dem Zerfall der bürgerlichen Kultur. Indessen kann jene Kongruenz schon aufgrund der historischen Distanz zu den genannten Gewährsmännern nur eine partielle sein. Die Erzählzeit umfasst den Zeitraum von ca. 1950 bis in die Gegenwart; nur in Erinnerungen der älteren Figuren und in der Präsentation von Recherchen des Erzählers werden Handlungsstränge bis in die Erste Republik zurückverfolgt. Daraus ergibt sich die Thematisierung sozialer und medialer Bedingungen, die von früheren Kritikern nicht vorausgesehen oder allenfalls erahnt werden konnten: die Erfahrungswelt der postfaschistischen Gesellschaft, der Zerfall der Alten wie der Neuen Linken, das Fernsehen samt der gegen es gerichteten Kulturkritik, seine bereits einsetzende Verdrängung durch die Neuen Medien. Es wird deutlich, dass Reflexionen über instrumentelles Denken und Sprechen, über allegorische Erfahrung und Darstellung, über das Nichtidentische, die Musik der Moderne, beschädigte Subjektivität und die (Un-) Möglichkeit des Erzählens einer Aktualisierung bedürfen, aber trotz allem nicht gegenstandslos geworden sind.

Ziel der folgenden Reflexionen, die einem im Anfangsstadium befindlichen work in progress angehören, ist es, relevante Aspekte der beiden Romane in die Perspektive einer kritischen Theorie zu stellen, nicht aber, die Anspielungen auf jene Traditionen im Einzelnen nachzuweisen. Zentriert werden diese Reflexionen um den für Scharangs Figuren so charakteristischen Eigensinn, mit dem sie immer wieder versuchen, der nur scheinbaren Totalität der bestehenden Gesellschaft Nischen zur Selbstbehauptung abzutrotzen.

Subversion durch Eigensinn

Nahezu alle Sympathieträger in den Romanen *Auf nach Amerika* und *Das Jüngste Gericht des Michelangelo Spatz* sind Außenseiter: Ausgestoßene, Unterprivilegierte, Deklassierte, nicht selten auch Arbeiter, Intellektuelle und Künstler in Personalunion. Der Begriff des Eigensinns scheint besonders gut geeignet, diese in irgendeiner Weise nonkonformen Romanfiguren zu charakterisieren, und er trifft in einem doppelten Sinne zu: in der alltagssprachlichen Bedeutung des Wortes sind sie eigensinnig, insofern sie auf Ticks, Marotten, Idiosynkrasien beharren, die ihre – wie auch immer brüchige – Individualität charakterisieren; in der philosophischen Bedeutung trifft der Begriff auf sie zu, insofern sie sich gegen den vom Icherzähler als »Sinnterror«[7] verurteilten Zugriff des herrschenden Allgemeinen auf ihr Leben wehren, mithin den Eigensinn der Natur im Menschen und individuelle Selbstbestimmung gegen soziale Hegemonie zu behaupten versuchen. Mit Oskar Negt und Alexander Kluge (*Geschichte und Eigensinn*[8]) kann ihre widerspenstige Subjektivität als Gegenpol zur Kapitallogik gedeutet werden, darüber hinaus aber auch spezifisch als Gegenpol zur postfaschistischen Gesellschaft der Zweiten österreichischen Republik. Eine unreflektierte Restitution individueller Subjektivität kann Scharang dabei nicht vorgeworfen werden, denn die Deformationen, die das beschädigte Leben den Einzelnen zufügt, werden in der Darstellung ebenso wenig unterschlagen wie der Preis, den die Figuren für ihr Anderssein zahlen. Sie werden aus ihrem Haus, aus ihrem Beruf und ihrem Land gejagt, verstümmelt, ermordet oder in den Selbstmord getrieben, und wer den Bedrohungen vorläufig entkommt, wie der namenlose Icherzähler, kann sich noch lange nicht sicher fühlen. Das gleichwohl erkennbare Glück des Sichentziehens ist diesen Bedrohungen und Deformationen schmerzhaft abgerungen. Es scheint vor allem in den Passagen auf, in denen die Figuren, ohne zu ›menscheln‹, dem instrumentellen, von Herrschaft geprägten Charakter sozialer Beziehungen durch Solidarität und liebende Zuwendung, die keine Gegenleistung fordert, entkommen: in der Treue des Icherzählers zu seiner unkonventionellen Großmutter, auf deren Suche er sich bis nach Amerika durchschlägt, in der Hingabe an seine Freundin Maria, in der Hilfe, die er von Maria wie auch von den ihm begegnenden Underdogs erhält, und schließlich in seiner Bereitschaft, deren Schrullen und Vorlieben, ja sogar noch die des ihm anvertrauten Hundes von Marias Exgeliebtem zu respektieren.

Dem verzweifelten, aber auch lustvollen Festhalten am Anspruch auf individuelle Entfaltung in nichtinstrumentellen Beziehungen entspricht auf der Ebene der ästhetischen Darstellung ein Changieren zwi-

7 M. Scharang: Auf nach Amerika, S. 44.

8 Alexander Kluge/Oskar Negt: Geschichte und Eigensinn, Frankfurt/M.: Suhrkamp 1981.

schen konventionellen und verstörenden Elementen. Gemessen an der sprachexperimentellen Literatur in Österreich, namentlich der Wiener Gruppe, sind beide Romane verblüffend konventionell: Es gibt einen Icherzähler, dessen Perspektive in der Rahmenhandlung durchgehalten wird; die Zeitstruktur ist plausibel; eine Vielfalt einzelner, miteinander verschlungener Lebensgeschichten wird mit geradezu exzessiver Lust am Erzählen konstruiert; weder eine Montage von Sachtexten noch esoterische, der Deutung sich entziehende Sprachspiele sind zu finden. Zugleich aber unterlaufen die Texte traditionelle Erzählkonventionen, indem die Erzähltechnik beständig die Erwartungshaltung durchbricht, insbesondere durch irritierende Perspektiven und Gedankensprünge des Icherzählers; durch Brüche, Verzögerungen und Diskontinuitäten in der zeitlichen Abfolge, die eine allzu glatte, unreflektierte Rezeption verhindern, indem sie beständig zum Überdenken und neuen Zusammensetzen der Erzählfragmente zwingen (ohne dass sich daraus jeweils ein vollständiges Bild ergeben würde); durch abgebrochene Handlungsstränge und offen bleibende Rätsel. So wird die Suche nach der Großmutter bis zum Abschluss der ersten Amerikareise zunächst chronologisch erzählt, ohne dass sich, über die Flucht- und Befreiungsversuche hinaus, die die Jugend des Icherzählers bestimmen, Zusammenhänge und Handlungsmotive erschließen würden. Mit der Rückkehr nach Wien löst die Kontinuität der Darstellung zwar durch Rückblicke in verschachtelten langen Monologen sich auf; gerade durch diese Fragmentierung aber werden jene Zusammenhänge nach und nach transparenter. Ab dem fünften Abschnitt (*Auf nach Amerika* ist nicht in Kapitel, sondern nur durch Absätze in 21 Erzählblöcke unterteilt) umfasst die Rahmenhandlung nur noch einen einzigen Tag, den der Icherzähler mit Erinnerungen und Gesprächen mit Maria verbringt.[9] Geduldig und von den Rezipienten Geduld erheischend werden immer wieder neue

9 Diese Konstruktion erinnert ein wenig an das bekannte Wort des Romanverächters Karl Kraus, der als Handlungsrahmen eines eventuell zu schreibenden Romans den Wechsel eines Kaffeehausbesuchers von einem Raum in den nächsten vorsah. Der Tag beginnt für den Erzähler in *Auf nach Amerika* mit einem Treffen im Café Bräunerhof und endet mit einem erneuten Treffen in einem anderen Lokal, dem eine Liebesnacht in der Wohnung des Erzählers folgt. Dazwischen verbringt er die Zeit an seinem Arbeitsplatz mit Träumereien und Erinnerungen.

Aspekte der zu Beginn umrissenen Geschichte entfaltet und in die Perspektive der Gegenwartserfahrung gestellt. Der Icherzähler, der nach eigenem Bekenntnis von seiner Freundin Maria gelernt hat, »wie man mit Sprache umgehen kann«[10], nimmt sich Zeit, den Worten und Sätzen nachzulauschen, in denen er und andere ihre Erfahrung bzw. ihre Erfahrungsarmut zu objektivieren versuchen oder auch ihren Unwillen zu Kommunikation und Reflexion artikulieren. Der Maxime experimenteller Literatur, dass Sprache nicht mehr naiv gebraucht werden könne, bleibt diese Darstellungsform in Wortspielen, Phrasenvariationen und Assoziationsketten treu. Auch an den unverkennbaren Elementen des Bildungs- und des Schelmenromans wird die Dialektik von Reproduktion und Destruktion epischer Konventionen sinnfällig. Dem Schelmenroman ist die Kritik an veralteten oder veraltenden Normen zwar schon immer immanent gewesen, doch er verliert bei Scharang aufgrund des minimal gewordenen Spielraums für deren subversives Unterlaufen seine Naivität. Nur diejenigen Schelme, die wohlsituierte Helfer und Helferinnen im Hintergrund haben, entgehen mehr oder weniger der Rache des Establishments, die Lage der anderen ist prekär. Und der Schelm bleibt weder unverwüstlich, noch integriert er sich am Ende, vielmehr erweist sich an ihm die Dimension des Sozialen als notwendige Bedingung subversiven Handelns. Zur autodidaktischen Bildung treiben den in einer Arbeiterfamilie aufgewachsenen Icherzähler in *Auf nach Amerika* zunächst lebensgeschichtliche Katastrophen (das Verschwinden seiner Großmutter, der Tod seines besten Freundes, eines Kohlenhändlers und ehemaligen Buchhändlers), in *Michelangelo Spatz* dann die Konfrontation mit New York als Gegenbild zum verachteten Wien auf der einen Seite, der Widerstand gegen den Sog einer an Untergangsphantasien haftenden Kulturkritik auf der anderen. Der Bildungsprozess dient damit vor allem der fortschreitenden Einsicht in die Schrecken der Gesellschaft und der Suche nach Gegenkräften. Die Ergebnisse dieser Forschung sind für die österreichische wie für die abendländische Kultur überhaupt vernichtend; sie machen aus dem nunmehr ›Gebildeten‹ kein nützliches Mitglied der Gesellschaft, sondern ein oppositionelles, das jeglicher Funktion innerhalb des Bestehenden sich verweigert.

10 M. Scharang: Auf nach Amerika, S. 49.

Wider den Schein des geschlossenen Systems: Medienästhetik und Kulturkritik

Was dem Einzelnen, dem Besonderen gegenübertritt, ist stets ein scheinbar geschlossenes System: das postfaschistische Zwangskollektiv, das keine Störung durch die Erinnerung an vergangene Verbrechen duldet, der unerbittliche, physisch deformierende ökonomische Verwertungsprozess, die Medien mit ihrem Anspruch auf allumfassende und allgegenwärtige Bewusstseinsbildung. Doch gerade an den Außenseitern, die unter dem Druck der gesellschaftlichen Institutionen am meisten zu leiden haben, zergeht der Schein der Totalität und die desintegrativen Elemente der Gesellschaft treten hervor. In der Arbeitswelt erweist sich die instrumentelle Rationalität als scheinhaft; sie ist längst in die Irrationalität einer weitgehend unproduktiven Herrschaftsausübung und Repräsentation übergegangen. So erbringt der Icherzähler, der in seiner frühen Jugend extremer Ausbeutung in einer Baufirma unterworfen war, nach seiner ersten Rückkehr aus Amerika im Rahmen entlohnter Arbeitsverhältnisse keinerlei Leistung mehr, nur noch außerhalb solcher Verhältnisse, in der unabhängigen Forschungstätigkeit, wird er produktiv.[11] Während die überflüssige Stelle im Wiener Völkerkundemuseum von vornherein nur auf Druck von Maria für ihn eingerichtet worden ist, erwartet der New Yorker Fernsehsender, der ihm und seinem Freund Michelangelo Spatz hunderttausend Dollar vorstreckt, durchaus eine Gegenleistung, um die er freilich von den beiden geprellt wird. Das Projekt, für das der Vorschuss gezahlt wird, erweist zugleich den Schein medialer Allmacht als trügerischen Traum, als größenwahnsinnige Selbstdarstellung. Daneben findet sich aber auch eine Abgrenzung vom Komplement der Medienkultur, nämlich von der sie begleitenden Kulturkritik.

In *Auf nach Amerika* wird eine polemische Kritik der Medien eher en passant in die Handlung integriert. So referiert Maria, die Freundin des Erzählers, die Worte ihres Mannes (seines intellektuellen, nicht

11 Vgl. Geoffrey C. Howes: »Arbeit und Freiheit im erzählerischen Werk Michael Scharangs«, in: G. Fuchs/P. Pechmann (Hg), Michael Scharang, S. 75-94, hier S. 91f.

sexuellen, Konkurrenten und Vaters des späteren Freundes Michelangelo):

»[D]as Reden erübrige sich ja, seit im Reden kein Platz mehr sei für die Sprache, wie ja auch sonst für nichts Platz sei: im Fernsehen keiner für Bilder, da es sich beim Fernsehen in Wirklichkeit um ein Nahsehen handle, so nahe an der Realität, daß man sich kein Bild von der Wirklichkeit mehr machen könne. In den Zeitungen sei kein Platz fürs Zeitgeschehen, da die Zeitungen so nah an die Zeit heranrücken würden, daß die sich zu einem Zeitgeschehen nicht mehr entfalten könne, und, wie gesagt, im Reden sei kein Platz für die Sprache, nur noch für Wortprügel, um einem Meinungen einzubleuen, und für Satzprügel, um jene Meinungen über die Welt zu verbreiten, über die immer größer werdende deutsche Welt.«[12]

Hier werden in eigener sprachlicher Pointierung Motive der Medienkritik von Kraus und Adorno aufgenommen, insbesondere die der Verdopplung der Welt in den Medien und der tendenziellen Verschmelzung von Realität und medialer Darstellung.[13] Auch die Erfahrungen des Erzählers mit den Medien sind zunächst ungut. Der auf seine eigene Infamie stolze Untersuchungsrichter, der ihm im Interesse der Staatsräson das Geständnis eines Mordes abverlangt, den er nicht begangen hat, brüllt ihn an: »Sie stehen als Mörder in der Zeitung, und damit stehen Sie als Mörder fest.«[14] Und als er später einen Erfahrungsbericht von seiner ersten Amerikareise einem Radiosender zur Verfügung stellen möchte, tritt ihm der Schematismus, dem Erfahrung und Kritik in den Medien unterworfen sind, in der Person eines Redakteurs aggressiv entgegen.[15] In *Michelangelo Spatz* wird diese Medienkritik zunächst parodistisch weitergeführt, dann aber zunehmend differenziert. Den Eigenanspruch der Unterhaltsamkeit kann das Fernsehen demzufolge schon lange nicht mehr erfüllen; die Bilder seien so lang-

12 M. Scharang: Auf nach Amerika, S. 34.

13 Zu diesen Theoremen bei Kraus und Adorno ausführlich: Irina Djassemy: Der »Productivgehalt kritischer Zerstörerarbeit«. Kulturkritik bei Karl Kraus und Theodor W. Adorno, Würzburg: Königshausen & Neumann 2002, Abschnitt IV.

14 M. Scharang: Auf nach Amerika, S. 96.

15 Ebd., S. 58-60.

weilig, dass der Zuschauer die Werbeunterbrechung als wohltuend empfinde, und die Vielzahl der Programme habe »nur den einen Sinn, daß man es wenigstens eine Stunde vor dem Apparat aushält«[16], nämlich durch minütliches Zappen. Die einzig interessante Fernsehstory erweist sich als subversive Inszenierung eines arbeitslosen schwarzen Musikers, der wegen seiner Weigerung, statt Webern Mozart zu spielen oder Musicals zu dirigieren, in finanzielle Not geraten ist.[17] Der Bruder dieses Musikers klagt darüber, dass das Fernsehen als »Teil des Lebens [...], Schauplatz des Lebens«[18] (entgegen dem Anschein) kein Interesse an Einzelfällen habe, sondern selbst am Abseitigen nur dann interessiert sei, wenn es in eine Talkshow per ›Erfahrungsaustausch‹ integrierbar sei. Aber der Erzähler erkennt auch die Grenzen der Medienmacht. »Beste Fernsehzeit, doch die Leute gehen spazieren, auf den Straßen, in den Parks, und sogar auf dem Fußgängerweg auf der Brooklyn Bridge herrscht ein Gedränge. [...] Viele Menschen lesen also nicht nur keine Zeitung, sie sehen auch nicht fern. Die Massenmedien aber reden sich und uns ein, sie hätten die Massen im Griff. Das ist eine Lüge.«[19] Das Fernsehen könne seine sozial stabilisierende Kontrollfunktion in Wirklichkeit nicht wahrnehmen. In der imaginären Verteidigungsrede, mit der der Erzähler vor Gericht den Verkauf der von ihm und Michelangelo Spatz entworfenen Idee rechtfertigen will, wird, vorgeblich affirmativ, die Irrationalität der Gesellschaft entlarvt. Nachdem der Erzähler die im Sinne des Staates bedrohliche, obgleich vage Perspektive aufgebaut hat, dass die außer Kontrolle geratenen Massen einst ihre Freiheit zu subversiver Aktion nützen könnten, preist er jene Idee als Ausweg an:

»Die Menschen müssen rund um die Uhr vor den Fernsehapparat gezwungen werden, sich diesem Zwang aber freiwillig [...] unterwerfen. Zu diesem Zweck haben Herr Spatz und ich einen Helden erfunden (einen Detektiv, I.D.), der in einer Fernsehserie auftritt, der aber auch in allen anderen Sendungen plötzlich und unerwartet auftreten und ermitteln kann.

16 M. Scharang: Michelangelo Spatz, S. 37.
17 Vgl. ebd., S. 38ff., S. 229ff.
18 Ebd., S. 227.
19 Ebd., S. 410.

So daß man, um der Serie folgen zu können, Tag und Nacht fernsehen muß. Das wird nur den Arbeitslosen möglich sein. Die bekommen nun, dank dieser Fernsehserie, zum erstenmal in der Geschichte den Status nicht von Ausgestoßenen, sondern von Privilegierten. [...] Wenn morgen, werde ich sagen, die Arbeitslosen die Mehrheit der Bevölkerung ausmachen, müssen wir ihnen heute schon jenes Selbstbewußtsein geben, dessen sie als staatstragende Gruppe bedürfen werden.«[20]

In der närrischen Rede wird der Umstand ins Bewusstsein gehoben, dass eine planlose Gesellschaft, die zu vernünftiger Verteilung der Arbeit unfähig ist und damit zunehmend in Widerspruch zu ihrer eigenen Logik gerät, diese Planlosigkeit im ökonomischen Bereich durch gesteigerte hegemoniale Kontrolle des Bewusstseins kompensieren muss. Durch diesen gesellschaftskritischen Gehalt transzendiert die in den Romanen artikulierte Medienkritik, darin mit Kraus, Benjamin und Adorno übereinstimmend, trivialere, der Reproduktionstechnik als solcher alles Schlechte zuschreibende Spielarten der Kulturkritik, nämlich das »Gewäsch über das böse Fernsehen und das gute Buch«.[21]

Soziologisch unzureichend reflektierte Kulturkritik wird selbst zum Gegenstand der kritischen Darstellung. Im Zentrum steht hierbei das Motiv des Untergangs, das sich durch *Michelangelo Spatz* hindurchzieht. In der Auseinandersetzung zwischen Koloman Spatz und dem Erzähler kritisiert dieser die Betrachtung der Welt, der Menschheit, des Lebens als ein Ganzes, das heißt als Totalität: »Er sah es in Zerfall und hielt das für schrecklich, aber für aufhaltsam. Ich hielt den ›Zerfall‹ für heilsam und unaufhaltsam. Versuche aber, diesen Prozeß aufzuhalten, könnten durchaus in eine Katastrophe münden.«[22] Das Festhalten am Ganzen, am geschlossenen System, erweist sich somit im Denken und in der Praxis selbst als katastrophisch. Als Untergangsphantasie[23] ist es

20 Ebd., S. 411.
21 Ebd., S. 50.
22 Ebd., S. 80.
23 Vgl. Kurt Bartsch: »›Das Jüngste Gericht des Michelangelo Spatz‹. Zu Michael Scharangs schelmisch-ironischem Endzeitroman«, in: Hans-Jörg Knobloch/Helmut Koopmann (Hg.), »Fin de siècle - Fin du millénnaire«. Endzeitstimmungen in der deutschsprachigen Literatur, Tübingen: Stauffenburg 2001.

längst zum Bestandteil der herrschenden Ideologie geworden und wird im Roman denn auch von etablierten Akademikern vertreten (neben Koloman Spatz, der immerhin noch zu hellsichtigen Diagnosen fähig ist, von einem Chefredakteur und von einem sadistischen Philosophieprofessor). Darauf bezieht sich parodistisch die Idee des Fernsehprojekts *Das Jüngste Gericht des Michelangelo Spatz*. Durch eine satirische Übertreibung der gängigen Untergangsphantasien sollen diese ad absurdum geführt werden und mit ihnen zugleich die Figur des Detektivs, der es im Alleingang mit dem vorgestellten Bösen aufnimmt.[24]

New York vs. Wien

Auf nach Amerika ist voll von Attacken auf die von der Sozialdemokratie geprägte österreichische Gesellschaft. Ganz im Sinne Adornos wird vor allem das Nachleben des Nazismus *in* der Demokratie und weniger sein Nachleben *gegen* die Demokratie ins Zentrum des Interesses gestellt.[25] Übertreibende Darstellung, fatalistischer Schmäh und pointierte Polemik fügen sich zur Satire auf eine Gesellschaft zusammen, die, begriffs- und reflexionslos, sich selbst vollständig entfremdet und daher zur nachhaltigen Verbesserung der Verhältnisse unfähig ist. In dem Land, das die Uhren »nach dem Krieg einfach auf Null gestellt« hat, nicht um im Sinne Walter Benjamins das Kontinuum der Geschichte zu sprengen, sondern damit sie weiter laufen konnten wie zuvor,[26] sind Einzelgänger, die den Konsens des von Tabus bestimmten Diskurses durchbrechen, unerwünscht. Der Freund des Erzählers kann sich deswegen als Buchhändler und Verleger nicht mehr etablieren und wird Kohlenhändler, seiner Frau ist schon vor 1945 die Zunge herausgeschnitten worden, um sie am Bezeugen eines Verbrechens zu hindern, ein anderer Bekannter des Erzählers gibt selbst vor, taubstumm zu sein, in der vergeblichen Hoffnung, dadurch der Verfolgung durch das postfaschistische Kollektiv zu entgehen. Indem den Opfern noch einmal Gewalt angetan wird, perpetuieren psychologisch und ökonomisch sich

24 M. Scharang: Michelangelo Spatz, S. 274f.

25 Theodor W. Adorno: »Was bedeutet: Aufarbeitung der Vergangenheit«, in: ders., Eingriffe. Neun kritische Modelle, Frankfurt/M.: Suhrkamp 1963, S. 125-146, hier S. 126.

26 M. Scharang: Auf nach Amerika, S. 102.

die Voraussetzungen des Nazismus, so dass der Kohlenhändler die damals aufgebaute Fälscherwerkstatt gleich für die antizipierte nächste Diktatur konserviert.[27] Dem Erzähler kommt das bei seiner Flucht aus Österreich zugute; dank der Hilfe des Freundes entgeht er dem Zugriff einer Justiz, die nicht an der Aufklärung und Sühne von Verbrechen, sondern primär an der Aufrechterhaltung des erwünschten Bildes der Staatsrepräsentanten interessiert ist. Angesichts der Erfahrungen, die der Erzähler in der Baufirma und eben mit der Justiz macht, ist seine folgende Behauptung nicht recht nachvollziehbar: »Die autoritären Typen dieses Landes drängen nicht in die Wirtschaft, in die Justiz, nicht zur Polizei oder zum Militär, sondern ins Kultur- und Geistesleben«.[28] Doch es geht ihm wohl weniger darum, die Angehörigen jener anderen Institutionen zu entlasten, als darum, die selbst ernannten Verteidiger des christlichen Abendlandes als »Obersturmführer redlichen Denkens« und »Anführer des geistigen Stoßtrupps« zu entlarven.[29] Diese politische Dimension der Österreichkritik wird durch Seitenhiebe auf die heiligen Kühe der österreichischen Kultur ergänzt, insbesondere auf längst zu Clichés erstarrte Touristenattraktionen wie die Wiener Küche, die Kapuzinergruft, das Mozart- und das Goethedenkmal, das kunsthistorische und das naturhistorische Museum in Wien, aber auch die Berglandschaft in der Provinz.

›Amerika‹ fungiert in beiden Romanen, wie bereits mehrfach festgestellt wurde,[30] vor allem als Gegenbild zu Österreich; zugleich als Spiel mit Amerikabildern, -mythen und -diskursen, wie schon die Bezeichnung ›Amerika‹ statt USA signalisiert. In *Auf nach Amerika* reisen der Erzähler und Maria illegal dort ein, weil sie die Großmutter bei einem Indianerstamm vermuten, was sich denn auch zu bestätigen scheint.[31] Die Indianer, obwohl den beiden exzentrischen Weißen freundlich gesonnen, schicken den Erzähler zurück nach Europa, nicht

27 Ebd., S. 222.
28 Ebd., S. 255.
29 Ebd.
30 Vgl. Walter Grünzweig: »Was kommt nach der (Post-)Moderne? Amerika, Globalisierung und das World Trade Center«, in: G. Fuchs/P. Pechmann (Hg.), Michael Scharang, S. 130-146, sowie Wendelin Schmidt-Dengler: »Einmal Amerika und zurück«, ebd., S. 199-204.
31 M. Scharang: Auf nach Amerika, S. 22-24, S. 265.

ohne ihm Asyl anzubieten für den Fall, dass im »Nachtland, von dem alles Menschenschlachten ausgehe«, sein Leben bedroht würde.[32] Erst in *Michelangelo Spatz* wird dann am Schauplatz New York das nichtindianische Amerika zum Hauptthema. Dabei entsteht ein Spannungsfeld zwischen dem euphorischen Amerikabild, das der Erzähler aus der Abgrenzung von Österreich entwickelt, und den Episoden, von denen er erzählt. Als »Land des Individualismus«[33] und der egalitären Demokratie scheint Amerika wesentlich bessere Bedingungen für den Eigensinn der Einzelnen zu bieten, doch auch die Versuche der dort vorfindlichen Outsider, sich gegen den Konformitätsdruck zu behaupten, enden teils letal, teils mit Deklassierung und nur zu einem Teil erfolgreich. Zivilisation erscheint in New York gleichwohl weniger misslungen als im vom »Giftmüll abendländischer Tradition«[34] verseuchten Österreich. Wie Kraus und Adorno sieht auch der Erzähler offenbar ein cultural lag zwischen den beiden Ländern fortbestehen, nämlich dergestalt, dass Österreich die Entwicklung zum »Kapitalismus, mitsamt seiner rüden Zivilisation«, erst noch nachzuvollziehen habe.[35] An diversen Gegenständen: einzelnen Lebensgeschichten, Architektur, Musik, wird die Versöhnung von Rationalität und Mimesis, bei Adorno ein zentraler Bestandteil der Antizipation einer emanzipierten Gesellschaft, implizit als eher möglich denn in Europa dargestellt. Erzähltechnisch entspricht dem eine Verbindung diskursiver Rationalität mit ästhetischer Mimesis; die Lebensgeschichten der Menschen, die der Erzähler kennen lernt, weisen der Sache wie der Darstellung nach einerseits oft komplementäre Strukturen auf, andererseits sind sie in ihrer Abseitigkeit aber auch wieder inkommensurabel; kulturphilosophische Theoreme unterbrechen sich wechselseitig mit freien Assoziationen. Doch die soziokulturelle Moderne, die nichtinstrumentellen Beziehungen und besonderen Bedürfnissen einen gewissen Raum lässt, erscheint bedroht, denn der Erzähler sieht in New York, der »Hauptstadt des zwanzigsten

32 Ebd., S. 25.
33 M. Scharang: Michelangelo Spatz, S. 12.
34 Ebd., S. 378.
35 Ebd.

Jahrhunderts«[36], seit der Wende einen Epochenwandel sich vollziehen, dessen Ausgang noch ungewiss ist.

Dialektik des Eigensinns

Scharang gelingt es, Sentimentalität und Kitsch in der Darstellung seiner Figuren zu vermeiden und zugleich die Sehnsucht nach herrschaftsfreier Sozialität zu evozieren. Dabei spielen die Eigentümlichkeiten seiner Charaktere eine zwiespältige Rolle. Keineswegs führen sie etwa ein gelungenes Leben vor; ihre Ticks wirken vor allem aufgrund ihrer Widerspenstigkeit gegenüber der herrschenden (Geschlechter- und Arbeits-)Norm sympathisch, nicht aber für sich genommen: Das Verhältnis des Erzählers zu Maria ist devot, die Großmutter raucht und flucht, es wird gelogen und betrogen, gefaulenzt und getrunken. Der Eigensinn, mit dem diese Figuren den Zwängen des beschädigten Lebens sich entziehen, ist somit selbst beschädigt, auch die subversive Subjektivität trägt unausweichlich die Male der Gesellschaft, in der sie entsteht. In *Auf nach Amerika* bleibt diese Einsicht stets gegenwärtig, und gerade in der Trauer darüber, im Negativen, bewahrt der Roman der Sehnsucht nach einer Befreiung von solchen Deformationen ein Eingedenken. In *Michelangelo Spatz*, dessen Grundstimmung vordergründig heiterer erscheint, verschwindet in einigen Passagen mit der Trauer über das falsche Leben auch die Antizipation des besseren. Denn wo das kontingente Einzelleben schon als gelungen erscheint, in der Vermittlungstätigkeit des Erzählers bei diversen Konflikten oder in seiner Anpreisung des Genusses beim Jogging, geht nicht nur die Einsicht in die Zerstörungswürdigkeit des Bestehenden verloren, auch die Elemente einer neuen Gesellschaft können so nicht freigesetzt werden. In *Auf nach Amerika* bleibt die Negation des Falschen abstrakt, gesteht dies in einem Subtext gleichsam aber auch ein. So ist dem Roman ablesbar, wie weit die subjektive Verweigerung reichen kann und wo sie ihre Grenzen findet. Wer sich der Welt der instrumentellen Ratio durch Untätigkeit, den repressiven Normen durch Immoralität, dem Zwangskol-

36 Ebd., S. 136, S. 152. In Anlehnung an Walter Benjamin beabsichtigt der Erzähler, eine Studie mit diesem Titel zu verfassen, wobei jedoch der Roman keineswegs mit dieser Studie zusammenfällt.

lektiv durch selbst gewählte Isolation entzieht, vermag es, in den Trümmern seines individuellen Lebens die Idee der befreiten Gesellschaft zu bewahren, nicht aber, diese herbeizuführen. Hierzu wäre jenes kollektive, zielgerichtete Handeln erforderlich, das den auf sich selbst zurückgeworfenen Einzelnen versagt ist.

Radio als Klang-Installation
Zum Ursprung eines Hörraums im Alltag

Hans Burkhard Schlichting

> »Der Raum scheint wie das Wasser, womit er überhaupt Ähnlichkeit hat, Resultat einer dynamischen Verbindung zu sein./ So auch der dem Raum entsprechende Mechanismus, der gleichsam ein Wellenschlag des Raumes ist.«
>
> *Novalis*[1]

Dass Radios nicht nur ätherische Medien sind, sondern auch Apparate in konkreten Räumen, spielt in geläufigen Überlegungen zur Radioästhetik eine auffallend geringe Rolle. Aber was sich der technischen und gestalterischen Nutzung von Ätherwellen verdankt, muss im Resultat nicht ätherisch bleiben. Und auch die größte Intensität des Hörens macht nicht blind. Die *Ausblendung der Dingwelt* hat hierzulande den traditionellen Diskurs über das Hörspiel konstituiert, aber durchaus nicht zum Vorteil einer Radiokunst geprägt, die auf der Szenographie von Klangräumen basiert und mit der Topographie vorgefundener Hörräume zu rechnen hat. Auch Radiokünstler sind auf ihre Weise Installateure im sozial belebten Raum.

1 Novalis: Fragmente I, hg. v. Ewald Wasmuth, Heidelberg: Lambert Schneider 1957, S. 128.

Dingwelt und Hörwelt

Hörkunst gilt im herkömmlichen Sinne als eine Kunst der Abstraktion: als Konzentration auf etwas Abwesendes, dessen Intensität die Zerstreuung aller Aufmerksamkeit für das Anwesende nach sich zieht. Als buchstäblich augenfälliger *Triumph über die Körperwelt* erschien die Erfindung des Rundfunks bereits manchen Radiotheoretikern der Pionierjahre. Sie hatten eine verblüffend neue Erfahrung zu verarbeiten: Stimmen und Klänge lösen sich im Mikrophon von denen, die sie hervorbringen, lassen alles Greifbare hinter sich, entfernen sich aus aller Hör- und Sichtweite, überwinden im technischen Medium weiteste Distanzen – um schließlich an den Empfangsgeräten auch das verstreuteste Publikum zu erreichen und in der Isolation zu sammeln. »Man kann daher mit Recht behaupten, daß der Funk entkörpert«, schließt 1932 der schulprägende deutsche Hörspieltheoretiker Richard Kolb und begründet den Vorrang des dichterischen Wortes, der Imaginationskraft der Stimme vor allen anderen akustischen Verlautbarungen der neuen Medienkunst: »Beim Hörspiel ist die individuale Wirkung des Funks deshalb besonders hervorstechend, weil sie nicht von außen her an den Hörer herangetragen wird, mit äußeren Effekten und Massensuggestion, sondern aus seiner eigenen inneren Vorstellungswelt hervorgeht.« Und er folgert als Aufgabe des Hörspiels, »uns mehr die Bewegung im Menschen als die Menschen in Bewegung zu zeigen«.[2] – Wo die einen den Weg nach innen zur Devise machten, reflektierten schon damals andere den Weg nach außen: die Öffnung zum medialen Kontext, die Reinkarnation der Stimmen und Geräusche in den konkreten Klangräumen des Alltags. Erst im Rundfunk, schreibt Rudolf Arnheim 1933,

2 Richard Kolb: Das Horoskop des Hörspiels, Berlin: Max Hesse 1932, S. 14, 16 u. 41. Kolb, schon in den zwanziger Jahren Nationalsozialist und Redakteur der *Bayerischen Radio Zeitung*, wurde zum Programmatiker des deutschen Sonderwegs in Hörspielfragen. Seine Theorie wirkte weit über den Rundfunk des Dritten Reiches hinaus und hat über ihre Fortschreibung durch den NDR-Hörspielchef Heinz Schwitzke auch die einflussreichste Dramaturgie des Nachkriegshörspiels geprägt: Heinz Schwitzke: Das Hörspiel. Dramaturgie und Geschichte, Köln, Berlin: Kiepenheuer & Witsch 1963.

»enthüllten die Geräusche und Stimmen der Wirklichkeit ihre sinnliche Verwandtschaft mit dem Wort des Dichters und den Tönen der Musik, die erdgeborenen und die geistgeborenen Klänge fanden sich, und so ging die Musik in die Welt der Dinge ein, die Welt bettete sich in Musik, und die vom Gedanken neu geschaffene Wirklichkeit in aller ihrer Kühnheit bot sich viel unmittelbarer, gegenständlicher, konkreter dar als auf dem bedruckten Papier: das bisher nur Gedachte, Beschriebene schien materialisiert, leibhaftig gegenwärtig.«[3]

Die Aufmerksamkeit fürs rein akustisch Dargebotene schafft dem Rundfunkpublikum in Arnheims Sicht eine innere Beweglichkeit, die selbst jener der lesenden Menschheit überlegen ist. Das *mediale Hören* scheint – wie das Lesen – die übrigen Sinne im Alltag aus allen Fixierungen lösen zu können, findet aber im Alltag selbst statt, zerstreut und durchdringt ihn.

Das Optimum dieser zivilen Art des Hörens wäre in einer *gleichschwebenden Aufmerksamkeit*[4] erreicht, die ihren Genuss im Dispens von den zensurierenden Selbstkontrollen findet. Dieser Verlockung ohne Umsicht nachzugeben, kann sich freilich nur leisten, wer auf familiäre Situation und sozialen Verband keine Rücksicht zu nehmen hat. – Früher als die herkömmlichen Radioästhetiker haben die an Reichweiten interessierten Radioproduzenten entdeckt, dass die Gewichtung von zentraler Versenkung des Gehörs und peripherer Zerstreuung der übrigen Sinne auch umgekehrt werden kann. Wer alle Aufmerksamkeit dem Inhalt des Dargebotenen zu widmen pflegt, wird den nahe liegenden, aber ebenso einseitigen Umkehrschluss nur abschreckend finden: nämlich die Zerstreuung selbst zum Inhalt des Dargebotenen zu ma-

3 Rudolf Arnheim: Rundfunk als Hörkunst. Mit einer Einleitung des Verfassers, München: Hanser 1979, S. 12.

4 Als Sigmund Freud diesen Begriff 1912 im ärztlichen Kontext einführt, verfällt er nicht zufällig auf einen medientechnischen Vergleich, den ihm seinerzeit die Hörmuschel des Telefons bot: »Wie der Receiver die von Schallwellen angeregten elektrischen Schwankungen der Leitung wieder in Schallwellen verwandelt, so ist das Unbewußte des Arztes befähigt, aus den ihm mitgeteilten Abkömmlingen des Unbewußten dieses Unbewußte, welches die Einfälle des Kranken determiniert hat, wiederherzustellen.« Sigmund Freud: Schriften zur Behandlungstechnik, Studienausgabe, Ergänzungsband, Frankfurt/M.: Fischer 2000, S. 175f.

chen, um die Konzentration der Hörer auf ihre alltäglichen Obliegenheiten zu stützen.

Eine Topographie der Hörkunst, die zeitgenössischen Realitäten entspricht, wäre allerdings nicht auf derlei restriktive Einseitigkeiten angewiesen, wenn sie sich denkbare Hörsituationen ebenso vergegenwärtigt wie die Produktionstechniken, Institutionen und Programme, denen Radiokunst wie Radiounterhaltung ihre Präsenz verdanken. Solch mediale Voraussetzungen haben ästhetische Konsequenzen, gegen die sich Traditionalisten lange gewehrt haben. Die Ausblendung der damit verknüpften Dingwelten beruht in der herkömmlichen Werkästhetik nicht nur auf einer rein methodischen Konzentration aufs Akustische, sondern hat tiefere historische Gründe. Denn die Welt des Akustischen wurde erst spät von medientechnischen Umformungen nach dem Prinzip Reproduktion und Dislokation erfasst.

Schon in der Antike konnten *Festkörper* bzw. visuelle Objekte wie Bauten, Skulpturen, Bilder und Schriften mit mehr oder minder kunstsinnigem Augenmaß kopiert werden und in Varianten oder proportionstreuen Nachbildungen an anderem Ort ihren Platz finden. Im neuzeitlichen Prozess der handwerklichen Mechanisierung und industriellen Technisierung wurde schließlich der Alltag in einem solchen Maße mit Reproduktionen durchsetzt, dass bereits im 19. Jahrhundert das Authentische in der Dingwelt eher die Ausnahme als die Regel war. Ein lang dauernder Prozess, der in der Erfindung des Films kulminierte, mit dem auch die Bewegung reproduktiv erfasst wurde, und der für Walter Benjamin bekanntlich Anlass war, einen »Verfall der Aura« an der Wahrnehmung der Dinge zu konstatieren.

Anders in der Welt des *Akustischen*, die lange eine Domäne des Auratischen blieb, das der ungerichteten, also nicht nur auf Einzelsignale horchenden Wahrnehmung jeder natürlichen Klangsphäre entspricht. Der Begriff der Aura, von Walter Benjamin in die Medientheorie eingeführt als »sonderbares Gespinst aus Raum und Zeit: einmalige Erscheinung einer Ferne, so nah sie sein mag«[5], ließe sich im Mitbe-

5 Eine Definition der Aura, bei dessen folgender Illustration Benjamin den akustischen Aspekt ausspart, die aber durch nichts so prägnant erfüllt wird wie durch den natürlichen Klangraum: »An einem Sommernachmittag ruhend einem Gebirgszug am Horizont oder einem Zweig folgen, der seinen Schatten auf den Ruhenden wirft – das heißt die Aura dieser

denken seines akustischen Aspekts vielleicht präzisieren als die *klangsphärische Synchronie räumlicher Erfahrungen*.

Es ist die *sphärische* Komponente, die ihren unauffälligsten, aber gewichtigsten Wandel durchmacht, als das Zeitalter der technischen Medien beginnt. Zu seinen fundamental neuen Erfahrungen gehören die Reproduktion von natürlichen Stimmen und Klängen und ihre Dislokation aus der angestammten Sphäre. Eine Erfahrung, auf die man auch im bis dato extensivsten Übungsfeld des Akustischen, nämlich in der Musik, nicht wirklich vorbereitet war. Was vorher nur in Hörweite des Originals wahrnehmbar war, wurde nämlich erst durch Grammophon, Telefon und Funk übertragbar und speicherbar, also auch verfügbar gemacht. Es war eine neue Welt der industriell gefertigten Apparate, die mit diesen Erfindungen des späten 19. Jahrhunderts Einzug hielt, die auch mit den mechanisiertesten Musikinstrumenten nicht vergleichbar war. Denn erst jetzt entstand eine wahre »Schizophonie«[6] abwesender Stimmen, Musiken und Geräusche. Die »Vertreibung der Stille«[7] durch künstliche Schallquellen wurde erst im Laufe des 20. Jahrhunderts so alltäglich, dass sie das Empfinden für natürliche Klangräume zu ersetzen begann.

Der Ursprung einer Institution: Rundfunk

Heute wird es in unseren Breiten nur noch wenige geben, die eine Welt ohne Radio kennen. Denn diejenigen, die sich noch lebhaft an die Zeiten vor Einführung des Rundfunks erinnern, sterben aus. Für die deutsche Öffentlichkeit sind genau 80 Jahre seit der Erschließung dieses ersten elektronischen Mediums vergangen, das im nicht-öffentlichen Gebrauch allerdings schon seit mehr als einem Jahrhundert existiert.

Berge, dieses Zweiges atmen.« Walter Benjamin: Gesammelte Schriften, Bd. 1, hg. v. Rolf Tiedemann u. Hermann Schweppenhäuser, Frankfurt/M.: Suhrkamp 1974, S. 440.

6 Raymond Murray Schafer: Klang und Krach. Eine Kulturgeschichte des Hörens, aus dem Amerikanischen von Kurt Simon und Eberhard Rathgeb, hg. v. Heiner Boehncke, Frankfurt/M.: Athenäum 1988, S. 315

7 Rüdiger Liedtke: Die Vertreibung der Stille. Wie uns das Leben unter der akustischen Glocke um unsere Sinne bringt, München: dtv 1988, S. 154ff.

Der Gegenwert für einen harten Dollar hatte hierzulande mit 4.2 Billionen Reichsmark gerade seinen historischen Höhepunkt erreicht, als inmitten inflationsgehetzter Zeiten am 29. Oktober 1923 das auf Sendung ging, was allen Hiobsnachrichten über Devisen- und Aktienkurse die Krone aufsetzte: der »Unterhaltungsrundfunk«, der sich Bedenken zerstreuend ›an alle‹ richtete. Dahinter stand die Vox AG, ein Schallplattenunternehmen, das sich als Programmveranstalter der ersten Stunde wohl nicht zuletzt eine werbewirksame Verbreitung der eigenen Produkte versprach. Mit einer Sende-Installation im Dachgeschoss seiner Berliner Niederlassung am Potsdamer Platz war es zögerlicheren Konkurrenten zuvorgekommen, mit denen es sich bald danach zu dem Unternehmen zusammenschloss, das als Berliner ›Funk-Stunde AG‹ die Programmgeschichte der Weimarer Republik geprägt hat und bis 1931 im Vox Haus residierte. Bald waren acht weitere Gesellschaften mit regionalem Sendemonopol gefolgt und es gab schon mehr als eine Million gemeldeter Rundfunkteilnehmer im ganzen Reichsgebiet, als auf Betreiben des Staatssekretärs Hans Bredow 1925 die übergreifende ›Reichs-Rundfunk-Gesellschaft‹ gegründet wurde, der sich nur Bayern entzog.

Wirtschaftsnachrichten hatte es für zahlende Abonnenten schon vorher gegeben – und sie waren nicht nur für Zeitungsredaktionen das einzige Mittel, mit dem seit Jahren immer beschleunigteren Kursverfall der Geldmittel Schritt zu halten. Nachrichten aus Empfängern mit fest eingestellter Frequenz, die plombiert waren, damit niemand seine Informationen aus den Funksprüchen noch besser unterrichteter Kreise beziehen konnte. Aber auch als die hoheitlich zuständige Deutsche Reichspost 1923 ein breites Mittelwellenspektrum für alle öffnete, wurden Empfangslizenzen nur unter asketischen Verpflichtungen vergeben, die den Hörern auferlegten, sich – wie es ausdrücklich hieß – auf »Unterhaltungsrundfunk« oder »Nachrichten an alle« zu beschränken und darauf zu verzichten, das Empfänger-Prinzip umzukehren und selbst auf Sendung zu gehen. Denn noch waren die gebräuchlichen Empfangsgeräte für bastlerische Eingriffe zugänglich genug, um eine Manipulation der Schwingkreise zu ermöglichen und sie anstatt zum bloß empfangenden Sich-Einschwingen auf fremde Frequenzen zur eigenen Schwingungserzeugung zu nutzen, die die Basis jeder Sendung ist.

Was Marconi drei Jahrzehnte zuvor als ›drahtlose Telegraphie‹ über immer weitere Strecken hinweg als neues Nachrichtenmedium in die Welt gesetzt hatte, war schon seit dem Ersten Weltkrieg nicht mehr auf die geheimen Kanäle von Diplomatie und Militär beschränkt. Unter »Missbrauch von Heeresgerät« hatten sich manche Funker über die Schützengräben hinweg Meldungen geliefert, die keine andere strategische Bedeutung hatten als die der Unterhaltung. Drahtlose Telegraphie, die sich zunächst dem zentralen Kommando entzog, seit 1917 aber von der ›Hauptfunkstelle Königswusterhausen‹ auch zu einer zentralen Programmangelegenheit für deutsche Soldaten gemacht wurde. Denn dieser Großsender bei Berlin sendete hinfort den Heeresbericht ›an alle‹, brachte Musik und Lesungen aus Zeitungen und Büchern. Meldungen, die aus verrauschten und knisternden Stimmen und aus Klängen bestanden, die kaum Musik genannt werden konnten, vielmehr Darbietungen, die dem Musikalischen auch akustisch einen neuen Beigeschmack gaben. *Low fidelity* als Preis der Dislokation des Dargebotenen – in Sendungen, die für die Überdrüssigen im Stellungskrieg keinen anderen Zweck hatten als den, einander bei Laune zu halten.

Ein Nebeneinander von Propaganda und Funk-Anarchie, das fortbestand, bis die drahtlose Telegraphie für demobilisierte Funker in der Revolution von 1918 als Kommunikationsinstrument eine politische Rolle zu spielen begann und wieder den Staat auf den Plan rief. Eine kulturpolitisch bewusste Durchformung des Programms kam freilich erst in Gang, als der »*Unterhaltungs*rundfunk« mit Sendern von großer Reichweite etabliert war und – anders als die Presse – unter zentrale öffentliche Kontrolle kam. Erst mit der Institutionalisierung des öffentlichen Rundfunks begann auch eine Professionalisierung programmgestaltender Aufgaben, die über die amateurhafte oder rein nachrichtentechnische Nutzung des neuen Mediums hinausgingen.

Wer sonst auf Sendung gehen wollte, konnte sich als »Radio-Amateur« einer Prüfung unterziehen, hatte sich aber auf Mitteilungen technischer Natur oder auf den Funkverkehr in Not- und Katastrophenfällen zu beschränken. Erfindungsreiche Amateure haben zwar zur technischen Entwicklung des Rundfunks der Pionierjahre beigetragen, blieben aber gerade von der Auslotung effizienter »funkischer« *Darstellungs*formen ausgeschlossen, die zur gestalterischen Herausforderung des neuen Mediums geworden waren.

Wer journalistisch, literarisch oder musikalisch ambitionierter war, als es die nachrichtentechnische Restriktion des Amateurwesens zuließ, blieb für die Realisierung und Sendung einschlägiger Projekte auf Abnehmer in den inzwischen etablierten Fachredaktionen des Rundfunks angewiesen, die das Sendbare nach professionellen und programmlichen Kriterien auswählen konnten und über entsprechende Honorar-Etats verfügten. Der öffentliche Rundfunk wurde zum Verleger – und dies auf privilegierte Weise, weil er nicht nach rein kommerziellen Kriterien arbeiten musste und dabei im optimalen Fall eine kulturell fördernde Rolle spielen konnte.

Auf dem Weg zur Sendung jedenfalls war zwischen Autoren und Produzenten eine institutionelle Schwelle entstanden, die erst mit Einführung des Internets umgehbar wurde, das jedermann zur terminierten ›Sendung‹ wie zur permanenten Installation offen steht. Dass Rundfunkautoren selbst zu Produzenten werden könnten, blieb so lange eine Utopie, wie sie nur als Manuskriptlieferanten in Erscheinung traten und die Realisation anderen Medienhandwerkern überlassen blieb. Das änderte sich erst seit den siebziger Jahren im Zeichen des Originaltons und des Engagements von Komponisten als Hörspielmachern und ist im merklichen Ausmaß seit der Digitalisierung der Produktionsmittel zum programmbestimmenden Faktor geworden. In den Jahrzehnten davor konnten nur Komponisten und Musiker im nennenswerten Umfang auf alternative Sende-Zugänge über den Tonträgermarkt hoffen, der für den Rundfunk selbst zum Zulieferer sendefertiger Produkte wurde.

Die monophone Quelle der Imagination

Wo der Unterhalt gefährdet ist, kommt die Unterhaltung in Konjunktur, deren Trennung vom Unterhalt laut Bertolt Brecht eine künstliche ist. Aber anders als noch die Kinobesitzer waren die neuen Unterhalter des Rundfunks die ersten, die ihr Publikum ganz buchstäblich aus dem Auge verloren und schon früh die Statistik benutzten, um es sich wenigstens in Gestalt von gesichtslosen Zahlenkolonnen wieder vor Augen zu führen. Unterhaltung wurde im doppelten Sinne zum spekulativen Geschäft, – spekulativ nicht zuletzt im Bezug auf die »*Radial*wirkung«, die im Begriff Radio steckt: im Bezug auf die *Reichweite* der eigenen Darbietungen und die *Situationen*, in denen sie die Hörer erreichen. Nicht frei von Spekulation ist schon der Vorgang des Radiohörens selbst. Ist doch das, was aus einer punktförmigen Schallquelle namens Lautsprecher kommt, etwas Abwesendes, dessen Quellen nur erschließen kann, wer von den Umständen abstrahiert – und eine Fähigkeit zur Abstraktion entwickelt hat, die bereits Medienerfahrung voraussetzt. Und ist es doch andererseits etwas Anwesendes, das im heimischen oder fremden Ambiente alle präsenten Sinnesdaten zu überlagern oder gar auszufüllen in der Lage ist, wenn es mit den Erfahrungswelten kommuniziert, in denen der Hörer zu Hause ist.

Das Radio erschien als transzendentaler Apparat par excellence. Die frühen Hörspieltheoretiker sprechen vom »inneren Ohr«, wenn sie die Imaginationsfähigkeit des neuen Mediums erklären wollen. Und dieses »innere Ohr«, dessen Existenz eine anthropologische Hypothese bleibt, ist tatsächlich zum Paradigma der klassischen Radioästhetik geworden. Dabei hätte der Blick auf den Bau der Apparatur und ihre Installation im Alltag die technischen Bedingungen verdeutlicht, in denen derlei mediale Imaginationen möglich werden.

In den Pionierjahren wurden an Stelle von Lautsprechern meist noch Kopfhörer benutzt, die bei den Detektorempfängern nicht einmal einen Verstärker mit externer Stromzufuhr benötigten. Sie bezogen die benötigte Energie einfach aus den Wellen, die uns – lang, mittel oder kurz – im hochfrequenten Spektrum sowieso umgeben. Nicht die Wellen sind allerdings die Nachricht, sondern ihre Modulation. Beeinflussbar und dekodierbar waren sie erst, seitdem die Menschheit auf Sendung ging.

Wie hat man sich die frühen Hörsituationen vorzustellen? Hatte man es vor der Einführung von Autoradio und Walkman allemal mit geschlossenen Hörräumen zu tun? Jedenfalls war es der Kopfhörer, der die ersten Radiohörer wie Heeresfunker vor ihren Geräten von allem um sie herum abschottete und in die bis dato unerhörten Stimmen und Klänge aus dem Nirgendwo *hineinhören* ließ.

Saßen sie versunkenen Blicks da, um aus dem Rauschen und Knistern die Zeichen und Anzeichen herauszuspüren, die ihnen etwas zu sagen hatten? War es die Haltung von Funkern, die aus dem hervorstechenden Did Dá Did Did »*Morsesprüche* aufnehmen«, für die kein anderes Speichermedium zur Verfügung stand als das der flinken Niederschrift? Kombinationen kurzer oder langer Töne, die sich in eine vollkommen lineare Schrift umsetzen ließen, aus der erst im Nachhinein eindeutig gemeinte Buchstaben, Worte und Laute herauszulesen waren. Ähnelten die *Hörräume*, die sich hier auftaten, nicht der *Lektüre*, die nur durch die Entzifferung prägnanter Zeichen auf die Reihe bekommt, was sich im Dargebotenen verbirgt? Aber dieses Hörereignis zwischen impulsgleich beschickten Kopfhörern ließ schon während des Mono-Zeitalters einen *Raum* erahnen, sobald mehr zu vernehmen war als das Did Da der Morsezeichen.

Erst mit der Befreiung vom Kopfhörer begann sich das gesamte Ambiente zum Hörraum zu wandeln. Erst die Beschallung des freien Raums schuf auch die Befreiung des Blicks.[8] Die Objekte im Raum schienen nicht mehr die massiven Dinge zu bleiben, die sie waren: keine Rudimente von ungetaner Arbeit mehr, sondern Projektionsflächen evozierter Stimmungen und Phantasien. Hatte nicht soeben noch der Jugendstil mit seinem »Mediumismus der Linie« (Benjamin) die Oberfläche ins Spiel gebracht? Den ästhetischen Qualitäten des Mobiliars wurden mobilere hinzugefügt, deren Impulsgeber das Radio war, mit dem – nach einem Diktum Thomas Manns – die »Welt im Haus« Einzug hielt. Was auch die schnellste Zeitung nur im nachhinein vermochte, war nun in Realzeit möglich. Für Rundfunkteilnehmer wurde ihr Nah-Raum, die soziale Abgeschiedenheit des Interieurs, durch Verschaltung zum diskreten Platz in der Öffentlichkeit. Sie wurden Zeitzeugen im häuslichen Ambiente, Mitspieler und Zu-Hörer einer Hörbühne, die sich zum rechten Zeitpunkt auf Knopfdruck einstellte.

Acht Jahrzehnte sind wie gesagt seitdem vergangen. Mindestens die Hälfte der Zeitspanne über blieb das Radio ein *monophones* Medium und ist es im Alltagsgebrauch bis heute für viele geblieben – als

8 Vgl. Heiner Goebbels: »Tonspur Radioraum: Plädoyer für das Geheimnis«, in: ders., Komposition als Inszenierung, hg. v. Wolfgang Sandner, Berlin: Henschel 2002, S. 84- 87.

punktförmige Schallquelle oder vielmehr als kleine schwingende Fläche in der Tiefe eines Lautsprechertrichters. Eine flache, gewölbte oder selbst trichterförmige Membran, hinter der etwas Freischwingendes ohne sichtbare Mechanik steckt, – bewegt von einem Elektromagneten mit zylindrischem Inneren. Die technische Umkehrung des Prinzips Mikrophon. Ein Klangobjekt, eingefasst in ein Gebilde namens Radio, dessen technischer Charakter trotz hervorstechender Bedienungselemente mit dem heimischen Mobiliar in Einklang zu bringen war. Ein oft schlichtes und bisweilen edel furniertes Gehäuse, das den Designern seit der Art Deco-Epoche alle Freiheiten skulpturaler Gestaltung ließ und bizarre Formen annehmen konnte, die eigene Aufmerksamkeit weckten.[9] Der Kern einer Klanginstallation inmitten des Alltags, die nicht nur – wie alles andere Mobiliar – mit der Einrichtung in Einklang zu bringen war, sondern auch mit der Eigenakustik des vorhandenen Raumes. Diese Eigenakustik wurde zur tragenden Größe, die der Ausbreitung zugleich Grenzen setzte: hallig oder gedämmt, mit reflektierenden Flächen, akustischen Wellenbrechern oder Schall schluckenden Stoffen.

Was sich hier Gehör verschaffen kann, wirkt auch dann auf die Imagination der Anwesenden, wenn es nur aus musikalischen Klängen besteht. Denn ihre imaginative Aufladung findet durch die leibhaftigen Innervationen der Hörer statt, die jede Sendung inmitten des Alltags antrifft. Dass dies bis zur Tanzbarkeit des Dargebotenen gehen kann, bezeichnet nur einen besonders euphorisierenden Aspekt. Als »Tonspur für das Lebenskino« hat Michael Rutschky gelegentlich das Wirkungsprinzip des Radios beschrieben und damit jene Hörspielmacher herausgefordert, die allenfalls dem Dargebotenen selbst zubilligen wollten, so etwas wie ein »Kino im Kopf« zu sein.

Wer sich nicht verlieren will in dem Raum, den er imaginiert, sucht nach Navigationsprinzipien. Und sie werden ihm reichlich geboten im klassischen Hörspiel, das sich als die eigentliche *Erzähl*kultur des

9 Vgl. etwa Philip Collins: Radios. The Golden Age, London: Columbus Books 1987. Eine erste Designgeschichte des Radios, die den medialen und situativen Kontext einbezieht, bietet Chup Friemert: Radiowelten. Zur Ästhetik der drahtlosen Telegraphie, Stuttgart: Cantz 1996 (Schriftenreihe der Staatlichen Hochschule für Gestaltung, hg. v. Heinrich Klotz. Bd. 7).

Nachrichtenmediums Radio durchsetzt. Ihre Dramaturgie fußt auf dem Prinzip Imagination, denn mit konkreteren Mitteln lassen sich Klangräume im monophonen Zeitalter noch nicht herstellen oder abbilden. Räume der Imagination, die sich im *Real-Zeit*-Medium Radio auf der Achse der Zeit aufbauen. Performative Räume, die dem dramatischen Genre ebenso angehören können wie dem narrativen.

Dass auch die über das Gehör angeregte Imagination in Bildern arbeitet, haben bereits die Radioregisseure der Pionierjahre gewusst und als szenographisches Prinzip entwickelt. Deshalb haben sie nicht nur die rhetorischen Kunsträume des Theaters in ›Sendespielen‹ nachgebildet, sondern auch realere Hörbilder in Szene gesetzt – so etwa 1930 der Berliner Regisseur Max Bing in seiner Inszenierung von Alfred Döblins Hörspielfassung seines Romans *Berlin Alexanderplatz*[10], die sich schon in der literarischen Vorlage durch naturalistische Rollensprache und eine frappante Montagetechnik auszeichnet.

Die Eröffnungsszene spielt unter Straßenhändlern am Rosenthaler Platz. Nur aus Stimmen und mit wenigen tieftönigen Geräuschen wird etwas simuliert. Unterschiedliche Sprechhaltungen, Lautstärken und Mikrophon-Distanzen schaffen im *Studio* den Eindruck eines offenen Raumes unter freiem Himmel, in dem Bewegung herrscht, obwohl die Sprecher in Position bleiben. Ein Raum, in den man nicht nur hineinhorchen muss, um überhaupt etwas zu erfassen, sondern in den man hineingezogen wird und in dem man sich – wenn man denn einmal involviert ist – auch imaginär bewegen könnte. Keine Autohupen, keine Musik, Andeutungen von Straßenbahn durch tieftönigen Dopplereffekt. Aber volle Bewegung in der Tiefe des Raums, der nur aus einem einzigen Lautsprecher entsteht. Es ist der zwangsläufig durch *Inszenierung* statt durch Tiefenakustik hergestellte Klangraum der Monophonie. Dazwischen ist im harten Wechsel immer wieder eine rufende Stimme aus dem raumlosen Off zu vernehmen. Ganz linear – und in allen Unterbrechungen deshalb um so dringlicher – knüpft sie den Lebensfaden

10 Alfred Döblin: Die Geschichte vom Franz Biberkopf, Regie: Max Bing, Produktion: RRG, Berliner Funkstunde 1930. Im Deutschen Rundfunkarchiv Frankfurt/M. erhaltener Wachsplattenmitschnitt einer Funkinszenierung mit Heinrich George in der Titelrolle, die vermutlich für Versuchszwecke aufgezeichnet und nicht gesendet wurde. Zwei vorher in der Regie von Alfred Braun angekündigte Sendungen wurden abgesetzt.

des Protagonisten, der zunächst ganz unmerklich und allmählich als Zentrum der Aufmerksamkeit in Szene gesetzt ist. – Was hier im balladesken Duktus wie aus dem Jenseits tönt und doch nur aus einem anderen Raum des Studios kommt, wird später in jahrzehntelanger Hörspielentwicklung kultiviert, wird von Regisseuren wie Max Ophüls als fast kameratechnisch fokussierender Erzähler etabliert und durch Sprecher wie Gert Westphal buchstäblich salonfähig gemacht.

Der eindrücklich getaktete Wechsel von narrativer Linearität und imaginierter Räumlichkeit wird zum inszenatorischen Grundmodell des klassischen Hörspiels. Im Zeitalter der Monophonie konzipiert, organisiert sich dessen Dramaturgie primär von der Zeitachse aus, aus der sich die akustische Szenographie der wechselnden Räume erst im zweiten Schritt entwickelt. Kein Wunder, dass die ›Zeit-Künste‹ *Literatur* und *Musik* bereits früh zu natürlichen Verbündeten der neuen Gattung Hörspiel geworden sind. – Vor allem dann, wenn literarische (also aus dem linearen Prinzip der Schriftzeile hervorgegangene) Vorlagen umgesetzt werden, folgt ein Großteil der Produktionen bis heute diesem erfolgreichen Modell, das auch auf dem neuen Markt für ›Hörbücher‹ zu einem stabilen Faktor geworden ist.

Die monophone Erbschaft des Hörspiels und der symmetrische Klangraum der Stereophonie

Längst vor dem Medienzeitalter wurde die Wirkung entdeckt, die sich einstellt, wenn die Narration durch *Musik* sekundiert wird. Es ist dieser melodramatische Effekt, den der Breslauer Radiopionier Friedrich Bischoff im Sinn hatte, als er schon um 1930 »Hörspiele für Musik« forderte und später als erster SWF-Intendant einen Preis für Hörspielmusik stiftete, den er 1954 nach dem von ihm engagierten Hauskomponisten Karl Sczuka benannte. Ein Preis, für dessen Juroren mit Auftakt des Stereo-Zeitalters nicht zufällig das gesamte Spektrum radiophoner Gestaltungsmittel von Klangräumen ins Visier kam und nicht nur der lineare Aspekt der Hörspielmusik.[11]

11 Vgl. Hermann Naber/Heinrich Vormweg/Hans Burkhard Schlichting: Akustische Spielformen. Von der Hörspielmusik zur Radiokunst. Der

Inzwischen waren zu den amplitudenmodulierten Radiowellen mit der Einführung von UKW in den fünfziger Jahren die frequenzmodulierten Ultrakurzwellen hinzugekommen, die weniger störanfällig waren, aber wegen geringerer Reichweite ein dichteres Sendernetz erforderten. Sie konnten auch stereophone Signale störungsfrei übertragen, die seit Ende der sechziger Jahre für Produktion und Sendung zum Standard der *High Fidelity* wurden.

Schon 1925 hatte der Komponist und damalige Rundfunkkritiker Kurt Weill auf umfassendere Möglichkeiten des Mediums hingewiesen, die sich vierzig Jahre später in konkreten Klangräumen realisieren ließen. »Radiokunst« nannte er das, was er analog zu den Experimentalfilmen der Zeit auch für das neue elektronische Medium heraufkommen sah. Eine Kunst, in der nicht mehr reine Musik und inszeniertes Wort den Ton angeben, sondern etwas Neues hinzukommt, nämlich

> »Klänge aus anderen Sphären, Rufe menschlicher und tierischer Stimmen, Naturstimmen, Rauschen von Winden, Wasser, Bäumen und dann ein Heer neuer, unerhörter Geräusche, die das Mikrophon auf künstlichem Wege erzeugen könnte, wenn Klangwellen erhöht oder vertieft, übereinandergeschichtet oder ineinanderverwoben, verweht und neu geboren werden würden.«[12]

Wenige Jahre nach Kurt Weills Vision einer neuen »Radiokunst« entstand eine Versuchsarbeit des Filmregisseurs Walter Ruttmann für die Reichs-Rundfunk-Gesellschaft, bei der Tonfilm nach dem so genannten Tri-Ergon-Verfahren als montierbares Speichermedium erprobt werden sollte. Was sich heute im Zeitalter der Samplertechnik wie eine rührende Idylle anhört, war 1929 das gewagteste Hörspielexperiment des Rundfunks der Weimarer Republik.[13] – Auch hier wird erzählt, aber mit anderen Mitteln: unter Verzicht auf die Stimme eines Erzählers

---

Karl-Sczuka-Preis 1955-1999, Baden-Baden: Nomos 2000 (SWR Schriftenreihe, hg. v. Peter Voß. Grundlagen 1).

12 Kurt Weill: Ausgewählte Schriften, hg. v. David Drew, Frankfurt/M: Suhrkamp 1975, S. 130f.

13 Walter Ruttmann: Weekend, Realisation: Walter Ruttmann, Produktion: RRG Berlin 1929. Vgl. Jeanpaul Goergen: Walter Ruttmanns Tonmontagen als Ars Acustica, Siegen 1994 (MuK 89).

allein durch den rhythmisch montierten Wechsel verschiedener Klangräume. Das Hörbild eines Wochenendes an den Rändern der Großstadt Berlin. Entstanden als vollkommen lineare Montage monophoner Außenaufnahmen, bei denen Bewegung und Raumtiefe allerdings eine entscheidende Rolle spielen. Die sich nähernde Blaskapelle ist allerdings nur durch wachsende Lautstärke, den dominierenden Paukenton und den Dopplereffekt nach dem Passieren des Mikrophons in ihrer Bewegung zu ahnen.

Hinzugewonnen wurde seitdem vieles an technischen und gestalterischen Möglichkeiten, nicht erst im Zeitalter der Digitalisierung. Allem voran die durch übereinander gelagerte Mischung verschiedener Quellen gewachsene Komplexität möglicher Klangeindrücke und die Herstellung *konkreter* Klangräume durch Stereophonie oder erweiterte Mehrkanaligkeit. Das monophone Prinzip der *Imagination* wurde nun durch eine stereophone Raum-*Illusion* abgelöst, die Inszenierungen von kinohafter Realistik begünstigt. Auch die Suggestionseffekte des Dolby-Surround-Kinos geraten heute in Reichweite radiophoner Inszenatorik, sobald mehrkanalige Sendungen über das Versuchsstadium hinausgelangt sind.[14] Aber die Potenzierung des Prinzips Illusion markiert nur den Mainstream der Entwicklung, neben dem es von Beginn an andere Tendenzen gab.

Zu den Experimentierfeldern der Stereophonie im Hörspiel gehörten 1968 die Baden-Badener Studios des Südwestfunks. Während Bernhard Rübenach im großen Hörspielstudio ein zeitgenössisches Bühnenwerk mit einer differenzierten akustischen Choreographie fixierter Stimmen im Raum als Hörspiel realisierte, entstand im Nachbarstudio in der Regie von Peter Michel Ladiges das erste Hörspiel, das bereits im Manuskript von den Autoren als stereophones Projekt angelegt war: Ernst Jandl und Friederike Mayröcker hatten ihre exemplarische Familiengeschichte *Fünf Mann Menschen*[15], die zugleich eine Parodie aller Familiengeschichten ist, entsprechend den fünf stereopho-

14 Die ersten mehrkanaligen Hörspiel-Sendungen hierzulande kamen 1999 vom HR und vom SWR als Live-Übertragungen in Dolby-Surround-Technik vom Festival *intermedium 1* aus der Berliner Akademie der Künste.

15 Ernst Jandl/Friederike Mayröcker: Fünf Mann Menschen, Regie: Peter Michel Ladiges, Produktion: SWF 1968.

nen Grundpositionen (Links – Halblinks – Mitte – Halbrechts – Rechts) entworfen: in der Zweidimensionalität der stereophonen Achse zwischen zwei unterschiedlich beschickten Lautsprechern als familiärem Ordnungsprinzip. Vater und Mutter sind verkörpert in den beiden Lautsprechern, die auch der Nachkommenschaft ihren Platz anweisen. Ein Stück additiver Monophonie, gebaut aus fünf stereophonen Punkten. Akustisch herrscht das Prinzip Symmetrie, das von dem Wiener Autorenpaar nicht einfach affirmativ verwendet wird, sondern zugleich als gesellschaftliches Herrschaftsprinzip bloßgestellt ist. – In dem parallel inszenierten Bühnenstück war dagegen Asymmetrie auf vielschichtige Weise das Thema: *Die Verfolgung und Ermordung Jean Paul Marats dargestellt durch die Schauspieltruppe des Hospizes von Charenton unter Anleitung des Herrn de Sade* von Peter Weiss war vom Autor 1962 zunächst als Hörspielprojekt begonnen worden, wäre aber wegen seiner Konstruktion der Bühne auf der Bühne mit monophonen Mitteln nicht darstellbar gewesen und war nach der Berliner Uraufführung 1964 bereits zum wichtigsten Theaterstück der Zeit geworden, als es durch die neue Hörbühne der Stereophonie, für die Rübenach eine eigene Stimm-Choreographie entwickelt hatte, schließlich doch ins Hörspielrepertoire gelangte.[16]

Das immense Spektrum neuer akustischer Spielformen, das sich seitdem auftat, hat auch über das Radio hinaus gewirkt und entwickelt sich seit den sechziger Jahren international zu einer *Ars Acustica*, die sich für Anregungen aus allen darstellenden und bildenden Künsten geöffnet hat, deren Domäne naturgemäß die Gestaltung räumlicher Verhältnisse ist. Ebenso wie experimentell und improvisatorisch orientierte Autoren und Komponisten haben zur Radiokunst nun auch Künstler beigetragen, die ihre prägenden Erfahrungen an der Bild-

16 Peter Weiss: Die Verfolgung und Ermordung Jean Paul Marats dargestellt durch die Schauspieltruppe des Hospizes von Charenton unter Anleitung des Herrn de Sade, Musik: Hans-Martin Majewski, Hörspielbearbeitung und Regie: Bernhard Rübenach, Produktion: BR/SWF 1968. Die Technik des federführenden Bayerischen Rundfunks war nach Aussage des Regisseurs damals noch nicht für die Realisation seines komplizierten szenographischen Raum-Konzepts gerüstet. Deshalb fanden die Aufnahmen im großen Hörspielstudio des koproduzierenden Südwestfunks statt.

Montage, in Happening und Performance, in Klanginstallationen und im Bereich der Multimedia gesammelt haben. – Aus dem Kreis dieser neuen Medien-Performer und der Improvisationsmusiker kamen in den achtziger Jahren auch die ersten, die für exemplarische Aktionen das Prinzip *live* wiederbelebt haben, das in den Pioniertagen des Hörspiels jeden Sendevorgang prägte. Aber anders als in den zwanziger Jahren wurden nicht bühnenhaft deklamierende Schauspieler in Live-Sendungen aus abgeschirmtem Studio engagiert, sondern Improvisateure für eine öffentliche Präsenz, die viele Besucher miteinander teilen können. Zur Kriterienbildung am Kunstwert kommt – im Sinne Benjamins – diejenige am Ausstellungswert des Präsentierten. Öffentliche Veranstaltungen wie *intermedium* wurden in jüngster Zeit auch zu Versuchsstätten für die multimedialen Anwendungen neuer Radiokonzepte, in denen die allen Internetnutzern vertraute Dislokation von Raum und Zeit ihre Entsprechung findet. Auch zu Versuchsstätten, bei denen die mehrkanalige Akustik erprobt werden kann, die für DVD-gewohnte Medienkonsumenten bereits zum Standard gehört, aber für die Breitenwirkung des Rundfunks noch in den Anfängen steckt.

Die voll dimensionierte Klangräumlichkeit aus der Schallquelle Radio ist eine späte Errungenschaft. Inmitten der neueren Medientechniken tauchen Reminiszenzen der älteren auf. Auch in den Klanglandschaften der *Ars Acustica*, die auf dreidimensionale Klangräume angelegt sind, gibt es lineare Nachklänge der Monophonie. Ein apartes und zugleich extremes Beispiel stammt von dem kanadischen Komponisten und Klangforscher R. Murray Schafer, der 1977 mit seinem Buch *The Tuning of the World*[17] zum Begründer der *akustischen Ökologie* geworden ist. Alljährlich versammelte er Musiker an einem einsamen See im Norden des Landes, wo noch leibhaftige Wölfe zu Hause sind, zu einer Performance, die er selbst ein »Ritual« nennt und deren Teilnehmer kilometerweit voneinander entfernt sind: *Wolf Music*[18]. In einer Sendung des kanadischen Rundfunks, die daraus 1997 entstand, ist Schafers Stimme in gemessenem Duktus zu hören – bisweilen mit Windrauschen auf dem Mikrophon. Was im stereophonen Raum auf-

17 Die deutsche Übersetzung erschien erst spät. Vgl. Anmerkung 6.

18 R. Murray Schafer: Wolf Music, Realisation: R. Murray Schafer, Produktion: Canadian Broadcasting Corporation, Toronto/WDR Köln 1997.

fällt, ist zunächst die Unprägnanz der Klänge. Sie ergibt sich im Lauf der Realzeit, die vergeht, wenn Töne über viele Kilometer hin erst das Mikrophon erreichen. Klänge – ob natürlichen oder musikalischen Ursprungs – durchlaufen auf solch langen Wegen zwischen Wäldern und reflektierender Wasseroberfläche merkliche Modulationen durch die Umgebung. Sie werden von Schafer bewusst als Darsteller von etwas Sphärischem ins Feld geführt: »music performs and nature performs«. – Die vor Ort gespielte Musik klingt auffällig einfach und linear: nur Linearität sichert die Übertragung über weite Strecken. – Wer sich auf das Hineinhören in die entfernten Klänge nicht einlässt, mag dieses ›Ritual‹ als seltsam komisch empfinden. Es ist wie alle Rituale auf Einstimmung angelegt und auf einen aktiven Mitvollzug, der im passiven Zuhören vor dem Radio an seine Grenze stößt, weil das Ritual vollends zum imaginären Ereignis wird. In diesem Sinne ist auch Schafers Radioperformance ein Akt des postmodernen Konstruktivismus, aber mit einem anthropologisch fundierten Konzept von *High Fidelity*.

Den künstlichen Hörraum vermittels der Medientechnik wieder mit den Naturräumen und zivilisierten Gegenden zu verbinden, ist eine der Chancen, die im Radio als Klanginstallation stecken. Radio – sagt Schafer[19] – wäre dann radikal, wenn es die Natur selber in einen Sendezustand versetzt und eine globale Empfänglichkeit fördert, in der die Sprache der Nachrichten nicht das letzte Wort behält. Es wäre der Versuch, mit den technischen und szenographischen Mitteln des Mediums den vortechnischen Standard akustischer Wahrnehmung wieder erlebbar zu machen, in der die *Aura* noch ihren Platz hatte. Zumindest erahnbar wird hier, was auf der Stecke bleibt, wenn nur die mediale Vertreibung der Stille, der industrielle Lärm, des Surren der Apparate oder das Rauschen von Klimaanlagen die Grundtöne unseres Alltags ausmachen.

19 So Schafer in dem Feature von Sabine Breitsameter: Radical Radio - von den Wurzeln des Mediums. Der Hörkünstler Murray Schafer. Ein akustisches Portrait, Regie: Sabine Breitsameter, Produktion: SWR 1999, Ursendung: SWR2, 14.10.1999.

Gute Unterhaltung

Norbert Bolz

Unterhaltung

Wer mit Genuss fernsieht, ist der produktiven Gesellschaft ein Dorn im Auge, denn er hat die puritanische Angst vor der Zeitvergeudung abgestreift. Fernsehen dispensiert vom Handeln und erlöst von der Zeit. Man spürt das vor allem bei den Unterhaltungssendungen: Einschalten, um abzuschalten – man muss keine Anschlusskommuni-kation leisten. Obwohl immer wieder bedenkenswerte Vorbehalte gegen eine Ableitung der Unterhaltung aus dem Spiel angemeldet worden sind, bleibt es doch erstaunlich, wie schlüssig das alte Schema von Roger Caillois die Welt des Entertainment ordnet. Sie besteht aus den Elementen:

- Agon, den wir vor allem im Wettkampfsport ausgeprägt finden; dort geht es um Triumph, Rivalität und persönliche Leistung.
- Alea, paradigmatisch beim Roulette, wo Schicksal, Willkür des Zufalls, Chance und Spekulation herrschen.
- Mimicry, die den zeremoniell geregelten Eintritt ins Spiel vollzieht; das ist die Welt der Masken und Rollen.
- Ilinx, wo Rausch und Trance das Feld beherrschen; wo man den Kontrollverlust im Vertigo genießt (Tanz, Sensation, »thrill«).

Aus diesen Elementen mischt sich die breite Palette guter Unterhaltung:

- Sport, Spiel, Spannung
- Musik, Sex, Drogen
- Infotainment, Talk, Gossip
- Shopping, Theme-Park, Action.

Unterhaltung setzt man gemeinhin mit Zerstreuung, Vergnügen, Divertissement und Ablenkung gleich. Dass Entertainment und Ennui, Unterhaltung und Langeweile zwei Seiten derselben Medaille sind, weiß die Kulturkritik seit Pascal – heute oft in der positiven Wendung, zur Ökonomie der Aufmerksamkeit gehöre die Kunst der Zerstreuung. Das hier zugrunde liegende Argument ist einfach: Langeweile ist der Wunsch nach einem Begehren (Adam Phillips), und Zerstreuung ist eine Form der Langeweile. Insofern entspricht gute Unterhaltung präzise der Verzweiflung der Langeweile. Wer sich zerstreut, flieht vor sich selbst. »If memories are pain, fiction is anesthesia.« (Thomas Schelling)

Wenn wir die kulturkritische durch eine psychologische Perspektive ersetzen, ergibt sich folgendes Bild: Unterhaltung liegt als »Erregungshomöostase« (Zillmann) zwischen Stress (zu viel Stimulation) und Langeweile (zu wenig Stimulation). In der rundum versicherten Welt der Moderne suchen wir deshalb nach Gefahr, denn diese versetzt uns in Aufregung – und das bereitet Lust. Doch die Gefahr darf nicht wirklich gefährlich werden, sie muss im Als-ob verbleiben. Was wir eigentlich suchen, sind also »safe dangers« (Tibor Scitovsky), gefahrlose Gefahren. Und die gibt es vor allem im Film.

Was für den vormodernen Menschen Fortuna war, ist für den modernen Menschen die Spannung: selbst erzeugte Ungewissheit. Spannung liegt als kontrollierter Kontrollverlust zwischen der Vertrautheit des Banalen und der Unvertrautheit des Komplexen. Ein spannender Film trainiert uns also im Umgang mit Ungewissheit. Werner Früh hat diesen kontrollierten Kontrollverlust zu Recht ins Zentrum seiner Unterhaltungstheorie gestellt. Fernsehen übt ein, wie man aktive durch passive Kontrolle ersetzen kann: Man kann nichts tun, aber man kann voraussehen, was geschieht.

Unterhaltung hat neben der Spannung noch zwei weitere Attraktoren: Nonsense und Geschwätz. Comedy als Reinform der Unterhaltung habe ich an anderer Stelle schon ausführlich analysiert. Und ich kann hier nur stichwortartig andeuten, welche zentrale Rolle das Geschwätz (Kierkegaard) und das Gerede (Heidegger) in der Welt der Unterhaltung spielen. Massenmedien weiten den Klatsch-Mechanismus auf Fremde aus. D.h. Celebrities und Politiker werden von den Zuschauern als wichtige Gruppenmitglieder behandelt. Ob ich das Tun und Treiben von Dieter Bohlen und Gerhard Schröder nun in der ARD oder in den People Magazines verfolge – stets arbeite ich am »updating« meiner »social map« (Robin Dunbar). Insofern entspricht die Unterhaltungsformatierung aller Ereignisse im Fernsehen nicht nur unseren tiefsten Wünschen, sondern auch einer sozialen Notwendigkeit. Konsum von Klatsch ist das Genießen der Unterwürfigen – und zugleich die Form, in der sie soziale Intelligenz ausbilden.

Humanum

Im Zeitalter des Media Bashing vergisst man leicht, dass Fernsehen einmal eine großartige Erfindung für die Massen war. Man versammelte sich allabendlich vor dem elektronischen Lagerfeuer und wurde Zeuge der Weltsensationen: die Bilder vom Mond, der Schrecken von Vietnam, der Thrill von Durbridge, das Tor von Libuda. Die Straßen waren dann leer gefegt und das Gesehene wurde zum verlässlichen Anknüpfungspunkt für Schulgespräche.

Der Fernseher wurde abends eingeschaltet – draußen auf den Straßen sichtbar als magisches blaues Leuchten; drinnen in den Wohnzimmern ein faszinierendes Bombardement von Lichtimpulsen, das uns die Anstrengung von Familiengesprächen gnädig erlassen hat. Und der erste, der darüber nachdachte, was hier eigentlich geschieht, kam zu dem Schluss: Das Medium selbst ist die Botschaft. Das erklärt auch heute noch, warum wir die Tagesschau sehen, fast alles sofort wieder vergessen und uns dennoch gut informiert fühlen. Denn die eigentliche Botschaft von Nachrichten ist Allgegenwart, eine Art abstrakter Weltzeitgenossenschaft. Tag für Tag wird der Welthorizont für uns abgetastet und alles Auffällige in bewegten Bildern gezeigt.

Gerade auch an der Kultsendung der deutschen Aufklärung, der *Tagesschau*, kann man erkennen, dass Fernsehen ein Ritual ist. Die Zuschauer, die sich zu informieren glauben, »enjoy the comfort of ritual« (Francis Fukuyama). Wir sagten ja bereits: Man schaltet ein, um abzuschalten. Das Fernsehen neutralisiert die Umwelt, um dann eine Eigenwelt zu konstruieren. Zum Nullmedium (sensu Enzensberger) gehört Action (sensu Goffman). Doch was ist damit gewonnen? Riten ermöglichen die Anpassung an emotionale Problemlagen. Und indem Filme imaginäre Beziehungen vor Augen führen, helfen sie uns »to manage emotionally what cannot be managed in fact.« (Burt) Riten geben jedem Problem eine Ausdrucksform und ermöglichen so das »Überleben der Spannung in Formen« (Luhmann).

Ereignisse und Persönlichkeiten sind Eigenwerte des Fernsehens, die das Chaos der Welt wie Strange Attractors ordnen. Das erklärt, warum das Fernsehen so beliebt ist, obwohl alle über das schlechte, niveaulose Programmangebot klagen. Unterm Licht der Kathodenstrahlröhre herrscht das Gesetz der »secret consumption«. Hier kann ich mir ein Bild von der Welt machen; hier gibt es noch Unmittelbarkeit und Dramatik. Hier bin ich Mensch, hier darf ich sein. Und genau das wird uns ja von den sozialen Systemen, in denen wir funktionieren, vorenthalten. Jeder spürt schon lange, was Soziologen wie Niklas Luhmann heute explizit formulieren: dass der Mensch ein Umweltproblem der Gesellschaft ist. Und gerade deshalb kommen wir nicht von den Medien los. Zumal das Fernsehen lockt, noch in den dümmsten Sendungen, unwiderstehlich mit dem geheimen Konsum des Humanum.

Seit es Privatfernsehen gibt, sehen wir nicht mehr dieselben Sendungen. Doch gleichgültig, welchen Sender wir einschalten – überall erwartet uns Gerhard Schröder. Nicht dass er uns etwas zu sagen hätte. Fernsehen ist der schlichte Körperkult der Prominenz. Und die gemeinsame Beziehung auf Prominente hält die Gesellschaft zusammen. Wer etwa seinen Sonntagabend der ARD opfert, erlebt alles, was unsere moderne Welt im Innersten zusammenhält. Zunächst der *Tatort* als unwiderstehliche Propaganda der Political Correctness, der, wie alle Fernsehserien, den »sociopleasure of morality« (Lionel Tiger) bietet: Man kann zusehen, wie Gerechtigkeit geschieht. Und dann *Christiansen* – Talk als Kult unserer Staatsreligion. Früher hat man das richtige Verhalten in der Polis gelernt; heute genügt es, den Fernseher einzuschalten. Das hat Harold Bloom wohl gemeint, als er das Fernsehen als »consensus monster« bezeichnete.

Doch in Talkshows werden nicht nur Prominente ausgestellt; sie befriedigen auch die Ausdrucksbedürfnisse moderner Subjektivität. Schon Helmut Schelsky sprach von der Bewahrung der Subjektivität im Freiheitsraum bloßer Äußerung. Wichtiger als die Information ist die Beteiligung an Kommunikation: Reden wir miteinander! Das bestätigt Kants Theorie der kommunikativen Lust genauso eindrucksvoll wie Schleiermachers Begriff der »Wettergespräche« und Konrad Lorenz' Konzept der »Putzgespräche«. Talk heißt Klatsch und Tratsch. Und Klatsch ist die Art von Konversation, in der es um Standards und Werte geht. Sie trennt innen und außen.

Klatsch und Talk sind, wie Robin Dunbar sehr schön gezeigt hat, Grooming, also verbale Fellpflege. Schimpansen kraulen sich, wir schwätzen miteinander. Beides hat denselben sozialen Sinn: den Gruppenzusammenhalt zu sichern. Im Medium von Klatsch und Tratsch beobachten wir die soziale Komplexität unserer Welt und trainieren so unsere soziale Geschicklichkeit. Wer hat was mit wem? So dient der Talk der Welt einem permanenten »updating« unserer »social map«. Statt also, wie es die Vertreter der Gutenberg-Galaxis ganz selbstverständlich unterstellen, die Massen zu verblöden, funktioniert Fernsehen als Schule der sozialen Intelligenz. Was soll ich glauben? Was kann ich hoffen? Was darf ich begehren? Die Antworten darauf gibt die gute Unterhaltung in den Massenmedien, die uns mit einem »set of beliefs an desires« (Searle) versorgen. Wir können also sagen: Das Fernsehen nimmt sich des »Menschen« an, den die Gesellschaft aus sich ausgeschlossen hat. Und gerade weil die sozialen Systeme vom »Menschen« allenfalls blockiert werden können, wird er als Fernsehpräparat zur evidenten Wirklichkeit. Das ist der praktische Humanismus des Fernsehens. Es leistet konkrete Lebenshilfe bei der Flucht aus der Komplexität.

Mythos

Die moderne Gesellschaft kann mit dem Menschen nichts anfangen – und noch weniger mit der klassischen Familie. Deshalb findet man überall Angebote, die eine Art Outsourcing des Familiären bieten. Und nirgendwo gelingt das überzeugender als in »the ready-made imaginative family of the soap opera« (Dunbar). Doch die gute Unterhaltung belässt es hier nicht bei Formaten wie *Lindenstraße* und *GZSZ*. Bei S. Kracauer kann man lesen, dass der Film die ganze Welt als virtuelles Zuhause zeige. Das trifft gerade auf die vielgeschmähten Hollywood-

Filme zu; und das liegt daran, dass dort in aller Naivität die Mythen, Sagen und Legenden von 2500 Jahren abendländischer Kulturgeschichte daraufhin abgetastet werden, ob sie brauchbare Stories abgeben. Hollywood ist ein Selektionsmechanismus zur Optimierung von Mythen. Der Bestand ikonischer Konstanz von Mythen bildet sich in Prozessen evolutionärer Selektion heraus. Hollywood arbeitet an den Mythen, die den Horizont unserer Kultur umstellen. Und wir lernen daraus: Der ideale Inhalt von Medien sind Mythen; der Medienverbund inszeniert den Mythenverbund. Er wird von den Jugendlichen nach Modellen der Selbstinszenierung abgesucht. Man könnte geradezu von einer Menschwerdung des Menschen im Kino sprechen.

Menschwerdung des Menschen – das ist nicht zu hoch gegriffen. »It was not man who made the myths, but the myths, or the archetypical substance they reveal, which made man.« (Owen Barfield) Wie früher die Mythen so machen uns heute die Massenmedien mit der Unterscheidung vertraut/unvertraut vertraut. Dabei funktioniert die für jedes gute Unterhaltungsangebot konstitutive Überraschung als Wiedereinführung der Unterscheidung vertraut/unvertraut ins Vertraute. Wie früher der Mythos, so ist heute z.B. die spannende Story des Krimis eine Geschichte, die das »Paradox des vertrauten Unvertrauten« entfaltet (Luhmann). Doch ob Krimi, Quiz oder Talkshow – Unterhaltungsfernsehen ist die neue Mythologie. Gnädig erspart es uns – wie alles Erlebnis – Anschlusskommunikation.

Wenn Mythen erzählt werden, geht es nicht um Information, sondern um Partizipation – aber stets so, dass der Held stellvertretend für mich leidet und triumphiert. Bewunderung ist die Währung, in der wir die Helden bezahlen, die uns entlasten. Personifikation ist deshalb die Schlüsseltechnik, die die Massenmedien vom Mythos übernehmen. Heute müssen sich die Helden aber nicht mehr bewähren, sondern ihren Heroismus nur noch in den Medien posieren. Ist Ballauf vom Kölner *Tatort* ein Held? Ja, er ist ein moderner Held, denn er sieht aus wie ein moderner Held. »A hero is one who looks like a hero« (Robert Warshow). Wer im Alltag keinen findet – und das beklagen ja immer wieder die Heroinen der Popmusik –, muss nur ins Kino gehen. Dort lagern die Mythen und Helden als »Achtungskonserven« (Luhmann), d.h. als Garanten unserer Moralität.

Der Mythos ist ein begriffsloses Denken und deshalb in der Strukturierung unserer sozialen Realität viel wirkungsvoller als die gut gemeinten Projekte der Aufklärung: die Inszenierbarkeit und Erzählbarkeit des Mythos – statt der Werte und Normen, Theorien und Gesetze. Der Mythos ist eine Kontingenzbewältigung, die nicht erklärt, sondern in Geschichten verstrickt. Und für die Zuschauer, die heute gut unterhalten werden wollen, gilt nichts anderes als damals für die Stammesversammlung am Lagerfeuer. (Wir sollten tatsächlich diesen Gedanken riskieren, dass die abendliche Versammlung vor dem magisch flackernden Bildschirm eine postmoderne Neuausgabe der Urhorde vor dem Lagerfeuer ist. Auch die elektronische Urhorde will sich von der Außenwelt abwenden. Auch die Nachrichten aus aller Welt dienen nur einer totalen Faszination, die in völlige Zerstreuung umschlägt.) »The mythologically instructed community provides its members with a library of scipts upon which the individual may judge the play of his multiple identities.« (Jerome Bruner) Hier geht es nicht um Kausalität aus Freiheit, sondern um Handlung als »enactment« eines »skripts«. Zu Deutsch: Die Handlung schafft den Handelnden. Der Schritt vom Mythos zum Hollywoodfilm ist hier ganz klein. Aus Mythos wird »plot«, aus Praxis wird »action«.

Markenwerbung und Hollywood produzieren die modernen Mythen, die den Horizont unserer Kultur umstellen. Vorm Fernseher und im Kino haben wir gelernt, was uns keine Schule und kein Elternhaus beibringen konnte: So also geht man mit Frauen um; so funktioniert die Welt; das ist Glück! Hollywood und Madison Avenue, das war und ist die Welt der Stars, die Geburt der großen Gefühle von Ruhm und Ehre – und natürlich der demokratische Mythos des Erfolgs. Was man von Film und Fernsehen derart lernen kann, nennen Anthropologen »behavioral literacy« (Robin Fox/Lionel Tiger).

Sex

In fast allen unterhaltsamen Filmen geht es um das, was Soziologen als symbiotische Mechanismen bezeichnen: Sex, Gewalt, Ritual. Die Inszenierung des Mordes und die Pornographie sind in einer restlos säkularisierten Welt Beschwörungen des verlorenen Heiligen. Oder um es mit einer Formel des Philosophen Michel Foucault zu sagen: Sex& Crime sind Formen einer »gegenstandslosen Entheiligung«. Sex ist der reine Akt, Crime ist die reine Tat. Sie sind für eine massendemokratische Gesellschaft unwiderstehlich, weil sie Gleichheit herstellen. Und sie sind für eben diese Gesellschaft unschädlich, weil alles nur im Film geschieht. Der Porno ist phantasierter Sex, der Krimi ist phantasierter Mord. Nichts fasziniert die Phantasie deshalb mehr als der psychopathische Serienmörder: Sex&Crime.

Widmen wir uns zunächst dem Sex. Er ist heute wieder »environmental« (Lionel Tiger), allgegenwärtig. Und man bekommt rasch den Eindruck: Sex ist mechanisch schaltbar – nämlich durch Bilder. Pornographie ist Erregung – das ist trivial. Nicht trivial ist aber die Bedingung dieser Erregung, nämlich Anonymität, namenlose Körperlichkeit. Der Zuschauer beobachtet die Szene, als ob er dem faszinierenden Treiben fremder Tiere beiwohnte. Es handelt sich also nicht um ein mechanisches Funktionieren der »sex machine«, wie entsetzte Kulturkritiker immer wieder mutmaßen, sondern um sexuellen Behaviorismus. Die stereotypen Großaufnahmen machen dabei deutlich, dass es der Pornographie um die monströse Sichtbarkeit des Körpers und des Geschlechts geht. Pornographie ist besessen vom Realen – und das teilt sie mit den Massenmedien. Man denke nur etwa an das so genannte Reality TV. Aus dieser Obsession entsteht aber nur eine Flut von kalten Zeichen und Bildern. Wenn also der Anthropologe Arnold Gehlen einmal von »Pornokratie« spricht, ist sehr viel mehr gemeint als nur die Herrschaft des Schmuddel-Sex.

Es gibt keine natürliche Sexualharmonie zwischen Männern und Frauen. Das wusste schon die antike *ars erotica* und heute weiß es die Designer-Erotik. Auch der größte Trottel kann sich verlieben. Aber dann beginnt das Problem: *post coitum omne animal triste*. Sex wird langweilig, wenn es nicht gelingt, die sexuelle Variabilität und die

Komplexität der Liebesbeziehung durch ein erotisches Training zu steigern. Die entsprechenden Ratgeber über Stellungen und Techniken sind Dauerbestseller; aber man denke z.B. auch an die gewaltige Komplexitätssteigerung, die eine Liebesbeziehung durch Eifersucht erreicht. Und wem das zu anstrengend ist, dem bleibt statt des Handelns immerhin noch das Zuschauen. Mit der Kunst der Liebe steht es nämlich wie mit dem Hochleistungssport: Man muss es nicht selbst machen, sondern kann Experten dabei zuschauen. Und das Spektrum des Angebots reicht von Madame Bovary bis zur Pornographie.

Das Interesse an Pornographie wächst gerade in »aufgeklärten«, modernen Ländern, die in ihr offiziell die symbolische Kontrolle des weiblichen Körpers ächten. Sie ist heute aber nicht mehr wie zu Zeiten des klassischen Puritanismus die Rückseite von Prüderie, sondern die Subkultur der Lust, in die das Begehren des Mannes abgedrängt worden ist. Kultreligion ist die Pornographie als »Anbetung der Genitalien« (Freud), in der sich die Männer wieder eine rituelle Verhaltenssicherheit zurückerobern. In einer Zeit, in der man nicht mehr weiß, wie man erotisch fühlen soll, bieten Bilder Sicherheit, auf denen es nichts gibt, das nicht gezeigt wird. Und während die offizielle Kultur den Männern ständig eintrichtert, was sie sich unter der Erotik des Alltagslebens vorstellten, sei *sexual harassment*, dient ihnen die Subkultur der Pornographie als Schule der sexuellen Lust.

Die »skripts of desire« sind uralt. In Lust und Schmerz verkapselt sich unsere evolutionäre Erfahrung. Daraus folgt aber, dass die Lüste der Gegenwart Überlebensvorteile der Vergangenheit reflektieren. Diese radikale Ungleichzeitigkeit zwischen den archaischen Skripts des Begehrens und den kulturellen Standards der Moderne macht verständlich, warum unsere Lebensstile den Ethikern und Kulturkritikern als Grundverfehlungen des Gebrauchs der Lüste erscheinen – heute vor allem als Exzess und Passivität im Konsum.

Octavio Paz hat schon vor 30 Jahren darauf hingewiesen, dass der Sex heute ein öffentlicher Prediger ist, der die Lust zur Pflicht macht: Genieße! Das ist die Inversion des klassischen Puritanismus. Dessen Schlüsselattitüde lautete ja Temperierung: Der Betrieb bändigt den Trieb. Dagegen herrscht heute Pleonexie, das unersättliche Begehren nach mehr. Und jeder Akt des Konsums steigert das Verlangen, nimmt also immer deutlicher Suchtcharakter an. *Sex sells*, weiß die Werbung. Und in der Tat erscheint Eros heute als Angestellter der Konsumgüterindustrie.

Crime

Alle starren auf die Einschaltquoten – und das ist gut so. Denn im Bereich der Unterhaltung sind Qualitätskriterien nicht definierbar. Sie werden durch Einschaltquoten ersetzt. Demnach sind alle erfolgreichen Sendungen berechtigt – wir mögen noch so sehr die Nase rümpfen. Statt sich darüber zu ärgern, sollten Kritiker besser über das Geheimnis des massenmedialen Erfolgs nachdenken. Die Lust an der verbalen Aggressivität in den Talkshows (*Vorsicht Friedmann!*) ist ein genaues Seitenstück zur Faszination durch Sex und Crime.

Das ist überhaupt nur zu verstehen, wenn man sich klarmacht, dass gesellschaftliches Leben, wie wir es kennen, ein Tabu über Destruktivität voraussetzt. Mit anderen Worten: Unsere Kultur lehrt uns nicht, mit dem Bösen umzugehen. Seit Freud kann man wissen, welche Folgen das hat: Die verdrängte Zerstörungslust kehrt in entstellter Form wieder – hässlich, schrill, geschmacklos. Das wachsende Interesse am Monströsen, an der Untat, zeigt, dass sich die Menschen heute in ein Verhältnis zum verfemten Teil ihrer Welt setzen wollen.

Schon vor 100 Jahren hat der Soziologe Thorstein Veblen daran erinnert, dass das Ehrenvolle ursprünglich das Furchtbare war und dass Würde allein dem Übermächtigen zugestanden worden war. Es handelt sich also ursprünglich um ein Lob der erfolgreichen Aggression. Gewaltanwendung wurde in archaischen Gesellschaften verherrlicht. Veblen spricht sogar vom »hohen Amt des Mordens«. Statt darüber nur zu erschrecken, sollten wir daraus lernen: Aggression ist kein Ausnahmezustand, sondern der Normalfall unseres gesellschaftlichen Lebens. Das gilt für Politik, Beruf und Sexualität gleichermaßen. Darüber hat der Kulturprozess ein Gespinst von Konventionen ausgebreitet, das heute zu zerreißen beginnt.

Die freigesetzte Aggressionslust muss wenigstens ersatzweise befriedigt werden – und eben das leisten die Massenmedien. Man kann durch einen Schirm geschützt Katastrophen betrachten. Technische

Medien schützen ja vor der Direktheit der Sinneswahrnehmung. Hinter diesem Schirm geborgen, wird uns der Schrecken zur Lust. Seriöse Fernsehsendungen liefern uns Gewaltberichte frei Haus – natürlich unter dem Vorwand der Abscheu vor Gewalt. Damit wird aber nicht ein Informationsbedürfnis befriedigt, sondern ein Katastrophenwunsch erfüllt. Wir Fernsehzuschauer sind die »Notsüchtigen«. Und der Bildschirm ist die Wand, an die wir das Unglück der anderen malen. Die Frage, warum wir uns am Unglück der anderen ergötzen, ist alt. Schon Lukrez bemerkte, es sei süß, »des anderen mächtige Not vom Lande zu schauen«, weil man eben im Augenblick des Zuschauens vor diesen Leiden und Gefahren sicher ist. Die Götter der alten Welt sind offenbar als Zuschauer des sinnlosen Leidens erfunden worden. Sie haben Spaß an der Grausamkeit des Zufalls, der den Menschen mitspielt. An die Stelle der antiken Götter sind heute die Zeitungsleser und Fernsehzuschauer getreten: »Leiden-sehn tut wohl«, sagt Nietzsche. Wir betrachten die Katastrophen der Welt, als ob wir die unbetroffenen Götter der Antike wären.

Abstrakte Kriminalität, Polizeiwidrigkeit um ihrer selbst willen, ist ein Ideen-Ersatz, das Andere der Norm. Gerade wenn einer Gesellschaft die Ideen ausgehen, wird die Figur des Verbrechers besonders interessant – er weckt den Sinn für Normen. Flagrant wird das am Mord, ohne den kein Krimi auskommt. Der Mord ist der reine Tabubruch. Er gewinnt dadurch eine unwiderstehliche Faszinationskraft, weil gerade unsere rationale, wissenschaftliche Zivilisation kein Prinzip angeben kann, das das Gebot »Du sollst nicht töten« stützen würde. Es wiegt schwer, wenn sogar untadelige kritische Geister wie Max Horkheimer und Theodor W. Adorno von der »Unmöglichkeit« sprechen, »aus der Vernunft ein grundsätzliches Argument gegen den Mord vorzubringen«. Wenn aber religiöse und ethische Standards nicht mehr zu greifen sind, ästhetisiert sich das Problem sehr schnell. Und heute macht jeder Krimi die Probe auf Thomas de Quinceys Formel »Mord als schöne Kunst betrachtet«. Das Böse und das Schöne verschränken sich im Augenblick zur Aura der Vernichtung. Nietzsche meinte ja schon vor hundert Jahren, die Welt sei nicht mehr theologisch, sondern nur noch ästhetisch zu rechtfertigen. Die Krimis nehmen Nietzsche heute beim Wort und überprüfen seine Weisheit am Ernstfall des absoluten Tabubruchs. Die Darstellung des Mordes ist der Härtetest jener ästhetischen Rechtfertigung der Welt.

Event

Die Leute brauchen heute Berater, die ihnen sagen, was ihnen gefällt. Das hatte Walt Disney als erster erkannt und die bis heute gültige Erfolgsformel guter Unterhaltung geprägt: »Our business is happiness«. Showbusiness ist seither der Prototyp jedes Geschäfts. Nun walten die Ingenieure der Phantasie, die die Menschen mit gut konfektionierten Stories versorgen. Geschichten halten Personen zusammen. Hayden White hat dafür den sehr schönen Ausdruck »emplotment« geprägt. Vor allem Filme geben Formulierungshilfe bei der Konstruktion von Geschichten, mit denen sich dann Individuen identifizieren können. Doch auch die sozialen Uhren der öffentlichen Meinung werden durch Geschichten gestellt. So bezeichnet Umberto Eco mit dem Begriff formula fiction eine abgeschlossene Geschichte, die alles in Ordnung bringt. Und auch Lebenswelten werden heute in diesem Stil geordnet – etwa in Entertainment-Cities oder Themed Environments, diesen »containers for human interaction« (Marc Gottdiener).

Hier macht es durchaus Sinn, zwischen dem passiven Spektakel der Massenmedien, das wir bisher betrachtet haben, und dem durchaus aktiven Festival der Themenwelten zu unterscheiden. Um die Festivals historisch und strukturell zu verstehen, muss man sie wohl in einer Linie mit den prunkvollen Ostentationen des Barock und mit den Bühnenweihfestspielen Richard Wagners in Bayreuth sehen. Das Festival ist auch ein Spektakel, aber zugleich auch Event und Ritual. Als Spektakel befriedigt es die Schaulust und Neugier; als Event beschwört es die Aura des Einmaligen; als Ritual suggeriert es Sinnstiftung. Und in der Tat können wir sagen: Das Festspiel ersetzt die Religion. So war es schon Richard Wagners Credo, »daß da wo die Religion künstlich wird, der Kunst es vorbehalten sei, den Kern der Religion zu retten«. Wagners Gesamtkunstwerk verstand sich als Gottesdienst der »Religion der Zukunft«. Und nicht anders lautet das Selbstverständnis heutiger Zeremonienmeister. So hat André Heller seine magischen Inszenierungen unlängst als »Hochämter der Verblüffung« definiert. Das heißt im

Klartext: Das Festspiel bietet präparierte, konfektionierte Transzendenzerfahrung.

Damit bedient die Festival-Kultur ein zutiefst mystisches Bedürfnis. Denn Mystik heißt ja nichts anderes als reden, worüber man nicht reden kann. Mystik benutzt also Inkommunikabilität, um Kommunikation anzuheizen. Was ist nun daran so faszinierend? Mystisch ist die Ganzheitserfahrung von Welt – und zwar gegen die Unterscheidungen, die die Welt verletzen. Das ist der logische Ort jeder Esoterik, die man als Markenname des reinen Unterschieds zum Vertrauten definieren könnte. Und in dieser Welt des reinen Unterschieds zum Alltag gibt es dann keine Unterschiede mehr. So charakterisiert H. Tellenbach die mystische Erfahrung als »affektive Verschmelzung« und »atmosphärische Überflutung«. Und genau das bietet heute das Festival. Deshalb schadet es auch nichts, wenn die Besucher gar nicht verstehen, worum es sachlich geht. Mystik ist nämlich Mitteilung ohne Information: Man kann hier nur verstehen, was man erlebt hat. Für den Teilnehmer des Ereignisses war es dann »ein Erlebnis«. Für den *Parsifal* in Bayreuth gilt dasselbe wie für das Bungee-Springen von der Eisenbahnbrücke: »Das muss man einfach mitgemacht haben!«

Jedes Festival knüpft an die uralte Erfahrung des Festlichen an – und die war schon immer doppeldeutig. Denn zum einen ist das Fest ein Ausdruck der Gegenkultur, deren Extremwert der dionysische Exzess ist. Jedes Fest ist ein »Fest für das Ich«, weil hier das Gesetz gebietet, die gesetzlichen Gebote zu durchbrechen. Jedes Fest verdeckt also die Paradoxie, dass es sich um einen »vom Gesetz gebotenen Exzeß« (Freud) handelt – man denke nur an den Karneval und die obligatorische Besetzung der Rathäuser. Zum andern aber ist das Fest ein Ausdruck der Zustimmungskultur, also ein Medium apollinischer Affirmation.

Doch ob apollinisch oder dionysisch – das Fest ist immer die gelungene Entlastung vom Alltag, der kultivierte Ausnahmezustand. Insofern steht es in einer Reihe mit Phänomenen wie Ferien, Party und Virtual Reality. Stets handelt es sich um ein Spiel mit der eigenen Identität und dem Alltag. Immer mehr Kunden suchen die Selbstverwandlung im Fest: Man macht sich schön, geht in die Oper und dann gut essen. Das genügt meist schon für den Ausnahmezustand der Seele. Die Festgemeinschaft feiert sich selbst: ob beim Opernball in Wien oder mit La Ola im Stadion. Für das Fest gilt tatsächlich: Dabei sein ist alles!

Jedes Fest hat eine feste Frist – und das macht es enttäuschungsfest. Prinzipiell gilt ja, dass kurzlebige, befristete Güter enttäuschungsfest sind: Bier, Wochenendreise, Fußballspiel. Auch das Festival ist enttäuschungsfest, denn es ist voraussetzungs- und folgenlos. Es gehört damit zu den von Helmut Schelsky so genannten sekundären Institutionen, die das folgenlos Subjektive kultivieren. Deshalb ist das Feuerwerk der Inbegriff des Events: Es kommt aus dem Nichts, erstrahlt und verpufft. Das Ereignis muss heute gerade folgenlos sein: ein »self-enclosed event« im Sinne von Zygmunt Bauman.

In diesem Rahmen kann man die enklavierten großen Gefühle kultivieren. Wie der Sport bietet das Festival ein »containment of excitement«. Man erregt sich in den Grenzen der Spielzeit. Denn die leidenschaftlichen Gefühle passen nicht mehr in unsere Welt. Und gerade deshalb hat das Emotional Design Hochkonjunktur. Im Grunde gibt es derartiges schon seit der Romantik. So verdanken wir Wackenroder die Formel: »Verdichten der im wirklichen Leben verloren umherirrenden Gefühle«. Früher fragte man sich: Was soll ich tun? Heute dagegen: Was soll ich fühlen? Die Antwort gibt das Emotional Design; es gestaltet Gefühlsmoden.

Gefühle kann man üben. »You more likely act yourself into feeling than feel yourself into action.« (Jerome Bruner) Wir schauspielern unsere Gefühle und können umgekehrt von großen Schauspielern große Gefühle lernen. Zu Recht hat Andy Warhol diejenigen, die eine große Intensität der Gefühle vermissen, ins Kino geschickt. Hinzu kommt, dass die inszenierten Emotionen in Kino und Fernsehen Metaemotionen im Zuschauer auslösen; beim Krimi etwa Angstlust, beim Melodram die Empfindung »Wie schön es ist, melancholisch zu sein« – man könnte von Gefühlen zweiter Ordnung sprechen.

Emotional Design braucht hier allerdings einen soliden Bezugspunkt: den Star. Seine Reputation ersetzt die Qualitätsmaßstäbe. Was Ph. Kotler »designing persons for stardom« genannt hat, ist das tiefste Betriebsgeheimnis der Unterhaltungsindustrie. Der Zauberapparat des Marketing muss Berühmtheiten gestalten. Und wer hier erfolgreich sein will, sollte Shaws *Pygmalion* lesen; es ist der Schlüsseltext für *celebrity design*. Stars machen ästhetische Urteilskraft überflüssig. Die 3 Tenöre oder die Rolling Stones – es spielt keine Rolle, ob sie gut singen. Stars und Klassiker ersparen uns Kompetenz. Man kann sicher sein: Was sie bieten, ist Kultur.

Pop

Oder Gegenkultur. Simon Reynolds hat im *Melody Maker* die schöne Formel geprägt: »Counterculture has become over-the-counter-culture« – die Gegenkultur ist zum Verkaufsschlager geworden. Wir beginnen heute zu begreifen, dass die Innovationen auf diesem Markt schon immer aus einer Entübelung des Subversiven entstanden sind. Durch die Entübelung der Ghettos entstehen neue Nischen-Märkte – seien es nun unterdrückte Rassen oder verdrängte Triebe. Pop ist also die Kraft, mit der unsere Kultur ihr eigenes Gegenteil übergreift.

Klassiker der Gegenkultur – das ist eine Paradoxie, die für die Pop-Szene schon immer charakteristisch war. Und für die Alternativen der Independent Labels gilt eben dasselbe, was für die Alternativen in der Politik gilt: Sie sind Fermente in der Evolution des Massengeschmacks. Der Mainstream wird gerade von denen bestimmt, die anders sein wollen als der Mainstream. Wir haben es seit der Studentenbewegung mit einer Art Konformismus des Andersseins zu tun. Die Subkultur wird zum Markenartikel, der Rebell zum Fernsehstar, die alternative Szene wird zum Motor der Unterhaltungsindustrie.

Rockmusik ist die unwiderstehliche Glaubenspropaganda der westlichen Zivilisation. Sie bündelt die Energien des Kults und des Marktes. Seit Elvis gibt es Pop-Stars als religiöse Ikonen; Stephen King hat das in seinem Roman *Needful Things* wunderschön deutlich gemacht. Und auch die kritische Subkultur wird religiös bedient: Von Jimi Hendrix bis Kurt Cobain erstreckt sich die Reihe der Pop-Stars als Märtyrer des Kommerz. Die Fans pilgern zu den Weihestätten des Pop – heißen sie nun Graceland oder Neverland. Und seit Woodstock werden Open-Air-Konzerte als Kultveranstaltungen inszeniert. Niemand hat das genauer durchschaut als Bono von U2: »As religion has disappeared from our culture in any real sense, in any feeling sense, music is one of the only mystical acts.« Pop-Musik ist unser Glaube ohne Worte.

DAZWISCHEN
ZEIT, RAUM UND BILD IN DER INTERMEDIALEN PERFORMANCE[1]

GEORG CHRISTOPH THOLEN

Hybridkultur und Intermedialität

Hybride sind Mischformen, Gebilde von zweierlei Herkunft, Zwitterwesen. Im übertragenen Sinn meint hybrid aber auch: überheblich, vermessen, maßlos. Diese letztgenannte Eigenschaft wiederum verweist auf eine Maßlosigkeit der Medien, die für die Analyse der Ästhetik der intermedialen Performance-Kunst maßgeblich sein dürfte. Und zwar in einer keineswegs nur negativen Bedeutung. Man kann diesen schillernden Begriff des Hybriden, so die Medien- und Theaterwissenschaftlerin Irmela Schneider,[2] auf biologische wie technische, aber auch auf medienästhetische Entwicklungen unserer Gegenwart anwenden, und zwar deshalb, weil seine Metaphorik unentscheidbar zwischen negativem und positivem Vorzeichen oszilliert. In der Pflanzen- wie Tierzüchtung sind Hybride Nachkommen, die aus einer Kombination von Eigenschaften hervorgehen, die, für sich genommen, unabhängig sind. In der Informatik spricht man von hybrider Architektur, wenn Computer analoge wie digitale Daten verarbeiten können. Hybridisierung bedeutet auch die Implementierung unterschiedlicher Betriebssysteme auf einem Träger, etwa einer CD-ROM, die sowohl auf Win-

---

1 Vgl. ausführlich zum topologischen Modell einer metaphorologischen Theorie der Medien auch meine Studie: Die Zäsur der Medien. Kulturphilosophische Konturen, Frankfurt/M.: Suhrkamp 2001.

2 Vgl. Irmela Schneider/Christian W. Thomsen (Hg.): Hybridkultur. Medien. Netze. Künste, Köln: Wienand 1997.

dows- wie Apple-Rechnern abgespielt werden kann. Idee und Konzept dieser instrumentellen Bedeutung des Hybriden ist die Steigerung von Effizienz.

Übertragen auf das Feld der Medienkultur und -Ästhetik meint Hybridisierung mehr und hat doch mit der erwähnten Kombination von Medien zu tun: Das Hybride, Vermischte, sich Überlagernde gilt seit mehr als zwei Jahrzehnten als Signatur unserer Epoche. Die Rede ist von hybriden Räumen, virtuellen Metropolen und postmodernen Performances, in der Kunst wie in der Werbung. *Hybrid Novels* etwa sind solche postmodernen Romane, die bisherige Erzählformen – auch solche der Photographie oder des Films – fragmentarisieren und arbiträr kombinieren und collagieren. Das Kino eines Peter Greenaway oder David Lynch ist insofern hybrid zu nennen, als es nicht nur fiktionale, dokumentarische und experimentelle Stilformen mischt, sondern die Sehweise analoger und digitaler Kamera-Blicke zu erkunden sucht. Video-Clips, wenn sie anspruchsvoll sind, exponieren diese analog-digitalen Zwischenräume und lassen gewohnte und ungewohnte Klänge, aber auch Hör- und Sehgewohnheiten implodieren (Sampling). Extreme Mensch-Maschine-Verbindungen sind unmittelbar hybrid, wenn sie – wie bei den Künstlern Orlan und Stelarc – einen dritten Körper herstellen, ob als verkörperte Schnittwunde (Orlan) oder als erweiterte Amputation des natürlichen Körpers durch mechanische Prothesen oder digital-elektronische Sensoren (Stelarc).

In der populären Soundkultur führt das hybride Crossover zum Recycling vormaliger Rock- und Popmusik in Gestalt kurzfristiger Modezyklen, die Hippie-Ästhetik und Techno-Sound nahtlos zu einem Zitaten-Gemisch vermengen. Wenn im so genannten Leitmedium Fernsehen zunehmend Information und Unterhaltung zum *Infotainment* oder *Edutainment* sich verdichtet, haben wir es ebenso mit Hybridisation zu tun, wie wenn lateinamerikanische Soaps amerikanische Familiensoaps imitieren und mit uralten magischen Erzählformen amalgamieren, und wenn diese Amalgame wiederum als Kult-Sendungen vom russischen Fernsehpublikum konsumiert werden. Das Internet wiederum ist insofern das – im paradoxen Sinne – reinste Hybridmedium, als es die traditionellen Kategorien des Privaten und Öffentlichen obsolet werden lässt, da die bisherige Unterscheidung zwischen *einwegigen* Massenmedien und *zweiwegigen* Dialogmedien mit der Performanz dieses Mediums fragwürdig wird. Indem alle internetbasierten Hypermedien wiederum Ton, Bild und Text gleichzeitig übertragen und neu codieren können, sind diese das Hybridmedium par excellence. Und doch ist die Kategorie des Hybriden eine vorläufige, heuristische. *Unreine Verkreuzung* – so etwa können wir sie in Anschluss an Michail Bachtin[3] definieren, wenn hiermit die sowohl absichtliche wie unabsichtliche, nützliche wie zweckentfremdete Vermischung von Codes bestimmt werden soll, die sich aus der postmodernen, d.h. beliebigen Verfügbarkeit von technischen Medien und ihren angestammten Stilformen und Darstellungsweisen ergeben. Nur wenn diese heutige Medienkonkurrenz samt ihrer narrativen Normen zum Rohstoff einer ästhetischen Um-Codierung und Infragestellung werden, können wir von einer hybriden, genauer: inter-medialen Ästhetik sprechen.

In diesem Sinne sind die Theatralität des Theaters und die Performanz der Performance-Künste hybrid und intermedial zu nennen. In der Brechung der sozialen wie künstlerischen Codes kristallisiert sich – von den Videoinstallationen der 70er Jahre eines Peter Campus oder Dan Graham über die Tanzchoreographie Pina Bauschs der 80er Jahre bis hin zu den heutigen, auch teilweise digital errechneten Körperbewegungen und Zeiträumen eines Robert Wilson oder William Forsythe – eine intermediale Formensprache (Molly Davies)[4] heraus, die die Frage nach dem Ort des Körpers, d.h. nach seinen zeiträumlichen Nor-

3 Michail Bachtin: Untersuchungen zur Poetik und Theorie des Romans, Berlin, Weimar: Aufbau 1986.

4 Zur Multi-Media-Kunst von Molly Davies, in der sich wie in der gesamten Entwicklung der *body based performances* in der hybriden Vermischung künstlerischer und medialer Mittel nicht nur Formensprachen des Films, des Tanzes, der Sprache und der Musik vermischen, sei hier auf die kaum noch zu überblickende Literatur zur unauflöslichen Verschränkung der Heterotopie von Raum und Zeit mit den neuen Bildmedien verwiesen. Exemplarisch möchte ich nennen: Rose Lee Goldberg: Performance Art, New York: Abrams 1988; Peggy Phelan: »The Ontology of performance«, in: dies., Unmarked: The politics of performance, London: Routledge 1993; sowie, um eine Fallstudie zum neueren Theater zu erwähnen, Caroline Weber: »Theater und Medialität. Präsens/z. Körper-Inszenierungen«, in: Sigrid Schade/Georg Christoph Tholen (Hg.), Konfigurationen. Zwischen Kunst und Medien, München: Fink 1999, S. 104-121.

men und Zwängen neu stellt. Postmoderne Performanz ist nicht mehr an der utopischen und zugleich naiven Vermischung von Kunst und Leben orientiert, sondern an der Re-Inszenierung und Re-Flexion phantasmatischer Vorbilder und Selbstbilder des Menschen, insofern diese als immer schon medial eingerahmte darstellbar werden. Eben deshalb verwendet die heutige Kunst die Vielfalt multimedialer Mittel, da deren bildgebende Möglichkeit, beliebig einrahmen, einschneiden und verschieben zu können, die Vorläufigkeit und Haltlosigkeit imaginär sich aufspreizender Bild- und Hörwelten der Massenkultur demonstrieren kann. Mit den neuen Medien also wird der seltsame Zwischenort oder Abort der Einbildungskraft in den Künsten selbst thematisch. Die Technik der Kunst ist heute die der medialen Einschnitte, dank deren sich die Fragwürdigkeit von Blickbeziehungen und Erzählweisen in Szene setzt. Indem der künstlerische Diskurs die audiovisuellen und digitalen Möglichkeiten der Zeitachsen-Manipulation und der Immaterialisierung ver-wendet, durchkreuzt er die imaginären Identifikationen mit Figuren, Bildern, Texten, kurzum: mit kulturellen Normierungen. Er wird zur unmittelbaren Per-Formanz, zur unabschließbaren Oszillation zwischen Gestaltgebung und Gestaltentzug.

Das globale Phänomen der Delokalisierung, für die das raumzeitliche Geflecht des Internet nicht nur eine Metapher ist, erlaubt unter digitalem Vorzeichen der immer schon fragmentarisierenden Ästhetik (J. L. Nancy)[5] eine bereits in den Ausdrucksmitteln mitgegebene Verschiebung von Horizonten. Um die Performanz der Performance-Künste also nicht nur als schlichte Kombination aus unterschiedlichen Medienapparaten misszuverstehen, bedarf es einer genaueren Bestimmung der Zeit, des Raumes und des Blicks, um eine Metaphorologie zeitgenössischer Medien-Ästhetik formulieren zu können.

5 Jean-Luc Nancy: »Die Kunst – Ein Fragment«, in: Jean-Pierre Dubost (Hg.), Bildstörung. Gedanken zu einer Ethik der Wahrnehmung, Leipzig: Reclam 1994, S. 170-184.

Risse im Gefüge von Raum und Zeit

Dass niemand mehr Zeit *habe*, ist eine alltäglich vertraute Aussage. Ihre zumeist mit der Einführung neuer Techniken und Medien einhergehende Verlustrhetorik wiederholt sich scheinbar ungebrochen: Mit der Einführung der Kinematographie um 1900 standen die beschleunigten Bilder zum ersten Mal auf der Anklagebank. In der so genannten Cybermoderne digitaler *Sehmaschinen* (Paul Virilio) ist die beschleunigte Zeit abermals die negative Folie der kulturkritischen Geste. Unbemerkt gehorcht freilich ihr eigener Zeitbegriff einem Schema der Zeit, das zu kritisieren sie gerade beansprucht. Geschult an die lebensphilosophische Gegnerschaft von Natürlichkeit vs. Künstlichkeit, Unmittelbarkeit vs. Vermittlung, die wir in dieser schroffen Opposition Henri Bergson verdanken, übersieht die Figur dieser Zeitdiagnostik den Standpunkt der absoluten Verfügung über die Zeit, den sie den entfremdenden, artifiziellen Medien nur zueignet, um den eigenen oder eigenmächtigen Anspruch auf die so genannte Eigenzeit des Menschen reklamieren zu können. Anders gesagt: Die melancholische Verlustrhetorik imaginiert den Verlust selbst als ein verlorenes Objekt, das wiederzufinden wäre. Der verlorene Ursprung wird paradoxerweise zu einem *beständigen* Objekt, über das die kulturkritische Klage rhetorisch verfügt. Die Literatur ist reich an kulturhistorischen Belegen für diese Introjektion, ihr phantasmatischer Kern jedoch – die unversöhnliche Gegnerschaft von zyklischer vs. linearer Zeit – wurde bisher unterbelichtet: Es ist das Schema der Zeit als einer *selbstgegebenen* Gegenwart der verschiedenen Zeiten, oder anders: die zeitlose Präsenz einer immer schon gegebenen *Selbstgegenwart* der Zeit.

Diese im *Begriff der Zeit* eingeschriebene Metaphysik der Präsenz möchte ich mit einer gegenstrebigen Lektüre der Aussage *Niemand habe Zeit*, die im bisherigen Zeit-Denken stets mitgedacht war, konfrontieren. Wie jüngst Jacques Derrida in seiner Shakespeare-Lektüre mit dekonstruktiver Genauigkeit gezeigt hat, verweist gerade der bekannte Hamlet-Ausspruch *Die Zeit ist aus den Fugen* auf einen unverfügbaren und unverfugten Entzug der Zeit, welcher es erst erlaubt, mit oder ohne melancholische Rückversicherung vom Auseinanderfallen der Momente der Zeit, d.h. der unauflöslichen Nichtkoinzidenz von

Vergangenheit, Gegenwart und Zukunft zu sprechen. Es geht einer solchen Lektüre – ähnlich vielleicht wie der zeitgenössischen Kunst – um eine Widerständigkeit gegen alle Programme und Programmierbarkeiten einer erfüllten oder erfüllbaren Zukunft. Dieser – salopp formuliert – Wechsel von der Utopie zur Atopie hat den unvordenklichen Riss *in* der Zeit zu bedenken.[6]

Zeit und Ewigkeit, Augenblick und Dauer, Anwesenheit und Abwesenheit: Diese Paare oder Pole sind die Vorgaben des klassischen Zeit-Denkens, die in der zeitgenössischen Frage nach einer zersplitterten oder zersprungenen Zeit zur Disposition stehen. So gilt die bisherige Antwort der Philosophie auf die Frage, ob bereits die Frage *nach* der Zeit immer schon *in* die Zeit falle, als problematisch: denn diese Zeit, in der alles schon immer geschähe und ablaufe, beruht ihrerseits auf einer Metaphorik des Laufs, des Flusses, des Stroms, der Strecke. Eine solche vorgebliche Vorgängigkeit der Zeit privilegiert nur eine Form der Zeitlichkeit, nämlich die mit sich identische Gegenwart der Zeit. Eine solche zeitlos währende Gabe der Zeit sei eine – so etwa der heilige Zeitdenker Augustinus –, die uns vorenthalten, Gott hingegen vorbehalten sei.

Anders gesagt: Der moderne Selbstzweifel, der Augustinus plagt, wenn er nach der Zeit fragt, ist ein im Bekenntnis zu Gott als einem ewig währenden Geist aufgehobener, also nur scheinbarer. Denn dessen Allmacht bleibt es vorbehalten, das in sich haltlose Vergehen der Zeit *als solches* im lückenlosen Feld der Präsenz festzuhalten. In der zeitlosen Gegenwart Gottes fließen die Momente der Zeit: Vergangenheit – Gegenwart – Zukunft, zusammen. Sie sind das Derivat einer ursprünglichen Stiftung. Und es macht, um den Sprung in die Moderne zu wagen, keinen großen Unterschied, ob dieses Privileg der Gegenwart einer göttlichen Instanz zugesprochen oder in der Metaphorik der beharrlichen Zeitfolge oder des stehend-strömenden Flusses fixiert wird.

Zeitsprünge und Raumüberlagerungen in der Performance-Kunst lassen sich mit dieser metaphysischen Bestimmung von Zeit und Raum nicht angemessen beschreiben. Doch wo und wie finden wir den Beg-

6 Jacques Derrida: Marx' Gespenster. Der verschuldete Staat, die Trauerarbeit und die neue Internationale, Frankfurt/M.: Fischer 1995.

riff eines unverfügbaren Zeit-Raums, der sich in den (post-)modernen Rissen und Interferenzen anschaulich bekundet? Unzweifelhaft hat der Raum in der Kunst- und Kulturdebatte zur Zeit Konjunktur: Es kursiert kaum eine kulturwissenschaftliche Diagnose, die nicht von ihm – genauer: von seinem Verlust oder gar seiner Auflösung – handelt. Geschuldet dem ubiquitären Siegeszug der Teletechnologien[7] – so etwa gleichlautend Paul Virilio und Peter Weibel – zöge sich der Raum zusammen und verschwände; und mit ihm der Mensch als ohnmächtiger Zeuge dieses nachgerade apokalyptischen Prozesses. Gibt es aber überhaupt diesen einen Raum, der zugleich als der konkrete ›Nahraum‹ des Menschen bestimmt wird? Ist der Raum (im Sinne seiner klassischen Definition) wie ein leerer Behälter schlicht *gegeben* oder *vorhanden?* Anders gefragt: Gibt es Spuren eines Raum-Zeit-Denkens, das den unleugbaren Befund der techno-medialen[8] Beschleunigungen des Raum-Zeit-Gefüges ernst nimmt, ohne der ausweglosen Melancholie eines Verlusts des Raums das Wort reden zu müssen? Und verweisen nicht gerade die dekonstruktiven Architekturen von Tschumi über Eisenman bis Libeskind ebenso wie die virtuellen Bilder des Cyberspace auf einen ›gespenstischen‹ Raum, dessen Gespenstigkeit naturgemäß keine ontologisch verbürgte Substanz für sich zu beanspruchen vermag? Es geht also heute darum, wie Derrida in dem bereits zitierten Buch betont, die un-heimliche Spektralität des Räumlichen und die ortlose Zeitlichkeit des Medialen[9] zu bestimmen.

Die Frage nun, wie Raum und Zeit jenseits einer Metaphysik der Präsenz bestimmt werden können, ist diejenige, mit der Martin Heidegger Kants berühmte Bestimmung von Raum und Zeit wiederholt

7 Paul Virilio: »Das dritte Intervall. Ein kritischer Übergang«, in: Peter Weibel/Edith Decker (Hg.), Vom Verschwinden der Ferne. Telekommunikation und Kunst, Köln: DuMont 1990, S. 345.

8 J. Derrida: Marx' Gespenster, S. 165.

9 »Und wenn diese Grenze sich verschiebt, dann deswegen, weil das Medium, in dem sie sich instituiert, das heißt das Medium der Medien selbst (die Information, die Presse, die Telekommunikation, die Techno-Tele-Diskursivität, die Techno-Tele-Ikonizität, das, was ganz allgemein die Raumwerdung des öffentlichen Raums gewährleistet und determiniert, die Möglichkeit selbst der *res publica* und die Phänomenalität des Politischen), weil dieses Element selbst weder lebendig noch tot ist, weder präsent noch abwesend« (ebd., S.87).

und verschiebt. Es *gibt*, so Kants umwälzende Fragestellung, *zwei* reine Formen sinnlicher Anschauung, die als Erkenntnisquellen unserer Erfahrung *vorausgehen* bzw. ihr *zugrunde* liegen: Raum und Zeit. Sie liegen als reine – d.h. frei von Empfindungen und vor ihrer Erfahrbarkeit – im Gemüt *bereit*. Sie gelten als der unhintergehbare Rahmen beliebiger räumlicher und zeitlicher Vorstellungen. Die hiermit von Kant einander entgegengesetzte Dualität eines äußeren Sinnes (Raum) und eines inneren Sinnes (Zeit) wird ihrerseits von einem dieser beiden Pole, nämlich der Zeit, dominiert und eingerahmt. Und zwar von einer bestimmten Gestalt der Zeit, nämlich von der nicht in den Fluss des Vergänglichen fallenden Präsenz der Zeit selbst als einem zeitlosen Gesetz, das die sukzessiven Momente der Zeit – Vergangenheit, Gegenwart und Zukunft – zusammenhält. So liegt, wie Kant zunächst plausibel macht, jeder räumlichen Vorstellung als einer, die Dinge auseinander und nebeneinander liegend vorstellt, eben die Vorstellung des Raumes überhaupt – als das Schema des Nebeneinander und Auseinander selbst – zugrunde. Und so verweist dieser leere, beständige Raum eben wegen seines zeitlichen Moments der Beständigkeit auf die Zeit als das entscheidende, regulative Schema des Zugleichseins und Aufeinanderfolgens: »Die Zeit ist die formale Bedingung aller Erscheinungen überhaupt. Der Raum, als die reine Form aller äußeren Erscheinungen ist als Bedingung a priori bloß auf äußere Erscheinungen eingeschränkt.«[10] Der leere Raum ist der omnipräsente Raum.

Was *gibt* aber – so Heideggers umwälzende Frage in seiner Kant-Lektüre – diese Vorgegebenheit des Raums, in welchem wie in einem

10 Ebd., S. 81. Indem – so Hegels Kant-Lektüre und -Kritik – dieser beschränkte Raum zur Zeit wird, d.h. in der Selbstaufhebung seiner vermittlungslosen, äußerlichen *Kontinuität* der Zeit als einer sich auf sich beziehenden Negativität weicht, wiederholt sich in dieser negativen Macht der Zeit als dem ›*Bleiben des Verschwindens*‹ abermals das augustinische Schema der beharrlichen Kontinuität der Zeit: »Aber die Zeit selbst ist in ihrem Begriffe ewig, denn sie, nicht irgendeine Zeit, noch Jetzt, sondern die Zeit als Zeit ist ihr Begriff, dieser aber selbst, wie jeder Begriff überhaupt, das Ewige und darum auch absolute Gegenwart. Die Ewigkeit wird nicht sein, noch war sie; sondern sie *ist*.« (Georg Wilhelm Friedrich Hegel: »Enzyklopädie der philosophischen Wissenschaften«, Zweiter Teil (Die Naturphilosophie), in: ders., Werke in 20 Bde., Frankfurt/M.: Suhrkamp 1970, S.50).

Behälter »Vorhandenes aller erst begegnen kann«?[11] Ist das Schema des einen und einigenden Raumes vielleicht selbst nur das Gegebene im Sinne einer Gabe oder eines Geschenks, das die Einbildungskraft von sich gibt, d.h. freigibt? Wenn ja, so fährt Heidegger fort, dann wäre die Einbildungskraft selbst jene Instanz oder genauer: Insistenz, die erst den omnipräsenten Zeitraum *setzt*, oder, wie Heidegger in seinen kunsttheoretischen Schriften ausführt, »verstattet«[12]. Das so *Gegebene* als ›*Dargebot*‹ einer sich selbst entzogenen Affizierbarkeit zu erkunden, ist das, was nach und mit Kant in der Bestimmung des Risses *in* der Zeit zu denken bleibt. Die Ästhetik oder Einbildungskraft ist in ihrer Anschauung und Begriff verbindenden Medialität ernster zu nehmen und rückt daher in den Fokus der heutigen Frage nach einer performativen Aisthesis der Medienkunst. Sie ist, wie vor Derrida bereits Heidegger präzisiert hat, das jeweils und jeweilig zäsurierende »Hinausgehen zum anderen«[13], ein Hinausgehen, das heimatlos bleibt. Ohne den antizipierenden Vorgriff oder Vor-Blick der Einbildungskraft gäbe es keine räumliche Anschauung. Und eben dieses Vorgreifende vor der Anschauung trägt einen von Kant nicht eigens bedachten zeitlichen Index der Abwesenheit mit sich: Denn der Vorblick oder Horizont der Anschauung setzt als vor-weg-nehmende Zuwendung zu irgendeiner Gegenständlichkeit seine eigene Vorwegnahme voraus. Der Horizont ist mithin keine statuarisch fixierte Präsenz, sondern wird als Horizont vorgehalten, d.h. er bleibt in der Schwebe. Noch anders gesagt: Der Horizont ist, um sich festsetzen zu können, von einem Riss durchzogen, der alles Horizonthafte bedingt und zugleich durchkreuzt (Maurice Merleau-Ponty). Raum und Zeit als Gabe der Einbildungskraft sind mit dieser Lektüre Heideggers lesbar geworden als Eröffnung eines Spiel-Raums, der exzentrisch zu sich selbst ist, d.h. ver-ortet bleibt – unverfügbar und offen für Überraschungen.

Jede Zeit-Vorstellung ist folglich eine bereits *gesetzte*, und als gesetzte notwendigerweise anwesend. Der Schnitt jedoch, den beispielsweise die lineare Zeitvorstellung in der Gestalt der sich einzeichnenden

11 Martin Heidegger: Kant und das Problem der Metaphysik, Frankfurt/M: Klostermann 1991, S. 45.

12 Martin Heidegger: »Bauen Wohnen Denken«, in: ders., Vorträge und Aufsätze, 6. Aufl. Pfullingen: Neske 1990, S. 148.

13 Ebd., S. 115.

Linie selbst metaphorisch voraussetzt, ist der Entzug des Abwesenden, das als solches nicht *vor-kommt.* Die Zäsur ist ein Vorkommnis, das mit seinem Auftritt verschwindet:

»Da die darstellende Gegenwart absolut ist, ist sie nicht faßbar: sie ist entweder *noch nicht* oder *nicht mehr* gegenwärtig. Es ist immer zu früh oder zu spät, um die Darstellung selbst zu erfassen und darzustellen. Von dieser spezifischen und paradoxen Beschaffenheit ist das Ereignis. Daß etwas als Vorkommnis geschieht, bedeutet, daß der Geist enteignet wird. Der Ausdruck ›Es geschieht, daß ...‹ ist ja geradezu die Formel dafür, daß das Selbst nicht Herr über sich selbst ist. Das Ereignis macht das Selbst unfähig, von dem, was es ist, Besitz zu ergreifen und es unter Kontrolle zu halten. Es bezeugt die grundsätzliche Empfänglichkeit des Selbst für eine rekursive Alterität.«[14]

Die Zeit als das Gezählte von ankommenden wie vergangenen, aber an sich selbst gleichgültigen Jetzt-Punkten bildet die Ständigkeit und Beständigkeit der Zeit als reiner Folge. Im Gegenzug zur eindimensional sich erstreckenden Zeit, die den eigenständigen Status der Vergangenheit wie der Zukunft ignorieren muss, betonte Heidegger gerade in seinen späteren Analysen den unverfügbaren Charakter des *Vorbei-sein-könnens* als Signum einer unvordenklichen Zukunft, die nie gegenwärtig werden kann. Er nennt sie die Gabe[15] der Zeit, die den homogenen Zeit-Raum der Anwesenheit gewährt und zugleich durchkreuzt: »sie nähert Ankunft, Gewesenheit, Gegenwart einander, indem sie entfernt. Denn sie hält das Gewesene offen, indem sie seine Ankunft als Gegenwart verweigert [...]. Denn die Zeit bleibt selber die Gabe eines *Es gibt*, dessen Geben den Bereich verwahrt, in dem Anwesenheit gereicht wird.«[16]

---

14 Jean Francois Lyotard: »Zeit heute«, in: Heinrich Meier (Hg.), Zur Diagnose der Moderne, München: Piper 1990, S. 150f.

15 Jacques Derrida schreibt diesen Gedanken einer nicht-spiegelbaren Zeit der Gabe, die ihrer eigenen Unmöglichkeit begegnet, in seiner Analyse der der Identitätslogik des Tausches sich entziehenden Gabe fort; vgl. ders.: Falschgeld. Zeit geben I, München: Fink 1993.

16 Martin Heidegger: »Zeit und Sein«, in: ders., Zur Sache des Denkens [1962], 3. Aufl. Tübingen: Niemeyer 1988, S. 16; Martin Heidegger:

In endloser und ortloser Verschiebung eröffnet diese Spur des Zeit-Aufschubs eine a-topische Wiederholung, die weder Ankunft noch Rückkehr kennt. Als gestaltlose widersteht diese Wiederholung den Metaphern, in denen sie sich gleichwohl verkleidet.[17] Ihre Maskerade distanziert sich von den Wünschen und Illusionen, die notgedrungen des Schattens der abwesenden Zeit habhaft werden wollen. Von solchen unbewussten Narben der Wiederholung, die der Schnitt der Sprache zeitigt, gibt das zeitgenössische Denken in Philosophie und Kunst Auskunft, in dem es das Versprechen auf Heil und Heilung unterbricht, d.h. offen hält. Der gewiss paradoxale Gedanke einer ursprungslosen Wiederholung, dem wir bei Nietzsche und Freud, bei Blanchot und Benjamin in je unterschiedlicher Gestalt begegnen, markiert die Brechung der traditionellen Zeitdynamik. Im Chock, Riss oder Trauma bekundet sich die Zwischenzeit der verfehlten Begegnung und stets unterbrochenen Rückkehr; sie ist gleichsam eine Zeit des Kommens, die stets zur Unzeit kommt.

Die Zeit der Wiederholung, die bereits in den frühen Video-Installationen der 70er Jahre bei Dan Graham und in den ersten Tanztheaterstücken Pina Bauschs (z.B. im Kontakthof von 1978) thematisch wurde, ist kein Vermögen, über das man verfügt. Sie ist weder vergegenwärtigende Erinnerung noch leere Rekursion. Sie kommt den Bildern und Illusionen, die wir uns machen, dazwischen. Als Entzug innerhalb des Bilderrauschens, so könnte man die neue Ästhetik der Wiederholungsschleifen zusammenfassen, dient die leicht entstellte Wiederholung desselben dazu, die Vorstellung einer *imperfekten* Zukunft offen zu halten. In gewisser Hinsicht gibt es daher in der Logik der Performance-Stücke keine Zukunft, sondern die Zukunft ist das, was als Ereignis innerhalb des sich Ereignenden bzw. Dargestellten stets noch hinzukommt. Und sei es der Rahmen der desillusionierenden Darstellungsform selbst, die ihren ästhetischen Verführungs- oder Sinneffekt durchkreuzt, indem sie ihn ex-poniert, dezentriert. Die abgründige Distanz der Wiederholung ist gleichsam das Unmögliche, das

»Zeit und Sein«, in: ders., Zur Sache des Denkens, 2. Aufl. Tübingen: Niemeyer 1976, S. 16 u. 18.

17 Vgl. hierzu Gilles Deleuze: Differenz und Wiederholung, München: Fink 1992.

keinen Bestand hat. Weder im Begriff aufhebbar noch in anschaulichen Metaphern übertragbar, widersteht der bilderlose Aufschub der Zeichen den Modellen imaginärer Vollkommenheit. Mit der Annahme wiederkehrender Schleifen ohne Zentrum, ohne Anfang und Ende, verfällt jede kulturkritische Rede von einem wie immer aufgeschobenen Endzweck der Menschheit, aber auch die Klage über den Verfall der Geschichte und ihrer Wahrheit. Denn das diesen Diskursen des Heils und der Heilung eigene Versprechen setzt die zeitlose Präsenz einer Zukunft voraus, in deren Namen sie die Verzerrungen des Bestehenden als bloßen Schein entzaubern möchte. Die Illusion solcher Kritik ist die Idolisierung einer ewigen Selbstgegenwart, in der die Kritik des Künstlichen, Medialen ihre Heimat sucht und in der sie zugleich vergehen, verschwinden möchte. Diese ersehnte Ruhe und Kraftlosigkeit markiert – frei nach Nietzsche – den Geist des Ressentiments und der Schwäche solcher Kulturkritik.

Anders und gegenläufig zur hier resümierten Metaphysik der Präsenz geben die Risse im Zeitgefüge zu denken, wenn der Bruch im Projekt der Moderne, wie Lyotard zu Recht betont, in seiner paradoxalen Gestalt umschrieben wird: als »Abgrund einer ankommenden Zeit«[18], die nicht existiert, sondern ihre Abwesenheit bewahrt, will sagen, ihre Ankunft als eine mögliche Zukunft verweigert. Vorbehalt und Vorenthalt des Zeitlichen heißt also: Wir können einen nicht-existierenden Verlust annehmen, den es ohne Versöhnung auszuhalten gilt.

Auge, Blick und Bild – Intermediale Konstellationen

Mit der digitalen Erzeugung von Bildwelten, die keine natürliche oder ikonische Ähnlichkeit mit dem Gegenständlichen überhaupt mehr zu haben scheinen, ist eine Krise des Bildes in den Mittelpunkt der Debatte über den Verlust der mimetischen Abbildung oder Beglaubigung der Wirklichkeit gerückt. Unlösbar scheint der Widerstreit über den angeblichen Paradigmawechsel von der Sprache zum Bild (vom *linguistic turn* zum *iconic turn*) zu sein. Zugleich wird innerhalb der unbezweifelbaren Dominanz der visuellen Kultur nach der Interferenz von Sichtweisen und Blickbeziehungen gefragt, ohne die kaum eine Per-

18 J. F. Lyotard: Zeit heute, S. 134.

formance auszukommen scheint und die in der Tat die Frage nach der Auflösbarkeit des mimetischen Scheins der Bilder zu verschieben erlaubt.

Belegt nicht die intermediale Verkreuzung von malerischen, photographischen, filmischen und numerisch generierten Bildern innerhalb *eines* Darstellungsraums (gerade im so genannten Theaterraum der Postavantgarde seit Robert Wilson), dass die Funktion der Abbildung der Wahrheit, die der ästhetische Augen-Schein der Bilder seit Aristoteles und Platon in letzter Instanz zu berücksichtigen habe, in eine fundamentale Krise geraten ist? Die Eigensinnigkeit der Bilder scheint die wechselseitige Referenz von Wahrheit und Schein, von Sichtbarkeit und Intelligibilität zu verabschieden. Ich möchte daher abschließend skizzieren, wie in die okulare Logik der mimetischen Beglaubigung das Phänomen des Blicks interveniert, der selbst nicht bzw. nie sichtbar werden kann. Losgelöst von der seit der antiken Erkenntnistheorie langlebigen Vorstellung des Auges als privilegierter Quelle der höheren Erkenntnis[19] interveniert der in keinem Augenpunkt fixierbare Blick, der uns allererst zu sehen gibt. Sein Raum ist nicht deckungsgleich mit dem Raum der geometralen Optik, der eingerahmt wird nach antiker Auffassung von einem objektiven, nach neuzeitlicher Auffassung von einem subjektiven Sehstrahl (G. Simon). Die Kluft von Auge und Blick als medialen Riss in der Wahrnehmung zu bedenken, scheint mir für die zeitgenössische Debatte über die Macht künstlicher Sehmaschinen wesentlich, weil die Kritik an der Bilderflut den immer schon wirksamen Verlust *in* der Wahrnehmung selbst übersieht: Keine Tele-Vision oder Mondo-Vision (P. Virilio) kann den Blick, der nicht im Sehpunkt der natürlichen Wahrnehmung verankert ist, ›ersetzen‹. Was heißt das?

In der Geschichte des Denkens führte uns der Zweifel an der *grundlegenden* Gewissheit des Subjekts vom cartesischen *cogito, ergo sum* zum bescheideneren *percipio, ergo sum*, also zur Gewissheit der Wahrnehmung. Doch eben dieser gegenüber dem Cartesianismus oder

19 Zum *sonnenähnlichen* Auge als Metapher der höheren Erkenntnis, in der von Platon bis Descartes die intelligible Sichtbarkeit des Seins als *Eidos, Idea, Idee* gefasst wird, vgl. Jacques Derrida: Aufzeichnungen eines Blinden. Das Selbstportrait und andere Ruinen, München: Fink 1997.

Rationalismus skeptische Leitsatz der Phänomenologie bekam in seiner vermeintlichen ›Evidenz‹ selber unheilbare Risse: Im Feld der visuellen Wahrnehmung, in der nach Edmund Husserl wie nach Maurice Merleau-Ponty die ›lebendige Gegenwart‹ verbürgt schien, bricht – so Husserl wie Merleau-Ponty in ihren späteren Schriften – ein Unsichtbares ein. Es wird umschrieben als ein blinder Fleck, der das Sichtbare bedingt, aber – als solcher – nie vor Augen tritt. Wir können der Dinge nicht sicher sein, weil sie nie vollständig in unserem Gesichtsfeld auftauchen: Ein Würfel – so das bekannte Beispiel – hat sechs Seiten, die mir nie gleichzeitig vor Augen liegen. Wenn ich sage: Dies ist ein Würfel, sage ich mehr, als ich sehe, was wiederum heißt, die Wahrheit der Wahrnehmung, ihre Selbstgegenwart, ist perspektivisch verzerrt. Als absolute entzieht sie sich dem Modus der Gegenwart. Husserl präzisierte diesen Gedanken in seiner Vorlesung über *Ding und Raum* von 1907 wie folgt: »[D]as Ding ist nur durch das Medium eines Erscheinungsreliefs gegeben [...]. Die radikale Unvollständigkeit gehört zum Wesen der Wahrnehmung.« Das Wahrnehmen wie das Wahrgenommene ist also nicht zu denken ohne abschattende Leerhorizonte, die den Horizont des Sichtbaren erst markieren.

In anderen Worten: Das Sichtbare *als* Sichtbares entspringt einem Horizont nur, indem Nicht-Sichtbares sich zurückgezogen hat. Wo sich etwas zeigt, hat eine abwesende Lücke oder Differenz der Wahrnehmung erst ihre vorläufige Identität verliehen. Die Anwesenheit unseres Blicks verdankt sich der un-heimlichen oder unheimatlichen Abwesenheit eines anderen Blicks, der entzogen bleibt, damit es etwas zu sehen gibt. Der Blick, der im Gesichtsfeld nicht vorkommt, ist die Spur, die früher ist als jedwede Selbstgegenwart, deren wir habhaft werden könnten. Diese Spur ist bilderlos und entzieht sich der Darstellbarkeit, nimmt aber auf diese – wie Freud es schon in der *Traumdeutung* präzisiert hat – Rücksicht. Merleau-Ponty nennt diese Spur oder unsichtbare Lücke den abwesenden Ort der Zwischenleiblichkeit. In seinem Spätwerk (*Das Sichtbare und das Unsichtbare*) gibt er dieser Atopie weitere heuristische Namen: Er nennt sie *Riß der Geschlechterdifferenz* oder auch *Kehrseite der Sprache*. Diese Lücke ist nicht ein ästhetischer Schein (im traditionellen Sinne) und kann daher nicht wie eine bloße Maske vom ›rohen Sein der Dinge‹ abgezogen werden. Jacques Lacan wiederum, in seiner Rückkehr zu Freud, nimmt diesen Grundgedanken auf und formuliert eine Theorie des Blicks, die ich hier in ihren Grundzügen resümieren möchte, weil sie den Horizont für eine Theorie der intermedialen Performanz der Blickbeziehungen in der heutigen Medienkunst konturieren hilft.

Der Spiegel – wer von uns weiß das nicht – täuscht und enthüllt, verspricht und demontiert zugleich. Narziss, die mythische Figur, von der Ovid erzählt, fällt der tödlichen Faszination des Spiegels zum Opfer und in sich zusammen. Von Echo verführt, gleichsam im autoerotischen Kurzschluss mit sich selbst ›übereinstimmen‹ zu wollen, findet Narziss den Tod, in dem er in das Bild von sich eintaucht. Doch die Macht der Spiegelfechterei ist ebenso bestrickend wie notwendig für die Sprachwerdung des Subjekts. Das stets spekuläre Spiegelbild nun wird vom Subjekt als ein begehrtes, ihm entgegenstehendes Vorbild wahrgenommen, auf das hin als ein idealisiertes Ziel es sich entwirft. Das Subjekt spekuliert gleichsam auf sein ihm zukommendes Vorbild. Wir *nehmen*, da früher in der Lage, die Einheit und Ganzheit einer Gestalt wahrzunehmen, als sie körperlich zu realisieren, das Spiegelbild als Folie von Identität, Dauerhaftigkeit *an*. Doch die Verwindung der mangelhaften, auf die Anerkennung des Nebenmenschen verwiesenen Existenz bleibt prekär, wie nicht nur die Phantasmen des ›zerstückelten, puppenhaft automatisierten Körpers‹ bekunden. Denn das Subjekt sieht sich losgelöst, d.h. im Medium des anderen, der vollkommener als es selbst zu sein scheint. Gebunden an die vor-bildliche Anwesenheit des Anderen, kann das Spiegelbild zum Standbild oder Phantom, zum Totalisierungszwang eines Sehens werden, das sein Sehen zu sehen versucht und das Angeblicktwerden zu annullieren versucht.

Die Funktion des imaginären Blicks, die ›Blindheit bei sehenden Augen‹ (Freud) umschreibt also einen nicht-spiegelbaren, abgründigen Blick, den Derrida im Anschluss an Merleau-Ponty die Verkreuzung des Unsichtbaren mit dem Sichtbaren innerhalb des Sichtbaren genannt hat. Diese Verkreuzung von Spiegelbild und imaginiertem Vorbild ist dann auch in der konzeptuellen Videokunst eines Dan Graham oder Peter Campus schon sehr früh thematisch geworden, lange bevor das digitale Medium innerhalb der heutigen, genuin multimedialen Performance-Kunst die Möglichkeiten der Video-Technik übertreffen konnte.

In den Videoinstallationen seit den 70er Jahren, zu deren namhaften Vertretern neben Peter Campus und Dan Graham auch Vito Acconci, Tony Oursler und Bruce Naumann[20] u.a. gehören, gewinnt mit der Frage nach dem Körper auch die Frage nach dem Ab-Ort der Kunst eine neue Gestalt. Die Exposition dieses Themas in den Raum-, Video- und Körper-Installationen führt zu einem Begriff der Medialität der Medien, die gerade den Begriff des Körpers nicht unberührt lässt und sich wie folgt zusammenfassen lässt:

Der Körper ist nie vorgängig oder unmittelbar, nie ohne ihn einrahmende kulturelle Vorbilder *gestaltet.*

Videokunst ist die per-formierende oder dekonstruktive Unterbrechung des Übergangs von opaker zu transparenter Sichtbarkeit.

Die Zeitachsenmanipulation der Videokunst distanziert in der Kunst der Wiederholung (closed circuits) die narzisstische Räumlichkeit eines sein Sehen sehen wollenden Subjektes. Videokunst unterbricht den anthropomorphen Narzissmus, indem sie ihn ausstellt.

Der Blick ist also nie bei sich. Das Sehen zu unterbrechen, zu verstellen, ist die Techné der Kunst, die mit medialen Einschnitten operiert. McLuhans Diktum, dass das, was in anderen Medien *erscheint,* andere Medien seien, wird lesbar nur, wenn die mediale Fremdgebung dieses Erscheinens selbst zum Fokus einer ästhetisch sensibilisierten Medientheorie wird. Weder bloß werkzeughaftes Mittel noch indifferentes Milieu für sich selbst erhaltende Sozial-Systeme, verweist uns die digitale Übertragbarkeit der Medien auf eine grundlegende Metaphorizität der Medien. Unzweifelhaft kann man diese mit dem Computer gesteigerte Varieszenz der Weisen der Sichtbarkeit (d.h. photographische, filmische, theatralische und literarische Erzählformen) in kunsthistorischer Manier ›typisieren‹ – Übergänge nachweisen vom starren Tafelbild der Malerei über das filmische Bewegungsbild bis zur manipulierbaren oder interaktiven Sichtbarkeit der Computersimulation (Lambert Wiesing). Doch erst die Performance-Kunst vermag den undarstellbaren Horizont dieser Verschiebungen und Übertragungen selbst zu erkunden und zu eröffnen.

Dass sich das jeweils neue Medium zumeist und zunächst das ihm vorgängige durch bloßes Zitieren unterwirft, ist ein medienhistorisch

20 Vgl. ausführlich Sabine Flach: Körper-Szenarien, München: Fink 2003.

bekanntes Faktum. Der Übergang vom Theater zum Film ist das markanteste Beispiel. Aber auch die Fotografie verblieb zunächst in der mimetischen Beglaubigung befangen, als sie das Wesen der Malerei wiedergeben, portraitieren wollte, um so ihren Platz einnehmen zu können. Alle neuen Medien sind gleichsam in ihrem zunächst instrumentell orientierten Umgang mit der Technik mit einem Vakuum, einer orientierungslosen Leerstelle konfrontiert, die sie sogleich mit mehr oder weniger eingestandener Ratlosigkeit zu vermeiden oder auszufüllen trachten. Dieses den Schock der Wahrnehmung überspringende Rückversichern geschieht, weil das neue Medium nicht in seiner Medialität ›angenommen‹ wurde, also in dem, was es als Spiel der Verstellung und Entstellung erscheinen und nicht-erscheinen lässt. Diese als stets mögliche Wendbarkeit der Mittel beschreibbare Ästhetik inszeniert in der Performance-Kunst eine raumzeitliche Disponibilität, die – wie die Einbildungskraft selbst – auch im Zeitalter der digitalen Simulation nicht zur Disposition steht.

MEDIUM/KULTUR

TIMO SKRANDIES

Vorfilm

Um herauszufinden, wo der Terrorist Castor Troy (Nicolas Cage) eine Bombe versteckt und aktiviert hat, unterzieht sich der FBI-Agent Sean Archer (John Travolta) in John Woos Film *Face/Off* (USA 1997) einer extravaganten Operation. Troy war in einem Kampf mit Archer schwer verletzt ins Koma gefallen. Nun lässt Archer in einer Art Schönheitsoperation den eigenen Körperbau an jenen des Gegners anpassen und – dramaturgischer Höhepunkt des Identitäts-*switchings* – das eigene Gesicht gegen das des Antipoden austauschen. Der Kopf des Bösewichts ist nun erstarrt zu einer gesichtslosen blutigen Fratze, die Gesichtshülle Archers aber schwimmt sicher in einer Nährlösung. Dieses *embodyment* der ganz eigenen Art war notwendig geworden, da nur im »Körper des Feindes« – so der deutsche Untertitel des Films – noch das explosive Unheil von der Stadt abzuwenden war. Der Haken: Castor Troy erwacht aus dem Koma und zwingt die Operateure, ihm die körperliche und faciale Identität des FBI-Beamten Archer zu verleihen. In vertauschten sozialen Rollen und körperlichen Hüllen beginnt die Auseinandersetzung von neuem.

Der Schrägstrich im Filmtitel *Face/Off* versinnbildlicht die Relation bzw. Funktionseinheit beider Personen. Sie sind und bleiben aufeinander verwiesen. Der eine ist dem anderen zum lebenden Spiegelbild des Selbst geworden; mehr noch: Der Blick auf den Körper des anderen sieht *dort* stets sich selbst und bekämpft an diesem sichtbaren Körper doch den anderen.

/

In der Beziehung »Selbst/anderer«, in der im Film das Selbst im anderen und dieser im Selbst (des anderen) diffundiert, steht der Schrägstrich für das diese Korrelation tragende bzw. haltende Element: den/die Körper. Durch das, was »Selbst« und »anderen« trennt, sind sie in einem gemeinsamen Sachverhalt versammelt – in ihm zusammengehalten. In der Folge wird – ganz anders und doch analog – zu sehen sein, wie eine dekonstruktive Analyse des Verhältnisses »Medium/Kultur« zeigen kann, was der *slash* hier *ist*.[1]

Mit »Medium« bzw. Medien sind hier vorerst *die* Institutionen und technischen Dispositive gemeint, die uns zu Usern, Rezipienten, Konsumenten und ähnlichem machen. Hierzu gehört allerdings auch, dass die *in* diesen Medien ausgestellten, dargestellten, nachgestellten, produzierten, reproduzierten, simulierten Sinn- und Sinnes-Data *durch* sie allererst in den spezifischen Modalitäten der Vermittlung hervorgebracht werden. Um das auf einen der durch Medien induzierten Sinne zuzuspitzen: Medien geben nicht nur *etwas* zu sehen, sondern geben auch vor, *wie* zu sehen sei, ohne sich selbst zu sehen zu geben. Medien haben immer eine solche Doppelbödigkeit: Sie machen – technisch, materialiter – wahrnehmbar, was sie nicht sind (Sinn) und sind in diesem spezifischen Moment, da kultureller Sinn kommuniziert wird, das, was nicht wahrnehmbar ist.

Mit »Kultur« soll hier sodann zusammenfassend bezeichnet werden, was verschiedenste Prozesse, Formen und Versuche gesellschaftlicher Sinngebung sind – inklusive wiederum ihrer Reflexion über die Verfahren dieser Sinngebungen und ihrer Infragestellungen. Um eine Anleihe bei der Systemtheorie zu machen: Mit »Kultur« ist die »Einheit des Vielfältigen« dieser Sinngebungen bezeichnet.[2] Diese Vielfältigkeit stellt nun keinen Wert an sich dar, sondern ihr (auch: politi-

1 Der vorliegende Text bringt in Umarbeitung und anderer kontextueller Schwerpunktsetzung Gedanken zusammen, die in der durch Burkhardt Lindner mitbetreuten Dissertation ausführlicher behandelt sind. Siehe dazu: Timo Skrandies: Echtzeit – Text – Archiv – Simulation. Die Matrix der Medien und ihre philosophische Herkunft, Bielefeld: transcript 2003.

2 Dirk Baecker: Wozu Kultur? Berlin: Kadmos 2001, S. 99.

scher) Wert erweist sich im Tun selbst: im Nachweis der Diskontinuitäten und Brüche, der Heterogenitäten vermeintlich konsistenter historischer oder semantischer Systeme.

Dieses Kulturelle kann – wie im Folgenden – im Ethischen, in medialen Gesten, im Verhältnis »öffentlich/privat« etc. gesellschaftliche Bedeutung gewinnen. All das bleibt im Kontext dieses Textes auf die andere Seite des *Schnitts* verwiesen, das »Medium«. Dieser Text – nochmals – versucht also nicht eine Begriffsbestimmung von »Medium« oder »Kultur«, sondern handelt vom Schrägstrich, vom *slash*, der Medium und Kultur mit einem *Hieb* trennt und doch aneinander hält. Dieses Getrennt-Haltende ist eine Dimension des Ereignisses, eine Ereignishaftigkeit von Medium und von Kultur, die beide füreinander zur Erscheinung und in die Sichtbarkeit bringt, aber nie zu sich selbst. Wie paradox: Dass sie sich ereignen, füreinander, heißt mithin, dass sie sich voneinander getrennt halten. Im Spezifischen hat das – so wird zu sehen sein – mit einem Moment der Zeitlichkeit des Ereignisses zu tun.

Erfahrungen, Momente

Medien sind gegenwärtig, und was sie mitteilen, wird doch in jedem nächsten Moment zu einem Gewesenen. In dem einen Moment ihrer Gegenwart aber *künden* sie nicht mehr nur von einem Ereignis, sie sind es selbst. Dieses kurze – bildhafte etwa – Innehalten jenes zum Gewesenen werdenden Gegenwärtigen kann Mediales zu einem kulturell bedeutsamen Ereignis werden lassen – gleich, ob man das gut findet oder nicht, wenn ein US-amerikanischer Panzer die Statue eines irakischen Diktators umreißt. Die Zeitlichkeit des Moments scheint in eins Möglichkeit *und* Charakteristik unserer (medien-)kulturellen Erfahrung zu sein.

Jede Klage – wie die Virilios beispielsweise – von der Substanz- und Naturlosigkeit (massen-)medialer Bilder etwa, ihrer Zweifel- und Lügenhaftigkeit, greift hier zu kurz. Die Medialität dieser Bilder ist kein Nebel-Schleier, den es zu lüften gelte, weil er einen ehemals natürlichen, reinen und a-medialen Wahrnehmungshimmel verdeckte. Hiervon auszugehen, verstellte gerade das spezifisch anthropologische

Verhältnis von Medium und ›Realem‹.[3] Kulturelle Erfahrung ist ohne Medialität, im Allgemeinen, und ohne Bilder, im Speziellen, nicht zu haben. Ebenso gilt andersherum: Bilder sind Ausdruck und Ereignis einer in Medien selbst spezifizierten kulturellen Erfahrung. Zu berücksichtigen, dass sie nicht vom Himmel gefallene, sondern gemachte Bilder mit einer eigenen Medialität sind, heißt, sich über Modalitäten kultureller Selbstverständigung zu unterhalten, die Medien und ihre Sinn-Vermittlungen (Übersetzungen?) für ihre Zeit je sind.

Medienkulturanalyse: dekonstruktiv, ethisch

Doch ist solcher Sinn nicht einfach so *da*. Er ist in die Performanz der Medien eingebunden, in die Weise, wie sie sich ereignen.

Im Vorgang einer »Kulturanalyse«[4] dieses Medialen bedarf es einer *Lektüre*-Bewegung, die die Begrifflichkeiten und Grenzen von Sinnkonstitutionen, deren Historizität und deren Techniken und Medien der Wahrheit, des Rechts und Gesetzes nach deren Status, Wert und Verantwortlichkeit befragt – für den spezifischen kulturellen Kontext, in dem sie auftreten – und deren Grundlagen des Singulären und Differenten, des nicht Totalisierbaren ins Gedächtnis ruft. Jenes Nachbuchstabieren des Differierens von Sinn geht destruktiv-konstruktiv mit der Auflösung universaler Ansprüche, z.B. ethisch-politischer Begriffe einher, um das restbeständige, *versprochene* Recht des Anderen in diesen Angelegenheiten zum Sprechen zu bringen. Hier äußert sich die unendliche Forderung nach Verantwortung dem sich einer normativen Geschlossenheit Entziehenden gegenüber (Levinas)[5]. Das heißt – anders herum – aber nun auch, dass in allen Ordnungen ein Überschuss am Werk ist, dessen Andersheit jede Berufung auf Selbstheit oder Identität in einer gegebenen Ordnung kontaminiert bzw. in Frage stellt. Mit der

3 Hierzu als grundlegender Reflexionsstand: Georg Christoph Tholen: Die Zäsur der Medien, Frankfurt/M.: Suhrkamp 2002.

4 Mieke Bal: Kulturanalyse, übers. v. Joachim Schulte, Frankfurt/M.: Suhrkamp 2002. Hier soll ebenfalls genannt sein: Lorenz Engell: Ausfahrt nach Babylon. Essais und Vorträge zur Kritik der Medienkultur, Weimar: Verlag und Datenbank für Geisteswissenschaften 2000.

5 Emmanuel Lévinas: Ethik und Unendliches, übers. v. Dorothea Schmidt, Wien: Passagen 1996.

Forderung »*de l'autre*«(!)[6], die so nun als eine ethische gesehen werden kann, ist anzuerkennen, dass die Differenz und die nicht endende Iteration des Anderen auch diejenige des Selben bedeutet.

Waldenfels stellt schon früh zu dieser polito-ethischen Basis der Dekonstruktion fest:

»Was über unsere Eigenwelt hinausführt, heißt nun nicht mehr nur *interrogation*, sondern *inter-pellation*, eine Stimme des Andern, die sich als Apell, Aufforderung, Begehren und Anspruch vernehmen lässt [und mit einer] Verflechtung von Schrift, Praxis und Anderem [einhergeht]. Damit öffnet sich der ›atopische Raum eines nicht-theoretischen Blicks‹, der empfänglich ist für das, was man seit alters her Ethos nennt.«[7]

Das Ethische, an das hier gedacht ist, findet sich allerdings nicht im Areal moralphilosophischer Reglements. Vielmehr ist es – mit Levinas – das Fragen nach dem Sinn von Ethik, und damit nach deren Bedingung.[8] Zu diesem Begriff von »Ethik« schreibt Thomas Bedorf in seiner Studie zur *Rolle des Subjekts bei Emmanuel Levinas* zusammenfassend: »Produktiv wird die Lektüre nur dann, wenn Levinas nicht als Moralphilosoph, sondern als ›Subjektphilosoph‹ gelesen wird.« Denn »der Andere [wird] nicht in der Sphäre des konstituierten Ich angesetzt [...], sondern [beginnt] bereits im Selben [...]. Das ›Immer-schon-vom-Anderen-angegangen-worden-sein‹ bildet nichts Hinzukommendes, sondern *ist* gerade das Subjekt.« Der reflektierte Blick auf dieses andere im Selben wäre – so Bedorf weiter, mit Bezug auf Bernasconis *Ethik des Verdachts* –

»gewissermaßen eine ›Ethik ohne Ethik‹, die das woher der Ansprüche erkundet, ohne *eine bestimmte* Ethik festzulegen, ohne aber auch auszuschließen, daß sich *je bestimmte* Ethiken daran anschließen können. Levinas wäre insofern nicht ein Denker der Ethik im Gegensatz zur Politik, son-

6 So der Teil eines Buchtitels: Jacques Derrida: Psyché. Inventions de l'autre, Paris: Galilée 1987. Schon im Vorwort hebt er auf dieses (Spiegel-)Verhältnis von Ich und anderem ab.

7 Bernhard Waldenfels: Phänomenologie in Frankreich, Frankfurt/M.: Suhrkamp 1983, S. 546f.

8 Vgl. E. Lévinas: Ethik und Unendliches, S. 69.

dern ›der Denker des Raumes zwischen der Ethik des Verdachts und der Politik‹«.[9]

Und Derrida wäre – besonders in den jüngeren Texten zur Verantwortung, Gerechtigkeit, Religion, Gastfreundschaft, Universität, zu Europa und eben auch in den medientheoretischen Reflexionen – einer der aktuellen Erben und Zeugen dieses Denkens.[10]

fern/sehen

Derrida sieht fern – »beaucoup trop de temps«[11]. Er sieht fern, weil es ihn als solches fasziniert, ohne diese Faszination weiterhin begründen zu können, und er sieht fern, weil er zugleich ein Interesse hat, diese Faszination zu analysieren und zu wissen, was da *auf der anderen Seite* geschieht. Wer trifft Entscheidungen, wer wählt aus, was zu senden sei und was nicht, wie *funktionieren* die Medien, wie verlaufen die Machtbeziehungen? Aber auch: Was geschieht mit einem Fernsehsprecher (»Talking Head«!) oder einem Politiker *angesichts* eines Prompters? – Den Blick scheinbar auf den Fernsehzuschauer gerichtet und auf dessen Zuhause (»chez-soi«), blickt der *Sprecher,* jetzt, doch eigentlich auf einen Text, der woanders und zu einem anderen Zeitpunkt geschrieben wurde, um diesen, jetzt, zu *lesen.* Diese Fragen zu stellen, bedarf es also der Medienrezeption, und sich diesen Fragen zu stellen, ist ein unerlässliches Moment politischer Verantwortung.[12]

9 Thomas Bedorf: Zur Rolle des Subjekts bei Emmanuel Levinas (unveröffentlichtes Manuskript), Bochum 1997, S. 118ff.

10 Mit diesen Themen - und speziell dem Thema »Europa« - steht Derrida nicht allein. Das hat auch nochmals die konzertierte Aktion europäischer und US-amerikanischer Intellektueller gezeigt, die am 31. Mai 2003 in verschiedenen überregionalen und nationalen Zeitungen Europas zur Frage eines neuen Europa Stellung bezogen haben. Derrida signierte in diesem Zusammenhang einen von Habermas verfassten und von ihm mit einem Vorwort versehenen Text in der FAZ. Jürgen Habermas/Jacques Derrida: »Unsere Erneuerung. Nach dem Krieg: Die Wiedergeburt Europas«, in: Frankfurter Allgemeine Zeitung vom 31.5.2003.

11 Jacques Derrida/Bernard Stiegler: Échographies de la télévision, Paris: Galilée 1996, S. 153.

12 Vgl. ebd., S. 153f.

Zum Alteritäts-Problem von »chez-soi« und »l'autre«, bezogen auf deren medialisiertes, televisionäres Verhältnis, führt Derrida am Beispiel des Fernsehens aus:

»Prenons l'exemple de la télévision. Elle introduit dans le chez-moi l'ailleurs, et le mondial, à chaque instant. Je suis donc plus isolé, plus privatisé que jamais, avec chez moi l'intrusion en permanence, par moi désirée, de l'autre, de l'étranger, du lointain, de l'autre langue. Je la désire et en même temps je m'enferme avec cet étranger, je veux m'isoler avec lui sans lui, je veux être chez moi. Le recours au chez-soi, le retour vers le chez-soi est d'autant plus puissant, naturellement, qu'est puissante et violente l'expropriation technologique, la délocalisation. [...] [L']accélération du processus technologique [...] est toujours aussi un processus de délocalisation.«[13]

Jene Raum-Zeit-Struktur, *in* der und *mittels* deren der Anspruch des anderen je spezifisch dann fürs Eigene sinnenfällig wird, ist mitnichten ein sinn-loser, neutraler Ort. Dieser kann vielmehr sowohl ereignishafte Eröffnung des Alteritätsverhältnisses sein als auch machtvolles Verschweigen und Zum-Schweigen-Bringen, ein Unsagbar-Machen zugleich sein. Denn die Möglichkeits-Bedingungen, die Codes der Zulässigkeiten sind gerade in diesem medialisierten Schwellenraum zu Hause – suchen ihn heim – und lassen sich dennoch weder übersetzen noch veröffentlichen, sondern nur in ihrer Wirkung nach-weisen.[14]

Echtzeit! - Echtzeit?

Aber wieso lassen sie sich nicht veröffentlichen? Weil sie in jeder Veröffentlichung selbst mit im Spiel sind – sie sind die Phantasmen des Zugelassenen, des Medialisierten, sind in jeder medialen Darstellung und Codierung das Undargestellte (Undarstellbare?), das die Darstellung Ereignis werden lässt.

---

13 Ebd., S. 92.

14 Vgl. Jacques Derrida: »Interview mit Christian Descamps«, übers. v. Astrid Wintersberger, in: Peter Engelmann (Hg.), Philosophien, Wien: Passagen 1985, S. 67f.

Zwischen dem Ereignis als *event* und dem Ereignen des Ereignisses wird das Ereignis einer Wiederholung unterworfen. Es könnte ohne diese Abspaltung von sich selbst, mit sich selbst, nicht zur Darstellung gelangen. *In* der Ereignishaftigkeit ist das Ereignis *dann* nicht mehr das, was es (noch) war, als es noch nicht (ereignet) war. So hat die sinnliche Performativität des Ereignisses zur Eigenheit eine Anachronie ihrer selbst – die Ereignishaftigkeit als Medialität des medialen Ereignisses hält sich zurück. Auch in diesem Sinne überschlagen sich medial die Ereignisse. Wie das? Das mediale Ereignis ist mit jedem Mal noch ein *anderes* Mal und diese Alterität *ist* jedes Mal ein anderes Mal. Denn die materiale Ausfällung des Mediums, auch seine machtvollen Codierungen möglicher und unmöglicher Aussagen sind stille Begleiterinnen des *scheinbaren* medialen Ereignisses. Diese Zweisamkeit des medialen Ereignisses ist in ihm stets am Werk und fügt in dessen Zeitigung einen Zeit-Riss, eine »déchirure«[15] ein, die die Zeit eines jeden medialen Ereignisses aus den Fugen sein lässt.[16]

Die Rhetorizität von Medien produziert aber eine Ereignishaftigkeit scheinbar ohne »déchirure«, also in »Echtzeit«. Dies wird ermöglicht *mittels* (Medialität von Medien) des technischen Dispositivs, das generiert, was jene *anscheinend* sind. Die Darstellungsweisen ihrer Realitäten setzen genau auf die Rhetorik einer (Re-)Präsenz des idealen Gegenstandes. Zumal dann, wenn im Hintergrund *offensichtlicher* Diversität medialer Bildwelten eine juristische und ökonomische Monopolisierung der Besitzverhältnisse vonstatten geht.

Die mittels wahrnehmungs- bzw. rezeptionsleitender Kriterien produzierte Quasi-Realzeitlichkeit der Performanz medialer Ereignisproduktion hat eine neue Qualität der Zeit- und Wahrnehmungstechniken: Die in Szene gesetzte Aktualität, mit der – wie paradox – auch die technische Möglichkeit der Ereignis-Reproduktion und -Simulation einhergeht, bringt eine Praxis von »Virtualität« hervor, die es unmöglich macht, ihr »Realität« gegenüberzustellen. »Cette virtualité s'imprime à même la structure de l'événement produit, elle affecte le temps

15 Vgl. J. Derrida: Échographies, S. 21.

16 Siehe hierzu grundlegend: Georg Christoph Tholen: »Überschneidungen. Konturen einer Theorie der Medialität«, in: Sigrid Schade/Georg Christoph Tholen (Hg.), Konfigurationen. Zwischen Kunst und Medien, München: Fink 1999, S. 15-34.

temps comme l'espace de l'image, du discours, de l'›information‹, bref tout ce qui nous rapporte à ladite actualité, à la réalité implacable de son présent supposé.«[17]

Eine solche Perspektive auch auf die technisch-mediale Produktion, Reproduktion und ggf. Simulation eines Ereignisses lässt sehen, dass mit der Erörterung des ganz Anderen *im* Ereignis eine Dislokation in die Perfektion der medialen Ereignis-Performanz sich einfügt. Sie wird fortan, vom Ereignen des Ereignisses her, einen *Anspruch* auch an das mediale Ereignis anmelden. Das ist wiederum die Erfahrung des Anderen als Anderer – sie geht mit einer Gabe, einem Erhalt ohne vollständige Rückerstattungsmöglichkeit einher – mit der Unmöglichkeit nämlich, das, was im Anspruch des Anderen auf mich als Zukünftiges zukommt, je antizipieren zu können.

So, vom Ereignis her gesehen, lässt sich das Verhältnis von Medialem und Kulturellem auf den Begriff bringen. Der oben vorerst nur syntaktisch gemeinte Schrägstrich ist aber dies tatsächlich: ein *slash*, ein Hieb und Stich, der als Ereignis auftritt (*coup de théâtre*), beide Momente unerwartet zerteilt – und sie dadurch erst hervorbringt, sie *in Szene setzt*. »Ereignis« ist, im Medialen wie im Kulturellen, die Erfahrung selbst, dass da immer Erfahrung von woanders und von einer anderen Zeit herkommt. »[U]n événement qui reste événement, c'est une arrivée, une arrivance: elle surprend et résiste après coup à l'analyse.«[18]

es spukt (I)

Das Medium und Ich: Warum ist das kulturell kein kalkulierbares Verhältnis aus »n + Ein(e)s«[19], ohne Rest? Weil die Quelle dieses Verhältnisses und seiner Darstellung in einem jeweiligen *Jetzt* nicht von außen her im Verhältnis selbst darstellbar ist. *Leben* ist ja gerade der medial-imaginative Versuch, diese iterative *mise en abyme* zur Darstellung zu bringen. Es ist das *etc.* der Immanenz. Das Jetzt eines solchen Verhält-

17 J. Derrida: Échographies, S. 14.
18 Ebd., S. 28.
19 Jacques Derrida: »Glaube und Wissen. Die beiden Quellen der Religion an den Grenzen der bloßen Vernunft«, übers. v. Alexander García Düttmann, in: Jacques Derrida/Gianni Vattimo (Hg.), Die Religion, Frankfurt/M.: Suhrkamp 2000, S. 9-106, hier: 105.

nisses lebendiger Gegenwart überbordet sich also gerade mit der Unwiderlegbarkeit seines Überlebens selbst, solange es die Möglichkeit der Aufrechnung des »n + Ein(e)s« mit dem Ergebnis *gibt*[20], dass das »Mehr-als-Ein(e)s [...] sich unmittelbar und ohne Verzögerung als ein Mehr-als-zwei« erweist[21].

Iterativität meint hier also, dass es eine Differenz in der Wiederholung gibt und dass das Ereignen des medialen Ereignisses ein je anderes als Wiedergänger (*revenant*) ist. Ohne dieses spukende Mit-Da gibt es keine Kulturalität, d.h. ein Verhältnis, in dem die Dualität durch einen Dritten, durch etwas Drittes, geöffnet ist und bleibt.[22] Die Medialisierung dieser Iteration ist dann das dem Ereignis inhärente Gespenstische.

Für das Ereignis *zwischen* Medium und Kultur (»/«) gilt ein spezifisches Verhältnis von wiederholtem Mal und erstem Mal: Die Zeitlichkeit dieses Sach-Verhaltes nämlich, der das Ereignis *in* der Zeit (auseinander)hält, ist eine Un-Ruhe, der die vermeintlich eindeutige Opposition von Gegenwart und Nicht-Präsenz ausgesetzt ist. Das Gespenstische an dem hier medientheoretisch gedachten »*The time is out of joint*«[23] ist, dass die Artikulation eines Ereignisses auf der Ungleichzeitigkeit des Gegenwärtigen, des sich gegenwärtig Ereignenden mit sich selbst beruht[24]. Im Ereignen des Ereignisses spukt also die »Unzeitigkeit seiner Gegenwart« und Spuken (»hanter«) »heißt nicht gegenwärtig sein«.[25]

Hubertus von Amelunxen reflektiert in seinem Text über die (fotografischen) Ursprünge des Spiritismus über die Polysemie des Wortes »Medium«. Auch für den vorliegenden Kontext gilt, was er zu Beginn seines Textes zusammenfassend festhält: »Medien sind die Boten im Geisterverkehr. Ihnen obliegt die Regelung und Bahnung der Kommu-

---

20 Vgl. Jacques Derrida: Marx' Gespenster, übers. v. Susanne Lüdemann, Frankfurt/M.: Fischer, S. 17.

21 J. Derrida: Glaube und Wissen, S. 105.

22 Allgemeiner zum Phänomen des Dritten und den damit verbundenen, sehr grundlegenden, theoriekonzeptionellen Fragen: Thomas Bedorf: Dimensionen des Dritten. Sozialphilosophische Modelle zwischen Ethischem und Politischem, München: Fink 2003.

23 Vgl. J. Derrida: Marx' Gespenster, S. 39ff.

24 Vgl. ebd., S. 27; S. 69f.

25 Ebd., S. 253.

nikation mit dem, was unseren Sinnen entlegen ist, in unserer Ordnung regellos ist und was die Regeln unserer Ordnung schafft. Medien betreiben das Geschäft der Latenz, des Unbeobachtbaren, sie nehmen sowohl die Stelle des nicht zu sehenden Objekts – des entfernten, in ihnen aufgehobenen Referenten – wie die des nicht sehenden Subjekts – der getilgten Zeugenschaft, des blinden Flecks – ein.«[26] Derridas »Spectres de Marx« zeigen (unter anderem) in diesem Sinne, wie mediale Ereignisse das Gespenstische gerade als Mediales in sich tragen und zugleich ausstellen, es ver-öffentlichen und so, heute, ein neuer öffentlicher Raum des Ereignisses entsteht, »transformé par les télé-technologies«.[27]

»Oui, un fantôme peut revenir comme le pire, mais sans cette revenance possible, et si on en récuse l'irréductible originalité, on se prive de mémoire, d'héritage, de justice, de tout ce qui vaut au-delà de la vie et à quoi on mesure la dignité de la vie.«[28] So bleibt in kultureller Perspektive zu dieser sich hier andeutenden Homologie von Ereignishaftigkeit und medialer Spektralität vorerst festzuhalten: Es gibt immer mehr als einen Geist (»n+«) und ein jedes Erbe und Erinnern beinhaltet ein Unentscheidbares. Denn was wir sind, erben wir, und wir erben in einer Sprache, die uns vererbt wird[29], »ob wir es wollen und wissen oder nicht«[30].

Fokussiert man diesen Vorgang von Gabe und Empfangen auf das Moment des technisch-medialen Fortschritts, bleibt für heute daran verstörend, dass der »Glaube« an die Technologie gerade durch deren Performativität gesichert bleibt.[31] Das scheint zu bedeuten, dass der Fortschritt zwar technisch gemacht wird, aber kulturell nicht gekonnt wird. Nie war scheinbar das Missverhältnis zwischen manipulativer Kompetenz und individueller wissenschaftlich-technischer Inkompe-

26 Hubertus von Amelunxen: »Prolegomena zu einer Phänomenologie der Geister«, in: Sehsucht, Schriftenreihe Forum, Bd. 4, hg. v. Kunst- und Ausstellungshalle der Bundesrepublik Deutschland GmbH, Göttingen: Steidl 1995, S. 210-220, hier: S. 210.
27 Vgl. J. Derrida: Échographies, S. 33.
28 Ebd., S. 31.
29 Vgl. ebd., S. 34.
30 J. Derrida: Marx' Gespenster, S. 93.
31 Vgl. J. Derrida: Glaube und Wissen, S. 70ff.

tenz so groß wie heute – und das gerade bei Maschinen, deren Benutzung uns vertraut und alltäglich ist und die mit uns das »Zuhause« teilen.[32]

Grenzverschiebungen - es spukt (II)

Die medialen Wahrnehmbarkeiten, ihre Konstruktionen des Realen, Fiktiven und auch Virtuellen, die politischen, ethischen, ästhetischen Zulässigkeiten und zensurierten Unzulässigkeiten, die Unterscheidung in privat und öffentlich und anderes mehr, sie alle konturieren das spezifisch Kulturelle des sozialen Miteinanders. Dass diese Konturierung in der Regel *en passant* im Medium mitläuft, ist der Spuk im medialen Ereignis. Jener hinterlässt eine Spur in diesem, in der, wie Tholen feststellt, »auch ein Begriff des Mediums als mediale Verschiebung von Machtbeziehungen mitgedacht ist«.[33]

Wieso handelt es sich hier um »Machtbeziehungen«? Weil die mediale Technisierung, Inszenierung und Darstellung eines Ereignisses zugleich eine performative Interpretation ist, »eine Interpretation, die das, was sie interpretiert, zugleich verändert«.[34] Diese Veränderungen sind Grenzverschiebungen derjenigen Parameter, die bislang zur Geltung brachten, dass zur Kulturalität auch Verantwortung dem anderen gegenüber gehört. Solche Parameter sind z.B. das Öffentliche und Private, das Politische, der europäische Einigungsprozess oder auch die »gelehrte oder akademische Kultur«[35]. Dass diese Geltungen und Geltungs*ansprüche* miteinbegriffen werden in die Grenzverschiebungen, ist das Gespenstische an den Vorgängen und ruft das genannte Erfordernis einer »*Hantologie*« auf den Plan. Sie rechnet mit Macht-Effekten, die sich nicht (mehr) sichtbar re-präsentieren, sondern gerade, weil sie Medium jeglicher Darstellung von Sichtbarkeiten sind, im fürs *Sehen* Unsichtbaren ihre Virtualitäten entfalten. Derrida nennt an dieser Stelle resümierend die »Geschwindigkeit der *Erscheinung* des Simulakrums [...], [das] synthetische[ ] oder prothetische[ ] Bild, [das] virtu-

32 Vgl. ebd., S. 91f.
33 Vgl. G. Ch. Tholen: Überschneidungen, S. 26, Fußnote 23.
34 Vgl. J. Derrida: Marx' Gespenster, S. 88.
35 Vgl. ebd., S. 91.

elle[ ] Ereignis, [den] Cyberspace und [die] Rekognoszierung, [die] Aneignungen oder Spekulationen«.[36] Sie sind die Margen der Sichtbarkeit.

Und so liegen Anlass und Motivation der Medien-»Hantologie« dort,

»wo die Grenze zwischen dem Öffentlichen und dem Privaten sich unaufhörlich verschiebt, unsicherer geworden als je zuvor, ebenso unsicher wie jene, die es erlauben würde, das Politische zu identifizieren. Und wenn diese entscheidende Grenze sich verschiebt, dann deswegen, weil das Medium, in dem sie sich instituiert, das heißt das Medium der Medien selbst (die Information, die Presse, die Telekommunikation, die Techno-Tele-Diskursivität, die Techno-Tele-Ikonizität, das, was ganz allgemein die Raumwerdung des öffentlichen Raums gewährleistet und determiniert, die Möglichkeit selbst der *res publica* und die Phänomenalität des Politischen), weil dieses Element selbst weder lebendig noch tot ist, weder präsent noch abwesend: Es spukt.«[37]

Das temporal-differenzielle Ereigniswerden des Ereignisses, seine »déchirure«, instituiert die genannten medialen Grenzverhältnisse und damit das, was ganz allgemein kulturelle Topographien verantwortet. Krisenhaft daran bleibt, dass es in der Logik des Spektralen liegt, in der Spektralität des virtuellen Raumes etwa, dass die dichotomische Paarung von (sinnlicher) »Wirklichkeit« und politisch handlungsrelevanter Topographie durch die Einschreibung des Virtuellen in diese Dualität gerade medial unterlaufen wird.[38]

Nochmals: Induziert sind diese kulturellen Verschiebungen durch die Differenzialität im Ereignis auch des öffentlich Medialen. Mit dem Fragwürdig-Werden geordneter Topographien geraten Demokratie und die Kultur der »Weltkommunikation« (Bolz) in Schwierigkeiten, sich in neuen öffentlichen Räumen zu konstituieren und sowohl erlebbares *event* zu sein als auch ver-antwortbar gegenüber einem der gegebenen

36 Vgl. ebd., S. 92f.
37 Ebd., S. 87.
38 Vgl. ebd., S. 29 u. 107.

Ordnung kontingenten Anderen zu bleiben.[39] Alltagskulturell scheint die totalisierende Präsenz-Rhetorik der Medien keinen Raum für Letzteres zu lassen.

In der »Kulturanalyse« (Bal) eröffnet sich aber mit der Einsicht in die Differenziation des Ereignisvorgangs – auch in einem produzierten oder medialisierten Ereignis/*event* – eine »Ereignishaftigkeit als Geschichtlichkeit«[40] und führt so auch die mögliche Möglichkeit radikaler Alterität und Heterogenität in die mediale (Selbst-)Präsenz der Gegenwart, in das gegenwärtige Ereignis, ein.

Das wäre eine ganz eigene *Virtualität* mithin, die sich verbunden weiß mit einer spezifischen Medien-*Ethik* im genannten Sinne: Zu zeigen, wie medienkulturelle Ereignisse *zwischen* Medium und Kultur spuken und unbemerkt – und doch politisch – Grenzverschiebungen verantworten. So hielte sich Gegenwart geöffnet für den Anspruch der Geschichtlichkeit von Geschichte, die sich in jener verspricht. Das Sprechen des Anderen, sein Anspruch *jetzt*, bleibt für eine jede Gegenwart gespenstisch. Damit aber lässt sich, mit Jacques Derrida und anderen, nun die Aufgabe des Intellektuellen – auch wohl desjenigen, der mit Medien befasst ist – *für morgen/von morgen* angeben: Sich an die Vorgängigkeit des Anderen zu wenden, dem Gespenst das Wort zurückzugeben, »und sei es auch in sich selbst, im anderen, dem anderen in sich«.[41] Denn die Gespenster geben uns das Da des *slash* als die Gegenwärtigkeit des Ereignisses zu denken.

39 Wunden dieser »neuen Weltordnung« fasst Derrida in einem »Zehn-Punkte-Telegramm« zusammen. Vgl. ebd., S. 132-137.

40 Vgl. ebd., S. 124.

41 Vgl. ebd.

Computerschrift und Poesie

Der Status elektronischer Lettern auf dem Bildschirm[1]

Saskia Reither

Mit der Entwicklung und den Möglichkeiten des Computers haben sich Texte wesentlich verändert. Sie bewegen sich, sind manipulierbar und flüchtig, immateriell und ohne technisches Dispositiv unsichtbar. Texte erscheinen nicht auf einer materiell-stofflichen Papierseite, sondern in einem Fenster, als »words für windows«, dessen Rahmen zwar durch den Monitor festgesetzt ist, der jedoch »dahinter« unendliche Weiten versteckt zu halten scheint. Diese Wörter, aus denen elektronische Texte geformt sind, werden vor allem zeitlich dominiert: Sie können als standardisiertes Textobjekt durch die Oberflächensoftware innerhalb des Monitorausschnittes verschoben werden oder bewegen sich sogar von selbst auf dem Bildschirm im Falle der Computerpoesie.

Wie verändert sich der Zustand der Schrift, wenn Lettern nicht mehr auf Papier gedruckt oder geschrieben, sondern auf dem Bildschirm angezeigt werden? Welchen Status haben Texte, die auf dem Bildschirm nur für einen Augenblick existieren und sonst unsichtbar auf Disketten oder Festplatten abgelegt sind? Warum neigen wir dazu, elektronische Schrift als »immateriell« zu bezeichnen, obwohl sie bisweilen sehr plastisch auf dem Bildschirm leuchtet? Liegt es daran, dass wir sie nicht berühren können – dass sie, wie »unter Glas«, von uns getrennt ist?

---

1 Die Idee zu diesem Aufsatz geht auf einen Vortrag im Rahmen des Graduiertenkollegs »Zeiterfahrung und ästhetische Wahrnehmung« der Universität Frankfurt/M. im Frühjahr 2001 zurück.

Der überwiegende Teil des Angebots im Internet besteht aus Textoberflächen. Der materielle Ort der Texte ist schwer zu benennen, denn sie bewegen sich durch Kabel, ruhen auf den Festplatten der Server-Rechner oder erscheinen auf dem Bildschirm und sind beim Verlassen des Netzes ebenso schnell verschwunden wie abgestürzte Word-Dateien. Dafür haben sie im Netz einen anderen Ort, keinen räumlichen, sondern einen aufrufbaren, »textuellen«: ihre Adresse, unter der man sie jederzeit wiederfinden kann.[2] Diese Texte, ob privat auf der Festplatte oder unter einer WWW-Adresse im Internet anwählbar, sind der Möglichkeit nach vorhanden, aber augenblicklich nicht realisiert: Sie sind »virtuell«. Sie wechseln erst in einen »aktuellen« Zustand, wenn die Ausführung des Programmcodes vom Benutzer initiiert wird.

Es gibt nicht »den« elektronischen Hypertext, sondern unterschiedliche Textformen in unterschiedlichen Situationen im Computer. Ein spezielles Phänomen aus der Vielfalt der elektronischen Texte, das sich deutlich von informationsorientierten Hypertexten oder auch Formen der Computerpoesie unterscheidet, eröffnet im besonderen Sinne Welten: textbasierte Multi-User Dungeons[3] (MUDs), in deren Welt man sich einloggen und durch Eingabe von Text als handelnde Person interaktiv teilnehmen kann. Diese virtuellen Modellwelten im Computer sind überwiegend textbasiert. Durch die Eingabe von Text unter Verwendung der Zeichen, die eine Standardtastatur zur Verfügung stellt, werden Welten konstruiert und Bewegungen darin generiert. Man könnte sagen, auf ihm, einem spezifischen Textinhalt, basiere die gesamte aktuell aufgerufene Virtuelle Realität des jeweiligen MUD. Text wird hier zum Medium im Medium, ist Vehikel für eine imaginäre Phantasiewelt. Durch das Schreiben des narrativen Textes wird gleichzeitig dem Computer durch die Enter-Taste ein Befehl erteilt, die eine oder andere Szene zu »realisieren«. Der eingegebene Text wird in einen Befehlstext übersetzt, der unbezweifelbar real ist, da er im Augenblick der Eingabe etwas bewirkt: den Eintritt in eine interaktive Spielwelt als Realität.

2 Sofern die Seite nicht vom Netz genommen wurde.

3 Wörtlich übersetzt bedeutet Multi-User Dungeons: »Burgverlies für mehrere Anwender«. Vgl. Thomas Irlbeck (Hg.): Computer-Lexikon, München: dtv 1998, S. 544.

Seit der Entwicklung der Schreibmaschine wird Schreiben zum Anschlagen einer Taste. Dieser Prozess wird durch Aufkommen des Computers noch radikalisiert, da durch dessen Tasten nicht nur Buchstaben auf dem Bildschirm erscheinen, sondern, wie im Falle der »Enter«-Taste, Befehle erteilt werden: »[M]it der Enter-Taste des Computers, die alle vorigen Eingaben zum Befehl erklärt, entstand, was vor Zeiten nur Magie vermocht haben soll: Das Wort wird wahr.«[4] Mit diesem Satz ist sich Kittler bewusst, eine alte Diskussion um Wahrheit und Schrift unter neuen technischen Bedingungen wieder angefacht zu haben. Bis vor zirka 130 Jahren schlug sich die Bewegung von Schrift in der Bewegung der sie zu Papier bringenden Hände nieder. Die Schreibmaschine lässt nur noch zu, dass die Hände Tasten anschlagen, die wiederum normierte Typen auf das Papier an einen Ort bringen, der von der Maschine dafür vorgesehen ist. »Die Turing-Maschine von 1936«, erklärt Kittler, »der Prototyp nicht bloß aller wirklichen, sondern aller möglichen Computer, hat diesen Automatismus des Schreibens nur noch um einen Automatismus des Lesens ergänzt, also vervollkommnet. Statt Wörter zu verstehen, erkennen die Elemente eines Scanners die Elemente eines Zeichensatzes.«[5]

Dank seiner binären Funktionsweise kann der Computer zugleich lesen und schreiben, Informationen vermitteln und verarbeiten. Ihre Eingaben erhält die Maschine über die so genannte Kommandozeile, vermittels einer »radikal erweiterten Schreibmaschinentastatur«[6], die die Buchstaben jedoch nicht analog auf das Papier stempelt, sondern durch die Übersetzung in einen anderen Code (Binärcode) dem Rechner eine Anweisung erteilt, den Buchstaben (z.B. ein A) als Bitfolge darzustellen. Als elementarer Unterschied zur Schreibmaschine treten die Befehle erst dann in Kraft, wenn man die »Enter«-Taste drückt. Die Taste rechts auf dem Tastaturfeld bewirkt zweierlei: Auf der Editorebene hat sie zur Folge, dass der Cursor in die nächste Zeile springt (»return«), und auf der Kommandoebene, dass ein Befehl ausgelöst wird (»enter«). Der Computer erledigt nach Kittlers Überzeugung das,

4 Friedrich Kittler: »Schrift und Bild in Bewegung«, in: Neue Zürcher Zeitung vom 9./10.12.2000, S. 51.
5 Ebd.
6 Ebd., S. 52.

was vormals dem rezipierenden Leser oblag: Er liest und verarbeitet Information selbst.

Wird also der einer Schrift im Computer zugrunde liegende Programmcode zur eigentlichen »Schrift«, die alphabetische Zeichen vor den Augen der Leser nur simuliert? Das Virtuelle der Computerschrift liegt nicht in der andersartigen Fixierung der Schrift selbst, sondern in ihrer zeitlichen Umgebung. Während der gedruckte Buchtext fixiert zwischen zwei Buchdeckeln dauerhaft auch nach dem Schließen des Buches im Regal existiert (sieht man einmal davon ab, dass manches Papier nach einer gewissen Zeit verrottet), so verschwinden die Computertexte beim Schließen der Datei, beim Wechsel der Website oder spätestens beim Ausschalten des Rechners vom Monitor. »Denn, was man schwarz auf weiß besitzt, / Kann man getrost nach Hause tragen«,[7] belehrt Mephisto den Schüler Wagner über die Wahrheit sprechenden Wörter in Büchern. Der Nutzer eines Computers dagegen dürfte wohl eher untröstlich sein, vor dem so genannten »schweren Ausnahmefehler 0 E«, der so sachlich wie unerbittlich den Totalabsturz des Textverarbeitungsprogramms signalisiert, nicht wenigstens die letzten neu geschriebenen Textpassagen gespeichert zu haben. Die Texte sind zwar digital »gespeichert«, genau so wie auch die Buchtexte in den Büchern es sind, jedoch in einem virtuellen Zustand: auf der Festplatte, codiert in Bits, die man sich als Zahlenkolonnen vorstellen kann. Dagegen ist die Materialität der alphabetischen Lettern in Buchtexten auch weiterhin existent, sobald das Buch geschlossen ist. Beim Aufruf der Computerdatei wechseln die codierten Schriftzeichen in den Status des Aktuellen.

Der Begriff des Virtuellen ist uns aus zwei Kontexten bekannt. Zum einen bezeichnet er in der Optik ein im Spiegel reflektiertes (virtuelles) Bild, das dem Betrachter die »reale Realität aus einem anderen Blickwinkel«[8] präsentiert. Hologramme z.B. erzeugen virtuelle Bilder. Die von einem Punkt des Gegenstandes ausgehenden Strahlen verlau-

7 Johann Wolfgang Goethe: Werke, Hamburger Ausgabe in 14 Bde., textkritisch durchgesehen und kommentiert v. Erich Trunz, München: dtv 1986, Bd. 3: Dramatische Dichtungen I, S. 64.

8 Elena Esposito: »Fiktion und Virtualität«, in: Sybille Krämer (Hg.), Medien Computer Realität. Wirklichkeitsvorstellungen und Neue Medien, Frankfurt/M.: Suhrkamp 1998, S. 287.

fen dabei nach dem Durchgang durch einen Spiegel so, dass sich ihre gedachten rückwärtigen Verlängerungen in einem Punkt, dem »virtuellen Bildpunkt«, schneiden. Da es nicht der eigene, reale Blickpunkt des Betrachters ist, sondern ein Spiegelbild, handelt es sich um eine Täuschung, eine Illusion. Zum anderen geht der Begriff »virtuell« auf das vulgärlateinische Wort »virtualis« bzw. »virtus« zurück, das Kraft und Möglichkeit bedeutet. In der Schulphilosophie bezeichnet »virtuell« das, was der Möglichkeit nach existiert, aber noch nicht in die Tat umgesetzt ist. Die Bedeutung von »virtuell« ist damit in die sinngemäße Nähe zu den Begriffen Produktivität, Offenheit und Variabilität gestellt. Virtualität wird hier im Sinne eines Potentials verstanden, dessen Gegensatz nicht das Reale, sondern das Aktuelle ist.[9] Das Virtuelle ist eine unerschöpfliche Ressource, die unendlich viele Aktualisierungen hervorbringen kann. Die Transformation eines virtuellen in einen aktuellen Zustand ist irreversibel. Während das Virtuelle zeit- und rauminvariant ist, ist das aktuell initiierte Ereignis dagegen in einen Kontext gesetzt und damit im Hier und Jetzt verankert. Das Virtuelle ist also gleichbedeutend mit einer abstrakten Struktur, einer Matrix, die durch eine Transformation ein konkretes Ereignis hervorbringen kann.

Das virtuelle Computerprogramm elektronischer Texte besteht aus Algorithmen, die eine Vielzahl unterschiedlicher Texte aktualisieren können. Jener Text ist unsichtbar und kann lediglich vom Computer entziffert werden. Ihm gegenüber steht der Text der Bildschirmanzeige, der in den meisten Fällen keinen Programmcode enthält, sondern alphabetische Zeichen oder Bilder.[10] Da die im Code virtuell enthaltenen

---

9 Der Begriff »virtuell« wird von Jean-Pierre Lévy in seiner Studie »Qu'est-ce que le virtuel?« ausführlich analysiert. »[L]e virtuel, rigoureusement défini, n'a que peu d'affinité avec le faux, l'illusoire ou l'imaginaire. Le virtuel n'est pas du tout l'opposé du réel. C'est au contraire un mode d'être fécond et puissant, qui creuse des puits de sens sous la platitude de la présence physique immédiate.« Jean-Pierre Lévy: Qu'est-ce que le virtuel? Paris: La Découverte 1998, S. 10.

10 Ausgenommen sei hier die Programmiersprachenlyrik, wie sie von Florian Cramer beschrieben wird, da sie genau mit dieser Spaltung des Textes spielt und durch das Sichtbarmachen des Codes auf der Oberfläche auf den ansonsten unsichtbaren virtuellen und jedem Computertext zugrunde liegenden Codetext verweist. Vgl. Florian Cramer: »sub merge {my $enses; ASCII Art, Rekursion, Lyrik in Programmiersprachen«, in:

Texte für uns nicht sinnlich greifbar oder sichtbar sind, bedürfen sie eines Interpreten, einer zwischengeschalteten Maschine, die sie uns in ihrer Aktualisierung sichtbar macht.

Mit dem »Sprung« vom Papier auf den Bildschirm wechselt die Schrift ihren Träger. Der Zeichencharakter der Schrift bleibt erhalten, ob das Wort auf dem Bildschirm, dem Papier oder einem anderen Trägermaterial steht. Anders ist es mit der Materialität der Schrift. Bewegt sich ein dreidimensionaler Buchstabe durch den Bildschirmraum, so könnte man von einer Repräsentation eines z.B. aus Gips gegossenen Buchstabenkörpers sprechen, den man trotz des plastischen Erscheinungsbildes nicht ergreifen kann. In der Computerpoesie geht es genau um jenes Verhältnis zwischen Schrift und Bild – um die Relation zwischen Zeichen einerseits und plastisch-dreidimensionalen Buchstabenkörpern andererseits, die als Bild wahrgenommen werden und bisweilen sogar ganze Topographien nachbilden können, wie z.B. in den virtuellen Textwelten von Ladislao Pablo Györi. Hier sind in einem VR-System Buchstaben räumlich begehbar und buchstäblich begreifbar.

Computerpoesie schließt damit an poetische Konzeptionen der historischen Avantgarden an. Angefangen mit der Bewegung durch das Medium Film und gefolgt von Fernsehen, Video und Computer hat Schrift im 20. Jahrhundert einen Dynamisierungsschub erfahren, der sich in unterschiedlichen Disziplinen, Künsten und Diskursen äußert. Walter Benjamin mag eine derartige visuelle Dynamisierung der Schrift geahnt haben:

> »Wenn vor Jahrhunderten sie allmählich sich niederzulegen begann, von der aufrechten Inschrift zur schräg auf Pulten ruhenden Handschrift ward, um endlich sich im Buchdruck zu betten, beginnt sie nun ebenso langsam sich wieder vom Boden zu heben. Bereits die Zeitung wird mehr und mehr in der Senkrechten als in der Horizontalen gelesen, Film und Reklame drängen Schrift vollends in die diktatorische Vertikale. Und ehe der Zeitgenosse dazu kommt, ein Buch aufzuschlagen, ist über seine Augen ein so dichtes Gestöber von wandelbaren, farbigen, streitenden Lettern nieder-

Roberto Simanowski (Hg.), Digitale Literatur, München: edition text + kritik 2001, S. 112-123.

gegangen, daß die Chancen seines Eindringens in die archaische Stille des Buches gering geworden sind.«[11]

Die in der experimentellen, visuellen und konkreten Poesie auftretende Vermischung und Verschmelzung von unterschiedlichen Zeichensystemen wird von der elektronischen Poesie übernommen und potenziert. Denn hier begegnen sich nicht nur Text und Bild, sondern zusätzlich auch noch die Zahl, in Form der Binärcodierung der Rechenmaschine. Im Computer können Buchstaben direkt bewegt werden, über die Bildfläche wandern, sich vom graphischen Buchstaben zum Bild verwandeln und wieder zurück transformieren, sich auflösen oder nachträglich erst erscheinen, ihre Geschwindigkeit verlangsamen oder zur Unleserlichkeit beschleunigen. Dies alles beruht auf der besonderen Funktionsweise des Computers, wie Friedrich Kittler darstellt:

»[D]ie laufenden Bilder [haben] endlich erfahren, was Alphabete den Schriften und Ziffernstellenwertsysteme den Zahlen schon seit Jahrtausenden antun. Sie sind allesamt aus einer abzählbaren Menge von Elementen aufgebaut. Weil aber Pixel keine Buchstaben, sondern Zahlen darstellen, die als zweidimensionale Matrix angeordnet sind, beweist jedes Computerbild den Satz, dass die moderne Beweglichkeit von Schriften und Bildern der Mathematik verdankt ist.«[12]

Beim Ausschalten des Rechners verlöschen die sichtbaren Lettern und »liegen« gleichsam als Zahlenkolonnen von Nullen und Einsen übersetzt auf der Festplatte. Wir als Nutzer können diese Lettern nicht mehr wahrnehmen, sondern vertrauen darauf, dass sie im Speicher verbleiben und uns zu jeder Zeit zur Verfügung stehen.

Im Computer sind Schrifttypen nicht mehr von Bildern zu unterscheiden und umgekehrt. Wolfgang Hagen bemerkt hierzu:

»Textorientierte Computer-Programme geben Schrift indessen einen völlig neuen Schauplatz: formal gesehen inkrementieren sie, was schon Simulati-

11 Walter Benjamin: Gesammelte Schriften, hg. v. Rolf Tiedemann u. Hermann Schweppenhäuser, Bd. 4, Frankfurt/M.: Suhrkamp 1991, S. 103.

12 F. Kittler: Schrift und Bild, S. 51.

on soll gewesen sein, um eine weitere: die Rede des Gedachten, die sich in Schrift *abbildet*, hat ein drittes, viertes Abbild nun in den Pixeln der Buchstabenzeichen auf dem Schirm (oder in den Nadeln des Matrixdruckers), und dies wiederum wäre um ein Weiteres inkrementierbar, insofern jedes Schriftbild als pure Graphik darstellbar und mit allen elektronischen Tricks der Digitaltechnik verwischbar wäre. Die simulierte Schrift im Computer-Zeichen betreibt, wie alles vom Computer Dargestellte, einen infiniten Rekurs, insofern auch die Schrift für den schriftlosen Rechner, der das beschriebene Feld ebenso als variabel bepunktete Bildschirmseite *verstehen* kann, sofort Gegenstand neuer, n-facher Verarbeitung werden kann.«[13]

Es ist auffällig, dass gerade der durch den Binärcode hervorgerufene indifferente Status von Bild und Zeichen ein brisantes Thema in der Auseinandersetzung von Kunst mit elektronischer Schrift und elektronischen Bildern ist. Als eines der dominantesten Themen in der Medienkunst lässt sich daher der Verweis und die Auseinandersetzung mit ihrer Materialität und ihrer medialen Bedingtheit ausmachen.

Die Vertreter der experimentellen (Druck-)Poesie begriffen die Schrift als ihr Material und sie gingen dabei von der Auffassung aus, Schrift besitze neben der phonetischen und semantischen auch eine rein graphische Seite. In den Buchstaben werden Objekte gesehen und als solche auch auf der Seite eingesetzt oder bisweilen sogar aus dem Papierraum gelöst und dreidimensional im Raum ausgestellt. Die spezifische Zeitlichkeit der Materialität von Computerpoesie liegt in der Möglichkeit der Animation, der Bewegung, mit der sie sich von den Arbeiten ihrer historischen Vorläufer unterscheidet. Das, was auf dem Papier aufgrund seiner Dauerhaftigkeit durch Fixierung der Schrift nicht oder nur in Annäherungen erreicht werden kann, ist hier das Potential der Computerpoesie und wird ästhetisch produktiv gemacht. Es äußert sich in spezifischen temporalen Qualitäten, von denen hier eine, die Augenblicklichkeit, exemplarisch skizziert werden soll:

In der Arbeit *La fatigue du papier no. 22* (1989)[14] von Frédéric Develay zieht der Text in einem bestimmten Tempo aus verschiedenen

13 Wolfgang Hagen: »Die verlorene Schrift. Skizzen zu einer Theorie der Computer«, in: Friedrich Kittler/Georg C. Tholen (Hg.), Arsenale der Seele, München: Fink 1989, S. 227.

14 In: Alire. Revue animée d'écrits de source électronique 2 (1989), o.S.

Richtungen über den Bildschirm. Einzelne Wörter oder Satzelemente blinken, lösen sich auf oder verwandeln ihren Sinn durch Überlagerung oder Umstellung der Buchstaben. Schrift ist hier außerhalb des Bildschirms nicht vorhanden. Ein Ausdruck auf Papier ist nicht möglich und würde der Konzeption des bewegten Texts zuwiderlaufen. Die poetische Schrift wechselt ihren Zustand während der Aktualisierung des Gedichts permanent zwischen aktuell und virtuell. Innerhalb eines Textes sind Wörter, die eben noch auf dem Bildschirm waren und diesen Text konstituiert haben, im nächsten Moment verschwunden bzw. in den für uns unsichtbaren Zustand der 0/1-Codierung rückübersetzt worden. Hier zeigt sich die Augenblicklichkeit dieser Texte in einem die Rezeptivität des Lesers konfrontierenden Akt. Der Inhalt des Gedichtes liest sich entsprechend dem Ablauf der Schrift folgendermaßen:

(1) d'ici / l'ecran / qu'on appelle / tel / l'ecran / qu'on appelle / d'ici.

(2) La chasse aux lettres [qu'on appelle] comme dimension de l'écart [d'ici][15]

(3) les fronts / l'effronté / le fronc et / le tronc / le ton / (sans pile ou face) / trace de mon / non / nommé de / sommé / 'il n'y a pas / de somnolé à / l'abonné que vous / avez appellez' / a banc don né / non / si seulement / oui mais

(4) mettant toujours / en cause / notre capacité / d'integration - toute oeuvre exposée / s'enduit d'un silence / qui (nous) innocule / sa valeur

Die semantische Ebene der Wörter provoziert hier eine neue Leseerfahrung des Rezipienten im Augenblick der Wahrnehmung. Der Text unterteilt sich in vier Phasen, wobei zunächst der Bildschirm (»écran«) als Präsentationsfläche und dessen Eigenschaften thematisiert werden. Der Schirm wird (durch den Benutzer) »gerufen« (»qu'on appelle«), ebenso die Buchstaben, deren Jagd (»chasse«) über den so beschaffenen (»tel«) Bildschirm uns durch ihre Bewegung dessen Ausmaße zeigen. Der Bildschirm als »Seite« ist nicht einfach vorhanden, sondern muss durch entsprechende Befehle (»qu'on appelle«) zu einem Schriftträger

15 Die Fragmente »qu'on appelle« sowie »d'ici« sind »Reste« des vorherigen Satzes und daher in Rot statt in Schwarz geschrieben. Es bleibt offen, ob sie zum aktuellen Satz gehören oder nicht. Hier sind sie mit eckigen Klammern gekennzeichnet.

gemacht werden. Er hat bestimmte Begrenzungen, jedoch sind die über ihn hinweghuschenden Buchstaben in der Lage, diesen Rahmen zu ignorieren. Uns Lesern zeigt er, dass wir nur das wahrnehmen können, was uns das Fenster innerhalb seines Rahmens bietet. Der Titel *La fatigue du papier* spielt darauf an, indem er signalisiert, dass die Grenzen der Papierseite überschritten sind. Der folgende Abschnitt ist von phonetisch ähnlichen Silben geprägt und enthält bisweilen Wortspiele, die an Arbeiten der OuLiPo-Gruppe erinnern. So die Doppeldeutigkeit in dem Satzfragment »banc don né« (Bank/Gabe/geboren), was nicht zufällig an den französischen Ausdruck »banque (de) donnée« für (elektronische) Datenbank erinnert. Insgesamt bleibt diese Passage, wie auch das gesamte Gedicht, sehr assoziativ und in ihrer Bedeutung vage, was auf semantischer Ebene mit dem Charakter animierter Texte spielt: Durch die Beweglichkeit der Wörter können sich diese schnell – z.B. durch das Verdrehen von Buchstaben oder Vertauschen von Endungen – zu neuen Wörtern verwandeln. Hervorzuheben ist allerdings die Zeile »le ton / (sans pile ou face) / trace de mon / non / nommé de / sommé / 'il n'y a pas / de somnolé [...]«. Das Wortspiel »pile ou face« heißt übersetzt »Kopf und Zahl« und bezeichnet die Vorder- und Rückseite einer Münze. Bemerkenswerterweise benutzt das Französische jedoch nicht den Begriff Zahl, sondern Schrift. »Pile« bedeutet also die Schriftseite einer Münze im Gegensatz zu ihrer Kopfseite. »Le ton« – der Stil, die Schreibart – ist benannt (»nommé«) nach dem Vorgang des Summierens (»sommé«), d.h. weder Kopf noch Schrift, sondern Zahl. Die Bewegung der Schrift, von der hier nicht nur die Rede ist, sondern die auch visuell demonstriert wird, ist also das Resultat von Rechnungen, von Zahlencodes. Aus diesem Grund gibt es auch für den Leser/Betrachter kein passives Zurücklehnen im Lesesessel mehr (»il n'y a pas / de somnolé«), sobald er die Datenbank einmal aufgerufen hat (»à / l'abonné que vous / avez appellez«) und das Gedicht in Bewegung gesetzt hat. Durch seine Eigenbewegung insistiert der Text darauf, neue Wahrnehmungsstrategien zu entwickeln, indem er unsere Fähigkeit, uns mit dem Neuen auseinanderzusetzen, immer wieder infrage stellt (»mettant toujours / en cause / notre capacité / d'integration«).

Schrift ist Zahl, alphanumerisch im wörtlichen Sinne. Sie ist gespalten in einen Binärcode, der sie bedingt, und eine Oberflächenschrift, die vom Rezipienten erst wahrgenommen werden kann. Daher bleibt vor allem von Bedeutung, was der Code im Zusammenhang mit den Buchstaben auf dem Bildschirm bewirkt, nämlich die Veränderungen in ihrer Zeitlichkeit: ihrer Bewegung, Flüchtigkeit, Geschwindigkeit und Transformation. Da der Computer in der Lage ist, andere Medien in eine Kette binärer Folgen umzucodieren und für sich verfügbar zu machen, findet hier eine Verschmelzung unterschiedlicher und bislang getrennter Zeichensysteme statt. Hier von einer »Sprache« bzw. »Schrift« zu sprechen, die, indem sie das Alphabet ablöst, auf der gleichen Ebene gedacht wird wie alphabetische Zeichen, ist jedoch wenig sinnvoll. Künstliche Sprachen im Computer zeichnen weder eine Rede auf, noch sind sie sprechbar. Sybille Krämer bringt diese Tatsache auf das Begriffspaar der »ontologischen« und der »operativen« Sprache, die voneinander unterschieden werden müssen.[16]

Auch Burkhardt Lindner lehnt eine Verwendung der Begriffe Maschinen-»Sprache« bzw. Programmier-»Schrift« ab oder hält sie zumindest für »metaphorisch«.[17] Seiner Ansicht nach lösen sich zwar die »Unterscheidungen zwischen Schrift-Zeichen, Zahl, Bild, Bewegungsbild sowie dem weiteren visuellen, akustischen und taktilen Sensorium«[18] auf der Basis der Funktionsweise des Computers auf. Jedoch betont Lindner, dass »[d]ie Digitalisierung der Eingangsdaten und ihre Weiterverarbeitung in digitalisierten Algorithmenschritten [...] in der

16 Bei der alphabetischen Schrift, dem »ontologischen Symbolsystem«, werden vorgefundene Gegenstände wie z.B. die Phoneme der gesprochenen Sprache repräsentiert. Mathematische Kalküle oder digitale Daten dagegen gehören zum »operativen Symbolsystem«, da durch sie die »symbolisierten Gegenstände erst durch den Akt symbolischer Bezugnahme hervorgebracht werden«. Demnach bilden Programmschriften das, was sie symbolisieren, nicht einfach ab, sondern sind es selbst. Diese »Schrift« referiert nicht mehr auf Sprachlaute, sondern auf »kognitive Gegenstände«. Wir können sie »nur noch anschauen, nicht aber mehr aussprechen« - sie werden zu »Medien«. Sybille Krämer: »Kalküle der Repräsentation. Zur Genese des operativen Symbolismus in der Neuzeit«, in: Hans-Jörg Rheinberger/Michael Hagner/Bettina Wahrig-Schmidt (Hg.), Räume des Wissens. Repräsentation, Codierung, Spur, Berlin: Akademischer Verlag 1997, S. 111 u. 115.

17 Burkhardt Lindner: »Die Medienprophetien der elektronischen Digitalisierung und die Resistenz von Bild und Schrift«, in: KultuRRevolution. Zeitschrift für angewandte Diskurstheorie 45/46 (2003), S. 29.

18 Ebd.

›Rückübersetzung‹ in das Apriori der Wahrnehmungsbedingungen«[19] endet.

Wir können nicht auf digitale Weise sinnlich wahrnehmen, sondern nur auf analoge Weise. Insofern hat der Zusammenfall der materiellen Ebene von Zeichen und Bild keine Auswirkungen darauf, dass Schrift auf der Oberfläche des Bildschirms als Schrift und Bilder als Bilder wahrgenommen werden. Dass Lettern und Bilder dieselbe binärcodierte Basis haben, ist Bedingung zur Animation, zur Bewegung von Schrift und Bild. Der Zustand der Schrift im Computer unterscheidet sich daher grundlegend von dem der Schriftzeichen auf Papier, so wie auch die Wahrnehmung der bewegten Lettern zu neuen Lesarten herausfordert und unsere Fähigkeit diese Herausforderung anzunehmen gleichzeitig auf einen Prüfstand stellt: »mettant toujours / en cause / notre capacité / d'intégration«.

19 Ebd.

Zugriff auf bewegte Bilder
Video on Demand

Hartmut Winkler

Zunächst sei zugestanden: Video on Demand gibt es noch nicht, zumindest nicht in akzeptabler Qualität und zu akzeptablen Bedingungen. Aber es gibt deutliche Vorboten: Es gibt die kleinen zappeligen Filmfenster im Internet, es gibt den Tausch halblegaler DVD-Kopien in den Tauschbörsen, es gibt Firmen, die sich mit dem Thema ernsthaft beschäftigen oder sogar mit VoD-Angeboten an die Öffentlichkeit treten, es gibt ›*Near* Video on Demand‹ usf.; Video on Demand im eigentlichen Sinne aber gibt es noch nicht.

Und dennoch möchte ich behaupten, dass sich eine Revolution ankündigt. Da im Zusammenhang mit dem Internet eine Menge Revolutionen ausgerufen worden sind, möchte ich ergänzen: Die Revolution, die ich meine, betrifft weniger Video on Demand selbst als das Bilderuniversum insgesamt. Ich werde zu zeigen versuchen, dass die relativ stabile Grundlogik, die das Feld der bewegten Bilder bis heute regiert, gegenwärtig umzubrechen beginnt. Video on Demand, dies ist meine These, ist nicht einfach eine neue Darbietungs- und Nutzungsform. Nicht eine Konkurrenz für die Videotheken in den Stadtvierteln oder ein Zuwachs an Bequemlichkeit, weil man die Filme nun von zuhause aus abrufen kann, auch geht es nicht um eine Erweiterung des inhaltlichen Angebots. Es geht, so denke ich, um die Regeln des Bilderuniversums selbst. Es geht um bestimmte Zugriffsformen, die wir bisher für selbstverständlich gehalten haben, und verallgemeinert um die Frage, wie sich Zugriff und Signifikantenanordnung, Angebotstruktur, Mediennutzung und Archiv zueinander verhalten.

Was ist Video on Demand?

Zunächst zur Klärung der Begriffe. Video on Demand meint die Möglichkeit, bewegte Bilder zu einem selbst gewählten Zeitpunkt über ein Kabel abrufen zu können. Wenn n-tv oder die Tagesschau auf ihren Homepages bestimmte Themenclips anbieten, die auf Mouseclick starten und zu laufen beginnen, so handelt es sich um VoD; ebenso wenn die großen Musiklabels ihre aktuellen Videoclips, oder Kinofirmen ihre Trailer zum Abruf bereithalten. Wenn, ebenfalls auf der Seite von n-tv, das aktuelle Nachrichtenprogramm läuft, in das der Nutzer sich wie beim Fernsehen einschalten kann, so würde man von einem Livestream, nicht aber von VoD sprechen. Entscheidend also ist der selbst gewählte Startpunkt.

Und noch eine zweite Bedingung ist wichtig: VoD verlangt, dass das angeforderte Programm sofort oder zeitnah zu laufen beginnt. Dies ist z. B. dann nicht der Fall, wenn ich mir einen Spielfilm von einer Tauschbörse herunterlade und auch Arcor, auf dem Weg zu einem kommerziellen VoD-Angebot schon relativ fortgeschritten, kann seine Filme nur als Download anbieten; in beiden Fällen muss ich warten, bis der Ladevorgang abgeschlossen ist, erst dann kann ich den Film sehen. Angebote für den Real-Player sind ein Grenzfall, insofern es zwar eine connection- und eine bestimmte Ladezeit gibt, weil zunächst ein Puffer gefüllt werden muss, dann aber kann der Stream ›live‹ und parallel zum Weiterladen betrachtet werden.

Wenn Premiere World schließlich bestimmte Filme wiederholt und zeitversetzt startet, spricht man von ›Near Video on Demand‹. Es wird dem Zuschauer zugemutet maximal 30 Minuten Geduld zu haben, bevor der gewünschte Film beginnt; da jeder Filmstart einen eigenen Fernsehkanal belegt, bleibt das Angebot an die Aktualität gebunden und muss, gemessen an einer Videothek, eher schmal bleiben.

Technische Gegebenheiten, Grenzen

Die Beispiele zeigen, dass es zwei völlig verschiedene Techniken sind, die gegenwärtig im Feld von VoD konkurrieren, das Internet und die traditionellen Fernsehverteilungssysteme, Fernsehkabel und Satellit.[1] Innerhalb des Internets sind bewegte Bilder nur eine bestimmte Form bereitgehaltener Daten; wie Texte und stehende Bilder jeweils auf Abruf übermittelt werden, so nun eben auch digitalisierte Bewegtbilder. Der entscheidende Unterschied allerdings liegt darin, dass Bewegtbilder außerordentlich große Dateigrößen erfordern, Dateigrößen, die um mehrere Zehnerpotenzen höher liegen als z. B. diejenigen stehender Bilder. Ein Film in VHS-Qualität braucht ca. 22 MBytes pro Sekunde,[2] eine Größenordnung, die die beteiligten Techniken vollständig überfordert. Man löst das Problem, indem man das Signal rechnerisch komprimiert, ein Verfahren, das eine Reduzierung der Dateigrößen bis auf wenige Prozent der Ausgangsgröße erlaubt;[3] indem man die Bildgröße auf ein kleines Bildschirmfenster reduziert und indem man drastische Qualitätseinbußen in Kauf nimmt. Zwischenstand ist, dass selbst die Porno-Industrie, die auf VoD am ungeduldigsten wartet, nur äußerst mangelhafte Produkte offerieren kann.

Der hauptsächliche Engpass im Moment ist der Übertragungskanal, und zwar vor allem die letzten Meter zum Endkunden. Selbst mit DSL wird nur 0,4 % der Übertragungsleistung erreicht, die man für ein unkomprimiertes Vollbild VoD benötigen würde. Nähme die Anzahl der Nutzer auf Zehn- und Hunderttausende zu, würden schnell auch die Backbones überlastet, die gegenwärtig für unproblematisch gelten; und auch auf Seiten der Server entstünden enorme Probleme, muss doch jeder einzelne Nutzer, selbst dann, wenn er dasselbe Produkt mit einer

1 Eine Liste internationaler VoD-Projekte nennt unter 21 Anbietern noch 9, die ihre Technik auf TV-Kabel stützen (Paul Davies/Chris Wynn: »Europe and Asia seek to catch up with USA«, in: New Media Markets, Okt. 2001, S. 5-7).

2 Volker Zota/Ulrich Benzler: »Eingedampfte Bilderströme. Aktuelle Video-Codecs im Vergleich«, in: c't, Nr. 10/2001, S. 122. Zum Vergleich einige andere Zahlen: RGB-Signal unkomprimiert: 324 MBit/sec, Component-Signal: 216 MBit/sec.

3 MPEG-2-Signal (verwendet beispielsweise für DVDs): 3,5 bis 9 MBit/sec.

nur leichten Zeitversetzung abfragt, mit einem eigenen Strom von Daten versorgt werden.

Zudem ist die Paket-Logik, nach der das Internetprotokoll funktioniert, für bewegte Bilder nur begrenzt geeignet, weil für VoD sehr viele Pakete in einer stabilen Reihenfolge übertragen werden müssen. Da jedes Paket je nach Netzauslastung seinen eigenen Weg durch das Netz nimmt, ist dies schwer zu gewährleisten; und schon wenn ein einzelnes Paket ausfällt, bleibt der Bilderstrom hängen. Dies ist ein weiterer Grund, warum die Übertragung immer gepuffert werden muss. Ob diese Probleme durch einen rein quantitativen Ausbau der Kapazitäten gelöst werden können oder ob das Internetprotokoll insgesamt wird überarbeitet werden müssen, ist gegenwärtig offen.

Als ein zweiter Übertragungsweg neben dem Internet werden gegenwärtig die verschiedenen Fernsehverteilungssysteme betrachtet. Inzwischen ebenfalls digitalisiert, bieten Kabel und Satelliten die Kapazität für eine enorme Anzahl von Fernsehkanälen, ebenfalls aber nicht genug für Individual-Angebote wie VoD. Man experimentiert mit Rückkanälen – Voraussetzung für VoD – und mit einer Integration von Fernsehübertragung und Internet.[4] Dass beide Techniken ›konvergieren‹ oder gar verschmelzen werden, wie man lange prognostiziert hat, wird von den meisten Autoren inzwischen klar dementiert.[5]

Video on Demand ist damit Zukunftsmusik, irrelevant aber ist es darum nicht. Bereits auf dem erreichten Niveau nämlich zeigt sich, dass die eigentlich interessanten Probleme nicht auf der Ebene der Technik liegen. Wenden wir uns deshalb der Ebene einer allgemeineren Strukturbeschreibung zu.

4 Arcor etwa bietet eine Integration von DSL über Satellit und ISDN als Rückkanal an, http://www.arcor.de, abgefragt am 15.1.03.

5 Jochen Zimmer: »Interaktives Fernsehen – Durchbruch via Internet?« In: Media Perspektiven, Nr. 3/2002, S. 110-126; Horst Stipp: »Der Konsument und die Zukunft des interaktiven Fernsehens«, in: Media Perspektiven, Nr. 7/2001, S. 369-377.

Grundlogik, Flow versus Database

Bewegte Bilder, so kann man etwas generalisierend sagen, wurden traditionell linear – längs einer Zeitachse – organisiert. Im frühen Kino um 1910 lag es in der Hand des Vorführers zu entscheiden, welche Onereeler er in welcher Reihenfolge zeigen wollte; im Fall des abendfüllenden Spielfilms ist diese Entscheidung ans Produkt selbst übergegangen: Drehbuch, Regie und Postproduction organisieren ihr Material auf der Zeitachse und geben zumindest für 90 Minuten eine feste Szenenfolge vor.

Im Fernsehen dann kommt das Problem zu sich selbst. Was wir als ›Programm‹ ansprechen, ist eine kontinuierliche Abfolge von Sendungen, die als einzelne vorgefertigt werden und die erst die Ausstrahlung zu einem kontinuierlichen Ablauf verknüpft. Für die meisten Sender läuft dieses Programm inzwischen rund um die Uhr. Rezipientin und Rezipient also werden sich in diesen fortlaufenden Strom immer nur einschalten; sie betreten ein Universum, das immer schon da ist und das sein zeitliches Gesetz, seine Abfolge exekutiert.

Die Erkenntnis, dass es sich tatsächlich um einen *Strom* handelt und dass dieser Strom seine eigenen Regeln hat, hat Raymond Williams in die Fernsehtheorie eingebracht.[6] Er prägte 1974 den Begriff des Fernsehens als ›Flow‹. Flow meint nicht allein, dass Fernsehen zeitlich-kontinuierlich verläuft, was bemerkenswert genug wäre, sobald man sich klar macht, wie disparat die Bestandteile sind, aus denen es sich zusammensetzt. Flow meint auch, dass die Flusslogik selbst sich in das Gesendete einschreibt: Trailer und Teaser, Programmverbindungen, Moderation, Parallelisierung zum Tagesablauf, Senderkennung und Senderdesign – all dies kann man begreifen als Maßnahmen, die der Linearisierung des Programms dienen; zeitliche Linearisierung, Kontinuierung und Kohärenz also sind nicht gegeben, sondern müssen von den Sendern mit einigem Aufwand erst hergestellt werden.

6 Raymond Williams: Television. Technology and Cultural Form, Hannover (USA): Wesleyan University Press 1974, S. 80-90; siehe auch: Knut Hickethier: Film- und Fernsehanalyse, Stuttgart, Weimar: Metzler 1993, S. 204-209.

Gegeben allerdings *ist*, dass die Bewegtbilder selbst eine Zeitachse mitbringen. Bereits die Kamera organisiert auf dem Filmstreifen räumlich-linear, was für sich genommen 24 stillgestellte Momentaufnahmen sind. Projektor und Empfangsgerät, und schließlich die Trägheit der Retina werden hieraus wieder Kontinuität und einen zeitlich-linearen Vorgang machen.

All dies wäre nicht weiter spannend – stünde nicht exakt der Flow gegenwärtig zur Disposition. Meine Behauptung ist, dass Video on Demand die Zeitachse der bewegten Bilder ganz grundsätzlich in Frage stellt. Video on Demand bedeutet, dass in ein Bewegtbilduniversum, das bis dahin dominant linear organisiert war, eine Logik der *Auswahl* einbricht, die selbst keiner Linearität und keinem zeitlichen Ablauf mehr folgt. Der Flirt mit der Datenverarbeitung, die – der Begriff des Digitalen sagt es – grundsätzlich *dis*kontinuierlich verfährt, dies ist die These, kostet die bewegten Bilder ihre Kontinuität. Die Möglichkeit der Auswahl gewinnt Macht über jenes zeitlich-kontinuierliche Gleiten, das im Sosein der Bewegtbilder selbstverständlich gegeben schien; und wie vorher der Flow wird es nun die Auswahl sein, die in das Ausgestrahlte sich einschreibt.

Gegenprobe: wirklich linear? Vorläufer

Bevor ich die These erläutern und theoretisch etwas ausbauen will, scheint mir zunächst eine Gegenprobe sinnvoll: Denn gab es nicht ähnliche Auswahloptionen schon immer? An der Kasse des Multiplexkinos ist eine Auswahlentscheidung ebenso nötig wie am Regal der Videothek oder im Durchsehen der Programmzeitschrift bei der Planung eines Fernsehabends; und diese Entscheidungen sind in vergleichbarer Weise distinkt-›digital‹. Wenn Video on Demand also etwas Neues einbringt ins Universum der bewegten Bilder, dann hat dieses Neue unzweifelhaft Vorläufer.

Und der prominenteste dieser Vorläufer dürfte das Zapping mit der Fernbedienung sein. Ich selbst habe über Zapping ein Buch geschrieben, 1991 noch ohne direkten Bezug auf das hier verfolgte Problem, Lorenz Engell hat gerade einen Text veröffentlicht, der im Zapping den mediengeschichtlichen Vorschein der Digitalisierung erkennt.[7] Und der Bezug dürfte unabweisbar sein: Im Fall der Fernbedienung hat das Digitale tatsächlich mit den Fingern zu tun.

Im Licht der Vorläufer wird deutlich, gegen welchen Widerstand der lineare Progress des Programmablaufs und die Kontinuität und Kohärenz der Programme durchgesetzt werden mussten. Im Programmheft nur durch eine schmale senkrechte Linie abgetrennt und auf der Fernbedienung nur einen Fingertipp entfernt, lauert immer ein paralleles Angebot, das unbekannt, verlockend-verführerisch und möglicherweise attraktiver als das gerade geschaute ist. Wenn mich ein gemütliches Folgeverhältnis mit dem Programm mitgleiten lässt, so verläuft die Verführung *quer* zu dieser Kanalisierung. Das Ja und das Jein halten mich im Kanal, das Nein lässt mich zu Alternativen springen. Ein Zucken im Finger reicht aus um dem Sprecher das Wort abzuschneiden oder ein ästhetisches Ärgernis zu bestrafen, die Querbewegung ist *diskontinuierlich* gerade dort, wo Kanal, Programm und Flow auf Kontinuität zielen.

Gleichzeitig wird klar, dass diese Kontinuität abgerungen war. Sie verdankte sich einem Ausschluss von Alternativen, der durchaus gezielt oder sogar aggressiv genannt werden kann. Die schmale Linie im Programmheft wird von den Sendern mit allen Mitteln verteidigt, u. a. weil an dieser Grenze auch das Firmeninteresse endet. In der Logik des WorldWideWeb, immer schon auf Querbewegung angewiesen, gibt es vergleichbar stabile Grenzlinien nicht. »The remote control as a preferred interactive device«, schreibt Ruby Roy Dholakia, »[...] modifies the viewing experience by enabling the linking of seemingly unrelated content in a new whole.«[8]

7 Lorenz Engell: Vom Fernsehen zur digitalen Kultur, unveröff. Man., Vortrag im Heinz-Nixdorf-Forum Paderborn, 4.12.02.

8 Ruby Roy Dholakia u.a. (Hg.): New Infotainment Technologies in the Home, Mahwah (New Jersey): Lawrence Erlbaum Associates 1996, S. 6.

Generalisierung: Manovich

Was die theoretische Durchdringung des skizzierten Problems angeht, ist der wohl avancierteste Versuch von Lev Manovich vorgelegt worden.[9] Manovichs Projekt ist es, die innere Logik der Datenbank, orientiert an einem berühmten Aufsatz Panofskys,[10] als eine ›symbolische Form‹ zu beschreiben. Da Manovich von der Erfahrung der audiovisuellen Medien herkommt, erscheint ihm kennzeichnend, dass die Datenbank eben nicht wie der Film und übrigens schriftliche Texte zeitlich-linear verfährt, sondern ihre Inhalte stattdessen *nebeneinander* ordnet, und auf diese Weise *Auswahloptionen* bereitstellt.

Wichtig hierbei ist, dass die Auswahloptionen selbst Teil der materiellen Anordnung sind. Die Links auf einer Website oder die Buttons eines Windows-Menues erscheinen räumlich nebeneinander, materiell repräsentiert, manifest auf der Oberfläche der Texte.

Eine ›symbolische Form‹ ist die Datenbank, weil sie ihren Inhalten das Gesetz dieses Nebeneinanders, das Gesetz der Auswahl, auferlegt. Und um klarer zu machen, was der grundsätzliche Unterschied ist, greift Manovich auf die saussuresche Trennung zwischen Syntagma und Paradigma zurück. Syntagmen, sagt Manovich, schreiten linear-kontinuierlich voran, Paradigmen präsentieren Optionen, die zur Auswahl stehen; in Saussures Modell der Sprache scheinen beide Momente verschränkt; mediengeschichtlich, so könnte man sagen, sind sie in die Logik des Audiovisuellen und in die der Datenbanken auseinandergetreten.

Die Begrifflichkeit und der Bezug auf Saussure ließen sich bestreiten.[11] Für die hier verfolgten Zwecke aber sind Begriffsprobleme peri-

9 Lev Manovich: »Database as a symbolic form«, in: Nettime, 14.12.98; gedruckt in: Convergence 1999, Bd. 5, H. 2, S. 80-99; siehe auch ders.: The Language of New Media, Cambridge (Mass.): MIT Press 2000, S. 212ff.

10 Erwin Panofsky: »Die Perspektive als symbolische Form«, in: ders., Aufsätze zu Grundfragen der Kunstwissenschaft, Berlin: Volker Spiess 1985, S. 99-168 (OA: 1924).

11 Ich habe mit Manovich eine E-Mail-Diskussion zu diesem Thema geführt: Mein Einwand war, dass bei Saussure nur das lineare Syntagma manifest ist, während die Paradigmen der Sprache in den Kopf des Sprechenden eingeschlossen sind, weshalb Saussure sie ›*in absentia*‹ nennt. Die Aus-

pher. Wichtig ist allein, und hier besteht Einigkeit, dass die Logik des Digitalen eine Logik der Auswahl ist, und dass diese einer konkurrierenden Logik, jener der syntagmatischen Reihung eben, gegenübersteht.

Um die Alternative deutlicher zu machen, möchte ich vorschlagen, terminologisch zwischen Und-Medien und Oder-Medien zu unterscheiden. Und-Medien wären Medien, die auf die syntagmatische Folge setzen, auf Anreihung, Kontinuität und Gleiten, auf räumliche Nähe ohne markierte Grenzen und auf den kontinuierlichen Fluss der Zeit.[12] Oder-Medien wären solche, die eine Entscheidung fordern, so dass im Fortgang nur eine der gestellten Alternativen wirksam bleiben kann.

Und sofort muss auffallen: In einer reinen Form sind weder Und- noch Oder-Medien denkbar. So wie die Sprache paradigmatische Auswahl und syntagmatische Reihung immer verbindet, unterbricht selbst das analogste aller Medien, der Kinofilm, sein Kontinuum am Punkt des Schnitts; beim Editing besteht zwischen seinen Einstellungen ein Verhältnis der Substitution, und ein vergleichbares Gemisch beider Momente ließe sich wahrscheinlich für alle Medien zeigen. Die Unterscheidung, denke ich, ist dennoch hilfreich. Sie ermöglicht es, ›Und‹ und ›Oder‹ in funktionaler Perspektive zu trennen und in der Betrachtung konkreter Medien zu entscheiden, wo der Schwerpunkt und die besondere Stärke einer medialen Anordnung liegt. Bei Video on Demand, um auf den Ausgangspunkt zurückzukommen, ist der Fall eindeutig: Mit Video on Demand greift die Auswahl-Logik der Datenbank auf das Feld der Und-Medien zu, und wie in der Spannung zwischen Fernbedienung und Programmangebot – dies ist die Behauptung – beginnt das ›Oder‹ das ›Und‹ zu dominieren.

---

wahloptionen einer Datenbank (oder die Sprungadressen einer Webpage) dagegen wären Teil des manifesten Texts, ohne Zweifel also *in praesentia*, und in diesem Sinne also syntagmatisch zu nennen. Und dies noch mehr, wenn die Semiotik lehrt, dass es, etwa im Fall der Bilder, auch Syntagmen gibt, die sich in die 2-dimensionale Fläche hinein ausdehnen.

12 Bei der vorgeschlagenen Trennung handelt es sich also nicht um das logische Oder und das logische Und; siehe auch Verf.: Docuverse. Zur Medientheorie der Computer, München: Boer 1997, S. 223ff.

Vorläufer Kodex, Zugriff

Will man die gewonnenen Kategorien erproben, bietet es sich an, einen detaillierteren Blick noch einmal auf andere Medienkonstellationen zu werfen. Denn nicht umsonst erinnert Video on Demand an das Regal einer Videothek. Gehen wir zunächst auf das Grundmodell, die *Bibliothek,* zurück. Nun muss auffallen, dass das Bücheruniversum ›Und‹ und ›Oder‹ auf eine sehr komplizierte Weise relationiert: Die einzelnen Buchstaben, dies wäre die erste Ebene, gehorchen einer Logik von Auswahl und Substitution. Sie werden durch Leerräume voneinander abgetrennt; dass nur 26 Alternativen zur Wahl stehen und dass Gutenberg die Lettern mechanisch austauschbar in Blei gegossen hat, macht diesen Zug zusätzlich deutlich. Schon die zweite Ebene, die Reihung der Buchstaben in der einzelnen Zeile allerdings verfährt kontinuierlich-linear. Die Zeile, hierauf hat Flusser aufmerksam gemacht, ist das Modell von Linearität und Kontinuität schlechthin, Träger der Narration, die sich von ›und dann‹ zu ›und dann‹ fortbewegt, und, zunächst konsekutiv und dann kausal, Ursachen mit Folgen verkoppelt.[13]

Buchseiten – die dritte Ebene – gibt es erst, seit sich der Kodex gegen die Schriftrolle durchgesetzt hat. Materiell also hat man die kontinuierlichen Schriftrollen in einzelne Blätter zerschnitten. Der große Vorteil des Kodex ist, das – abweichend von der Gewohnheit linearer Lektüre – auf die einzelnen Seiten nun gezielt zugegriffen werden kann. Ein weiteres Mal also geht es um Texterschließung. Und dieser Zugriff nun, dies ist wichtig, erfolgt quer zum linearen Syntagma. Er stützt sich auf sekundäre Ordnungssysteme wie Seitenzahlen, die mit dem Verlauf des Textes zunächst nichts zu tun haben; in kanonisierten Texten hat man manchmal auch die Zeilen mit Nummern versehen.[14]

Die vierte Ebene wäre das Buch selbst. Zwei feste Deckel machen die filigranen Papiere zu einem kompakten Objekt, das transportiert, gelagert und sicher gehandhabt werden kann. Deckel an Deckel steht es – fünfte Ebene – mit anderen Büchern in der Bibliothek. Und auch dies

13 Vilém Flusser: Die Schrift. Hat Schreiben Zukunft? Göttingen: Immatrix 1987; ders.: Krise der Linearität, Bern: Benteli 1992.

14 Vgl. Michael Giesecke: Der Buchdruck in der frühen Neuzeit, Frankfurt/M.: Suhrkamp 1991, S. 420ff.

ist interessant: Auch die Bibliothek nämlich ist wieder eine Zugriffsmaschine, die, wiederum quer zum linearen Syntagma, nun den Zugriff auf ganze Texte erlaubt. Wieder geht es um ein räumlich-synchrones Nebeneinander der Auswahloptionen, und wieder werden Sekundärsysteme, der Katalog, Bibliographien und Indizes allein für die Zwecke des Zugriffs aufgebaut. Die sechste Ebene wäre, dass Bibliotheken räumlich-architektonisch nebeneinander stehen, ich breche hier ab.

Es dürfte deutlich geworden sein, dass das Bücheruniversum zwei grundsätzlich unterschiedliche Ordnungssysteme, das ›Und‹ der linearen Syntagmen und das parataktische ›Oder‹, miteinander verschränkt. Diese Vorstellung lässt sich leicht auf die Videothek übertragen und eben auch auf Video on Demand.

Im Licht der Bibliothek erscheint das Buch als ein verklebtes Syntagma. Und mehr noch aus der Sicht automatischer Stichwortsuche, Hypertext und WorldWideWeb. Je mehr wir nicht mehr mit Texten, sondern nun mit Textstellen arbeiten und je leichter Suchmaschinen uns den Zugriff machen, desto mehr gewinnt der Zugriff selbst Gewicht, und zwar gegen die Linearität der Zeile.

EPG

Ein Bild von dem, was kommen wird, denke ich, kündigt sich in der Debatte um den Electronic Program Guide (EPG)[15] an. Die Fernsehanstalten haben erkannt, dass mit der zunehmenden Zahl digitalisierter Programme die Auswahl allein über gedruckte Programmzeitschriften nicht mehr organisiert werden kann. Die Idee eines elektronischen Info-Systems hat sich, wie Breunig in den ›Media Perspektiven‹ referiert, inzwischen zu einer riesigen Datenbank ausgeweitet, die Programminformationen standardisiert, mit Metadaten verknüpft und weitgehende Suchalgorithmen ermöglicht. Diese Datenbank wird das Portal sein,

15 Christian Breunig: »Von der Programmzeitschrift zum TV-Guide«, in: Media Perspektiven, Nr. 8/1997, S. 442-455; O.A.: »Elektronische Programmführer bieten alle Information«, in: Infosat, Die Multimedia-Illustrierte, Nr. 163, 10/2001, S. 130-134; Sigrid Eck: »Lotsen durch das TV-Labyrinth«, in: Werben und Verkaufen, Nr. 42/2001, S. 88-90; O. A.: »Alle Digitalprogramme: SiehFern Info schafft Überblick«, in: Infosat, Die Multimedia-Illustrierte, Nr. 167, 2/2002, S. 153-154.

durch das man die Welt des Fernsehens betritt, und eine Art Benutzeroberfläche, die uns wie selbstverständlich durch den Fernsehabend begleitet.

Video on Demand, denke ich, wird ähnliche Portale und Benutzeroberflächen brauchen; nur ein riesiges und tief gestaffeltes Menuesystem wird in der Lage sein, die Fläche des Angebotenen zu erschließen. Im Vergleich mit dem EPG ist die Fragestellung noch einmal komplexer: Gilt es hier doch, nicht nur das aktuelle Programm, sondern nun ein ganzes Archiv, und in der Tendenz alles, was an bewegten Bildern verfügbar ist, zu organisieren. Und hier nun kommt es zu dem Umschlag, um den es mir geht. Je komplexer, umfangreicher und leistungsfähiger diese Datenbank wird, desto mehr werden die einzelnen audiovisuellen Materialien, um deren Erschließung es geht, zu einem *Anhängsel* dieser Makro-Struktur werden. Der Modus des Zugriffs wird auch hier die Kohärenz des linearen Syntagmas antasten.

Es ist schwer zu prognostizieren, auf welcher Stufe diese Entwicklung zum Stillstand kommen wird. Während der EPG zunächst noch geschlossene Sendungen adressiert, gibt es keinen Grund, warum Video on Demand nicht auch Sequenzen, Szenen und Einstellungen, ja Einzelbilder erschließen und zugänglich machen sollte; auch die Internet-Suchmaschinen analysieren ja das Innere von Texten; und derselbe Sprung, der vom Stichwort auf den Text verweist, verweist ja weiter auf das entsprechende Stichwort *im* Text, negiert in gewissem Sinne also die Textgrenzen und begreift die Texte insgesamt als eine dekonstruierbare Fläche.

Einstweilen ist es wesentlich leichter Texte als Bilder zu suchen, Algorithmen der automatischen Bildanalyse sind wenig entwickelt und die Suche sieht sich meist auf schriftliche Metainformationen verwiesen. Auf jeder DVD aber ist der Spielfilm bereits in ›Kapitel‹ gegliedert. Ungewohnt in der Sphäre des Audiovisuellen, wo man selbst auf der Stufe der Videokassette noch glaubte mit Sendungstiteln und dem mechanischen Zählwerk auskommen zu können. Mit der Kapitelgliederung haben sich die Notwendigkeiten des Zugriffs gegen das lineare Syntagma verselbständigt; das Zählwerk setzt seine Logik gegen das Gezählte durch.

Archiv und Telekommunikation

Mit Video on Demand wird die Tatsache, dass es überhaupt ein gesellschaftliches Archiv des Audiovisuellen gibt, stärker ins Bewusstsein treten. Verglichen mit der Bibliothek erscheint dieses Archiv gegenwärtig in eigentümlicher Weise aufgeteilt: in einen sichtbaren Teil, der aus den aktuellen Aufführungen der Kinos und der Fernsehsender besteht und aus Beispielen der Film- und Fernsehgeschichte, soweit sie die Sender, Videos und DVDs an die Oberfläche der Bildschirme bringen; und einen weit größeren, unsichtbaren Teil, der, vor dem Publikum zuverlässig geschützt, in den Archiven lagert. Vor allem die Fernsehgeschichte ist gegenwärtig so gut wie unzugänglich. Physisch, organisatorisch, juristisch im Besitz der Sender, ist sie mit einem strengen Copyright belegt, das sogar die private und wissenschaftliche Kenntnisnahme schwierig macht.

Video on Demand, denke ich, wird auch hier Änderungen bewirken. Gestützt auf die Telekommunikation wird Video on Demand in die Arkanbereiche der Archive vordringen; das öffentliche Archiv Video on Demand wird sich Schritt für Schritt ausdehnen in das bisher nicht öffentliche Archiv hinein, einfach deshalb, weil die Publikationskosten bei VoD extrem niedrig sind und sich, entsprechende Abrechnungsmodi vorausgesetzt, auf diese Weise ein für die Anstalten sehr attraktiver Weg der Sekundärverwertung eröffnet.

Stellen wir uns also vor, wir könnten durch die Archive und die Vergangenheit des Fernsehens navigieren wie durch eine Bibliothek. Sämtliche *Derrick-*, *Al Bundy-* oder *Mash*-Folgen stünden auf Abruf zur Verfügung, die Werbung der Fünfziger und die politischen Magazine der sechziger Jahre, und, da das Internet geographische Distanzen nicht kennt, darüber hinaus die Archive der BBC, des indischen, des japanischen und des ghanaischen Fernsehens. Im Licht dieser Utopie wird deutlich, dass mit Video on Demand auch inhaltliche Abenteuer auf uns warten; und zum zweiten, wie eng unsere bisherige Vorstellung von Fernsehen und Video ist.

Schluss

Es dürfte plausibel geworden sein, dass es notwendig ist, die Modi des *Zugriffs* in die Analyse auch des Audiovisuellen stärker einzubeziehen. Der Computer hat hier seine besondere Stärke; als gegenwärtig dominante und strukturprägende Medienkonstellation legt er sein Gesetz, das Gesetz seiner Stärken und Schwächen auch den konkurrierenden Medien auf. Er restrukturiert den medialen Raum.

Keineswegs also steht Video on Demand für eine ›Konvergenz‹ des Analogen und des Digitalen. Nebel-Begriffe wie Multimedia oder ›Interaktivität‹ sollten aufgelöst werden in die Beschreibung konkreter Veränderungen in der Logik der Signifikanten, der Archivstrukturen und der Medienpraxen.

Video on Demand macht gleichzeitig klar, wie verflochten diese Bereiche untereinander sind. Wenn im Fall traditioneller Medien Produktion, Veröffentlichung/Erreichbarkeit und Archivierung technisch-organisatorisch auseinanderfallen, ebenso wie Produktion, Produkt und Mediennutzung, was sich u.a. in den völlig unterschiedlichen wissenschaftlichen Beobachtungsmodi spiegelt, so lässt Video on Demand eine sehr viel geschlossenere, wenn auch in sich komplexe Perspektive erahnen. Telekommunikation und Digitalisierung haben die Bereiche auf eigentümliche Weise zusammengeführt. Und wie beim Übergang vom Handwerk zur Industrie rücken die Einzelschritte in immer geschlossenere Prozessketten ein.

Für die Wissenschaft ergibt sich hieraus der Anreiz, die eigenen Kategorien zu überprüfen. Und anders als im Fall anderer Medien kommt die Medienwissenschaft diesmal rechtzeitig: Bei Video on Demand haben wir die Chance, bereits die Geburtswehen mitzuvollziehen und Zeuge bei der Entstehung einer neuen Medienkonstellation zu werden.

Ein Kramladen des Glücks
Filesharing aus Leidenschaft

Harald Hillgärtner

»Kein Zweifel, das Jagen & Sammeln ist eine mehr-als-anthropologische Konstante. Ein ums andere Mal konvergiert die Individualgeschichte vom spielenden Kind bis zum hortenden=scheffelnden Greis mit der Evolutionsgeschichte. Insekten, wie Ameisen oder Bienen, sammeln und bauen sich dazu alle erdenklichen Gehäuse, Waben & Hohlformen. Vögel kugeln sich Nester aus - Hamster graben Höhlen - und von Benjamins physiognomischer Erscheinung sagt Adorno, in ihr habe sich das Moment des Sammlers und Antiquars ausgeprägt: er habe etwas - es sei *schwer dafür ein richtiges Wort* zu finden - von einem Tier, das *in seinen Backen Vorräte* sammle«.[1]

Das Phänomen des Filesharing, bei dem Internetnutzer Bereiche ihrer Festplatte für den Austausch von Dateien freigeben, dürfte inzwischen weitgehend Bekanntheit erlangt haben, so dass es sich erübrigt, es näher zu erläutern. Meist wird es jedoch nur unter einem einzigen Aspekt verhandelt, der – zugegebenermaßen – auch die wichtigsten, juristischen und ökonomischen und somit wohl auch gesellschaftlichen Implikationen in sich birgt: dem der Verletzung des Urheberrechts. Hier eine Haltung einzunehmen, die den beiderseits legitimen Rechten der Nutzer sowie der Künstler und der Verwertungsindustrie Rechnung trägt, fällt nicht nur dem Gesetzgeber schwer, wie an der jüngsten Novelle des Urheberschutzrechts leicht abzulesen ist. Wird zwar formal am Recht auf »Privatkopie« festgehalten, welches bereits früher dazu

1 Wolfgang Schlüter: Walter Benjamin. Der Sammler & das geschlossene Kästchen, Darmstadt: Jürgen Häusser 1993, S. 11. Hervorhebungen im Original.

führte, dass der Einsatz von Kopierschutz auf Videokassetten untersagt wurde, so wird doch in Zukunft das Umgehen von den das Produkt sichernden Kopierschutzmaßnahmen unter Strafe gestellt.[2] Frage ist freilich, was dann noch besagtes Recht auf Privatkopie wert ist. Vermutlich wenig. Gründe lassen sich mehrere benennen, warum eine solch paradoxe Konstruktion notwendig geworden ist. An dieser Stelle sei nur darauf hingewiesen, dass, wo vormals ein Ausgleich zwischen den divergierenden Interessen von Nutzern und Produzenten mit einer pauschalen Urheberabgabe bei Fotokopierern, Audio- und Videoleerkassetten an die entsprechenden zentralen Verwertungsgesellschaften erzielt worden ist, dies aber im »globalisierten« Markt nicht zuletzt aufgrund der Lobbyarbeit auf Seiten der Produzenten nicht mehr möglich gewesen ist.[3]

Doch es soll an dieser Stelle nicht erneut um die prekäre Lage geistigen Eigentums im gegenwärtigen »Informationszeitalter« gehen, das ja gerade vor ein paar Jahren noch seine Apologie eben in der uneingeschränkten Verfügbarkeit allen »Inhalts« fand, und nun, wo es in den Filesharing-Netzwerken seine unkontrollierte Erfüllung findet, besagte Probleme aufwirft. Zwar macht die Rede vom unkontrollierbaren Netzwerk eine eingehendere Diskussion des Sachverhalts notwendig, dies wäre aber nur in einem größeren als dem hier zur Verfügung stehenden Rahmen möglich. Wichtig anzumerken ist nur, dass die Nutzer der Netzwerke anhand ihrer IP-Adresse, falls sie sich nicht die Mühe machen, diese zu verbergen, sehr wohl identifizierbar sind. So findet zur Zeit in den USA eine breit angelegte Kampagne statt, bei der die Anbieter von Internet-Zugängen dazu verpflichtet werden sollen, persönliche Daten von Kunden bereitzustellen, die auf ihren Computern urhebergeschützte Dateien zum Download anbieten, um gegen diese

2 Vgl. zur aktuellen Novelle des Urheberrechts die umfangreiche Sammlung von Artikeln unter http://www.privatkopie.net.

3 Seit mehreren Jahren findet ein Streit über pauschale Urheberabgaben für Computerhardware statt. Vgl. hierzu etwa: Einigung über Urheberabgabe für DVD-Brenner, Heise Online News vom 11.8.2003, http://www.heise.de/newsticker/data/tol-11.08.03-003/. Auch die Verwertungsindustrie verspricht sich einen höheren Profit durch eine Vermarktungsform, bei der nicht mehr pauschal, sondern nach jeder einzelnen Nutzung etwa eines Musikstücks abgerechnet wird.

rechtliche Schritte einzuleiten.[4] Mithin wird die Auseinandersetzung einmal mehr vor Gericht ausgetragen und, falls sich die Industrie im angestrebten Maße durchsetzt, wäre das unkontrollierte Tauschen von Dateien vielleicht schon bald »historisch« zu nennen. Hiermit wäre aber auch die »Vision« eines der Architekten des Internet, J.C.R. Licklider, weitgehend hinfällig: der ungehinderte Zugriff auf Computerressourcen weltweit und deren Weiterverwendung mittels des Computers.[5] Nicht dass es sich bei den Filesharing-Netzwerken per se um »Supercommunities« handeln würde, ein Begriff, mit dem Licklider die seinerzeit ersten vernetzten Gemeinschaften bezeichnete. Diese Communities zeichnen sich für Licklider vor allen Dingen dadurch aus, dass sie die zur Verfügung stehenden Ressourcen verwenden, um selbst kreativ zu werden. Wenn nun Filesharing nicht mehr möglich sein sollte, dann wären solche Phänomene wie der so genannte Bastard-Pop, der sicherlich als ein Nebeneffekt des freien Austauschs von Dateien angesehen werden darf, hiermit ihrer wesentlichen Quelle beraubt.[6] Der Computer fungiert beim Bastard-Pop gleichzeitig als Medium der Distribution und als Werkzeug der Weiterverarbeitung. Dieses Modell ist grundsätzlich zu unterscheiden von der bisherigen Praxis, bei der die Produkte etwa berühmter Popstars nicht ohne weiteres weiterverwendet und weitergegeben werden dürfen, da am unveränderten Produkt die gesamte Wertschöpfungskette hängt. Wird der Nutzer unter der Entwendung fremden Materials selber zum Produzenten, so ändert sich sein rechtlicher Status: »Am ›Bastard Pop‹ zeigt sich aber auch die politische Dialektik der Umrüstung der Empfangs- zu Sendeapparaten.

4 Vgl. US-Musikindustrie schreckt Tauschbörsen-Nutzer auf, Heise Online News vom 26.6.03, http://www.heise.de/newsticker/data/anw-26.06.03-003/.

5 Vgl. Joseph Carl Robnett Licklider/Robert Taylor: The Computer as a Communication Device (1968), ftp://ftp.digital.com/pub/DEC/SRC/research-reports/SRC-061.pdf, abgefragt am 20.8.03.

6 Beim Bastard-Pop werden Musikstücke unterschiedlicher Interpreten mit Hilfe entsprechender Software zusammengemischt. Das Frankfurter *Museum für Kommunikation* bot im Sommer 2002 hierzu einen Workshop an, bei dem das zu verwendende Material konsequent aus einem der Filesharing-Netzwerke stammte. Vgl. zu Bastard-Pop und dem Zusammenhang mit Filesharing: Florian Cramer: Peer-to-peer-Dienste: Entgrenzungen des Archivs (und seiner Übel?), http://www.digitalcraft.org/index.php?artikel_id=486, abgefragt am 20.8.03.

Denn juristisch gesehen, sind Peer-to-peer Archivare keine Privatleute mehr, sondern Verleger, und ihre Datensammlungen keine Privatobsessionen mehr, sondern eine massenmediale Verbreitung urheberrechtlich geschützter Inhalte.«[7]

Wie bereits gesagt, soll der Frage nach der Legitimität des Tauschens nur wenig Platz eingeräumt werden, vielmehr möchte dieser Aufsatz eine kleine Apologie sein, nicht eine der Informationsgesellschaft, sondern dessen, was Florian Cramer in Anlehnung an Harald Szeemans *Museum der Obsessionen* seinerseits die »privaten Obsessionen« nennt: die Peer-to-peer-Netzwerke als (öffentliche) Sammlungen privater Besessenheit. Es soll also gehen um die Obsession, die Leidenschaft des Sammelns und Anbietens. Hierbei soll übrigens keine Rolle spielen, dass ein sicherlich nicht unerheblicher Anteil des in den Netzwerken angebotenen Materials pornographischen Inhalts ist, zumal dieser Vorbehalt für das Internet als Ganzes und wohl auch für jede Videothek zu gelten hat.

Dass das Internet über eine sichtbare und über eine unsichtbare Seite verfügt, mag kein Geheimnis sein. Spätestens mit der vollzogenen Trennung von Internet und MILnet, also der Absonderung seines militärischen und geheimen Teils vom offiziellen und öffentlichen Bereich, der seinerseits erst seit den frühen 90er Jahren des letzten Jahrhunderts durchs WWW und der damit einhergehenden Kommerzialisierung wirklich als öffentlich bezeichnet werden darf, wäre eine solche Unterscheidung zu treffen. Doch ist zwischenzeitlich das Nichtoffiziell-Geheime des Internet durch mehrere Neuerungen auf dem Gebiet der Kompressionsalgorithmen sowie der fortschreitenden Einführung breitbandiger Internetanschlüsse für private PC-Benutzer um einen ebenso »inoffiziellen«, aber nichtsdestotrotz öffentlichen Sektor erweitert worden: dem peer-to-peer, oder kürzer »P2P«.

So ließen sich, Freuds topologisches Modell der menschlichen Psyche diene hier als Metapher, drei Bereiche im weltumspannenden Computernetzwerk benennen. Während das WWW und mit ihm die Mail-, IRC- und FTP-Server die offizielle, »bewusstseinsfähige« Seite des Internet bilden, sind P2P und MILnet diesem gewissermaßen verborgen. Letzteres, durchaus geheimnisumwoben, übernähme in diesem

7 Ebd.

Modell die Rolle des Überwachers, auch wenn die Gerüchte über *Echelon* nur schwer zu verifizieren sind.[8] P2P hingegen, als sich immer wieder neu strukturierender temporärer Verbund der Massenspeicher vieler tausend Nutzer, wäre der Untergrund, das Es. Doch die Analogie soll nicht weiter strapaziert werden, zumal Freuds Modell einige weiter gehende Bestimmungen enthält, die eine Parallelisierung von Internet und menschlicher Psyche verbieten. Einzig das Bild vom Es als Untergrund, als Bereich für das vermeintlich Vergessene, Verdrängte und Verbotene, für die Obsessionen soll hier eine Rolle spielen.

P2P hat nicht die Struktur des WWW mit seinen Verknüpfungen, firmierend unter dem Schlagwort vom Hypertext. Nicht verknüpft, sondern schlicht unverbunden und nebeneinander finden sich hier Bücher, Musikstücke, oftmals ganze Alben, Kinofilme und aufgezeichnete Fernsehsendungen. Der Zustand, die Qualität der Dateien ist dabei ganz unterschiedlich: Trümmer, Fragmente, vergessene Dateien und Fälschungen,[9] aber auch thematische Sammlungen von Filmen, klassischer Musik und philosophischen Schriften nebst Raritäten, wie sie schwerlich im Handel zu finden sein werden, wie eine niemals verlegte Aufnahme der »Nashville-Sessions« von Bob Dylan und Johnny Cash, haben ihren Platz.

Das Verhalten des Nutzers ist dabei nicht das von Verknüpfung zu Verknüpfung hangelnde »Surfen« im WWW, sondern das des Anglers, der vor dem Monitor ausharrend darauf wartet, dass die gewünschte, zum Download ausgewählte Datei »anbeißt«, um nach erfolgtem Laden, das zwischen wenigen Minuten und einigen Tagen dauern kann,

8 Bei *Echelon* handelt es sich um ein von mehreren Regierungen mitgetragenen Projekt, das neben anderen Aufgaben sämtlichen E-Mailverkehr nach bestimmten Schlüsselwörtern durchforstet. So wurde bereits mehrfach von Netzaktivisten dazu aufgerufen, Echelon mit E-Mails zu überfluten, die gleich eine Reihe der vermuteten Signalwörter enthalten. Vgl. http://echelon.partisan.de/index_de.html. Abgefragt am 17.7.03.

9 Etwa soll versucht werden, mit dem Einschleusen unbrauchbarer Dateien die Nutzer zu verunsichern. Auch beinhalten manche Dateien Viren oder Trojaner. Weiterhin finden sich mitunter hinter interessanten Dateinamen ganz andere Inhalte, oder in ein Musikstück sind wahllos Teile ganz anderer Musikstücke hineinmontiert. Nicht zu vergessen technische Missgeschicke von Nutzern, die Dateien in unannehmlicher Qualität zur Verfügung stellen.

seine Beute zu begutachten und sie bei Gefallen seiner Sammlung einzuverleiben. Selbstverständlich spielt hierbei das Rüstzeug eine eminent wichtige Rolle: von der prinzipiellen Entscheidung, in welchem der unterschiedlichen Netze[10] man auf die Suche geht, hin zur möglichst aktuellen Version der zum Download benötigten Software, in Verbindung mit der Feinabstimmung der diversen Parameter, die das Programm in seinen Menüs anbietet. Obsessiv mitunter also nicht bloß das Sammeln, sondern bereits die Vorbereitung darauf.

Ob aber die Rede vom Sammeln beim liebevoll so genannten »Napstern«[11] seine Berechtigung hat, ist insofern schwer zu sagen, da das Sammeln eine kulturhistorisch lange Tradition hat und sich dabei in aller Regel auf einzigartige Gegenstände bezieht. Das Anhäufen solcher Immaterialien wie Computerdateien hat dagegen eine weniger lange Tradition. Allerdings hat das eingangs zitierte Bild vom Jäger und Sammler zumindest insofern seine Stimmigkeit, da wohl kaum ausreichend vernunftgeleitete Gründe dafür gefunden werden können, dass sich mehrere Millionen Nutzer täglich unterschiedlichste Medien in Form von Dateien auf ihre PCs herunterladen und in gleichem Atemzug selbst wieder Anbieter von digitalisierten Inhalten werden. Seien dies nun Inhalte, die sie vormals im Netz gefunden haben oder Inhalte, die sie mitunter aufwändig selbst in eine computerlesbare Form gebracht haben, wie es etwa bei den Gesammelten Werken Theodor W. Adornos der Fall sein dürfte, die mittels Scanner und Texterkennung zur Datei geworden sind. Ob die Nutzer nun einer Art digitalem Mythos aufgesessen sind,[12] wie ihn selbstredend gerade die Medienindustrie propagiert hat, oder ob sie – sei's unbewusst – das Pathos eines »digital common« pflegen, wie es Richard Barbrook als Antriebsfeder der Computernetzwerke versteht,[13] sei dahingestellt. Beides wäre zu ergän-

10 So gibt es etwa das Fasttrack-, Overnet-, Edonkey-, Soulseek- oder Gnutella-Netzwerk. Allerdings bieten Clients wie Mldonkey inzwischen eine Schnittstelle zu mehreren Netzwerken gleichzeitig. Vgl. http://www.nongnu.org/mldonkey. Abgefragt am 21.8.03.

11 Das erste populäre und inzwischen nach einer gerichtlichen Verfügung stillgelegte Filesharingnetzwerk hieß *Napster*.

12 Gemeint ist das Versprechen, mit Hilfe des Computers zu jeder Zeit und an jedem Ort auf alles zugreifen zu können.

13 Als *digital common* bezeichnet es Barbrook, wenn die Nutzer des Internet ihr Wissen bereitwillig in den unterschiedlichsten Newsgroups oder

zen um einen Sammeltrieb, der in dem auf der Festplatte zur Verfügung stehenden Platz vornehmlich einen Anreiz sieht, immer mehr Programme und Dateien anzuhäufen. So wird zu einer Freizeitbeschäftigung, was den Argumenten der Unterhaltungsindustrie zufolge ihr die Geschäftsgrundlage immer mehr dort entzieht, wo doch steigende Einnahmen erhofft worden sind: die Distribution von Musik, Film und Büchern mittels des Computers. Lukrativ ist dann das Geschäft nur noch für die Hersteller von Hardware, wenn über das Netzwerk jeder Computer potentiell selbst zu einem Distributionsmedium werden kann.

Was vormals in den CD- und Bücherregalen, den Fotoalben sowie den archivierten Video- oder, etwas neumodischer, DVD-Sammlungen in den Wohnungen seinen je eigenen Aufbewahrungsort hatte, wird unter dem einen Medienstandard des Computers, basal in der Form zweier eindeutig differenter Spannungszustände, nun nicht mehr räumlich voneinander getrennt. Eine solche Ordnung ließe sich aber in der Form von Verzeichnisstrukturen abbilden. Bei der neuesten Ausgabe des Windows-Betriebssystems der Firma Microsoft finden sich innerhalb des altbekannten Ordners *Eigene Dateien* inzwischen zur Bequemlichkeit der Nutzer bereits als Voreinstellung die Unterverzeichnisse *Eigene Bilder* und *Eigene Musik.* Hier wird eine Struktur reetabliert, die dem derzeitigen Organisationsprinzip von Dateien äußerlich ist. Die unterschiedlichen Formate werden entweder anhand ihrer Dateinamensendung erkannt oder aber anhand ihres Beginns in der Datei selber.[14] So bedürfte es der unterschiedlichen Verzeichnisse beileibe nicht und Material ließe sich sinnvoller thematisch ordnen denn als

Online-Enzyklopädien zur Verfügung stellen, es gleichsam Eintauschen gegen anderes Wissen. Ein Beispiel hierfür wären auch die Vielzahl an Buchrezensionen, die die Webseite des Online-Buchhändlers *Amazon* überhaupt erst interessant machen. Vgl. Richard Barbrook: The Hi-Tech Gift Economy, first-monday 1998, http://www.firstmonday.dk/issues/issue3_12/barbrook/. Abgefragt am 21.8.03. Vgl. hierzu auch das recht ähnliche Konzept der »Wissensallmende« von Volker Grassmuck, das dieser anhand des Phänomens der Freien Software formuliert hat. Volker Grassmuck: Freie Software, Bonn: Bundeszentrale für politische Bildung 2002.

14 Um ein einfaches Beispiel zu wählen: Wenn auch nicht zwangsläufig, so doch als Konvention, weist sich jede Datei, deren Inhalt mit Hilfe der Markierungssprache HTML ausgezeichnet wurde, bereits anhand der ersten Zeile <document-type: "text/html"> schlicht als eine solche aus.

nach der zugeordneten Applikation. Der Vortragstext etwa zu einem Chaplin-Film gehört in den gleichen Ordner wie die Filmmusik und die entsprechenden Filmstills, und eben nicht geordnet in die Ablage für Bilder, Musik oder Text. So funktioniert auch das Filesharing, das unter den Stichwörtern zur Suchabfrage alles auflistet, was vom Dateinamen oder aber von den enthaltenen Metainformationen, wie etwa im Falle der Musik im MP3-Format die so genannten ID3-Tags, das Suchwort enthält. Eine Suchanfrage zu Adorno fördert dementsprechend dessen Texte, Bilder von ihm, aber auch seine Kompositionen und Aufzeichnungen von Radiosendungen zutage.

Wie aber eine Obsession an diesem Unspezifischen entflammen kann, ist eine offene Frage. Leidenschaft erweckt meist nur das Einzigartige, zumindest Seltene, zu dem sich eine Art emotionale Beziehung seitens des Sammlers herstellen lässt. So wird schnell deutlich: Nichts verbindet den Sammler, wie ihn Benjamin beschreibt – und dabei immer sich selbst im Blick habend – mit dem »Sammler«, der unentwegt Dateien auf seinem Computer anhäuft.[15] Wo sich jener, mit einem Worte Benjamins, als ein »Physiognom der Dinge« beschreiben ließe, stehen diesem keine Dinge, in denen er sich häuslich einrichten könnte, zur Verfügung. Wurde bereits von Audiophilen der Verlust von Sinnlichkeit beklagt, als die Langspielplatte der CompactDisc wich, so findet in Form der »Datei« auf dem Computer eine weitere Entmaterialisierung statt. Und doch manifestiert sich in den Sammlungen, den dinglichen und den undinglichen, eine Privatheit, die sich dazu eignet, als Ausgestellte die Subjektivität ihres Sammlers aufscheinen zu lassen. Dies vor allem anderen unterscheidet die Sammlung vom Archiv. Mag zwar die Vollständigkeit der Sammlung wie des Archivs implizit oder explizit Absicht sein, so hat eine Sammlung doch nicht diesen *Zweck*: »Die wahre, sehr verkannte Leistung des Sammlers ist immer anarchistisch, destruktiv. Denn dies ist ihre Dialektik: Mit der Treue zum Ding,

15 Zum Typus des Sammlers im benjaminschen Sinne vgl. Eckhardt Köhn: »Sammler«, in: Michael Opitz/Erdmut Wizisla (Hg.), Benjamins Begriffe, Bd. 2, Frankfurt/M.; Suhrkamp 2000.

zum Einzelnen, bei ihm Geborgenen, den eigensinnigen subversiven Protest gegen das Typische, Klassifizierbare zu verbinden.«[16]

In diesem Sinne wäre bei den öffentlichen Ordnern der privaten Festplatten in den Filesharing-Netzwerken denn auch weniger vom Archiv zu sprechen, wie Florian Cramer vorschlägt,[17] als von Sammlungen. In den Netzwerken herrscht die gleiche Ungeordnetheit, wie sie mitunter auf den Festplatten der angeschlossenen Nutzer vorzufinden ist. Einzig die Vorlieben des jeweiligen Subjekts entscheiden darüber, welche Ordnung den unterschiedlichen Dateien zukommt, indem es Verzeichnisse anlegt. Allerdings mangelt es solcherlei Sammlungen des manifesten Subjekts, denn dieses ist hinter der IP-Adresse, bestenfalls hinter einem selbst gewählten Nickname verborgen. So obliegt es einem selbst, ausgehend von den Sammlungen Mutmaßungen über die Person anzustellen, die diese verwaltet.

Wichtiger aber ist der Aspekt, dass das Filesharing eben die vollzogene Möglichkeit ist, Bestandteile fremder Sammlungen der eigenen einzuverleiben. Auch dies ein wichtiger Unterschied zu den materialen Dingen, denn Sammlungen von Dateien sind nicht notwendig exklusiv, sondern ermöglichen eine Vielzahl unterschiedlicher Sammlungen unterschiedlicher Personen, deren Bestandteile trotzdem identische Kopien sind.

So lässt sich bei Dateien für den Computer schwerlich vom »Einzelnen« reden, ist doch das Kopieren von Dateien grundlegendste Fähigkeit jedes Computerbetriebssytems, aber zumindest vom Seltenen, vergleicht man das Vorkommen etwa schönbergscher Kompositionen mit der Häufigkeit aktueller Popsongs. Hier bilden sich indes lediglich die Verhältnisse ab, wie sie auch außerhalb der Computernetzwerke bestehen. Das Seltene aber kommt zu seinem vollen Recht, denn es herrschen ja gerade nicht die strengen Gesetze von Angebot und Nachfrage.[18] Während diese Marktmechanismen das Angebot etwa in den

16 Walter Benjamin: Gesammelte Schriften, hg. v. Rolf Tiedemann u. Hermann Schweppenhäuser, Frankfurt/M.: Suhrkamp 1991, Bd. 3, S. 216.

17 Vgl. F. Cramer: Peer-to-peer-Dienste.

18 Wobei sich diese wieder in Form der Dauer des Downloads bemerkbar machen. Je weniger Quellen einer Datei zur Verfügung stehen, desto länger mitunter das Warten auf diese Datei.

Plattenläden oder vor dem Fernsehbildschirm einigermaßen überschaubar halten, sind die Netzwerke für das Nicht-Typische und Nicht-Klassifizierbare zumindest offen. Filesharing ist in diesem Sinne anarchistisch: Nicht (nur), weil hier kostenlos getauscht und somit »Geistiges Eigentum« gewissermaßen enteignet wird, sondern weil hier der Popularität der distribuierten Inhalte keinerlei Rechnung getragen werden muss. Daran hängt auch die Freude am Stöbern in den Filesharing-Netzwerken, denn ähnlich einem Flohmarkt sind Überraschungen weitaus wahrscheinlicher als in den Musik- oder Buchabteilungen durchschnittlicher Kaufhäuser. Ähnlich ist dieses Stöbern auch einer »Wunschparade«, wie sie nach wie vor zu den gängigen Programmpunkten vieler Radiostationen gehören. Erst kramt man im Gedächtnis nach einem Musikstück, das man seit seiner Jugend nicht mehr gehört hat, um sich dann vor dem Computer auf die Pirsch danach zu begeben. Dies macht sicherlich einen der entscheidenden Glücksmomente aus, beim Stöbern auf dem Flohmarkt wie in den Netzwerken, dass man auf etwas stößt, dessen Existenz man längst vergessen hatte. Wie überhaupt das Erinnern eine der Antriebsfedern des Sammelns überhaupt ist: »Jede Leidenschaft grenzt ja ans Chaos, die sammlerische aber an das der Erinnerungen.«[19] Hierüber verwandelt sich der ans Netzwerk angeschlossene PC zu einem »Kramladen des Glücks«, in ein Eldorado »für arme Sammler«[20]. So finden sich dennoch Gemeinsamkeiten zwischen den »klassischen« Sammlern seltener Gegenstände und dem Sammler von Dateien: Hier wie dort ist das Finden, das dem Erinnern gleicht, ein Moment des Glücks und beide ähneln sich im Protest gegen das Klassifizierbare, d.h. die Ordnungsprinzipien sind idiosynkratische, der Welt gewissermaßen abgetrotzt.

Die Rede vom Computer als Medium hat im Filesharing sicherlich eine nähere Bestimmung gefunden, da der Computer inzwischen – als wäre es schon immer seine Aufgabe gewesen – dazu verwendet wird, massenhaft Musik, Text und Film zu distribuieren. Dass mit dem Internet nun auch Privatpersonen in der Lage sind, vom Empfänger zum

19 W. Benjamin: Gesammelte Schriften, Bd. 4, S. 388.

20 So der Titel eines Aufsatzes von Walter Benjamin. Vgl. E. Köhn: Sammler, S. 704. Auch die Formulierung »Ein Kramladen des Glücks« ist von Benjamin entlehnt. Vgl. ebd., S. 699.

Sender zu werden, äußert sich derzeit noch weitgehend darin, dass diese in einer Art Selbstbedienungsmentalität sich nehmen und auch bereitstellen, was ihnen in einem juristischen Sinne nicht gehört. Das Potential aber ist vorhanden, mit dem Computer auch als »Werkzeug« kreativ zu werden und Vorgefundenes zu verwandeln anstatt bloß zu reproduzieren. Ob man dies als »Plagiarismus« bezeichnen möchte oder als legitime Aneignung kulturellen Gemeinguts, werden vermutlich die Gerichte zu entscheiden haben, da auch die teilweise Verwendung urherbebergeschützter Materialien und deren auch nicht-kommerzielle Veröffentlichung in eigenen »Dateien« untersagt ist.

Zu den Autorinnen und Autoren

Norbert Bolz, Prof. f. Medienwissenschaft an der TU Berlin. Publikationen u.a.: Theorie der neuen Medien (1990); Am Ende der Gutenberg-Galaxis (1993); Die Konformisten des Andersseins (1999); Das konsumistische Manifest (2002).

Irina Djassemy, Promotion 2001 bei Burkhardt Lindner mit einer Arbeit über Karl Kraus und Theodor W. Adorno, Lektorin an der Universität Freiburg im Breisgau.

Ulrike Hagel, Promotion bei Burkhardt Lindner im Rahmen des Frankfurter Graduiertenkollegs »Zeiterfahrung und ästhetische Wahrnehmung«. Publikationen u.a.: Elliptische Zeiträume des Erzählens. Jean Paul und die Aporien der Idylle (2003).

Harald Hillgärtner, Abschlussarbeit bei Burkhardt Lindner zu Netzaktivismus (2001), Wiss. Mitarbeiter am Institut für Theater-, Film- und Medienwissenschaft an der Universität Frankfurt/M.

Jochen Hörisch, Ordinarius f. Neuere Germanistik u. Medienanalyse an der Universität Mannheim. Publikationen u.a.: Kopf oder Zahl – Die Poesie des Geldes (1996); Das Ende der Vorstellung – Die Poesie der Medien (1999); Der Sinn und die Sinne (2001).

Eckhardt Köhn, PD am IDSL I der Universität Frankfurt/M. Publikationen u.a.: Straßenrausch. Flanerie und kleine Form (1989); Sasha Stone. Fotografien 1925-1939 (Hg. 1990); Herausforderung der Moderne. Annäherungen an Paul Valéry (Mithg. 1991).

Thomas Küpper, Promotion 2001 an der Fak. f. Philologie der Universität Bochum, Wiss. Mitarbeiter am Inst. f. Theater-, Film- und Medienwissenschaft der Universität Frankfurt/M. Im Erscheinen: Das inszenierte Alter. Seniorität als literarisches Programm.

Hans-Thies Lehmann, Theater- u. Literaturwissenschaftler, Prof. f. Theaterwissenschaft an der Universität Frankfurt/M. Publikationen u.a.: Theater und Mythos (1991); Postdramatisches Theater (1999); Das politische Schreiben. Essays zu Theatertexten (2002).

Anja Lemke, Publikationen u.a.: »Konstellation ohne Sterne«: Zur poetischen und geschichtlichen Zäsur bei Martin Heidegger und Paul Celan (2002); »Es bleibet aber eine Spur/ Doch eines Wortes«: Zur späten Hymnik und Tragödientheorie Friedrich Hölderlins (Mithg. 2003).

Jürgen Link, Prof. f. Literaturwissenschaft (und Diskurstheorie) an der Universität Dortmund. Publikationen u.a.: Literaturwissenschaftliche Grundbegriffe (1974); Elementare Literatur und generative Diskursanalyse (1983); Versuch über den Normalismus (1996).

Ursula Link-Heer, Prof. f. Romanistik und Komparatistik an der Universität Wuppertal. Publikationen u.a.: Literatursoziologisches Propädeutikum (mit J. Link 1980); Prousts ›A la recherche du temps perdu‹ und die Form der Autobiographie (1988); Benjamin liest Proust (1997).

Gerhard Plumpe, Prof. f. Germanistik an der Universität Bochum. Publikationen u.a.: Der tote Blick (1990); Ästhetische Kommunikation der Moderne (1993); Beobachtungen der Literatur (1995); Epochen moderner Literatur (1995); Realismus und Gründerzeit (1997).

Patrick Primavesi, Wiss. Assistent am Institut für Theater-, Film- und Medienwissenschaft der Universität Frankfurt/M. Publikationen u.a.: Kommentar, Übersetzung, Theater in Walter Benjamins frühen Schriften (1998); Heiner Müller-Handbuch (Mithg. 2004).

Thomas Regehly, Publikationen u.a.: Hermeneutische Reflexionen über den Gegenstand des Verstehens (1992); »Was nie geschrieben wurde, lesen« – Frankfurter Benjamin-Vorträge (Mithg. 1992), Namen, Texte, Stimmen. Walter Benjamins Sprachphilosophie (Hg. 1993).

Saskia Reither, Promotion 2002 mit einer Arbeit zum Thema »Computerpoesie«, Postdoktorandin im Graduiertenkolleg »Zeiterfahrung und ästhetische Wahrnehmung« an der Johann Wolfgang Goethe-Universität Frankfurt/M.

Hans Burkhard Schlichting, Chefdramaturg der Hörspielabteilung des Südwestrundfunks, Sekretär des Karl-Sczuka-Preises für Hörspiel als Radiokunst. Zahlreiche Publikationen zur historischen Avantgarde, Gegenwartsliteratur und Medienkunst.

Detlev Schöttker, Prof. f. Neuere deutsche Literatur und Medienanalyse an der TU Dresden. Publikationen u.a.: Bertolt Brechts Ästhetik des Naiven (1989), Konstruktiver Fragmentarismus (1999), Mediengebrauch und Erfahrungswandel (Hg. 2003).

Timo Skrandies, Juniorprof. f. Kulturwissenschaft und Medien an der Universität Düsseldorf. Publikationen u.a.: Echtzeit – Text – Archiv – Simulation. Die Matrix der Medien und ihre philosophische Herkunft (2003); Marginalien zu Adorno (Mithg. 2003).

Georg Christoph Tholen, Medien- und Kulturphilosoph, Prof. f. Medienwissenschaft an der Universität Basel. Publikationen u.a.: Computer als Medium (Mithg. 1994); HyperKult (Mithg. 1997); Konfigurationen (Mithg. 1999); Mimetische Differenzen (Mithg. 2002); Die Zäsur der Medien (2003).

Hartmut Winkler, Prof. f. Medienwissenschaft, Medientheorie u. Medienkultur an der Universität Paderborn. Publikationen u.a.: Der filmische Raum und der Zuschauer (1992); Docuverse (1997); Diskursökonomie – Tauschen, Austauschen, Medien (in Vorber.).

Irving Wohlfarth, Prof. f. Germanistik in Reims. Publikationen zu Laclos, Baudelaire, Nietzsche, Scholem, Antelme, Lichtenberg, Adorno und vor allem zu Benjamin.